舊唐書

四部備要

史部

中華書局據武英殿本校刊

桐鄉　陸費逵總勘
杭縣　高時顯輯校
杭縣　吳汝霖輯校
杭縣　丁輔之監造

舊唐書卷五十三

後晉司空同中書門下平章事劉昫撰

列傳第三

李密

李密字玄邃本遼東襄平人魏司徒弼曾孫後周賜弼姓徒何氏祖曜周太保魏國公父寬隋上柱國蒲山公皆知名當代徙爲京兆長安人密以父蔭爲左親侍嘗在仗下煬帝顧見之退謂許公宇文述曰向者左仗下黑色小兒爲誰許公對曰故蒲山公李寬子密也帝曰箇小兒視瞻異常勿令宿衞他日述謂密曰弟聰令如此當以才學取官三衞叢脞非養賢之所密大喜因謝病專以讀書爲事時人希見其面嘗欲尋包愷乘一黃牛被以蒲韉仍將漢書一帙掛於角上一手捉牛靷一手翻卷書讀之尚書令越國公楊素見於道從後按轡躡之既及問曰何處書生耽學若此密識越公乃下牛再拜自言姓名又問所讀書答曰項羽傳越公奇之與語大悅謂其子玄感等曰吾觀李密識度汝等

不及於是玄感傾心結託大業九年煬帝伐高麗使玄感於黎陽監運時天下騷動玄感將謀舉兵潛遣人入關迎密以爲謀主密至謂玄感曰今天子出征遠在遼外地去幽州懸隔千里南有巨海之限北有胡戎之患中間一道理極艱危今公擁兵出其不意長驅入薊直扼其喉前有高麗退無歸路不過旬朔賫糧必盡舉麾一召其衆自降不戰而擒此計之上也關中四塞天府之國有衞文昇不足爲意若經城勿攻西入長安掩其無備天子雖還失其襟帶據險臨之固當必尅萬全之勢此計之中也若隨近逐便先向東都頓堅城之下勝負殊未可知此計之下也玄感曰公之下計乃上策也今百官家口並在東都若不取之安能動物且經城不拔何以示威密計遂不行玄感既至東都頻戰皆捷自謂天下響應功在朝夕及獲內史舍人韋福嗣又委以腹心是以軍旅之事不專歸密福嗣既非同謀因戰被執每設籌畫皆持兩端玄感後使作檄文福嗣固辭不肯密揣其情因謂玄感曰福嗣既非同盟實懷觀望明公初起大事而姦人在側必爲所誤請斬之以謝衆方可安輯玄感曰何至於此密知

言之不用退謂所親曰楚公好反而不圖勝如何吾屬今爲虜矣後玄感將西入福嗣竟亡歸東都隋左武衛大將軍李子雄坐事被收擊送行在所於路殺使者亡投玄感乃勸玄感速稱尊號玄感問於密密曰昔陳勝自欲稱王張耳諫而被外魏武將求九錫荀彧止而見疎今者密若正言還恐追蹤二子阿諛順意又非密之本圖何者兵起已來雖復頻捷至於郡縣未有從者東都守禦尚彊天下救兵益至公當身先士衆早定關中迺欲急自尊崇何示人不廣也玄感笑而止及隋將宇文述來護兒等率軍且至玄感謂曰計將安出密曰元弘嗣統彊兵於隴右今可陽言其反遣使迎公因此入關可得紿衆因引軍西入至陝縣欲圍弘農宮密諫之曰公今詐衆西入事宜在速況乃追兵將至安可稽留若前不得據關退無所守大衆一散何以自全玄感不從遂圍之三日不拔方引而西至於閿鄉追兵遂及玄感敗密乃間行入關爲捕者所獲時煬帝在高陽密與其黨俱送帝所謂其徒曰吾等之命同於朝露若至高陽必爲葅醢今在道中猶可爲計安得行就鼎鑊不規逃避也衆然之其多有金者密

令出示使者曰吾等死日幸用相瘞其餘即皆報德使者利其金許之及出關外防禁漸弛密請市酒食每夜醼飲諠譁竟夕使者不以爲意行至邯鄲密等七人穿墻而遁抵平原賊帥郝孝德孝德不甚禮之密又捨去詣淮陽隱姓名自稱劉智遠聚徒教授經數月鬱鬱不得志爲五言詩曰金風蕩初節玉露凋晚林此夕窮塗士鬱陶傷寸心野平葭葦合村荒藜藿深眺聽良多感徙倚獨霑襟霑襟何所爲悵然懷古意秦俗猶未平漢道將何冀樊噲市井徒蕭何刀筆吏一朝時運會千古傳名謚寄言世上雄虛生真可愧詩成而泣下數行時人有怪之者以告太守趙佗下縣捕之密又亡去會東郡賊帥翟讓聚黨萬餘人密往歸之或有知密是玄感亡將潛勸讓害之讓囚密於營外密因王伯當以策干讓曰當今主昏於上人怨於下銳兵盡於遼東和親絕於突厥方乃巡遊揚越委弃京都此亦劉項奮起之會以足下之雄才大略士馬精勇席卷二京誅暴滅虐則隋氏之不足亡也讓深加敬慕遽釋之遣說諸小賊所至皆降密又說讓曰今兵衆既多糧無所出若曠日持久則人馬困弊大敵一臨死亡

無日矣未若直取滎陽休兵館穀待士勇馬肥然後與人爭利讓以爲然自是破金堤關掠滎陽諸縣城堡多下之滎陽太守楊慶及通守張須陁以兵討讓讓曾爲須陁所敗聞其來大懼將遠避之密曰須陁勇而無謀兵又驟勝既驕且狠可一戰而擒之公但列陣以待爲公破之讓不得已勒兵將戰密分兵千餘人於木林間設伏讓與戰不利稍却密發伏自後掩之須陁衆潰與讓合擊大破之遂斬須陁於陣讓於是令密別統所部密軍陣整肅凡號令兵士雖盛夏皆若背負霜雪躬服儉素所得金寶皆頒賜麾下由是人爲之用尋復說讓曰昏主蒙塵播蕩吳越羣兵競起海內飢荒明公以英傑之才而統驍雄之旅宜當廓清天下誅翦羣凶豈可求食草間常爲小盜而已今東都士庶中外離心留守諸官政令不一明公親率大衆直掩興洛倉發粟以賑窮乏遠近孰不歸附百萬之衆一朝可集先發制人此機不可失也讓曰僕起隴畝之間望不至此必如所圖請君先發僕領諸軍便爲後殿得倉之日當別議之大業十三年春密與讓領精兵千人出陽城北踰方山自羅口襲興洛倉破之開倉恣人

所取老弱襁負道路不絕衆至數十萬隋越王侗遣虎賁郎將劉長恭率步騎
二萬五千討密密一戰破之長恭僅以身免讓於是推密爲主號爲魏公二月
於鞏南設壇場卽位稱元年其文書行下稱行軍元帥魏公府以房彥藻爲左
長史邴元真爲右長史楊得方爲左司馬鄭德韜爲右司馬拜翟讓爲司徒封
東郡公單雄信爲左武候大將軍徐世勣爲右武候大將軍祖君彥爲記室其
餘封拜各有差於是城洛口周迴四十里以居之長白山賊孟讓率所部歸密
鞏縣長柴孝和侍御史鄭頤以鞏縣降密隋虎賁郎將裴仁基率其子行儼以
武牢歸密拜爲上柱國封河東郡公因遣仁基與孟讓率兵三萬餘人襲迴洛
倉破之入東郡俘掠居人燒天津東都出兵乘之仁基等大敗僅以身免密復
親率兵三萬逼東都將軍段達虎賁郎將高毗劉長林等出兵七萬拒之戰於
故都城隋軍敗走密復下迴洛倉而據之大修營塹以逼東都仍作書以移郡
縣曰自元氣肇闢厥初生人樹之帝王以爲司牧是以羲農軒頊之后堯舜禹
湯之君靡不祇畏上玄愛育黔首乾乾終日翼翼小心馭朽索而同危履春冰

而是懼故一物失所若納隍而愧之一夫有罪遂下車而泣之謙德軫於責躬憂勞切於罪己普天之下率土之濱蟠木距於流沙瀚海窮於丹穴莫不鼓腹擊壤鑿井耕田治致昇平驅之仁壽是以愛之如父母敬之若神明用能享國多年祚延長世未有暴虐臨人克終天位者也隋氏往因周末預奉綴衣狐媚而圖聖寶胠篋以取神器及纘承負扆狼虎其心始曀明兩之暉終干少陽之位先皇大漸侍疾禁中遂爲梟獍便行鴆毒禍深於莒僕釁酷於商臣天地難容人神嗟憤州吁安忍闕伯日尋劍閣所以懷凶晉陽所以興亂甸人爲罄淫刑斯逞夫九族既睦唐帝闡其欽明百世本枝文王表其光大況復隳壞盤石勦絕維城脣亡齒寒寧止虞虢欲其長久其可得乎其罪一也禽獸之行在於聚麀人倫之體別於內外而蘭陵公主逼幸告終誰謂敤首之賢翻見齊襄之恥逮於先皇嬪御並進銀鐶諸王子女咸貯金屋牝雞鳴於詰旦雄雉恣其羣飛祠衣戲陳侯之朝穹廬同冒頓之寢爵賞之出女謁遂成公卿宣淫無復綱紀其罪二也平章百姓一日萬機未曉求衣昃晷不食大禹不貴於尺壁光武

不隔於支體以是憂勤深慮幽枉而荒湎于酒俾晝作夜式號且呼甘嗜聲伎常居窟室每藉糟丘朝謁罕見其身羣臣希覩其面斷決自此不行敷奏於是停擁中山千日之飲酩酊無名襄陽三雅之盃留連詎比又廣召良家充選宮掖潛爲九市親駕四驢自比商人見要逆旅殷辛之譴爲小漢靈之罪更輕內外驚心遐邇失望其罪三也上棟下宇著在易爻茅茨采椽陳諸史籍聖人本意惟避風雨詎待朱玉之華寧須綈錦之麗故璿室崇構商辛以之滅亡阿房崛起二世是以傾覆而不遵古典不念前章廣立池臺多營宮觀金鋪玉戶青瑣丹墀蔽虧日月隔閡寒暑窮生人之筋力罄天下之資財使鬼尚難爲之勞人固其不可其罪四也公田所徹不過十畝人力所供纔止三日是以輕徭薄賦不奪農時寧積於人無藏於府而科稅繁猥不知紀極猛火屢燒漏巵難滿頭會箕斂逆折十年之租杼柚其空日損千金之費父母不保其赤子夫妻相棄於匡牀萬戶則城郭空虛千里則煙火斷滅西蜀王孫之室翻同原憲之貧東海糜竺之家俄成鄧通之鬼其罪五也古先哲王卜征巡狩唐虞五載周則

一紀本欲親問疾苦觀省風謠乃復廣積薪芻多備饔餼年年歷覽處處登臨
從臣疲弊供頓辛苦飄風凍雨聊竊比於先驅車轍馬跡遂周行於天下秦皇
之心未已周穆之意難窮宴西母而歌雲浮東海而觀日家苦納秸之勤人阻
來蘇之望且夫天下有道守在海外夷不亂華在德非險長城之役戰國所爲
乃是狙詐之風非關稽古之法而追蹤秦代板築更興襲其基墟延袤萬里屍
骸蔽野血流成河積怨滿於山川號哭動於天地其罪六也遼水之東朝鮮之
地禹貢以爲荒服周王棄而不臣示以羈縻達其聲教苟欲愛人非求拓土又
強弩末矢理無穿於魯縞衝風餘力詎能動於鴻毛石田得而無堪雞肋啖而
何用而恃衆怙力強兵黷武惟在并吞不思長策夫兵猶火也不戢將自焚遂
令億兆夷人隻輪莫返夫差喪國實爲黃池之盟符堅滅身良由壽春之役欲
捕鳴蟬於前不知挾彈在後復矢相顧髽而成行義夫切齒壯士扼腕其罪七
也直言啓沃王臣匪躬惟木從繩若金須礪唐堯建鼓思聞獻替之言夏禹懸
鞀時聽箴規之美而愎諫違卜蠹賢嫉能直士正人皆由屠害左僕射齊國公

高熲上柱國宋國公賀若弼或文昌上相或細柳功臣暫吐良藥之言翻加屬鏤之賜龍逄無罪便遭夏癸之誅王子何辜濫被商辛之戮遂令君子結舌賢人緘口指白日而比盛射蒼天而敢欺不悟國之將亡不知死之將至其罪八也設官分職貴在銓衡察獄問刑無聞販鬻而錢神起論銅臭爲公梁冀受黃金之蚍孟佗薦蒲萄之酒遂使彝倫攸斁政以賄成君子在野小人在位積薪居上同汲黯之言囊錢不如傷趙壹之賦其罪九也宣尼有言無信不立用命賞祖義豈食言自昏主嗣位每歲行幸南北巡狩東西征伐至如浩亹陪蹕東都守固閿鄉野戰鴈門解圍自外征夫不可勝紀既立功勳須酬官爵而志懷翻覆言行浮詭危急則勳賞懸授克定則絲綸不行異商鞅之頒金同項王之刓印芳餌之下必有懸魚惜其重賞求人死力走丸逆坂匹此非難凡百驍雄誰不讎怨至於匹夫蕞爾宿諾不虧既在乘輿二三其德其罪十也有一於此未或不亡況四維不張三靈總瘁無小無大愚夫愚婦共識殷亡咸知夏滅罄南山之竹書罪未窮決東海之波流惡難盡是以窮奇災於上國猰貐暴於中

原三河縱封豕之貪四海被長虵之毒百姓殲亡殆無遺類十分爲計纔一而已蒼生懍懍咸憂杞國之崩赤子嗷嗷但愁歷陽之陷且國祚將改必有常期六百殷亡之年三十姬終之世故讖籙云隋氏三十六年而滅此則厭德之象已彰代終之兆先見皇天無親惟德是輔況乃攙搶竟天申繻謂之除舊歲星入井甘公以爲義與兼朱雀門燒正陽日蝕狐鳴鬼哭川竭山崩並是宗廟爲墟之妖荆棘旅庭之事夏氏則災釁非多殷人則咎徵更少牽牛入漢方知大亂之期王良策馬始驗兵車之會今者順人將革先天不違大誓孟津陳命景亳三千列國八百諸侯不謀而同辭不召而自至轟轟隱隱如霆如雷彪虎嘯而谷風生應龍驤而景雲起我魏公聰明神武齊聖廣淵總七德而在躬包九功而挺出周太保魏公之孫上柱國蒲山公之子家傳盛德武王承季歷之基地啓元勳世祖嗣元皇之業篤生白水日角之相便彰載誕丹陵大寶之文斯著加以姓符圖緯名協歌謠六合所以歸心三靈所以改卜文王厄於羑里赤雀方來高祖隱於碭山彤雲自起兵誅不道赤伏至自長安鋒銳難當黃星出

於梁宋九五龍飛之始天人豹變之初歷試諸難大敵彌勇上柱國司徒東郡公翟讓功宣締構翼亮經綸伊尹之佐成湯蕭何之輔高帝上柱國總管齊國公孟讓柱國歷城公孟暢柱國絳郡公裴行儼大將軍左長史邴元真等並運籌千里勇冠三軍擊劍則截蛟斷鼇彎弧則吟猿落鴈韓彭絳灌成沛公之基寇賈吳馮奉蕭王之業復有蒙輪挾輈之士拔距投石之夫驥馬追風吳戈照日魏公屬當期運伏茲億兆躬擐甲冑跋涉山川櫛風沐雨豈辭勞倦遂起西伯之師將問南巢之罪百萬成旅四七爲名呼吸則河渭絕流叱咤則嵩華自拔以此攻城何城不陷以此擊陣何陣不摧譬猶瀉滄海而灌殘熒舉崐崙而壓小卵鼓行而進百道俱前以今月二十一日屆於東都而昏朝文武留守段達等昆吾惡稔飛廉姦佞久迷天數敢拒義兵驅率醜徒衆有十萬迴洛倉北遂來舉斧於是熊羆角逐貔虎爭先因其倒戈之心乘我破竹之勢曾未旋踵瓦解冰銷坑卒則長平未多積甲則熊耳爲小達等助桀爲虐嬰城自固梯衝亂舞徒設九拒之謀鼓角將鳴空憑百樓之險燕巢衛幕魚遊宋池殄滅之期

匪朝伊暮然與洛虎牢國家儲積我已先據爲日久矣既得迴洛又取黎陽天
下之倉盡非隋有四方起義足食足兵無前無敵裴光祿仁基雄才上將受脤
專征退邇攸憑安危是託乃識機知變遷殷事夏袁謙擒自藍水張須陁獲在
滎陽賓慶戰没於淮南郭詢授首於河北隋之亡候聊可知也清河公房彥藻
近秉戎律略地東南師之所臨風行電擊安陸汝南隨機蕩定淮安濟陽俄然
送款徐圓朗已平魯郡孟海公又破濟陽海内英雄咸來響應封民贍取平原
之境郝孝德據黎陽之倉李士雄虎視於長平王德仁鷹揚於上黨滑公李景
考功郎中房山基發自臨渝劉興祖起於白朔崔白駒在潁川起方獻伯以譙
郡來各擁數萬之兵俱期牧野之會滄溟之右函谷以東牛酒獻於軍前壺漿
盈於道路諸軍等並衣冠世胄杞梓良才神鼎靈繹之秋裂地封侯之始豹變
鵲起今也其時鼉鳴鼈應見機而作宜各鳩率子弟共建功名耿弇之赴光武
蕭何之奉高帝豈止金章紫綬華蓋朱輪富貴以重當年忠貞以傳奕葉豈不
盛哉若隋代官人同吠堯之犬尙荷王莽之恩仍懷蒯聵之祿審配死於袁氏

不如張洽歸曹范增困於項王未若陳平從漢魏公推以赤心當加好爵擇木
而處令不自疑脫猛虎猶豫舟中敵國夙沙之人共縛其主彭寵之僕自殺其
君高官上賞即以相授如闇於成事守迷不反崑山縱火玉石俱焚爾等噬臍
悔將何及黃河帶地明余旦旦之言皎日麗天知我勤勤之意布告海內咸使
聞知祖君彥之辭也俄而德韜德方俱死復以鄭頲爲左司馬鄭虔象爲右司
馬柴孝和說密曰秦地阻山帶河西楚背之而亡漢高都之而霸如愚意者令
仁基守迴洛翟讓守洛口明公親簡精銳西襲長安百姓孰不郊迎必當有征
無戰既剋京邑業固兵強方更長驅崤函掃蕩東洛傳檄指撝天下可定但今
英雄競起實恐他人我先一朝失之噬臍何及密曰君之所圖僕亦思之久矣
誠乃上策但昏主尚存從兵猶衆我之所部並是山東人既見未下洛陽何肯
相隨西入諸將出於羣盜留之各競雄雌若然者殆將敗矣密將兵鋒甚銳每
入苑與隋軍連戰會密爲流矢所中臥於營內東都復出兵乘之密衆大潰弃
迴洛倉歸于洛口煬帝遣王世充率勁卒五萬擊之密與戰不利孝和溺死於

洛水密哭之甚慟世充營於洛西與密相拒百餘日大小六十餘戰武陽郡丞元寶藏黎陽賊帥李文柏洹水賊帥張昇清河賊帥趙君德平原賊帥郝孝德並歸於密共襲破黎陽倉據之永安大族周法明舉江黄之地以附密齊郡賊帥徐圓朗任城大俠徐師仁淮陽太守趙佗皆歸之翟讓部將王儒信勸讓爲大冢宰總統衆務以奪密之權讓兄寬復謂讓曰天子止可自作安得與人汝若不能作我當爲之密聞其言陰有圖讓之計會世充列陣而至讓出拒之爲世充所擊讓軍少失利密與單雄信等率精銳赴之世充敗走明日讓徑至密所欲爲宴樂密具饌以待之其所將左右各分令就食密引讓入坐以良弓示讓讓方引滿密遣壯士自後斬之幷殺其兄寬及王儒信讓部將徐世勣爲亂兵所斫中重瘡密遽止之得免單雄信等頓首求哀密並釋而慰諭之於是詣讓連營諭其將士無敢動者乃命徐世勣單雄信王伯當分統其衆未幾世充襲倉城密復破之世充復移營洛北造浮橋悉衆以擊密密與千餘騎拒之不利而退世充因薄其城下密簡銳卒數百人以邀之世充大潰爭趣浮橋溺死

者數萬虎賁郎將楊威王辯霍舉劉長恭梁德董智皆沒于陣世充僅而獲免
其夜大雨雪士卒凍死者殆盡密乘勝陷偃師於是修金墉城居之有衆三十
餘萬留守韋津又與密戰於上春門津大敗執於陣將作大匠宇文愷叛東都
降于密東至海岱南至江淮郡縣莫不遣使歸密竇建德朱粲楊士林孟海公
徐圓朗盧祖尚周法明等並隨使通表於密勸進於是密下官屬咸勸密卽尊
號密曰東都未平不可議此及義旗建密負其強盛欲自爲盟主乃致書呼高
祖爲兄請合從以滅隋大略云欲與高祖爲盟津之會殪商辛於牧野執子嬰
於咸陽其旨以弒後主執代王爲意高祖覽書笑曰李密陸梁放肆不可以折
簡致之吾方安輯京師未遑東討卽相阻絕便是更生一秦密今適所以爲吾
拒東都之兵守成臯之扼更求韓彭莫如用密宜卑辭推獎以驕其志使其不
虞於我我得入關據蒲津而屯永豐阻崤函而臨伊洛吾大事濟矣令記室溫
大雅作書報密曰頃者崑山火烈海水羣飛赤縣丘墟黔黎塗炭布衣戎卒鋤
耰棘矜爭霸圖王狐鳴蜂起翼翼京洛強弩圍城膴膴周原僵屍滿路主上南

巡泛膠舟而忘返匈奴北熾將被髮於伊川鞏上無虞羣下結舌大盜移國莫之敢指忽焉至此自貽伊戚七百之基窮於二世周齊以往書契以還邦國淪胥未有如斯之酷者也天生蒸民必有司牧當今爲牧非子而誰老夫年餘知命願不及此欣戴大弟攀鱗附翼惟冀早應圖籙以寧兆庶宗盟之長屬籍見容復封於唐斯榮足矣殪商辛於牧野所不忍言執子嬰於咸陽非敢聞命汾晉左右尚須安輯盟津之會未暇卜期今日鑾輿南幸恐同永嘉之勢顧此中原鞠爲茂草興言感歎實疚于懷脫知動靜數遲貽報未面靈襟用增勞軫名利之地鋒鏑縱横深慎垂堂勉茲鴻業密得書甚悅示其部下曰唐公見推天下不足定也於是不虞義師而專意於世充俄而宇文化及率衆自江都北指黎陽兵十餘萬密乃自將步騎二萬拒之隋越王侗稱尊號遣使授密太尉尚書令東南道大行臺行軍元帥魏國公令先平化及然後入朝輔政密將與化及相抗恐前後受敵因卑辭以報謝焉化及至黎陽與密相遇密知其軍少食利在急戰故不與交鋒又遏其歸路密遣徐世勣守倉城化及攻之不能下密

知化及糧且盡因僞與和以弊其衆化及弗之悟大喜恣其兵食冀密饋之後知其計化及怒與密大戰于衛州之童山下密爲流矢所中頓於汲縣化及力竭糧盡衆多叛之掠汲縣北趣魏縣其將陳智略張童仁等率所部兵歸于密者前後相繼初化及留輜重於東都遣其所署刑部尚書王軌守之至是軌舉郡降密密引兵而西遣使朝于東都執弑煬帝人于弘達獻越王侗侗召密入朝至溫縣聞世充作難而止乃歸金墉城時密兵少衣世充兵乏食乃請交易密初難之邴元真好求私利屢勸密密遂許焉初東都絕糧兵士歸密者日有數百至此得食而降人益少密方悔而止密雖據倉而無府庫兵數戰皆不獲賞又厚撫初附之兵由是衆心漸怨武德元年九月世充以其衆五千來決戰密留王伯當守金墉自引精兵就偃師北阻邙山以待之世充軍至密遂敗績裴仁基祖君彥並爲世充所虜密與萬餘人馳向洛口世充圍偃師守將鄭頲之下兵士劫叛以城降世充密將入洛口倉城邴元真已遣人潛引世充密陰知之不發其事欲待世充兵半渡洛水然後擊之及世充軍至密候騎不時覺

比將出戰世充軍已濟矣密自度不能支引騎而遁徑赴武牢元真竟以城降於世充密將如黎陽或謂密曰殺翟讓之際徐世勣幾至於死今向其所安可保乎時王伯當弃金墉保河陽密以輕騎自武牢歸之謂伯當曰兵敗矣久苦諸君我今自刎請以謝衆伯當抱密號叫慟絕衆皆泣莫能仰視密復曰諸軍幸不相棄當共歸關中密身雖媿無功諸君必保富貴其府掾柳奭對曰昔盆子歸漢尚食均輸明公與唐公同族兼有疇昔之遇雖不陪從起義然而阻東都斷隋歸路使唐公不戰而據京師此亦公之功也衆咸曰然密又謂王伯當曰將軍室家重大豈復與孤俱行哉伯當曰昔漢高誅項蕭何率子弟以從伯當恨不昆季盡從以此爲愧耳豈以公今日失利遂輕去就縱身分原野亦所甘心左右莫不感激於是從入關者尚二萬人高祖遣使迎勞相望於道密大喜謂其徒曰我有衆百萬一朝至此命也今事敗歸國幸蒙殊遇當思竭忠以事所奉耳且山東連城數百知吾至此遣使招之盡當歸國比於竇融勳亦不細豈不以一台司見處乎及至京師禮數益薄執政者又來求賄意甚不平尋

拜光祿卿封邢國公未幾聞其所部將帥皆不附世充高祖使密領本兵往黎陽招集故時將士經略世充時王伯當爲左武衛將軍亦令爲副密行至桃林高祖復徵之密大懼謀將叛伯當頗止之密不從因謂密曰義士之立志也不以存亡易心伯當荷公恩禮期以性命相報公必不聽今祇可同去死生以之然終恐無益也乃簡驍勇數千人著婦人衣戴羃䍦藏刀裙下詐爲妻妾自率之入桃林縣舍須臾變服突出因據縣城驅掠畜產直趣南山乘險而東遣人馳告張善相令以兵應接時右翊衛將軍史萬寶留鎮熊州遣副將盛彥師率步騎數千追躡至陸渾縣南七十里與密相及彥師伏兵山谷密軍半度橫出擊敗之遂斬密時年三十七王伯當亦死之與密俱傳首京師時李勣爲黎陽總管高祖以勣舊經事密遣使報其反狀勣表請收葬詔許之高祖歸其屍勣發喪行服備君臣之禮大具威儀三軍皆縞素葬于黎陽山南五里故人哭之多有歐血者邴元真之降世充也以爲行臺僕射鎮滑州密故將杜才幹恨元真背密詐與之會伏甲斬之以其首祭于密冢

單雄信者曹州人也翟讓與之友善少驍健尤能馬上用槍密軍號爲飛將密偃師失利遂降於王世充署爲大將軍太宗圍逼東都雄信出軍拒戰援槍而至幾及太宗徐世勣呵止之曰此秦王也雄信惶懼遂退太宗由是獲免東都平斬於洛陽

史臣曰當隋政板蕩煬帝荒淫搖動中原遠征遼海內無賢臣以匡國外乏良吏以理民兩京空虛兆庶疲弊李密因民不忍首爲亂階心斷機謀身臨陣敵據鞏洛之口號百萬之師竇建德輩皆効樂推唐公紿以欣戴不亦偉哉及偃師失律猶存麾下數萬衆苟去猜忌疾趣黎陽任世勣爲將臣信魏徵爲謀主成敗之勢或未可知至於天命有歸大事已去比陳涉有餘矣始則稱首舉兵終乃甘心爲降虜其爲計也不亦危乎又不能委質爲臣竭誠事上竟爲叛者終是狂夫不取伯當之言遂及桃林之禍或以項羽擬之文武器度卽有餘壯勇斷果則不及楊素既知密之才幹合爲王之爪牙委之癡兒卒爲謀主覆族之禍其宜也哉

贊曰烏陽既昇爝火不息狂哉李密始亂終逆

舊唐書卷五十三

李密傳祖曜周太保魏國公○沈炳震曰周書作邢國公新書亦然此存疑

唐公見推天下不足可定○臣德潛按資治通鑑及綱目皆云密得高祖書甚悅示其部下曰唐公見推天下不足定也句意較明今改正

遣副將盛彥師率步騎數千追躡至陸渾縣南七十里○臣宗萬按通鑑與傳相同河洛記云密曉入桃林據縣城驅掠畜產趨南山時左翊衞將軍史萬寶在熊州遣將劉善武領兵追躡善武兄善績往在洛口爲密所屠善武因此發憤志在取密十日十夜倍道兼行追至陸渾縣南七十里据此所載之事與傳約略相同惟所遣之將劉善武與傳不同而善武取密之故又不知所据何書也

舊唐書卷五十三考證

舊唐書卷五十四

後晉司空同中書門下平章事劉昫撰

列傳第四

王世充　竇建德

王世充字行滿本姓支西域胡人也寓居新豐祖支頹耨早死父收隨母嫁霸城王氏因冒姓焉仕至汴州長史世充頗涉經史尤好兵法及龜策推步之術開皇中以軍功拜儀同累轉兵部員外郎善敷奏明習法律然舞弄文法高下其心或有駁難之者世充利口飾非辭議鋒起衆雖知其不可而莫能屈大業中累遷江都丞兼領江都宮監時煬帝數幸江都世充善候人主顏色阿諛順旨每入言事帝必稱善乃雕飾池臺陰奏遠方珍物以媚於帝由是益昵之世充知隋政將亂陰結豪俊多收羣心有繫獄抵罪皆枉法出之以樹私恩及楊玄感作亂吳人朱燮晉陵人管崇起兵江南以應之自稱將軍擁衆十餘萬隋遣將軍吐萬緒魚俱羅等討之不尅世充爲其偏將募江都萬餘人頻擊破之

每有剋捷必歸功於下所獲軍實皆推與士卒由此人爭爲用功最居多十年齊郡賊帥孟讓自長白山寇掠諸郡至盱眙有衆十餘萬世充以兵拒之保都梁山爲五柵相持不戰乃倡言兵走羸師自弱讓笑曰王世充文法小吏安能領兵吾令生縛取之鼓行而入江都時百姓皆入壁野無所掠賊衆漸餒又苦柵當其道不得南侵即分兵圍五柵世充每日擊之陽不利走還入柵如是數日讓益輕之乃稍分人於南方抄留兵纔足以圍柵世充知其懈乃於營中夷竈撤幕設方陣四面外向毀柵而出奮擊大破之讓以數十騎遁去斬首萬餘級俘虜十餘萬人煬帝以世充有將帥才略復遣領兵討諸小盜所向盡平十一年突厥圍煬帝於鴈門世充盡發江都人將往赴難在軍中蓬首垢面悲泣無度曉夜不解甲藉草而臥煬帝聞之以爲忠益信任之十二年遷江都通守時厭次人格謙爲盜數年兵十餘萬在豆子䴚中爲太僕卿楊義臣所殺世充帥師擊其餘衆破之又擊盧明月於南陽虜獲數萬後還江都煬帝大悅自執杯酒以賜之及李密攻陷洛口倉進逼東都煬帝特詔世充大發兵於洛口拒

密前後百餘戰未有勝負又遣就軍拜世充爲將軍趣令破賊世充引軍渡洛水與李密戰世充軍敗績溺死者萬餘人乃率餘衆歸河陽時天寒大雪兵士在道凍死者又數萬人比至河陽纔以千數世充自繫獄請罪越王侗遣使赦之徵還洛陽置營於含嘉倉城收合亡散復得萬餘人俄而宇文化及作難太府卿元文都武衞將軍皇甫無逸右司郎中盧楚奉越王侗嗣位於東都拜世充爲吏部尚書封鄭國公文都謂楚等曰今化及弒逆讎恥未報吾雖志在枕戈而力所不及爲國計者莫如以尊官寵李密以庫物權啗之使擊化及令兩賊自鬭化及既破而密之兵固亦疲矣又其士卒得我之賞居我之官內外相親易爲反間我師養力以乘其弊則密亦可圖也楚等以爲然卽日遣使拜密爲太尉尚書令令討化及密遂稱臣奉制以兵拒化及於黎陽每戰勝則遣使告捷衆皆悅世充獨謂其麾下諸將曰文都之輩刀筆吏耳吾觀其勢必爲李密所擒且吾軍人每與密戰殺其父兄子弟前後已多一旦爲之下吾屬無類矣出言以激怒其衆文都知而大懼與楚等謀因世充入內伏甲而殺之期有

日矣納言段達庸懦恐事不果遣其女聟張志以楚等謀告世充其夜勒兵圍
宮城將軍費曜田闍等拒戰於東太陽門外曜軍敗世充遂攻門而入無逸以
單騎遁走獲楚殺之時宮門閉世充遣人扣門言於侗曰元文都等欲執皇帝
降于李密段達知而告臣臣非敢反誅反者耳初文都聞變入奉侗於乾陽殿
陳兵衞之令將帥乘城以拒難段達矯侗命執文都送於世充至則亂擊而死
達又矯侗命開門以納世充世充悉遣人代宿衞者然後入謁陳謝曰文都等
無狀謀相屠害事急爲此不敢背國侗與之盟其日進拜尚書左僕射總督內
外諸軍事世充去含嘉城移居尚書省專宰朝政以其兄世惲爲內史令入居
禁中子弟咸擁兵馬鎮諸城邑未幾李密破化及還其勁兵良馬多戰死士卒
疲倦世充欲乘其弊而擊之恐人心不一乃假託鬼神言夢見周公乃立祠於
洛水遣巫宣言周公欲令僕射急討李密當有大功不則兵皆疫死世充兵多
楚人俗信妖言衆皆請戰世充簡練精勇得二萬餘人馬二千餘匹軍於洛水
南密軍偃師北山上時密新破化及有輕世充之心不設壁壘世充夜遣三百

餘騎潛入北山伏谿谷中令軍人秣馬蓐食遲明而薄密密出兵應之陣未成列而兩軍合戰其伏兵發乘高而下馳壓密營又縱火焚其廬舍密軍潰降其將張童仁陳智略進下偃師密走保洛口初世充兄世偉及子玄應隨化及至東郡密得而囚之於城中至是盡獲之又執密長史邴元真妻子司馬鄭虔象之母及諸將子弟皆撫慰之各令潛呼其父兄世充進兵次洛口邴元真鄭虔象等舉倉城以應之密以數十騎走河陽率餘衆入朝世充盡收其衆振旅而還侗進拜世充太尉以尚書省爲其府備置官屬世充立三牓於府門之外一求文才學識堪濟世務者一求武藝絕人摧鋒陷陣者一求能理冤枉擁抑不申者於是上書陳事日有數百世充皆躬自省覽慇懃慰勞好行小惠下至軍營騎士皆飾辭以誘之當時有識者見其心口相違頗以懷貳世充嘗於侗前賜食還家大嘔吐疑遇毒所致自是不復朝請與侗絕矣遣雲定興段達入奏於侗請加九錫之禮二年三月遂策授相國總百揆封鄭王加九錫備物有道士桓法嗣者自言解圖讖乃上孔子閉房記畫作丈夫持一竿以驅羊釋云隋

楊姓也干一者王字也王居羊後明相國代隋爲帝也又取莊子人間世德充符二篇上之法嗣釋曰上篇言世下篇言充此即相國名矣明當德被人間而應符命爲天子也世充大悅曰此天命也再拜受之即以法嗣爲諫議大夫世充又羅取雜鳥書帛繫其頸自言符命而散放之有彈射得鳥來而獻者亦拜官爵段達雲定興等入見於侗曰天命不常鄭王功德甚盛願陛下揖讓告禪遵唐虞之迹侗怒曰天下者高祖之天下若隋德未衰此言不可發必天命有改亦何論於禪讓公等皆是先朝舊臣忽有斯言朕復當何所望段達等莫不流涕世充又使人謂曰今海內未定須得長君待四方乂安復子明辟必若前盟義不違負四月假爲侗詔策禪位遣兄世惲廢侗於含涼殿世充僭即皇帝位建元曰開明國號鄭先封同姓王隆爲淮陽王整爲東郡王楷爲馮翊王素爲樂安王次封叔瓊爲陳王兄世衡爲秦王世偉爲楚王世惲爲齊王又封瓊子辯爲杞王衡子虔壽爲蔡王偉子弘烈爲魏王行本爲荆王琬爲代王惲子仁則爲唐王道誠爲衞王道詢爲趙王道稜爲燕王兄世師子太爲宋王君度

爲越王立子玄應爲皇太子封子玄恕爲漢王世充每聽朝必慇懃誨諭言辭重復千端萬緒百司奉事疲於聽受或輕騎遊歷街衢亦不清道百姓但避路而已按轡徐行謂百姓曰昔時天子深坐九重在下事情無由聞徹世充非貪寶位本欲救時今當如一州刺史每事親覽當與士庶共評朝政恐門禁有限慮致壅塞今止順天門外置座聽朝又令西朝堂受抑屈東朝堂受直諫於是獻書上事日有數百條疏既煩省覽難遍數日後不復更出五月世充禮部尚書裴仁基及其子左輔大將軍行儼尚書左丞宇文儒童等數十人謀誅世充復尊立侗事洩皆見害夷其三族六月世惲因勸世充害侗以絕衆望世充遣其姪行本鴆殺侗諡曰恭皇帝其將軍羅士信率其衆千餘人來降十月世充率衆東徇地至于滑州仍以兵臨黎陽十一月竇建德入世充之殷州殺掠居人焚燒積聚以報黎陽之役三年二月世充殿中監豆盧達來降世充見衆心日離乃嚴刑峻制家一人逃者無少長皆坐爲戮父子兄弟夫妻許其相告而免之又令五家相保有全家叛去而鄰人不覺者誅及四鄰殺人相繼其逃亡

益甚至於樵採之人出入皆有限數公私窘急皆不聊生又以宮城爲大獄意有所忌卽收繫其人及家屬於宮中又每使諸將出外亦收其親屬質於宮內囚者相次不減萬口既艱食餧死者日數十人世充屯兵不散倉粟日盡城中人相食或握土置瓮中用水淘汰沙石沉下取其上浮泥投以米屑作餅餌而食之人皆體腫而脚弱枕倚於道路其尚書郎盧君業郭子高等皆死於溝壑七月秦王率兵攻之師至新安世充鎭堡相次來降八月秦王陳兵於青城宮世充悉兵來拒隔澗而言曰隋末喪亂天下分崩長安洛陽各有分地世充唯願自守不敢西侵計熊穀二州相去非遠若欲取之豈非度內既敦隣好所以不然王乃盛相侵軼遠入吾地三崤之道千里饋糧以此出師未見其可太宗謂曰四海之內皆承正朔唯公執迷獨阻聲教東都士庶亟請王師關中義勇感恩致力至尊重違衆願有斯弔伐若轉禍來降則富貴可保如欲相抗無假多言世充無以報太宗分遣諸將攻其城鎭所至輒下九月王君廓攻拔世充之轘轅縣東徇地至管城而還於是河南州縣相次降附竇建德自侵殷州之

後與世充遂結深隙信使斷絕十一月竇建德又遣人結好幷陳救援之意世充乃遣其兄子琬及內史令長孫安世報聘且乞師四年二月世充率兵出方諸門與王師相抗世充軍敗因乘勝追之屯其城門世充步卒不得入驚散南走追斬數千級虜五千餘人世充從此不復敢出但嬰城自守以待建德之援三月秦王擒建德幷王琬長孫安世等于武牢迴至東都城下以示之且遣安世入城使言敗狀世充惶惑不知所爲將潰圍而出南走襄陽謀於諸將皆不荅乃率其將吏詣軍門請降於是收其府庫頒賜將士世充黃門侍郎薛德音以文檄不遜先誅之次收世充黨與段達楊汪單雄信楊公卿郭士衡郭什柱董濬張童仁朱粲等十餘人皆戮于洛渚之上秦王以世充至長安高祖數其罪世充對曰計臣之罪誠不容誅但陛下愛子秦王許臣不死高祖乃釋之與兄芮妻子同徙于蜀將行爲讎人定州刺史獨孤修所殺子玄應及兄世偉等在路謀叛伏誅世充自篡位凡三年而滅

竇建德貝州漳南人也少時頗以然諾爲事嘗有鄉人喪親家貧無以葬時建

德耕於田中聞而嘆息遽輟耕牛往給喪事由是大爲鄉黨所稱初爲里長犯法亡去會赦得歸父卒送葬者千餘人凡有所贈皆讓而不受大業七年募人討高麗本郡選勇敢尤異者以充小帥遂補建德爲二百人長時山東大水人多流散同縣有孫安祖家爲水所漂妻子餒死縣以安祖驍勇亦選在行中安祖辭貧白言漳南令令怒笞之安祖刺殺令亡投建德建德舍之是歲山東大飢建德謂安祖曰文皇帝時天下殷盛發百萬之衆以伐遼東尚爲高麗所敗今水潦爲災黎庶窮困而主上不恤親駕臨遼加以往歲西征瘡痍未復百姓疲弊累年之役行者不歸今重發兵易可搖動丈夫不死當立大功豈可爲逃亡之虜也我知高雞泊中廣大數百里莞蒲阻深可以逃難承間而出虜掠足以自資既得聚人且觀時變必有大功於天下矣安祖然其計建德招誘逃兵及無產業者得數百人令安祖率之入泊中爲羣盜安祖自稱將軍鄃人張金稱亦結聚得百人在河阻中蓚人高士達又起兵得千餘人在清河界中時諸盜往來漳南者所過皆殺掠居人焚燒舍宅獨不入建德之閭由是郡縣意建

德與賊徒交結收繫家屬無少長皆殺之建德聞其家被屠滅率麾下二百人亡歸士達自稱東海公以建德爲司兵後安祖爲張金稱所殺其兵數千人又盡歸于建德自此漸盛兵至萬餘人猶往來高雞泊中每傾身接物與士卒均執勤苦由是能致人之死力十二年涿郡通守郭絢率兵萬餘人來討士達士達自以智略不及建德乃進爲軍司馬咸以兵授焉建德既初董衆欲立奇功以威羣賊請士達守輜重自簡精兵七千人以拒絢詐爲與士達有隙而叛之士達又宣言建德背亡而取虜獲婦人紿爲建德妻子於軍中殺之建德僞遣人遺絢書請降願爲前驅破士達以自効絢信之即引兵從建德至長河界期與爲盟共圖士達絢兵益懈而不備建德襲之大破絢軍殺略數千人獲馬千餘匹絢以數十騎遁走遣將追及於平原斬其首以獻士達由是建德之勢益振隋遣太僕卿楊義臣率兵萬餘人討張金稱破之於清河所獲賊衆皆屠滅餘散在草澤間者復相聚而投建德義臣乘勝至平原欲入高雞泊中建德謂士達曰歷觀隋將善用兵者唯義臣耳新破金稱遠來襲我其鋒不可當請引

兵避之令其欲戰不得空延歲月將士疲倦乘便襲擊可有大功今與爭鋒恐
公不能敵也士達不從其言因留建德守壁自率精兵逆擊義臣戰小勝而縱
酒高宴有輕義臣之心建德聞之曰東海公未能破賊而自矜大此禍至不久
矣隋兵乘勝必長驅至此人心驚駭吾恐不全遂留人守壁自率精銳百餘據
險以防士達之敗後五日義臣果大破士達於陣斬之乘勢追奔將圍建德守
兵既少聞士達敗衆皆潰散建德率百餘騎亡去行至饒陽觀其無守備攻陷
之撫循士衆人多願從又得三千餘兵初義臣既殺士達以爲建德不足憂建
德復還平原收士達敗兵之死者悉收葬焉爲士達發喪三軍皆縞素招集亡
卒得數千人軍復大振始自稱將軍初羣盜得隋官及山東士子皆殺之唯建
德每獲士人必加恩遇初得饒陽縣長宋正本引爲上客與參謀議此後隋郡
長吏稍以城降之軍容益盛勝兵十餘萬人十三年正月築壇場於河間樂壽
界中自稱長樂王年號丁丑署置官屬七月隋遣右翊衛將軍薛世雄率兵三
萬來討之至河間城南營於七里井建德聞世雄至選精兵數千人伏河間南

界澤中悉拔諸城僞遁云亡入豆子䴚中世雄以爲建德畏己乃不設備建德覘知之自率敢死士一千人襲擊世雄會雲霧晝晦兩軍不辯隋軍大潰自相踏藉死者萬餘世雄以數百騎而遁餘軍悉陷於是建德進攻河間頻戰不下其後城中食盡又聞煬帝被弒郡丞王琮率士吏發喪建德遣使弔之琮因使者請降建德退舍具饌以待焉琮率官屬素服面縛詣軍門建德親解其縛與言隋亡之事琮俯伏悲哀建德亦爲之泣諸賊帥或進言曰琮拒我久殺傷甚衆計窮方出今請烹之建德曰此義士也方加擢用以勵事君者安可殺之往在泊中共爲小盜容可恣意殺人今欲安百姓以定天下何得害忠良乎因令軍中曰先與王琮有隙者今敢動搖罪三族卽日授琮瀛州刺史始都樂壽號曰金城宮自是郡縣多下之武德元年冬至日於金城宮設會有五大鳥降于樂壽羣鳥數萬從之經日而去因改年爲五鳳有宗城人獻玄珪一枚景城丞孔德紹曰昔夏禹膺籙天錫玄珪今瑞與禹同宜稱夏國建德從之先是有上谷賊帥王須拔自號漫天擁衆數萬入掠幽州中流矢而死其亞將魏刀兒代

領其衆自號歴山飛入據深澤有徒十萬建德與之和刀兒因弛守備建德襲
破之又盡幷其地二年宇文化及僭號於魏縣建德謂其納言宋正本內史侍
郎孔德紹曰吾爲隋之百姓數十年矣隋爲吾君二代矣今化及殺之大逆無
道此吾讎矣請與諸公討之何如德紹曰今海內無主英雄競逐大王以布衣
而起漳浦隋郡縣官人莫不爭歸附者以大王仗順而動義安天下也宇文化
及與國連姻父子兄弟受恩隋代身居不疑之地而行弑逆之禍篡隋自代乃
天下之賊也此而不誅安用盟主建德稱善卽日引兵討化及連戰大破之化
及保聊城建德縱撞車拋石機巧絶妙四面攻城陷之建德入城先謁隋蕭皇
后與語稱臣悉收弑煬帝元謀者宇文智及楊士覽元武達許弘仁孟景集隋
文武官對而斬之梟首轅門之外化及幷其二子同載以檻車至大陸縣斬之
建德每平城破陣所得資財並散賞諸將一無所取又不噉肉常食唯有菜蔬
脫粟之飯其妻曹氏不衣紈綺所使婢妾纔十數人至此得宮人以千數並有
容色應時放散得隋文武官及驍果尚且一萬亦放散聽其所去又以隋黃門

侍郎裴矩爲尚書左僕射兵部侍郎崔君肅爲侍中少府令何稠爲工部尚書自餘隨才拜授委以政事其有欲往關中及東都者亦恣聽之仍給其衣糧以兵援之送出其境攻陷洺州虜刺史袁子幹遷都于洺州號萬春宮遣使往灌津祠竇青之墓置守冢二十家又與王世充結好遣使朝隋越王侗於洛陽後世充廢侗自立乃絕之始自尊大建天子旌旗出警入蹕下書言詔追謚隋煬帝爲閔帝封齊王暕子政道爲鄖公然猶依倚突厥隋義城公主先嫁突厥及是遣使迎蕭皇后建德勒兵千餘騎送之入蕃又傳化及首以獻公主既與突厥相連兵鋒益盛九月南侵相州河州大使淮安王神通不能拒退奔黎陽相州陷殺刺史呂珉又進攻衞州陷黎陽左武衞大將軍李世勣皇妹同安長公主及神通並爲所虜滑州刺史王軌爲奴所殺攜其首以奔建德曰奴殺主爲大逆我何可納之命立斬奴而返軌首於滑州吏人感之卽日而降齊濟二州及兗州賊帥徐圓朗皆聞風而下建德釋李世勣使其領兵以鎮黎州三年正月世勣捨其父而逃歸執法者請誅之建德曰勣本唐臣爲我所虜不忘其主

逃還本朝此忠臣也其父何罪竟不誅舍同安長公主及神通於別館待以客
禮高祖遣使與之連和建德卽遣公主與使俱歸嘗破趙州執刺史張昂邢州
刺史陳君賓大使張道源等以侵軼其境建德將戮之其國子祭酒淩敬進曰
夫犬各吠非其主今隣人堅守力屈就擒此乃忠確士也若加酷害何以勸大
王之臣乎建德盛怒曰我至城下猶迷不降勞我師旅罪何可赦敬又曰今大
王使大將軍高士興於易水抗禦羅藝兵纔至士興卽降大王之意復爲可不
建德乃悟卽命釋之其寬厚從諫多此類也又遣士興進圍幽州攻之不剋退
軍旅籠火城爲藝所襲士興大潰先是其大將王伏寶多勇略功冠等倫羣帥
嫉之或言其反建德將殺之伏寶曰我無罪也大王何聽讒言自斬左右手乎
既殺之後用兵多不利九月建德自帥師圍幽州藝出兵與戰大破之斬首千
二百級藝兵頻勝而驕進襲其營建德列陣於營中填塹而出擊藝敗之建德
薄其城不剋遂歸洺州其納言宋正本好直諫建德又聽讒言殺之是後人以
爲誡無復進言者由此政教益衰先曹州濟陰人孟海公擁精兵三萬據周橋

城以掠河南之地其年十一月建德自率兵渡河以擊之時秦王攻王世充於洛陽建德中書舍人劉斌說建德曰今唐有關內鄭有河南夏居河北此鼎足相持之勢也聞唐兵悉衆攻鄭首尾二年鄭勢日蹙而唐兵不解唐強鄭弱其勢必破鄭鄭破則夏有齒寒之憂爲大王計者莫若救鄭鄭拒其內夏攻其外破之必矣若却唐全鄭此常保三分之勢也若唐軍破後而鄭可圖則因而滅之總二國之衆乘唐軍之敗長驅西入京師可得而有此太平之基也建德大悅曰此良策矣適會世充遣使乞師于建德卽遣其職方侍郎魏處繪入朝請解世充之圍四年二月建德剋周橋虜海公留其將范願守曹州悉發海公及徐圓朗之衆來救世充軍至滑州世充行臺僕射韓洪開城納之遂進逼元州梁州管州皆陷之屯于滎陽三月秦王入武牢進薄其營多所傷殺幷擒其將殷秋石瓚時世充弟世辨爲徐州行臺遣其將郭士衡領兵數千人從之合衆十餘萬號爲三十萬軍次成皐築宮于板渚以示必戰又遣閒使約世充共爲表裏經二月迫於武牢不得進秦王遣將軍王君廓領輕騎千餘抄其糧運獲

其大將張青特虜獲甚衆建德數不利人情危駭將帥已下破孟海公皆有所獲思歸洛州凌敬進說曰宜悉兵濟河攻取懷州河陽使重將居守更率衆鳴鼓建旗踰太行入上黨先聲後實傳檄而定漸趨壺口稍駭蒲津收河東之地此策之上也行此必有三利一則入無人之境師有萬全二則拓土得兵三則鄭圍自解建德將從之而世充之使長孫安世陰齎金玉啗其諸將以亂其謀衆咸進諫曰凌敬書生耳豈可與言戰乎建德從之退而謝敬曰今衆心甚銳此天贊我矣因此決戰必將大捷已依衆議不得從公言也敬固爭建德怒扶出焉其妻曹氏又言於建德曰祭酒之言可從大王何不納也請自滏口之道乘唐國之虛連營漸進以取山北又因突厥西抄關中唐必還師以自救此則鄭圍解矣今頓兵武牢之下日月淹久徒爲自苦事恐無功建德曰此非女子所知也且鄭國懸命朝暮以待吾來既許救之豈可見難而退示天下以不信也於是悉衆進逼武牢官軍按甲挫其銳及建德結陣於汜水秦王遣騎挑之建德進軍而戰竇抗當之建德少却秦王馳騎深入反覆四五合然後大破之

建德中槍竄於牛口渚車騎將軍白士讓楊武威生獲之先是軍中有童謠曰豆入牛口勢不得久建德行至牛口渚甚惡之果敗於此地建德所領兵衆一時奔潰妻曹氏及其左僕射齊善行將數百騎遁于洺州餘黨欲立建德養子爲主善行曰夏王平定河朔士馬精強一朝被擒如此豈非天命有所歸也不如委心請命無爲塗炭生人遂以府庫財物悉分士卒各令散去善行乃與建德右僕射裴矩行臺曹旦及建德妻率僞官屬舉山東之地奉傳國等八璽來降七月秦王俘建德至京師斬于長安市年四十九自起軍至滅凡六歲河北悉平其年劉黑闥復盜據山東

史臣曰世充姦人遭逢昏主上則諛佞詭俗以取榮名下則強辯飾非以制羣論終行篡逆自恣陸梁安忍殺人矯情馭衆凡所委任多是叛亡出降秦王不致顯戮其爲幸也多矣建德義伏鄉閭盜據河朔撫馭士卒招集賢良中絕世充終斬化及不殺徐蓋生還神通沉機英斷靡不有初及宋正本王伏寶被讒見害凌敬曹氏陳謀不行遂至亡滅鮮克有終矣然天命有歸人謀不及

贊曰世充篡逆建德愎諫二凶卽誅中原弭亂

舊唐書卷五十四

舊唐書卷五十四考證

王世充傳進下偃師密走保洛口○臣宗萬按革命記曰世充先於衆中覓得一人眉目狀似李密者陰畜之而不令出師至偃師城下與密未大相接遽令數十騎馳將所畜人頭來云殺得李密世充佯不信遣衆共看咸言是密頭遂於城下勒兵擲於城中城中人亦言是密頭也遂以城降通鑑云世充先索得一人貌類密者縛而匿之戰方酣使牽以過陳前譟曰已獲李密矣此蓋從壺關錄也兩書俱載其事而微有異同傳獨不載故附識之

秦王以世充至長安高祖釋之徙於蜀將行爲讎人定州刺史獨孤脩所殺○新書作羽林將軍獨孤脩德脩德父機謀歸唐爲世充所屠者也

竇建德傳二年宇文化及僭號於魏縣○新書作武德元年臣宗萬按通鑑化及聞王軌叛大懼引兵欲北其將陳智略等皆降於密化及以二萬衆北趣魏縣時武德元年七月也八月至魏自知必敗鴆殺秦王浩卽皇帝位于魏縣據此當從新書元年爲是

化及幷其二子同載以檻車至大陸縣斬之○臣宗萬按隋書載之河間斬之

通鑑至襄國斬之三書互異又按河洛記云建德將化及幷蕭后南陽公主

隨軍於時襄國郡尚爲隋守建德因其迴兵欲攻之營于城下遣大理官引

化及出營東南二里許宣令數其罪幷二子同時受戮通鑑本諸此也

舊唐書卷五十四考證

舊唐書卷五十五

後晉司空同中書門下平章事劉昫撰

列傳第五

薛舉 子仁杲　李軌　劉武周 苑君璋附

高開道　劉黑闥 徐圓朗

薛舉河東汾陰人也其父汪徙居金城舉容貌瓌偉凶悍善射驍武絕倫家產鉅萬交結豪猾雄於邊朔初爲金城府校尉大業末隴西羣盜蜂起百姓飢餒金城令郝瑗募得數千人使舉討捕授甲於郡中吏人咸集置酒以饗士舉與其子仁杲及同謀者十三人於座中劫瑗矯稱收捕反者因發兵囚郡縣官開倉以賑貧乏自稱西秦霸王建元爲秦興封仁杲爲齊公少子仁越爲晉公有宗羅睺者先聚黨爲羣盜至是帥衆會之封爲義興公餘皆以次封拜掠官收馬招集羣盜兵鋒甚銳所至皆下隋將皇甫綰屯兵一萬在枹罕舉選精銳二千人襲之與綰軍遇於赤岸陳兵未戰俄而風雨暴至初風逆舉陣而綰不擊

之忽返風正逆縮陣氣色昏昧軍中擾亂舉策馬先登衆軍從之隋軍大潰遂陷枹罕時羌首鍾利俗擁兵二萬在岷山界盡以衆降舉兵遂大振進仁杲爲齊王授東道行軍元帥仁越爲晉王兼河州刺史羅睺爲義興王以副仁杲總兵略地又剋鄯廓二州數日間盡有隴西之地衆至十三萬十三年秋七月舉僭號於蘭州以妻鞠氏爲皇后母爲皇太后起墳塋置陵邑立廟於城南其月舉陳兵數萬出拜墓禮畢大會仁杲進兵圍秦州仁越兵趨劍口至河池郡太守蕭瑀拒退之舉命其將常仲與渡河擊李軌與軌將李贇大戰于昌松仲與敗績全軍陷於軌及仁杲剋秦州舉自蘭州遷都之遣仁杲引軍寇扶風郡汧源賊帥唐弼率衆拒之兵不得進初弼起扶風立隴西李弘芝爲天子有徒十萬舉遣使招弼弼殺弘芝引軍從舉仁杲因弼弛備襲破之並有其衆弼以數百騎遁免舉勢益張軍號三十萬將圖京師會義兵定關中遂留攻扶風太宗帥師討敗之斬首數千級追奔至隴坻而還舉又懼太宗踰隴追之乃問其衆曰古來天子有降事否僞黃門侍郎褚亮曰昔越帝趙佗卒歸漢祖蜀主劉禪

亦仕晉朝近代蕭琮至今猶貴轉禍爲福自古有之其衞尉卿郝瑗趨而進曰
皇帝失問諸亮之言又何悖也昔漢祖屢經敗績蜀先主亟亡妻子戰之利害
何代無之安得一戰不捷而爲亡國之計也舉亦悔之答曰聊發此問試君等
耳乃厚賞瑗引爲謀主瑗又勸舉連結梁師都共爲聲勢厚賂突厥餌其戎馬
合從并力進逼京師舉從其言與突厥莫賀咄設謀取京師莫賀咄設許以兵
隨之期有日矣會都水監宇文歆使于突厥歆說莫賀咄設止其出兵故舉謀
不行武德元年豐州總管張長遜進擊宗羅睺舉悉衆來援軍屯高墌縱兵虜
掠至于豳岐之地太宗又率衆擊之軍次高墌城度其糧少意在速戰乃命深
溝堅壁以老其師未及與戰會太宗不豫行軍長史劉文靜殷開山請觀兵於
高墌西南恃衆不設備爲舉兵掩乘其後太宗聞之知其必敗遽與書責之未
至兩軍合戰竟爲舉所敗死者十五六大將慕容羅睺李安遠劉弘基皆陷于
陣太宗歸于京師舉軍取高墌又遣仁杲進圍寧州郝瑗言於舉曰今唐兵新
破將帥並擒京師騷動可乘勝直取長安舉然之臨發而舉疾召巫視之巫言

唐兵爲祟舉惡之未幾而死舉每破陣所獲士卒皆殺之殺人多斷舌割鼻或
碓擣之其妻性又酷暴好鞭撻其下見人不勝痛而宛轉於地則埋其足纔露
腹背而捶之由是人心不附仁杲代董其衆僞謚舉爲武皇帝未葬而仁杲滅
仁杲舉長子也多力善騎射軍中號爲萬人敵然所至多殺人納其妻妾獲庾
信子立怒其不降磔於猛火之上漸割以啗軍士初拔秦州悉召富人倒懸之
以醋灌鼻或杙其丁竅以求金寶舉每誡之曰汝智略縱橫足辦我家事而傷
於苛虐與物無恩終當覆我宗社舉死仁杲立於折墌城與諸將帥素多有隙
及嗣位衆咸猜懼郝瑗哭舉悲思因病不起自此兵勢日衰自劉文靜爲舉所
敗後高祖命太宗率諸軍以擊仁杲師次高墌而堅壁不動諸將咸請戰太宗
曰我士卒新敗銳氣猶少賊以勝自驕必輕敵好鬭故且閉壁以折之待其氣
衰而後奮擊可一戰而破此萬全計也乃令軍中曰敢言戰者斬相持者久之
仁杲勇而無謀兼糧餽不屬將士稍離其內史令翟長孫以其衆來降仁杲妹
夫僞左僕射鍾俱仇以河州歸國太宗知其可擊遣將軍龐玉擊賊將宗羅睺

於淺水原兩軍酣戰太宗以勁兵出賊不意奮擊大破之乘勝進薄其折墌城仁杲窮蹙率僞百官開門降太宗納之王師振旅以仁杲歸於京師及其首帥數千人皆斬之舉父子相繼僞位至滅凡五年隴西平

李軌字處則武威姑臧人也有機辯頗窺書籍家富於財賑窮濟乏人亦稱之大業末爲鷹揚府司馬時薛舉作亂於金城軌與同郡曹珍關謹梁碩李贇安修仁等謀曰薛舉殘暴必來侵擾郡官庸怯無以禦之今宜同心戮力保據河右以觀天下之事豈可束手於人妻子分散乃謀共舉兵皆相讓莫肯爲主曹珍曰常聞圖讖云李氏當王今軌在謀中豈非天命也遂拜賀之推以爲主軌令修仁夜率諸胡入內苑城建旗大呼軌於郭下聚衆應之執縛隋虎賁郎將謝統師郡丞韋士政軌自稱河西大涼王建元安樂署置官屬並擬開皇故事初突厥曷娑那可汗率衆內屬遣弟闕達度闕設領部落在會寧川中有二千餘騎至是自稱可汗來降于軌武德元年冬軌僭稱尊號以其子伯玉爲皇太子長史曹珍爲左僕射謹等議欲盡殺隋官分其家產軌曰諸人見逼爲主便

須稟吾處分義兵之起意在救焚今殺人取物是爲狂賊立計如此何以求濟乎迺署統師太僕卿士政太府卿薛舉遣兵侵軌軌遣其將李贇擊敗于昌松斬首二千級盡虜其衆復議放還之贇言於軌曰今竭力戰勝俘虜賊兵又縱放之還使資敵不如盡坑之軌曰不然若有天命自擒其主此輩士卒終爲我有若事不成留此何益遂遣之未幾攻陷張掖燉煌西平枹罕盡有河西五郡之地其年軌殺其吏部尚書梁碩初軌之起也碩爲謀主甚有智略衆咸憚之碩見諸胡種落繁盛乃陰勸軌宜加防察與其戶部尚書安修仁由是有隙又軌子仲琰懷恨形於辭色修仁因之構成碩罪更譖毀之云其欲反軌令齎鴆就宅殺焉是後故人多疑懼之心膂從此稍離時高祖方圖薛舉遣使潛往涼州與之相結下璽書謂之爲從弟軌大悅遣其弟懋入朝獻方物高祖授懋大將軍遣還涼州又令鴻臚少卿張侯德持節冊拜爲涼州總管封涼王給羽葆鼓吹一部軌召羣寮廷議曰今吾從兄膺受圖籙據有京邑天命可知一姓不宜競立今去帝號受冊可乎曹珍進曰隋失天下英雄競逐稱王號帝鼎峙瓜

分唐國自據關中大涼自處河右已爲天子奈何受人官爵若欲以小事大宜依蕭督故事自稱梁帝而稱臣於周軌從之二年遣其尚書左丞鄧曉隨使者入朝表稱皇從弟大涼皇帝臣軌而不受官時有胡巫惑之曰上帝當遣玉女從天而降遂徵兵築臺以候玉女多所糜費百姓患之又屬年飢人相食軌傾家賑之私家罄盡不能周遍又欲開倉給粟召衆議之珍等對曰國以人爲本本既不立國將傾危安可惜此倉粟而坐觀百姓之死乎其故人皆云給粟爲便謝統師等隋舊官人爲軌所獲雖被任使情猶不附每與羣胡相結引進朋黨排軌舊人因其大餒欲離其衆乃詬珍曰百姓餓者自是弱人勇壯之士終不肯困國家倉粟須備不虞豈可散之以供小弱僕射苟悅人情殊非國計軌以爲然由是士庶怨憤多欲叛之初安修仁之兄興貴先在長安表請詣涼州招慰軌高祖謂曰李軌據河西之地連好吐谷渾結援於突厥興兵討擊尚以爲難豈單使所能致也興貴對曰李軌凶強誠如聖旨今若諭之以逆順曉之以禍福彼則憑固負遠必不見從何則臣於涼州奕代豪望凡厥士庶靡不依

附臣之弟爲軌所信任職典樞密者數十人以此候隙圖之易於反掌無不濟
矣高祖從之興貴至涼州軌授以左右衛大將軍又問以自安之術興貴諭之
曰涼州僻遠人物凋殘勝兵雖餘十萬開地不過千里既無險固又接蕃戎戎
狄豺狼非我族類此而可久實用爲疑今大唐據有京邑略定中原攻必取戰
必勝是天所啓非人力焉今若舉河西之地委質事之即漢家竇融未足爲比
軌默然不答久之謂興貴曰昔吳濞以江左之兵猶稱己爲東帝我今以河右
之衆豈得不爲西帝彼雖強大其如帝何君與唐爲計誘引於我酬彼恩遇耳
興貴懼乃僞謝曰竊聞富貴不在故鄉有如衣錦夜行今合家子弟並蒙信任
榮慶實在一門豈敢與心更懷他志興貴知軌不可動乃與修仁等潛謀引諸
胡衆起兵圖軌將圍其城軌率步騎千餘出城拒戰先時有薛舉柱國奚道宜
率羌兵三百人亡奔于軌既許其刺史而不授之禮遇又薄深懷憤怨道宜率
所部共修仁擊軌軌敗入城引兵登陴冀有外救興貴宣言曰大唐使我來殺
李軌不從者誅及三族於是諸城老幼皆出詣修仁軌歎曰人心去矣天亡我

乎攜妻子上玉女臺置酒爲別修仁執之以聞時鄧曉尚在長安聞軌敗舞蹈稱慶高祖數之曰汝委質於人爲使來此聞軌淪陷曾無蹙容苟悅朕情妄爲慶躍既不能留心於李軌何能盡節於朕乎竟廢而不齒軌尋伏誅自起至滅三載河西悉平詔授與貴右武候大將軍上柱國封涼國公食實封六百戶賜帛萬段修仁左武候大將軍封申國公并給田宅食實封六百戶

劉武周河間景城人父匡徙家馬邑匡嘗與妻趙氏夜坐庭中忽見一物狀如雄雞流光燭地飛入趙氏懷振衣無所見因而有娠遂生武周驍勇善射交通豪俠其兄山伯每誡之曰汝不擇交遊終當滅吾族也數詈辱之武周因去家入洛爲太僕楊義臣帳內募征遼東以軍功授建節校尉還家爲鷹揚府校尉太守王仁恭以其州里之雄甚見親遇每令率虞候屯於閤下因與仁恭侍兒私通恐事泄又見天下已亂陰懷異計乃宣言於郡中曰今百姓飢餓死人相枕於野王府尹閉倉不恤豈憂百姓之意乎以此激怒衆人皆發憤怨武周知衆心搖動因稱疾不起鄉閭豪傑多來候問遂椎牛縱酒大言曰盜賊若此壯

士守志並死溝壑今倉內積粟皆爛誰能與我取之諸豪傑皆許諾與同郡張萬歲等十餘人候仁恭視事武周上謁萬歲自後而入斬仁恭於郡廳持其首出徇郡中無敢動者於是開廩以賑窮乏馳檄境內其屬城皆歸之得兵萬餘人武周自稱太守遣使附于突厥隋鴈門郡丞陳孝意虎賁將王智辯合兵討之圍其桑乾鎮會突厥大至與武周共擊智辯隋師敗績孝意奔還鴈門部人殺之以城降于武周於是襲破樓煩郡進取汾陽宮獲隋宮人以賂突厥始畢可汗以馬報之兵威益振乃攻陷定襄復歸于馬邑突厥立武周爲定楊可汗遺以狼頭纛因僭稱皇帝以妻沮氏爲皇后建元爲天興以衞士楊伏念爲左僕射妹壻同縣人苑君璋爲內史令先是上谷人宋金剛有衆萬餘人在易州界爲羣盜定州賊帥魏刀兒與相表裏後刀兒爲竇建德所滅金剛救之戰敗率餘衆四千人奔武周武周聞金剛善用兵得之甚喜號爲宋王委以軍事中分家產遺之金剛亦深自結納遂出其妻請聘武周之妹又說武周入圖晉陽南向以爭天下武周授金剛西南道大行臺令率兵二萬人侵幷州軍黃虵鎮

又引突厥之衆兵鋒甚盛襲破榆次縣進陷介州高祖遣太常少卿李仲文率
衆討之爲賊所執一軍全沒仲文後得逃還復遣右僕射裴寂拒之戰又敗績
武周進逼總管齊王元吉委城遁走武周遂據太原遣金剛進攻晉州六日城
陷右驍衞大將軍劉弘基沒于賊進取澮州屬縣悉下夏縣人呂崇茂殺縣令
自號魏王以應賊河東賊帥王行本又密與金剛連和關中大駭高祖命太宗
益兵進討屯于柏壁相持者久之又命永安王孝基陝州總管于筠工部尚書
獨孤懷恩內史侍郎唐儉進取夏縣不能克軍于城南崇茂與賊將尉遲敬德
襲破孝基營諸軍並陷四將俱沒敬德還澮州太宗邀擊於美良川大破之敬
德與賊將尋相又援王行本於蒲州太宗復破之於蒲州高祖親幸蒲津關太
宗自柏壁輕騎謁高祖於行在所宋金剛遂圍絳州及太宗還金剛懼而引退
武周復攻李仲文于浩州頻戰皆敗又餽運不屬賊衆大餒於是金剛遂遁太
宗復追及金剛于雀鼠谷一日八戰皆破之俘斬數萬人獲輜重千餘兩金剛
走入介州王師逼之金剛尙有衆二萬出其西門背城而陣太宗與諸將力戰

破之金剛輕騎遁走其驍將尉遲敬德尋相張萬歲收其精兵舉介州及永安來降武周大懼率五百騎棄并州北走自乾燭谷亡奔突厥金剛復收其亡散以拒官軍人莫之從與百餘騎復奔突厥太宗進平并州悉復故地未幾金剛背突厥而亡將還上谷爲追騎所獲腰斬之武周又欲謀歸馬邑事洩爲突厥所殺武周自初起至死凡六載初武周引兵南侵苑君璋說曰唐主舉一州之兵定三輔之地郡縣影附所向風靡此固天命豈曰人謀且并州已南地形險阻若懸軍深入恐後無所繼不如連和突厥結援唐朝南面稱孤足爲上策武周不聽遣君璋守朔州遂侵汾晉及敗泣謂君璋曰恨不用君言乃至於此武周既死突厥又以君璋爲大行臺統其餘衆仍令郁射設督兵助鎮高祖遺諭之君璋部將高滿政謂君璋曰夷狄無禮本非人類豈可北面事之不如盡殺突厥以歸唐朝君璋不從滿政因人心夜逼君璋君璋亡奔突厥滿政遂以城來降拜朔州總管封榮國公明年君璋復引突厥來攻馬邑滿政死之君璋盡殺其黨而去退保恆安君璋所部稍稍離散勢蹙請降高祖許之遣使賜以金

券會突厥頡利可汗復遣召之君璋猶豫未決其子孝政曰劉武周足爲殷鑒今旣降唐又歸頡利取滅之道也糧儲已盡人情悉離如更遲留變生肘腋恆安人郭子威說君璋曰恆安之地王者舊都山川形勝足爲險固突厥方強爲我脣齒據此堅城足觀天下之變何乃欲降於人也君璋然其計乃執我行人送於突厥與突厥合軍寇太原之北境君璋復見頡利政亂竟率所部來降拜安州都督封芮國公賜實封五百戶

高開道滄州陽信人也少以煮鹽自給有勇力走及奔馬隋大業末河間人格謙擁兵於豆子䴚開道往從之署爲將軍後謙爲隋師所滅開道與其黨百餘人亡匿海曲復出掠滄州招集得數百人北掠城鎮臨渝至于懷遠皆破之悉有其衆武德元年隋將李景守北平郡開道引兵圍之連年不能剋景自度不能支拔城而去開道又取其地進陷漁陽郡有馬數千匹衆且萬人自立爲燕王都于漁陽先是有懷戎沙門高曇晟者因縣令設齋士女大集曇晟與其僧徒五十人擁齋衆而反殺縣令及鎮將自稱大乘皇帝立尼靜宣爲耶輸皇后

建元爲法輪至夜遣人招誘開道結爲兄弟改封齊王開道以衆五千人歸之居數月襲殺曇晟悉幷其衆三年復稱燕王建元署置百官羅藝在幽州爲竇建德所圍告急於開道乃率二千騎援之建德懼其驍銳於是引去開道因藝遣使來降詔封北平郡王賜姓李氏授蔚州總管時幽州大饑開道許給之粟藝遣老弱就食開道皆厚遇之藝甚悅不以爲虞乃發兵三千人車數百乘驢馬千餘匹請粟于開道悉留之北連突厥告絕於藝復稱燕國是歲劉黑闥入寇山東開道與之連和引兵攻易州不剋而退又遣其將謝稜詐降於藝請兵援接藝出兵應之將至懷戎稜襲破藝兵開道又引突厥頻來爲寇恆定幽易等州皆罹其患突厥頡利可汗攻馬邑以開道兵善爲攻具引之陷馬邑而去時天下大定開道欲降自以數翻復終恐致罪又北恃突厥之衆其將士多山東人思還本土人心頗離先是劉黑闥亡將張君立奔於開道因與其將張金樹潛相結連時開道親兵數百人皆勇敢士也號爲義兒常在閤內金樹每督兵於閤下金樹將圍開道潛令數人入其閤內與諸義兒陽爲遊戲至日將夕

陰斷其弓弦又藏其刀伏聚其矟於床下迨暝金樹以其徒大呼來攻閤下向所遣人抱義兒矟一時而出諸義兒遽將出戰而弓弦皆絕刀仗已失君立於外城舉火相應表裏驚擾義兒窮蹙爭歸金樹開道知不免於是擐甲持兵坐堂上與其妻妾樂酣宴金樹之黨憚其勇不敢逼天將曉開道先縊其妻妾及諸子而後自殺金樹陳兵執其義兒皆斬之又殺張君立死者五百餘人遂歸國開道自初起至滅凡八歲以其地爲嬀州

劉黑闥貝州漳南人無賴嗜酒好博奕不治產業父兄患之與竇建德少相友善家貧無以自給建德每資之隋末亡命從郝孝德爲羣盜後歸李密爲裨將密敗爲王世充所虜世充素聞其勇以爲騎將見世充所爲而竊笑之乃亡歸建德有所經略必令專知斥候常間入敵中覘視虛實或出其不意乘機奮擊多所剋獲軍中號爲神勇及建德敗黑闥自匿於漳南杜門不出會高祖徵質其父蓋而使世勣典兵攻新鄉詐以取信遂虜黑闥獻於建德建德署爲將軍封漢東郡公令將奇兵東西掩襲黑闥既遍遊諸賊善觀時變素驍勇多姦詐

建德故將范願董康買曹湛高雅賢等將赴長安願等相與謀曰王世充以洛陽降其下驍將公卿單雄信之徒皆被夷滅我輩若至長安必無保全之理且夏王往日擒獲淮安王全其性命遣送還之唐家今得夏王卽加殺害我輩殘命若不起兵報讎實亦恥見天下人物於是相率復謀反叛卜以劉氏爲主吉共往漳南見建德故將劉雅告之且請雅曰天下已平樂在丘園爲農夫耳起兵之事非所願也衆怒殺雅而去范願曰漢東公劉黑闥果敢多奇略寬仁容衆恩結於士卒吾久常聞劉氏當有王者今舉大事欲收夏王之衆非其人莫可遂往詣黑闥以告其意黑闥大悅殺牛會衆舉兵得百餘人襲破漳南縣貝州刺史戴元詳魏州刺史權威合兵擊之並爲黑闥所敗元詳及威皆沒于陣黑闥盡收其器械及餘衆千餘人於是范願高雅賢等宿舊左右漸來歸附衆至二千人武德四年七月設壇於漳南祭建德告以舉兵之意自稱大將軍淮安王神通將軍秦武通王行敏前後討之皆爲所敗於是移書趙魏其建德將士往往殺官吏以應黑闥北連懷戎賊帥高開道兵鋒甚銳進至宗城有衆數

萬黎州總管李世勣不能拒棄城走保洛州黑闥追擊破之步卒五千人皆歿于陣世勣與武通僅以身免黑闥又徵王琮爲中書令劉斌爲中書侍郎以掌文翰遣使北連突厥頡利可汗遣俟斤宋耶那率胡騎從之黑闥軍大振進陷相州半歲悉復建德故地兗州賊帥徐圓朗舉齊兗之地以附于黑闥其勢益張五年正月黑闥至相州僭稱漢東王建元爲天造以范願爲左僕射董康買爲兵部尚書高雅賢爲右領軍又引建德時文武悉復本位都於洛州其設法行政皆師建德而攻戰勇決過之於是太宗又自請統兵討之師次衞州黑闥數以兵挑戰輒爲官軍所挫黑闥懼委相州而退保于列人營時洛水縣人請爲內應太宗遣總管羅士信入城據守黑闥又攻陷其城士信死之遂據洛州三月太宗阻洛水列營以逼之分遣奇兵斷其糧道黑闥又數挑戰太宗堅壁不應以挫其鋒黑闥城中糧盡太宗度其必來決戰預擁洛水上流謂守堤吏曰我擊賊之日候賊半度而決堰黑闥果率步騎二萬渡洛水而陣與官軍大戰賊衆大潰水又大至黑闥衆不得渡斬首萬餘級溺死者數千人黑闥與范

顥等以千餘人奔于突厥山東悉定太宗遂引軍於河南以討徐圓朗六月黑
闥復借兵於突厥來寇山東七月至定州其舊將曹湛董康買先亡在鮮虞復
聚兵以應黑闥高祖遣淮陽王道玄原國公史萬寶討之戰于下博王師敗績
道玄死于陣萬寶輕騎逃還由是河北諸州盡叛又降于黑闥旬日間悉復故
城復都洺州十一月高祖遣齊王元吉擊之遲留不進又令隱太子建成督兵
進討頻戰大捷六年二月又大破之于館陶黑闥引軍北走建成與元吉合千
餘騎屯於永濟渠縱騎擊之黑闥敗走命騎將劉弘基追之黑闥爲王師所蹙
不得休息道遠兵疲比至饒陽從者纔百餘人衆皆餒入城求食黑闥所署饒
州刺史葛德威出門迎拜延之入城黑闥初不許德威謬爲誠敬涕泣固請黑
闥乃進至城傍德威勒兵執之送于建成斬於洺州山東復定
徐圓朗者兗州人也隋末亡命爲羣盜據本郡縱兵略地自琅邪已西北至東
平盡有之勝兵二萬餘人初附於李密密敗歸王世充及洛陽平歸國拜兗州
總管封魯郡公高祖令葛國公盛彥師安輯河南行至任城會劉黑闥作亂潛

結於圓朗因執彥師舉兵應黑闥自稱魯王黑闥以圓朗爲大行臺元帥兗鄆
陳杞伊洛曹戴等八州豪猾皆殺其長吏以應之太宗平黑闥進師曹州遣淮
安王神通及李世勣攻之圓朗數出戰不利城內百姓爭踰城降圓朗窮蹙與
數騎棄城夜遁爲野人所殺其地悉平
史臣曰薛舉父子勇悍絕倫性皆好殺仁杲尤甚無恩衆叛雖猛何爲李軌竊
據鷹揚僭號河西安隋朝官屬不奪其財破李贇甲兵放還其衆是其與也及
殺害謀主崇信妖巫衆叛親離其亡也宜哉武周始爲鼠竊偶恣鴟張不用君
璋之謀竟爲突厥所殺苑君璋及總餘衆別生異圖見頡利歸朝亦是見機者
也黑闥開道勇而無謀顧其行師祇是狂賊皆爲麾下所殺馭衆之道謬哉
贊曰國無紀綱盜與草澤不有隋亂焉知唐德

舊唐書卷五十五

薛舉傳其妻性又酷暴好鞭撻其下見人不勝痛而宛轉于地則埋其足纔露腹背而捶之○臣德潛按新書於其子仁杲傳中云其妻亦凶暴喜鞭楚人見宛轉于地者則埋其足露腹背受捶兩書互異

劉武周傳復遣右僕射裴寂拒之戰又敗績武周進逼總管齊王元吉委城遁走○沈炳震曰進逼下應有太原字屬闕文

苑君璋傳君璋然其計執我行人送於突厥○臣德潛按執我行人我字蓋從紀錄原文而未經改正者如我帝之類是也

劉黑闥傳爲王世充所虜世充素聞其勇以爲騎將見世充所爲而竊笑之乃亡歸竇建德建德署爲將軍○臣德潛按乃亡歸下明有闕文據勣傳及新書時世勣陷于建德建德使攻新鄉虜黑闥獻之明是建德質其父蓋而使世勣行詐謀也闕亡歸竇其父蓋而使世勣典兵攻新鄉詐以取信遂虜黑闥獻于建德建德數語文義不明

七月至定州其舊將曹湛董康買先亡在鮮虞復聚兵以應黑闥高祖遣淮陽王道玄等討之戰于下博王師敗績○曹湛新書作曹該高祖本紀事在十月非七月

史臣總論破李贇甲兵放還其衆○臣德潛按李軌本傳軌遣贇破薛舉兵贇請坑之軌不從則破李贇甲兵一語乃誤認也

見頡利歸朝亦是見機者也○臣德潛按苑君璋本傳見頡利政亂竟率所部來降論中見頡利下明脫落政亂意

舊唐書卷五十五考證

舊唐書卷五十六

後晉司空同中書門下平章事劉昫撰

列傳第六

蕭銑 杜伏威 闞稜 王雄誕 輔公祏 沈法興 李子通 朱粲 張善安 林士弘

羅藝 梁師都 劉季眞 李子和

蕭銑後梁宣帝曾孫也祖巖隋開皇初叛隋降於陳陳亡爲文帝所誅銑少孤
貧傭書自給事母以孝聞煬帝時以外戚擢授羅川令大業十三年岳州校尉
董景珍雷世猛旅帥鄭文秀許玄徹萬瓚徐德基郭華沔州人張繡等同謀叛
隋郡縣官屬衆欲推景珍爲主景珍曰吾素寒賤雖假名號衆必不從今若推
主當從衆望羅川令蕭銑梁氏之後寬仁大度有武皇之風吾又聞帝王膺籙
必有符命而隋氏冠帶盡號起梁斯乃蕭家中興之兆今請以爲主不亦應天
順人乎衆乃遣人諭意銑大悅報景珍書曰我之本國昔在有隋以小事大朝
貢無闕乃貪我土宇滅我宗祊我是以痛心疾首無忘雪恥今天啓公等協我

心事若合符節豈非上玄之意也吾當糺率士庶敬從來請卽日集得數千人揚言討賊而實欲相應遇潁川賊帥沈柳生來寇羅川縣銑擊之不利因謂其衆曰岳州豪傑首謀起義請我爲主今隋政不行天下皆叛吾雖欲獨守力不自全且吾先人昔都此地若從其請必復梁祚遣召柳生亦當從我衆皆大悅卽日自稱梁公改隋服色建梁旗幟柳生以衆歸之拜爲車騎大將軍率衆往巴陵自起軍五日遠近投附者數萬人景珍遣徐德基郭華率州中首領數百人詣軍迎謁未及見銑而前造柳生柳生謂其下曰我先奉梁公勳居第一今岳州兵衆位多於我我若入城便出其下不如殺德基質其首領獨挾梁王進取州城遂與左右殺德基方詣中軍白銑銑大驚曰今欲撥亂忽自相殺我不能爲汝主矣乃步出軍門柳生大懼伏地請罪銑責而赦之令復舊位銑陳兵入城景珍進言於銑曰徐德基丹誠奉主柳生凶悖擅殺之若不加誅何以爲政且其爲賊凶頑已久今雖從義不革此心同處一城必將爲變若不預圖後悔無及銑又從之景珍遂斬柳生於城內其下將帥皆潰散銑於是築壇於城

南燔燎告天自稱梁王以有異鳥之瑞建元爲鳳鳴義寧二年僭稱皇帝署置百官一準梁故事僞諡其從父琮爲孝靖帝祖巖爲河閒忠烈王父璿爲文憲王封董景珍爲晉王雷世猛爲秦王鄭文秀爲楚王許玄徹爲燕王萬瓚爲魯王張繡爲齊王楊道生爲宋王隋將張鎮州王仁壽擊之不能尅及聞隋滅鎮州因與寧長真等率嶺表諸州盡降於銑九江鄱陽初有林士弘僭號俄自相誅滅士弘逃于安成之山洞其郡亦降於銑遣其將楊道生攻陷南郡張繡略定嶺表東至三硤南盡交阯北拒漢川皆附之勝兵四十餘萬武德元年遷都江陵修復園廟引岑文本爲中書侍郎令掌機密銑又遣楊道生攻硤州刺史許紹出兵擊破之赴水死者大半高祖詔夔州總管趙郡王孝恭率兵討之拔其通開二州斬僞東平郡王蕭闍提時諸將橫恣多專殺戮銑因令罷兵陽言營農實奪將帥之權也其大司馬董景珍之弟爲僞將軍怨銑放其兵遂謀爲亂事洩爲銑所誅時景珍出鎮長沙銑下書赦之召還江陵景珍懼遣閒使詣孝恭送款銑遣其齊王張繡攻之景珍謂繡曰前年醢彭越往年殺韓信卿豈

不見之乎柰何今日相攻繡不荅進兵圍之景珍潰圍而走爲其麾下所殺銑

以繡爲尚書令繡特勳驕慢專恣弄權銑又惡而殺之旣大臣相次誅戮故人

邊將皆疑懼多有叛者銑不能復制以故兵勢益弱四年高祖命趙郡王孝恭

及李靖率巴蜀兵發自夔州泝流而下廬江王瑗從襄州道黔州刺史田世康

趣辰州道黃州總管周法明趣夏口道以圖銑及大軍將至銑江州總管蓋彥

舉以五州降又遣其將文士弘等率兵拒戰孝恭與李靖皆擊破之進逼其都

初銑之放兵散也自留宿衛兵士數千人忽聞孝恭至而倉卒追兵並江嶺之

南道里遼遠未能相及孝恭縱兵入郭布長圍以守之數日尅其水城獲其舟

艦數千艘其交州總管丘和長史高士廉司馬杜之松等先來謁銑聞兵敗便

詣李靖來降銑自度救兵不至謂其羣下曰天不祚梁數歸於滅若待力屈必

害黎元豈以我一人致傷百姓及城未拔宜先出降冀免亂兵幸全衆庶諸人

失我何患無君乃巡城號令守陴者皆慟哭銑以太牢告于其廟率官屬緦縗

布幘而詣軍門曰當死者唯銑百姓非有罪也請無殺掠孝恭因之送于京師

銑降後數日江南救兵十餘萬一時大至知銑降皆送款於孝恭銑至高祖數其罪銑對曰隋失其鹿英雄競逐銑無天命故至於此亦猶田橫南面非負漢朝若以爲罪甘從鼎鑊竟斬於都市年三十九銑自初起五年而滅

杜伏威齊州章丘人也少落拓不治産業家貧無以自給每穿窬爲盜與輔公祏爲刎頸之交公祏姑家以牧羊爲業公祏數攘羊以餽之姑有憾焉因發其盜事郡縣捕之急伏威與公祏遂俱亡命聚衆爲羣盜時年十六常營護諸盜出則居前入則殿後故其黨咸服之共推爲主大業九年率衆入長白山投賊帥左君行不被禮因捨去轉掠淮南自稱將軍時下邳有苗海潮亦聚衆爲盜伏威使公祏謂曰今同苦隋政各與大義力分勢弱常恐見擒何不合以爲強則不患隋軍相制若公能爲主吾當敬從自揆不堪可來聽命不則一戰以決雄雌海潮懼卽以其衆歸于伏威江都留守遣校尉宋顥率兵討之伏威與戰陽爲奔北引入葭蘆中而從上風縱火迫其步騎陷于大澤火至皆燒死有海陵賊帥趙破陣聞伏威兵少而輕之遣使召伏威請與幷力伏威令公祏嚴兵

居外以待變親將十人持牛酒入謁破陣大悅引伏威入幕盡集其酋帥縱酒高會伏威於坐斬破陣而幷其衆由此兵威稍盛復屠安宜煬帝遣右禦衛將軍陳稜以精兵八千討之稜不敢戰伏威遺稜婦人之服以激怒之幷致書號爲陳姥稜大怒悉兵而至伏威逆拒自出陣前挑戰稜部將射中其額伏威怒指之曰不殺汝我終不拔箭遂馳之稜部將走奔其陣伏威因入稜陣大呼衝擊所向披靡獲所射者使其拔箭然後斬之攜其首復入稜軍奮擊殺數十人稜陣大潰僅以身免乘勝破高郵縣引兵據歷陽自稱總管分遣諸將略屬縣所至輒下江淮閒小盜爭來附之伏威嘗選敢死之士五千人號爲上募寵之甚厚與同甘苦有攻戰輒令上募擊之及戰罷閱視有中在背便殺之以其退而被擊也所獲貲財皆以賞軍士有戰死者以其妻妾殉葬故人自爲戰所向無敵宇文化及之反也署爲歷陽太守伏威不受又移居丹陽進用人士大修器械薄賦斂除殉葬法其犯姦盜及官人貪濁者無輕重皆殺之仍上表於越王侗侗拜伏威爲東道大總管封楚王太宗之圍王世充遣使招之伏威請降

高祖遣使就拜東南道行臺尙書令江淮以南安撫大使上柱國封吳王賜姓李氏預宗正屬籍封其子德俊爲山陽公賜帛五千段馬三百匹伏威遣其將軍陳正通徐紹宗率兵來會武德四年遣其將軍王雄誕討李子通於杭州擒之以獻又破汪華於歙州盡有江東淮南之地南接於嶺東至于海尋聞太宗平劉黑闥進攻徐圓朗伏威懼而來朝拜爲太子太保仍兼行臺尙書令留于京師禮之甚厚位在齊王元吉之上以寵異之初輔公祏之反也詐稱伏威之令以紿其衆高祖遣趙郡王孝恭討之時伏威在長安暴卒及公祏平孝恭收得公祏反辭不曉其詐遽以奏聞乃除伏威名籍役其妻子貞觀元年太宗知其寃赦之復其官爵葬以公禮

輔公祏齊州臨濟人隋末從杜伏威爲羣盜初伏威自稱總管以公祏爲長史李子通之敗沈法興也伏威使公祏以精卒數千渡江討之子通率衆數萬以拒公祏兵鋒甚銳公祏簡甲士千人皆使執長刀仍令千餘人隨後令之曰有却者斬公祏自領餘衆復居其後俄而子通方陣而前公祏所遣千人皆殊死

決戰公祏乃縱左右翼攻之子通大潰降其衆數千人公祏尋與伏威遣使歸國拜爲淮南道行臺尚書左僕射封舒國公初伏威與公祏少相愛狎公祏年長伏威每兄事之軍中咸呼爲伯畏敬與伏威等伏威潛忌之爲署其養子闞稜爲左將軍王雄誕爲右將軍推公祏爲僕射外示尊崇而陰奪其兵權公祏知其意怏怏不平乃與故人左遊仙僞學道辟穀以遠其事武德五年伏威將入朝留公祏居守復令雄誕典兵以副公祏陰謂曰吾入京若不失職無令公祏爲變其後左遊仙乃說公祏令反會雄誕屬疾於家公祏奪其兵詐言伏威不得還江南貽書令其起兵因僭卽僞位自稱宋國於陳故都築宮以居焉署置百官以左遊仙爲兵部尚書東南道大使越州總管大修兵甲轉漕糧饋時吳與賊帥沈法與據毗陵公祏擊破之又遣其將馮惠亮屯於博望山陳正通徐紹宗屯於青林山以拒官軍高祖命趙郡王孝恭率諸將奮擊大破之紹宗正通以五騎奔於丹陽公祏懼而遁走欲就左遊仙於會稽至武康爲野人所執送於丹陽孝恭斬之傳首京師公祏與伏威同起至滅凡十三載江東悉平

初伏威養壯士三十餘人爲假子分領兵馬唯闞稜王雄誕知名
闞稜齊州臨濟人善用大刀長一丈施兩刃名爲陌刀每一舉輒斃數人前無
當者及伏威據有江淮之地稜數有戰功署爲左將軍伏威步兵皆出自羣賊
類多放縱有相侵奪者稜必殺之雖親故無所捨令行禁止路不拾遺後從伏
威入朝拜左領軍將軍還越州都督及公祏僭號稜從軍討之與陳正通相遇
陣方接稜脫兜鍪謂賊衆曰汝不識我邪何敢來戰其衆多稜舊之所部由是
各無鬭志或有還拜者公祏之破稜功居多頗有自矜之色及擒公祏誣稜與
己通謀又杜伏威王雄誕及稜家產在賊中者合從原放孝恭乃皆籍沒稜訴
理之有忤於孝恭孝恭怒遂以謀反誅之
王雄誕者曹州濟陰人初伏威之起也用其計屢有剋獲署爲驃騎將軍伏威
後率衆渡淮與海陵賊李子通合後子通惡伏威雄武使騎襲之伏威被重瘡
墮馬雄誕負之逃於葭蘆中伏威復招集餘黨攻劫郡縣隋將來整又擊破之
亡失餘衆其部將西門君儀妻王氏勇決多力負伏威而走雄誕率麾下壯士

十餘人衛護隋軍追至雄誕輒還禦之身被數槍勇氣彌厲竟脫伏威時闞稜年長於雄誕故軍中號稜爲大將軍雄誕爲小將軍後伏威令輔公祏擊李子通於江都使雄誕與稜爲副戰于溧水子通大敗公祏乘勝追之却爲子通所破軍士皆堅壁不敢出雄誕謂公祏曰子通軍無營壘且狃於初勝而不設備若擊之必尅公祏不從雄誕以其私屬數百人銜枚夜擊之因順風縱火子通大敗走渡太湖復破沈法興居其地高祖聞伏威據有吳楚遣使諭之雄誕率衆討之子通以精兵守獨松嶺雄誕遣其部將陳當率千餘人出其不意乘高據險多張旗幟夜則縛炬火於樹上布滿山澤子通大懼燒營而走保於杭州雄誕追擊敗之擒子通於陣送于京師歙州首領汪華隋末據本郡稱王十餘年雄誕迴軍擊之華出新安洞口以拒雄誕甲兵甚銳雄誕伏精兵於山谷間率羸弱數千人當之戰纔合僞退歸本營華攻之不能尅會日暮欲還雄誕伏兵已據其洞口華不得入窘急面縛而降蘇州賊帥聞人遂安據崐山縣而無所屬伏威又命雄誕攻之雄誕以崑山險隘難以力勝遂單騎詣其城下陳

國威靈示以禍福遂安感悅率諸將出降以前後功授歙州總管封宜春郡公伏威之入朝也留輔公祏鎭江南而兵馬屬於雄誕公祏將爲逆奪其兵拘之別室遣西門君儀諭以反計雄誕曰當今方太平吳王又在京輦國家威靈無遠不被公何得爲族滅事耶雄誕有死而已不敢聞命公祏知不可屈遂縊殺之雄誕善撫恤將士皆得其死力每破城鎭約勒部下絲毫無犯故死之日江南士庶莫不爲之流涕高祖嘉其節命其子果襲封宜春郡公太宗卽位追贈左衞大將軍越州都督諡曰忠果垂拱初官至廣州都督安西大都護

沈法興湖州武康人也父恪陳特進廣州刺史法興隋大業末爲吳興郡守東郡賊帥樓世幹舉兵圍郡城煬帝令法興與太僕丞元祐討之俄而宇文化及弒煬帝於江都法興自以代居南土宗族數千家爲遠近所服乃與祐部將孫士漢陳果仁執祐於坐號令遠近以誅化及爲名發自東陽行收兵將趨江都下餘杭郡比至烏程精卒六萬毗陵郡通守路道德率兵拒之法興請與連和因會盟襲殺道德進據其城時齊郡賊帥樂伯通據丹陽爲化及城守法興使

果仁攻陷之於是據有江表十餘郡自署江南道總管後聞越王侗立乃上表於侗自稱大司馬錄尚書事天門公承制置百官以陳果仁爲司徒孫士漢爲司空蔣元超爲尚書左僕射殷芊爲尚書左丞徐令言爲尚書右丞劉子翼爲選部侍郎李百藥爲府掾法興自剋毗陵後謂江淮已南可指撝而定專立威刑將士有小過便即誅戮而言笑自若由是將士解體稱梁建元曰延康改易隋官頗依陳氏故事是時杜伏威據歷陽陳稜據江都李子通據海陵並握強兵俱有窺覦江表之志法興三面受敵軍數挫衂陳稜尋被李子通圍於江都稜窘急送質求救法興使其子綸領兵數萬救之子通率衆攻綸大敗乘勝渡江陷其京口法興使蔣元超拒之於庱亭元超戰死法興與左右數百人投吳郡賊帥聞人遂安遣其將葉孝辯迎之法興至中路而悔欲殺孝辯更向會稽孝辯覺之法興懼乃赴江死初法興以義寧二年起兵至武德三年而滅

李子通東海丞人也少貧賤以魚獵爲事居鄉里見班白提挈者必代之性好施惠家無蓄積睚眦之怨必報隋大業末有賊帥左才相自號博山公據齊郡

之長白山子通歸之以武力爲才相所重有鄉人陷於賊者必全護之時諸賊皆殘忍唯子通獨行仁恕由是人多歸之未半歲兵至萬人才相稍忌之子通自引去因渡淮與杜伏威合尋爲隋將來整所敗子通擁其餘衆奔海陵得衆二萬自稱將軍初宇文化及以隋將軍陳稜爲江都太守子通率師擊之稜南求救於沈法興西乞師於杜伏威二人各以兵至伏威屯清流法興保楊子相去數十里閒子通納言毛文深進計募江南人詐爲法興之兵夜襲伏威伏威不悟恨法興之侵己又遣兵襲法興二人相疑莫敢先動子通遂得盡銳攻陷江都陳稜奔于伏威子通入據江都盡虜其衆因僭卽皇帝位國稱吳建元爲明政丹陽賊帥樂伯通率衆萬餘來降子通拜尚書左僕射更進擊法興於庱亭斬其僕射蔣元超法興棄城宵遁遂有晉陵之地獲法興府掾李百藥引爲內史侍郎使典文翰以法興尚書左丞殷芊爲太常卿使掌禮樂由是隋郡縣及江南人士多歸之後伏威遣輔公祏攻陷丹陽進屯溧水子通擊之反爲公祏所敗又屬糧盡子通棄江都保于京口江西之地盡歸伏威子通又東走太

湖鳩集亡散得二萬人襲沈法興於吳郡破之率其官屬都于餘杭東至會稽南至千嶺西距宣城北至太湖盡有其地未幾杜伏威遣其將王雄誕攻之大戰於蘇州子通敗績退保餘杭雄誕進逼之戰於城下軍復敗子通窮蹙請降伏威執之并其左僕射樂伯通送于京師盡收其地高祖不之罪賜宅一區公田五頃禮賜甚厚及伏威來朝子通謂伯通曰伏威既來東方未靜我所部兵多在江外往彼收之可有大功於天下矣遂相與亡至藍田關爲吏所獲與伯通俱伏誅時又有朱粲林士弘張善安皆僭號於江淮之間

朱粲者亳州城父人也初爲縣佐史大業末從軍討長白山賊遂聚結爲羣盜號可達寒賊自稱迦樓羅王衆至十餘萬引軍渡淮屠竟陵沔陽後轉掠山南郡縣不能守所至殺戮噍類無遺義寧中招慰使馬元規擊破之俄而收輯餘衆兵又大盛僭稱楚帝於冠軍建元爲昌達攻陷鄧州有衆二十萬粲所尅州縣皆發其藏粟以充食遷徙無常去輒焚餘貲毀城郭又不務稼穡以劫掠爲業於是百姓大餒死者如積人多相食軍中罄竭無所虜掠乃取嬰兒蒸而噉

之因令軍士曰食之美者寧過於人肉乎但令他國有人我何所慮即勒所部有略得婦人小兒皆烹之分給軍士乃稅諸城堡取小弱男女以益兵糧隋著作佐郎陸從典通事舍人顏愍楚因譴左遷並在南陽粲悉引之爲賓客後遭饑餧合家爲賊所噉又諸城懼稅皆相攜逃散顯州首領楊士林田瓚率兵以背粲諸州響應相聚而攻之大戰于淮源粲敗以數千兵奔于菊潭縣遣使請降高祖令假散騎常侍段確迎勞之確因醉侮粲曰聞卿噉人作何滋味粲曰若噉嗜酒之人正似糟藏猪肉確怒慢罵曰狂賊入朝後一頭奴耳更得噉人乎粲懼於坐收確及從者數十人奔于王世充拜爲龍驤大將軍東都平獲之斬于洛水之上士庶嫉其殘忍競投瓦礫以擊其屍須臾封之若冢

林士弘者饒州鄱陽人也大業十二年與其鄉人操師乞起爲羣盜師乞自號元興王攻陷豫章郡而據之以士弘爲大將軍隋遣持書侍御史劉子翊率師討之師乞中矢而死士弘代董其衆復與子翊大戰于彭蠡湖隋師敗績子翊死之士弘大振兵至十餘萬大業十三年徙據虔州自稱皇帝國號楚建元太

平以其黨王戎爲司空攻陷臨川廬陵南康宜春等諸郡北至九江南洎番禺悉有其地其黨張善安保南康郡懷貳於士弘以舟師循江而下擊破豫章士弘尚有南昌虔循潮數州之地及蕭銑破後散兵稍往歸之士弘復振荆州總管趙王孝恭遣使招慰之其循潮二州並來降武德五年士弘遣其弟鄱陽王藥師率兵二萬攻圍循州刺史楊略與戰大破之士弘懼而遁走潛保于安城之山洞王戎亦以南昌來降拜爲南昌州刺史戎於是召士弘藏之于宅招誘舊兵更謀作亂其年洪州總管張善安密知其事發兵討之會士弘死部兵潰散戎爲善安所虜

張善安者兗州方與人也年十七便爲劫盜轉掠淮南有衆百餘人會孟讓爲王世充所破其散卒稍歸之得八百人襲破廬江郡因渡江附林士弘於豫章士弘不信之營於南塘上善安憾之襲擊士弘焚其郛郭而去士弘後去豫章善安復來據之仍以其地歸國授洪州總管輔公祏之反也善安亦舉兵相應公祏以爲西南道大行臺安撫使李大亮以兵擊之兩軍隔水而陣大亮諭以禍

福答曰善安無背逆之心但爲將士所誤今欲歸降又恐不免於死大亮謂曰張總管既有降心吾亦不相疑阻因獨身踰澗就之入其陣與善安握手交言示無猜意善安大喜因許降將數十騎至大亮營大亮引之而入因令武士執之從者遁走既而送善安於長安稱不與公祏交通高祖初善遇之及公祏敗搜得其書與相往復遂誅之

羅藝字子延本襄陽人也寓居京兆之雲陽父榮隋監門將軍藝性桀黠剛愎不仁勇於攻戰善射能弄矟大業時屢以軍功官至虎賁郎將煬帝令受右武衛大將軍李景節度督軍於北平藝少習戎旅分部嚴肅然任氣縱暴每凌侮於景頻爲景所辱藝深銜之後遇天下大亂涿郡物殷阜加有伐遼器仗倉粟盈積又臨朔宮中多珍產屯兵數萬而諸賊競來侵掠留守官虎賁郎將趙什住賀蘭誼晉文衍等皆不能拒唯藝獨出戰前後破賊不可勝計威勢日重什住等頗忌藝藝陰知之將圖爲亂乃宣言於衆曰吾輩討賊甚有功効城中倉庫山積制在留守之官而無心濟貧此豈存恤之意也以此言激怒其衆衆人

皆怨旣而旋師郡丞出城候藝藝因執之陳兵而什住等懼皆來聽命於是發庫物以賜戰士開倉以賑窮乏境內咸悅殺渤海太守唐禕等不同己者數人威振邊朔柳城懷遠並歸附之藝黜柳城太守楊林甫改郡爲營州以襄平太守鄧暠爲總管藝自稱幽州總管宇文化及至山東遣使召藝藝曰我隋室舊臣感恩累葉大行顛覆實所痛心乃斬化及使者而爲煬帝發喪大臨三日竇建德高開道亦遣使於藝藝謂官屬曰建德開道皆劇賊耳化及弑逆並不可從今唐公起兵皆符人望入據關右事無不成吾率衆歸之意已決矣有沮衆異議者必戮之會我使人張道源綏輯山東遣人諭意藝大悅武德三年奉表歸國詔封燕王賜姓李氏預宗正屬籍太宗之擊劉黑闥也藝領本兵數萬破黑闥弟什善於徐河俘斬八千人明年黑闥引突厥俱入寇藝復將兵與隱太子建成會於洺州因請入朝高祖遇之甚厚俄拜左翊衛大將軍藝自以功高位重無所降下太宗左右嘗至其營藝無故毆擊之高祖怒以屬吏久而乃釋待之如初時突厥屢爲寇患以藝素有威名爲北夷所憚令以本官領天節軍

將鎮涇州太宗卽位拜開府儀同三司而藝懼不自安遂於涇州詐言閱武因
追兵矯稱奉密詔勒兵入朝率衆軍至于豳州治中趙慈皓不知藝反馳出謁
之藝遂入據豳州太宗命吏部尚書長孫無忌右武候大將軍尉遲敬德率衆
討藝王師未至慈皓與統軍楊岌潛謀擊之事洩藝執慈皓繫獄岌時在城外
覺變遽勒兵攻之藝大潰棄妻子與數百騎奔於突厥至寧州界過烏時驛從
者漸散其左右斬藝傳首京師梟之于市復其本姓羅氏藝弟壽時爲利州都
督緣坐伏誅先是曹州女子李氏爲五戒自言通於鬼物有病癩者就療多愈
流聞四方病人自遠而至門多車騎高祖聞之詔赴京師因往來藝家謂藝妻
孟氏曰妃骨相貴不可言必當母儀天下孟篤信之命密觀藝又曰妃之貴者
由於王王貴色發矣十日間當昇大位孟氏由是遽勸反孟及李皆坐斬
梁師都夏州朔方人也代爲本郡豪族仕隋鷹揚郎將大業末罷歸屬盜賊羣
起師都陰結徒黨數千人殺郡丞唐宗據郡反自稱大丞相北連突厥隋將張
世隆擊之反爲所敗師都因遣兵掠定雕陰弘化延安等郡於是僭卽皇帝位

稱梁國建元爲永隆突厥始畢可汗遺以狼頭纛號爲大度毗伽可汗師都乃引突厥居河南之地攻破鹽川郡武德二年高祖遣延州總管段德操督兵討之師都與突厥之衆數千騎來寇延安營於野猪嶺德操以衆寡不敵按甲以挫其銳後伺師都稍怠遣副總管梁禮率衆擊之德操以輕騎出其不意師都與禮酣戰久之德操多張旗幟奄至其後師都大潰逐北二百餘里虜男女二百餘口經數月師都又以步騎五千來寇德操擊之俘斬略盡及劉武周之敗師都大將張舉劉旻相次來降師都大懼遣其尚書陸季覽說處羅可汗曰比者中原喪亂分爲數國勢均力弱所以北附突厥今武周既滅唐國益大師都甘從亡破亦恐次及可汗願可汗行魏孝文之事遣兵南侵師都請爲鄉導處羅從之謀令莫賀咄設入自原州泥步設與師都入自延州處羅入自幷州突利可汗與奚霫契丹靺鞨入自幽州合于竇建德經滏口道來會于晉絳兵臨發遇處羅死乃止高祖又令德操悉發邊兵進擊師都拔其東城師都退據西城又求救於突厥頡利可汗頡利以勁兵萬騎救援之時稽胡大帥劉㲼成率

衆降師都師都信讒殺之於是羣情疑懼多叛師都來降師都勢蹙乃往朝頡利爲陳入寇之計自此頻致突厥之寇邊州略無寧歲頡利可汗之寇渭橋亦師都計也頡利政亂太宗知師都勢危援孤以書諭之不從遣夏州長史劉旻司馬劉蘭經略之有得其生口者輒縱遣令爲反間離其君臣之計頻選輕騎踐其禾稼城中漸虛歸命者相繼皆善遇之由是益相猜阻有李正寶辛獠兒者皆其名將謀執師都事洩不果正寶竟來降貞觀二年太宗遣右衞大將軍柴紹殿中少監薛萬均討之又使劉旻劉蘭率勁卒直據朔方東城以逼之頡利可汗遣兵來援師都紹逆擊破之進屯城下師都兵勢日蹙其從父弟洛仁斬師都詣紹降拜洛仁爲右驍衞將軍封朔方郡公師都自起至滅凡十二歲以其地爲夏州時又有劉季真李子和屯據北邊與劉武周梁師都遞爲表裏

劉季真者離石胡人也父龍兒隋末擁兵數萬自號劉王以季真爲太子龍兒爲虎賁郎將梁德所斬其衆漸散及義師起季真與弟六兒復舉兵爲盜引劉武周之衆攻陷石州季真北連突厥自稱突利可汗以六兒爲拓定王甚爲邊

患時西河公張綸真鄉公李仲文俱以兵臨之季真懼而來降授石州總管賜
姓李氏封彭城郡王季真見宋金剛與官軍相持於澮州久而未決遂親伏武
周與之合勢及金剛敗季真亡奔高滿政尋爲所殺

李子和者同州蒲城人也本姓郭氏大業末爲左翊衞犯罪徙榆林見郡內大
饑遂潛引敢死士得十八人攻郡門執郡丞王才數以不恤百姓斬之開倉以
賑窮乏自稱永樂王建元爲正平尊其父爲太公以弟子政爲尙書令子端子
升爲左右僕射有衆二千餘騎南連梁師都北附突厥始畢可汗並送子爲質
以自固始畢先署劉武周爲定楊天子梁師都爲解事天子又以子和爲平楊
天子子和固辭不敢當始畢乃更署子和爲屋利設武德元年遣使歸款授榆
林郡守尋就拜雲州總管封金河郡公二年進封郕國公時師都強暴子和慮
爲所攻尋勒兵襲師都寧朔城尅之子和既絶師都又伺突厥閒釁遣使以聞
爲處羅可汗候騎所獲處羅大怒因其弟子升子和自以孤危甚懼四年拔戶
口南徙詔以延州故城居之五年從太宗平劉黑闥陷陣有功高祖嘉其誠節

賜姓李氏拜右武衞將軍貞觀元年賜實封三百戶十一年除婺州刺史改封夷國公顯慶元年累轉黔州都督以年老乞骸骨許之加金紫光祿大夫麟德九年卒

史臣曰蕭銑聚烏合之衆當鹿走之時放兵以奪將權殺舊以求位定洎大軍奄至束手出降宜哉杜伏威恃勇聚徒見機歸國或致疑於高祖竟見雪於大宗輔公祏竊兵爲叛王雄誕守節不回訓子孫以忠貞感士庶之流涕子通修仁馭衆終懷貳以伏誅羅藝歸國立功信妖言而爲叛善始令終者鮮矣沈法興狂賊梁師都凶人皆至覆亡殊無改悔自隋朝維絕宇縣瓜分小則鼠竊狗偷大則鯨吞虎據大唐舉義兆庶歸仁高祖運應瑤圖太宗天資神武羣凶席卷寰海鏡清祚享永年功宣後代諡曰神堯文武豈不韙哉

贊曰失政資盜圖王僭號真主勃興風驅電掃

舊唐書卷五十六

舊唐書卷五十六考證

蕭銑傳今天啓公等協我心事若合符節豈非上玄之意也○若合符節句舊本脫節字句法不完今補入

輔公祏傳時吳興賊帥沈法興據毗陵公祏擊破之○沈炳震曰武德三年法興已爲李子通所滅不應六年尙據毗陵也 臣宗萬按沈法興傳是時伏威據歷陽陳稜據江都子通據海陵俱有窺江表之心法興三面受敵軍數挫衂則知公祏爲伏威將當會擊破法興於毗陵時是史家追敘之體非編年而紀其事也翫傳文自明

初伏威養壯士三十餘人爲假子分領兵馬唯闞稜王雄誕知名○ 臣德潛按此公祏傳末語也下應接闞王二傳向闞王二傳在前公祏傳在後于文法不合蓋傳以杜伏威爲主輔闞王連類及之故闞王二傳附在公祏後也今已更正

闞稜傳善用大刀長一丈施兩刃名爲拍刀○ 臣德潛按唐六典有陌刀長一

文卽斬馬刀也今改正

王雄誕傳高祖聞伏威據有吳楚遣使諭之雄誕率衆討之○遣使諭之下明有闕文蓋此時伏威令輔公祏擊李子通而以雄誕爲副也應脫去伏威遣公祏意

舊唐書卷五十六考證

後晉司空同中書門下平章事劉昫撰

列傳第七

裴寂

劉文靜 弟文起 文靜子樹藝 李孟嘗 劉世龍 趙文恪 張平高
李思行 李高遷 許世緒 劉師立 錢九隴 樊興
公孫武達 龐卿惲
張長遜 李安遠

裴寂字玄真蒲州桑泉人也祖融司本大夫父瑜絳州刺史寂少孤為諸兄之所鞠養年十四補州主簿及長疎眉目偉姿容隋開皇中為左親衛家貧無以自業每徒步詣京師經華嶽廟祭而祝曰窮困至此敢脩誠謁神之有靈鑒其運命若富貴可期當降吉夢再拜而去夜夢白頭翁謂寂曰卿年三十已後方可得志終當位極人臣耳後為齊州司戶大業中歷侍御史駕部承務郎晉陽宮副監高祖留守太原與寂有舊時加親禮每延之宴語間以博奕至於通宵連日情忘厭倦時太宗將舉義師而不敢發言見寂為高祖所厚乃出私錢數

百萬陰結龍山令高斌廉與寂博戲漸以輸之寂得錢既多大喜每日從太宗遊見其歡甚遂以情告之寂即許諾寂又以晉陽宮人私侍高祖高祖從寂飲酒酣寂白狀曰二郎密纘兵馬欲舉義旗正爲寂以宮人奉公恐事發及誅急爲此耳今天下大亂城門之外皆是盜賊若守小節旦夕死亡若舉義兵必得天位衆情已協公意如何高祖曰我兒誠有此計既已定矣可從之及義兵起寂進宮女五百人并上米九萬斛雜綵五萬段甲四十萬領以供軍用大將軍府建以寂爲長史賜爵聞喜縣公從至河東屈突通拒守攻之不下三輔豪傑歸義者日有千數高祖將先定京師議者恐通爲後患猶豫未決寂進說曰今通據蒲關若不先平前有京城之守後有屈突之援此乃腹背受敵敗之道也未若攻蒲州下之而後入關京師絶援可不攻而定矣太宗曰不然兵法尚權權在於速宜乘機早渡以駭其心我若遲留彼則生計且關中羣盜所在屯結未有定主易以招懷賊附兵強何城不尅屈突通自守賊耳不足爲虞若失入關之機則事未可知矣高祖兩從之留兵圍河東而引軍入關及京師平賜良

田千頃甲第一區物四萬段轉大丞相府長史進封魏國公食邑三千戶及隋恭帝遜位高祖固讓不受寂勸進又不答寂請見曰桀紂之亡亦各有子未聞湯武臣輔之可爲龜鏡無所疑也寂之茅土大位皆受之於唐陛下不爲唐帝臣當去官耳又陳符命十餘事高祖乃從之寂出命太常具禮儀擇吉日高祖既受禪謂寂曰使我至此公之力也拜尚書右僕射賜以服翫不可勝紀仍詔尚食奉御每日賜寂御膳高祖視朝必引與同坐入閤則延之臥內言無不從呼爲裴監而不名當朝貴戚親禮莫與爲比武德二年劉武周將黃子英宋金剛頻寇太原行軍總管姜寶誼李仲文相次陷沒高祖患之寂自請行因爲晉州道行軍總管得以便宜從事師次介休而金剛據城以抗寂寂保于度索原營中乏水賊斷其澗路由是危迫欲移營就水賊因犯之師遂大潰死散略盡寂一日一夜馳至晉州以東城鎮俱沒金剛進逼絳州寂抗表陳謝高祖慰諭之復令鎮撫河東之地寂性怯無捍禦之才唯發使絡繹催督虞秦二州居人勒入城堡焚其積聚百姓惶駭復思爲亂夏縣人呂崇茂遂殺縣令舉兵反引

金剛爲援寂擊之復爲崇茂所敗被徵入朝高祖數之曰義舉之始公有翼佐之勳官爵亦極矣前拒武周兵勢足以破敵致此喪敗不獨愧於朕乎以之屬吏尋釋之顧待彌重高祖有所巡幸必令居守麟州刺史韋雲起告寂謀反訊之無端高祖謂寂曰朕之有天下者本公所推今豈有貳心皁白須分所以推究耳因令貴妃三人齎珍饌寶器就寂第宴樂極歡經宿而去又嘗從容謂寂曰我李氏昔在隴西富有龜玉降及祖禰姻婭帝室及舉義兵四海雲集纔涉數月昇爲天子至如前代皇王多起微賤劬勞行陣下不聊生公復世冑名家歷職清顯豈若蕭何曹參起自刀筆吏也唯我與公千載之後無媿前修矣其年改鑄錢特賜寂令自鑄造又爲趙王元景聘寂女爲妃六年遷尚書左僕射賜宴於含章殿高祖極歡寂頓首而言曰臣初發太原以有慈旨清平之後許以退耕今四海乂安伏願賜臣骸骨高祖泣下霑襟曰今猶未也要相偕老耳公爲台司我爲太上逍遙一代豈不快哉俄冊司空賜實封五百戶遣尚書員外郎一人每日更直寂第其見崇貴如此貞觀元年加實封幷前一千五百戶

二年太宗祠南郊命寂與長孫無忌同昇金輅寂辭讓太宗曰以公有佐命之勳無忌亦宣力於朕同載參乘非公而誰遂同乘而歸三年有沙門法雅初以恩倖出入兩宮至是禁絶之法雅怨望出妖言伏法兵部尚書杜如晦鞫其獄法雅乃稱寂知其言寂對曰法雅惟云時候方行疾疫初不聞妖言法雅證之坐是免官削食邑之半放歸本邑寂請住京師太宗數之曰計公勳庸不至於此徒以恩澤特居第一武德之時政形紕繆官方弛紊職公之由但以舊情不能極法歸掃墳墓何得復辭寂遂歸蒲州未幾有狂人自稱信行寓居汾陰言多妖妄常謂寂家僮曰裴公有天分于時信行已死寂監奴恭命以其言白寂寂惶懼不敢聞奏陰呼恭命殺所言者恭命縱令亡匿寂不知之寂遣恭命收納封邑得錢百餘萬因用而盡寂怒將遣人捕之恭命懼而上變太宗大怒謂侍臣曰寂有死罪者四位爲三公而與妖人法雅親密罪一也事發之後乃負氣憤怒稱國家有天下是我所謀罪二也妖人言其有天分匿而不奏罪三也陰行殺戮以滅口罪四也我殺之非無辭矣議者多言流配朕其從衆乎於是

徙交州竟流靜州俄逢山羌爲亂或言反獠劫寂爲主太宗聞之曰我國家於寂有性命之恩必不然矣未幾果稱寂率家僮破賊太宗思寂佐命之功徵入朝會卒時年六十贈相州刺史工部尚書河東郡公子律師嗣尚太宗妹臨海長公主官至汴州刺史律師子承先則天時爲殿中監爲酷吏所殺

劉文靜字肇仁自云彭城人代居京兆之武功祖懿用石州刺史父韶隋時戰沒贈上儀同三司少以其父身死王事襲父儀同三司偉姿儀有器幹倜儻多權略隋末爲晉陽令遇裴寂爲晉陽宮監因而結友夜與同宿寂見城上烽火仰天歎曰卑賤之極家道屢空又屬亂離當何取濟文靜笑曰世途若此時事可知吾二人相得何患於卑賤及高祖鎮太原文靜察高祖有四方之志深自結託又竊觀太宗謂寂曰非常人也大度類於漢高神武同於魏祖其年雖少乃天縱矣寂初未然之後文靜坐與李密連婚煬帝令繫於郡獄太宗以文靜可與謀議入禁所視之文靜大喜曰天下大亂非有湯武高光之才不能定也太宗曰卿安知無但恐常人不能別耳今入禁所相看非兒女之情相憂而已

時事如此故來與君圖舉大計請善籌其事文靜曰今李密長圍洛邑主上流播淮南大賊連州郡小盜阻山澤者萬數矣但須真主驅駕取之誠能應天順人舉旗大呼則四海不足定也今太原百姓避盜賊者皆入此城文靜爲令數年知其豪傑一朝嘯集可得十萬人尊公所領之兵復且數萬君言出口誰敢不從乘虛入關號令天下不盈半歲帝業可成太宗笑曰君言正合人意於是部署賓客潛圖起義候機當發恐高祖不從沉吟者久之文靜見高祖厚於裴寂欲因寂開說於是引寂交於太宗得通謀議及高君雅爲突厥所敗高祖被拘太宗又遣文靜共寂進說曰易稱知幾其神乎今大亂已作公處嫌疑之地當不賞之功何以圖全其裨將敗衂以罪見歸事誠迫矣當須爲計晉陽之地士馬精強宮監之中府庫盈積以茲舉事可立大功關中天府代王沖幼權豪並起未有適從願公興兵西入以圖大事何乃受單使之囚乎高祖然之時太宗潛結死士與文靜等協議尅日舉兵會高祖得釋而止乃命文靜詐爲煬帝勑發太原西河鴈門馬邑人年二十已上五十已下悉爲兵期以歲暮集涿郡

將伐遼東由是人情大擾思亂者益衆文靜因謂裴寂曰公豈不聞先發制人後發制於人乎唐公名應圖讖聞於天下何乃推延自貽禍釁宜早勸唐公以時舉義又脅寂曰且公爲宮監而以宮人侍客公死可爾何誤唐公也寂甚懼乃屢促高祖起兵會馬邑人劉武周殺太守王仁恭自稱天子引突厥之衆將侵太原太宗遣文靜及長孫順德等分部募兵以討武周爲辭又令文靜與裴寂僞作符勅出宮監庫物以供留守資用因募兵集衆及義兵將起副留守王威高君雅獨懷猜貳後數日將大會於晉祠威及君雅潛謀害高祖晉陽鄉長劉世龍以白太宗太宗既知迫急欲先事誅之遣文靜與鷹揚府司馬劉政會投急變之書詣留守告威等二人謀反是日高祖與威君雅同坐視事文靜引政會至庭中云有密狀知人欲反高祖指威等取狀看之政會不肯與曰所告是副留守事唯唐公得看之耳高祖陽驚曰豈有是乎覽狀訖謂威等曰此人告公事如何君雅大詬曰此是反人欲殺我也文靜叱左右執之因于別室既拘威等竟得舉兵高祖開大將軍府以文靜爲軍司馬文靜勸改旗幟以彰義

舉又請連突厥以益兵威高祖並從之因遣文靜使于始畢可汗始畢曰唐公起事今欲何爲文靜曰皇帝廢冢嫡傳位後主致斯禍亂唐公國之懿戚不忍坐觀成敗故起義軍欲黜不當立者願與可汗兵馬同入京師人衆土地入唐公財帛金寶入突厥始畢大喜卽遣將康鞘利領騎二千隨文靜而至又獻馬千疋高祖大悅謂文靜曰非公善辭何以致此尋率兵禦隋將屈突通於潼關通遣武牙郎將桑顯和率勁兵來擊文靜苦戰者半日死者數千人文靜度顯和軍稍怠潛遣奇兵掩其後顯和大敗悉虜其衆通尙擁兵數萬將遁歸東都文靜遣諸將追而執之略定新安以西之地轉大丞相府司馬進授光祿大夫封魯國公高祖踐祚拜納言時高祖每引重臣共食文靜奏曰陛下君臨億兆率土莫非臣而當朝撝抑言尙稱名又宸極位尊帝座嚴重乃使太陽俯同萬物臣下震恐無以措身帝不納時制度草創命文靜與當朝通識之士更刊隋開皇律令而損益之以爲通法高祖謂曰本設法令使人共解而往代相承多爲隱語執法之官緣此舞弄宜更刊定務使易知會薛舉寇涇州命太宗討之

以文靜爲元帥府長史遇太宗不豫委於文靜及司馬殷開山誡之曰舉糧少兵疲懸軍深入意在決戰不利持久即欲挑戰愼無與決待吾差當爲君等取之文靜用開山計出軍爭利王師敗績文靜奔還京師坐除名俄又從太宗討舉平之以功復其爵邑拜民部尚書領陝東道行臺左僕射武德二年從太宗鎭長春宮文靜自以才能幹用在裴寂之右又屢有軍功而位居其下意甚不平每廷議多相違戾寂有所是文靜必非之由是與寂有隙文靜嘗與其弟通直散騎常侍文起酣宴出言怨望拔刀擊柱曰必當斬裴寂耳家中妖怪數見文起憂之遂召巫者於星下被髮銜刀爲厭勝之法時文靜有愛妾失寵以狀告其兄妾兄上變高祖以之屬吏遣裴寂蕭瑀問狀文靜曰起義之初忝爲司馬計與長史位望略同今寂爲僕射據甲第臣官賞不異衆人東西征討家口無託實有觖望之心因醉或有怨言不能自保高祖謂羣臣曰文靜此言反明白矣李綱蕭瑀皆明其非反太宗以文靜義旗初起先定非常之策始告寂知及平京城任遇懸隔止以文靜爲觖望非敢謀反極佑助之而高祖素疏忌之

裴寂又言曰文靜才略實冠時人性復麤險忿不思難醜言悖逆其狀已彰當今天下未定外有勍敵今若赦之必貽後患高祖竟聽其言遂殺文靜文起仍籍沒其家文靜臨刑撫膺歎曰高鳥逝良弓藏故不虛也時年五十二貞觀三年追復官爵以子樹義襲封魯國公許尚公主後與其兄樹藝怨其父被戮又謀反伏誅文靜初爲納言時有詔以太原元謀立功尚書令秦王某尚書左僕射裴寂及文靜特恕二死左驍衞大將軍長孫順德右驍衞大將軍劉弘基右屯衞大將軍竇琮左翊衞大將軍柴紹內史侍郎唐儉吏部侍郎殷開山鴻臚卿劉世龍衞尉少卿劉政會都水監趙文恪庫部郎中武士彠驃騎將軍張平高李思行李高遷左屯衞府長史許世緒等十四人約免一死武德九年十月太宗始定功臣實封差第文靜已死於是裴寂加食九百戶通前爲一千五百戶長孫無忌王君廓尉遲敬德房玄齡杜如晦等五人食邑一千三百戶長孫順德柴紹羅藝趙郡王孝恭等四人食邑一千二百戶侯君集張公謹劉師立等三人食邑一千戶李勣劉弘基二人食邑九百戶高士廉宇文士及秦叔寶

程知節四人食七百戶安興貴安脩仁唐儉竇軌屈突通蕭瑀封德彝劉義節八人各食六百戶錢九隴樊興公孫武達李孟嘗段志玄龐卿惲張亮李藥師杜淹元仲文十人各食四百戶張長遜張平高李安遠李子和秦行師馬三寶六人各食三百戶其王君廓事在廬江王瑗傳安興貴安修仁事在李軌傳李子和事在梁師都傳馬三寶事在柴紹傳

李孟嘗趙州平棘人官至右威衞大將軍漢東郡公元仲文洛州人至右監門將軍河南縣公秦行師幷州太原人至左監門將軍清水郡公並事微不錄自餘無傳者盡附於此

劉世龍者幷州晉陽人大業末爲晉陽鄉長高祖鎮太原裴寂數薦之由是甚見接待亦出入王威高君雅家然獨歸心於高祖義兵將起威與君雅內懷疑惑世龍輒探得其情以白高祖及誅威等授銀青光祿大夫從平京城累轉鴻臚卿仍改名義節時草創之始傾竭府藏以賜勳人而國用不足義節進計曰今義師數萬並在京師樵薪貴而布帛賤若採街衢及苑中樹爲樵以易布帛

歲收數十萬疋立可致也又藏內繒絹疋疋軸之使申截取剩物以供雜費動盈十餘萬段矣高祖並從之大收其利再遷太府卿封葛國公貞觀初轉少府監以罪配流嶺南尋授欽州別駕卒義節從子思禮萬歲通天二年爲箕州刺史思禮少嘗學相術於許州張憬藏相己必歷刺史位至太師及授箕州益自喜以爲太師之職位極人臣非佐命無以致之與洛州錄事參軍綦連耀結搆謀反謂耀曰公體有龍氣耀亦謂思禮曰公是金刀合爲我輔因相解釋圖讖卽定君臣之契又令思禮自衒相術每所見人皆謂之合得三品使務進之士聞之滿望然始謂云綦連耀有天分公因之以得富貴事發繫獄乃多證引朝士冀以自免所誅陷者三十餘家耀思禮並伏誅鳳閣侍郎李元素夏官侍郎孫元亨知天官侍郎事石抱忠鳳閣舍人王勮勮兄前涇州刺史勔太子司議郎路敬淳等坐與耀及思禮交結皆死初則天命河內王武懿宗按思禮之獄懿宗寬思禮於外令廣引逆徒而思禮以爲得計從容自若嘗與相忤者必引令枉誅臨刑猶在外尙不之覺及衆人就戮乃收誅之

趙文恪者并州太原人也隋末爲鷹揚府司馬義師之舉授右三統軍武德二
年拜都水監封新興郡公時大亂之後中州少馬遇突厥蕃市牛馬以資國用
俄而劉武周將宋金剛來寇太原屬城皆沒真鄉公李仲文退守浩州城孤兵
弱元吉遣文恪率步騎千餘助爲聲援及太原爲賊所陷文恪遂弃城遁去坐
是賜死獄中
張平高綏州膚施人也隋末爲鷹揚府校尉戍太原爲高祖所識因參謀議義
旗建以爲軍頭從平京城累授左領軍將軍封蕭國公貞觀初出爲丹州刺史
坐事免令以右光祿大夫還第卒後改封羅國公永徽中追贈潭州都督
李思行趙州人也嘗避仇太原高祖將舉義兵令赴京城觀覘動靜及還具論
機變深稱旨授左三統軍從破宋老生平京城累授嘉州刺史封樂安郡公永
徽初卒贈洪州都督謚曰襄
李高遷岐州岐山人也隋末客遊太原高祖常引之左右及擒高君雅王威等
高遷有功焉授右三統軍從平霍邑圍京城力戰功最累遷左武衛大將軍封

江夏郡公檢校西麟州刺史武德初突厥寇馬邑朔州總管高滿政請救高祖令高還督兵助鎭俄而賊兵甚盛高還乃斬關宵遁其將士皆沒竟坐除名徙邊後以佐命功拜陵州刺史永徽五年卒贈梁州都督

許世緒者幷州人也大業末爲鷹揚府司馬見隋祚將亡言於高祖曰天道輔德人事與能蹈機不發必貽後悔今隋政不綱天下鼎沸公姓當圖籙名應歌謠握五都之兵當四戰之地若遂無他計當敗不旋踵未若首建義旗爲天下唱此帝王業也高祖甚奇之親顧日厚義兵起授右一府司馬武德中累除蔡州刺史封眞定郡公卒弟洛仁亦以元從功臣至冠軍大將軍行左監門將軍永徽初卒贈代州都督謚曰勇陪葬昭陵

劉師立者宋州虞城人也初爲王世充將軍親遇甚密洛陽平當誅太宗惜其才特免之爲左親衞太宗之謀建成元吉也嘗引師立密籌其事或自宵達曙其後師立與尉遲敬德龐卿惲李孟嘗等九人同誅建成有功超拜左衞率尋遷左驍衞將軍封襄武郡公賜絹五千疋後人告師立自云眼有赤光體有非

常之相姓氏又應符讖太宗謂之曰人言卿欲反如何師立大懼俯而對曰臣任隋朝不過六品身材駑下不敢輒希富貴過蒙非常之遇常以性命許國而陛下功成事立臣復致位將軍顧己循躬實踰涯分臣是何人輒敢言反太宗笑曰知卿不然此妄言耳賜帛六十疋延入臥內慰諭之羅藝之反也長安人情騷動以師立檢校右武候大將軍以備非常及藝平憲司窮究黨與師立坐與交通遂除名又以藩邸之舊尋檢校岐州都督師立上書請討吐谷渾書奏未報便遣使閒其部落諭以利害多有降附列其地爲開橋二州又有党項首領拓拔赤辭先附吐谷渾負險自固師立亦遣人爲陳利害赤辭遂率其種落內屬太宗甚嘉之拜赤辭爲西戎都督後師立以母憂當去職父老上表請留詔不許赴哀復令居任時河西党項破刃氏常爲邊患又阻新附師立總兵擊之軍未至破刃氏大懼遁於山谷師立追之至卹于真山而還吐谷渾於小莫門川擊破之多所虜獲尋轉始州刺史十四年卒謚曰肅

錢九隴本晉陵人也父在陳爲境上所獲沒爲皇家隸人九隴善騎射高祖信

愛之常置左右義兵起以軍功授金紫光祿大夫及尅京城拜左監門郎將從平薛仁杲劉武周以前後戰功累授右武衞將軍其後從太宗擒獲竇建德平王世充從隱太子討劉黑闥於魏州力戰破賊策勳爲最累封郇國公仍以本官爲苑遊將軍貞觀初出爲眉州刺史再遷右監門大將軍十二年改封郇國公加食廬州實封六百戶尋卒贈左武衞大將軍潭州都督諡曰勇陪葬獻陵

樊興者本安陸人也父犯罪配沒爲皇家隸人興從平京城累除右監門將軍又從太宗破薛舉平王世充竇建德積戰功累封營國公賜物二千段黃金三十鋌尋坐事削爵貞觀六年陵州獠反興率兵討之拜左驍衞將軍又從特進李靖擊吐谷渾爲赤水道行軍總管坐遲留不赴軍期又士卒多死失亡甲仗以勳減死久之累拜左監門大將軍封襄城郡公太宗之征遼東以興忠謹令副司空房玄齡留守京師俄又檢校右武候將軍永徽初卒贈左武候大將軍洪州都督陪葬獻陵

公孫武達者雍州櫟陽人也少有膂力稱爲豪俠在隋爲驍果武德初至長春

宮請謁太宗從討劉武周力戰功居最又從平王世充竇建德累遷秦王府右三軍驃騎封清水縣公貞觀初檢校右監門將軍尋除肅州刺史歲餘突厥數千騎輜重萬餘入侵肅州欲南入吐谷渾武達領二千人與其精銳相遇力戰虜稍却急攻之遂大潰擠之於張掖河又命軍士於上流以栰渡兵擊其餘衆賊半濟兩岸夾攻之斬溺略盡璽書慰勉之拜左監門將軍後又受詔擊鹽州叛突厥武達引兵趨靈州追及之賊方渡河見武達至據河南岸武達引兵擊之斬其渠帥可邏拔扈餘黨幾盡進封東萊郡公永徽中累授右武衛大將軍及卒高宗廢朝舉哀贈荆州都督給東園秘器陪葬昭陵諡曰壯

龐卿惲者并州太原人從太宗討隱太子有功累拜右驍衛將軍封邾國公尋卒追封濮國公子同善官至右金吾大將軍同善子承宗開元初爲太子賓客

張長遜雍州櫟陽人也隋代爲里長平陳有功累至五原郡通守及天下亂遂附于突厥號長遜爲割利特勒及義旗建長遜以郡降授五原太守尋除豐州總管是時梁師都薛舉請兵於突厥欲令渡河長遜知之僞爲詔書與莫賀咄

設示知其謀突厥乃拒師都等使高祖嘉之武德元年勑右武候驃騎將軍高靜致幣於始畢可汗路經豐州會可汗死勑於所到處納庫突厥聞而大怒欲南渡長遜乃遣高靜出塞申國家賻贈之禮突厥乃引還及征薛舉長遜不待命而至以功授豐州總管進封巴國公賜以錦袍金甲是時言事者以長遜久居豐州與突厥連結長遜懼請入朝拜右武候將軍徙封息國公賜以宮人綵物千餘段會有疾車駕親幸其第及竇軌率巴蜀兵擊王世充以長遜檢校益州行臺左僕射歷遂䕫二州總管所在皆有惠政貞觀十一年卒

李安遠者夏州朔方人也隋雲州刺史徹子也家富於財少從博徒不逞晚始折節讀書敬慕士友襲父爵城陽公與王珪友善大業初珪坐叔頍當配流安遠爲之營護免後爲正平令及義兵攻絳郡安遠與通守陳叔達嬰城自守城陷高祖與安遠有舊馳至其宅撫慰之引與同食拜右翊衛統軍封正平縣公武德元年授右武衛大將軍從太宗征伐特蒙恩澤累戰功改封廣德郡公又使於吐谷渾與敦和好於是吐谷渾主伏允請與中國互市安遠之功也後隱

太子建成潛引以爲黨援安遠固拒之由是太宗益加親信貞觀初歷潞州都督懷州刺史歷任頗有聲績然傷於嚴急時論少之七年卒追贈涼州都督謚曰密十三年追封爲遂安郡公

史臣曰裴寂歷任仕隋官至爲宮監總子女玉帛之務據倉廩兵甲之饒喜博戲之利苟多啓舉義之謀爲首謁獄神以徼福始彰不逞之心留貴妃以經宿終昧爲臣之道居第一之位乏在三之規特高祖之舊恩致文靜之極法終歸四罪尚保再生幸也文靜奮縱橫之略立締構之功罔思寵辱之機過爲輕躁之行未及封而禍也惜哉凡關佐命爰第實封小大不遺賢愚自勸太宗之行賞也明矣

贊曰風雲初合共竭智力勢利既分遽變讎敵

舊唐書卷五十七

舊唐書卷五十七考證

裴寂傳結龍山令高斌廉與寂博戲○臣宗萬按通鑑注是時不復有龍山𥘉斌廉在開皇中嘗爲令史以舊官書之邪蓋龍山縣爲後齊所置帶太原郡開皇十年則改曰晉陽矣

劉文靜傳又請連突厥以益兵威○臣宗萬按創業起居注突厥夜遁明旦城外覘入馳報文武官入賀帝曰且莫相賀爲諸君召而使之即自手與突厥書據此則結連突厥高祖自爲之非由文靜之請通鑑則書劉文靜勸李淵與突厥相結與傳相合乃知温大雅欲歸功於高祖故與傳不同耳

劉師立傳時河西党項破刃氏常爲邊患○新書作破丑氏

張長遜傳勅右武侯驃騎將軍高靜致幣于始畢可汗○新書作高世靜以功授豐州總管進封巴國公○新書作楊國公

舊唐書卷五十七考證

舊唐書卷五十八

後晉司空同中書門下平章事劉昫撰

列傳第八

唐儉　長孫順德　劉弘基　殷嶠　劉政會

柴紹平陽公主馬三寶附　武士彠長兄士稜次兄士逸

唐儉字茂約并州晉陽人北齊尚書左僕射邕之孫也父鑒隋戎州刺史儉落拓不拘規檢然事親頗以孝聞初鑒與高祖有舊同領禁衛高祖在太原留守儉與太宗周密儉從容說太宗以隋室昏亂天下可圖太宗白高祖乃召入密訪時事儉曰明公日角龍庭李氏又在圖牒天下屬望非在今朝若開府庫南嘯豪傑北招戎狄東收燕趙長驅濟河據有秦雍海內之權指麾可取願弘達節以順羣望則湯武之業不遠高祖曰湯武之事非所庶幾今天下已亂言私則圖存語公則拯溺卿宜自愛吾將思之及開大將軍府授儉記室參軍太宗爲渭北道行軍元帥以儉爲司馬平京城加光祿大夫相國府記室封晉昌郡

公武德元年除內史舍人尋遷中書侍郎特加授散騎常侍王行本守蒲州城不降勑工部尚書獨孤懷恩率兵屯於其東以經略之尋又夏縣人呂崇茂以城叛降於劉武周高祖遣永安王孝基工部尚書獨孤懷恩陝州總管于筠等率兵討之時儉使至軍所屬武周遣兵援崇茂儉與孝基筠等並爲所獲初懷恩屯兵蒲州與其屬元君實謀反時君實亦陷於賊中與儉同被拘執乃謂儉曰古人有言當斷不斷反受其亂獨孤尚書近者欲舉兵圖事遲疑之間遂至今日豈不由不斷耶俄而懷恩脫身得還仍令依前屯守君實又謂儉曰獨孤尚書今遂拔難得還復在蒲州屯守可謂王者不死儉聞之懼懷恩爲逆乃密令親信劉世讓以懷恩之謀奏聞適遇王行本以蒲州歸降高祖將入其城浮舟至中流世讓謁見高祖讀奏大驚曰豈非天命也迴舟而歸分捕反者按驗之懷恩自縊餘黨伏誅俄而太宗擊破武周部將宋金剛追至太原武周懼而北走儉乃封其府庫收兵甲以待太宗高祖嘉儉身沒虜庭心存朝闕復舊官仍爲并州道安撫大使以便宜從事并賜獨孤懷恩田宅貲財等使還拜禮部

尚書授天策府長史兼檢校黃門侍郎封莒國公與功臣等元勳恕一死仍除遂州都督食綿州實封六百戶圖形凌煙閣貞觀初使于突厥說誘之因以隋蕭后及楊正道以歸太宗謂儉曰卿觀頡利可圖否對曰銜國威恩亦可望獲遂令儉馳傳至虜庭示之威信頡利部落歡然定歸款之計因而兵衆弛懈李靖率輕騎掩襲破之頡利北走儉脫身而還歲餘授民部尚書後從幸洛陽苑射猛獸羣豕突出林中太宗引弓四發殪四豕有雄彘突及馬鐙儉投馬搏之太宗拔劍斷豕顧笑曰天策長史不見上將擊賊耶何懼之甚對曰漢祖以馬上得之不以馬上治之陛下以神武定四方豈復逞雄心於一獸太宗納之因爲罷獵尋加光祿大夫又特令其子善識尚豫章公主儉在官每盛修肴饌與親賓縱酒爲樂未嘗以職務留意又嘗託鹽州刺史張臣合收其私羊爲御史所劾以舊恩免罪貶授光祿大夫永徽初致仕于家加特進顯慶元年卒年七十八高宗爲之舉哀罷朝三日贈開府儀同三司并州都督賻布帛一千段粟一千石賜東園祕器陪葬昭陵諡曰襄官爲立碑儉少子覿最知名官至河西

令有文集三卷儉孫從心神龍中以子晙娶太平公主女官至殿中監晙先天
中爲太常少卿坐與太平連謀伏誅
長孫順德文德順聖皇后之族叔也祖澄周秦州刺史父愷隋開府順德仕隋右勳衛避遼東之役逃匿於太原深爲高祖太宗所親委時羣盜並起郡縣各募兵爲備太宗外以討賊爲名因令順德與劉弘基等召募旬月之間衆至萬餘人結營於郭下遂誅王威高君雅等義兵起拜統軍從平霍邑破臨汾下絳郡俱有戰功尋與劉文靜擊屈突通於潼關每戰摧鋒及通將奔洛陽順德追及於桃林執通歸京師仍略定陝縣高祖卽位拜左驍衛大將軍封薛國公武德九年與秦叔寶等討建成餘黨於玄武門太宗踐祚真食千二百戶特賜以宮女每宿內省後順德監奴受人餽絹事發太宗謂近臣曰順德地居外戚功卽元勳位高爵厚足稱富貴若能勤覽古今以自鑒誡弘益我國家者朕當與之同有府庫耳何乃不遵名節而貪冒發聞乎然惜其功不忍加罪遂於殿庭賜絹數十疋以媿其心大理少卿胡演進曰順德枉法受財罪不可恕奈何又

賜之絹太宗曰人生性靈得絹甚於刑戮如不知愧一禽獸耳殺之何益尋坐

與李孝常交通除名歲餘太宗閱功臣圖見順德之像閔然憐之遣宇文士及

視其所爲見順德頹然而醉論者以爲達命召拜澤州刺史復其爵邑順德素

多放縱不遵法度及此折節爲政號爲明肅先是長吏多受百姓魄餉順德糺

擿一無所容稱爲良牧前刺史張長貴趙士達並占境內膏腴之田數十頃順

德並劾而追奪分給貧戶尋又坐事免發疾太宗聞而鄙之謂房玄齡曰順德

無慷慨之節多兒女之情今有此疾何足問也未幾而卒太宗爲之罷朝遣使

弔祭贈荊州都督謚曰襄貞觀十三年追改封爲邳國公永徽五年重贈開府

儀同三司

劉弘基雍州池陽人也父昇隋河州刺史弘基少落拓交通輕俠不事家產以

父蔭爲右勳侍大業末嘗從煬帝征遼東家貧不能自致行至汾陰度已後期

當斬計無所出遂與同旅屠牛潛諷吏捕之繫於縣獄歲餘竟以贖論事解亡

命盜馬以供衣食因至太原會高祖鎮太原遂自結託又察太宗有非常之度

尤委心焉由是大蒙親禮出則連騎入同臥起義兵將舉弘基召募得二千人王威高君雅欲爲變高祖伏弘基及長孫順德於廳事之後弘基因麾左右執威等又從太宗攻下西河義軍次賈胡堡與隋將宋老生戰破之進攻霍邑老生率衆陣於城外弘基從太宗擊之老生敗走弃馬投塹弘基下斬其首拜右光祿大夫師至河東弘基以兵千人先濟河進下馮翊爲渭北道大使得便宜從事以殷開山爲副西略地扶風有衆六萬南渡渭水屯於長安故城威聲大振耀軍金光門衛文昇遣兵來戰弘基逆擊走之擒甲士千餘人馬數百疋時諸軍未至弘基先至一戰而捷高祖大悅賜馬二十疋及破京城功爲第一從太宗擊薛舉於扶風破之追奔至隴山而返累拜右領都督封河間郡公又從太宗經略東都戰于瓔珞門外破之師旋弘基爲殿隋將段達張志陳於三王陵弘基擊敗之武德元年拜右驍衛大將軍以元謀之勳恕其一死領行軍左一總管又從太宗討薛舉時太宗以疾頓於高墌城弘基劉文靜等與舉接戰於淺水原王師不利八總管咸敗唯弘基一軍盡力苦鬭矢盡爲舉所獲高祖

嘉其臨難不屈賜其家粟帛甚厚仁杲平得歸復其官爵會宋金剛陷太原遣
弘基屯晉州裴寂爲宋金剛所敗人情崩駭莫有固志金剛以兵造城下弘基
不能守復陷於賊俄得逃歸高祖慰諭之授左一總管從太宗屯于柏壁率兵
二千自隰州趨西河斷賊歸路時賊鋒甚勁弘基堅壁不能進及金剛遁弘基
率騎邀之至于介休與太宗會追擊大破之累封任國公尋從擊劉黑闥於洺
州師旋授秉鉞將軍會突厥入寇弘基率步騎一萬自豳州北界東拒子午嶺
西接臨涇修營鄣塞副淮安王神通備胡寇於北鄙九年以佐命功真食九百
戶太宗卽位顧待益隆李孝常長孫安業之謀逆也坐與交遊除名歲餘起爲
易州刺史復其封爵徵拜衞尉卿九年改封夔國公世襲朗州刺史例停不行
後以年老乞骸骨授輔國大將軍朝朔望祿賜同於職事太宗征遼東以弘基
爲前軍大總管從擊高延壽於駐蹕山力戰有功太宗屢加勞勉永徽元年加
實封通前一千一百戶其年卒年六十九高宗爲之舉哀廢朝三日贈開府儀
同三司并州都督陪葬昭陵仍爲立碑諡曰襄弘基遺令給諸子奴婢各十五

人良田五頃謂所親曰若賢固不藉多財不賢守此可以免饑凍餘財悉以散
施子仁實襲官至左典戎衛郎將從子仁景神龍初官至司農卿
殷嶠字開山雍州鄠縣人陳司農卿不害孫也其先本居陳郡陳亡徙關中父
僧首隋祕書丞有名於世嶠少以學行見稱尤工尺牘仕隋太谷長有治名義
兵起召補大將軍府掾參預謀略授心腹之寄累以軍功拜光祿大夫從隱太
子攻剋西河太宗爲渭北道元帥引爲長史時關中羣盜往往聚結衆無適從
令嶠招慰之所至皆下又與統軍劉弘基率兵六萬屯長安故城隋將衞孝節
自金光門出戰嶠與弘基擊破之京城平賜爵陳郡公遷丞相府掾尋授吏部
侍郎從擊薛舉爲元帥府司馬時太宗有疾委軍於劉文靜誡之曰賊衆遠來
利在急戰難與爭鋒且宜持久待糧盡然後可圖嶠退謂文靜曰王體不安慮
公不濟故發此言宜因機破賊何乃以勍敵遺王也久之言於文靜曰王不豫
恐賊輕我請耀武以威之遂陳兵於折墌爲舉所乘軍乃大敗嶠坐減死除名
後從平薛仁杲復其爵位武德二年兼陝東道大行臺兵部尚書遷吏部尚書

從太宗討平王世充以功進爵鄖國公復從征劉黑闥道病卒太宗親臨喪哭之甚慟贈陝東道大行臺右僕射謚曰節貞觀十四年詔與贈司空淮安王神通贈司空河間王孝恭贈民部尚書劉政會俱以佐命功配饗高祖廟庭十七年又與長孫無忌唐儉長孫順德劉弘基劉政會柴紹等十七人俱圖其形於凌煙閣永徽五年追贈司空嶠從祖弟聞禮有文學武德中爲太子中舍人修梁史未就而卒聞禮子仲容亦知名則天深愛其才官至申州刺史

劉政會滑州胙城人也祖環儁北齊中書侍郎政會隋大業中爲太原鷹揚府司馬高祖爲太原留守政會率兵隸於麾下太宗與劉文靜謀起義兵副留守王威高君雅獨懷猜貳後數日將大會於晉祠威與君雅謀危高祖有人以白太宗既知迫急欲先事誅之因遣政會爲急變之書詣留守告威等二人謀反是日高祖與威君雅同坐視事文靜引政會入至庭中云有密狀知人欲反高祖指威等令視之政會不肯曰所告是副留守事唯唐公得省之耳君雅攘袂大呼曰此是反人欲殺我也時太宗已列兵馬布於街巷文靜因令左右引威

等因于別室旣拘威等竟得舉兵政會之功也大將軍府建引爲戶曹參軍從
平長安除丞相府掾武德初授衞尉少卿留守太原政會內輯軍士外和戎狄
遠近莫不悅服尋而劉武周進逼幷州晉陽豪右薛深等以城應賊政會爲賊
所擒於賊中密表論武周形勢賊平復其官爵歷刑部尚書光祿卿封邢國公
貞觀初累轉洪州都督賜實封三百戶九年卒太宗手勅曰舉義之日實有殊
功所葬並宜優厚贈民部尚書諡曰襄後與殷開山同配饗高祖廟庭子玄意
襲爵改封渝國公尚南平公主授駙馬都尉高宗時爲汝州刺史玄子奇長壽
中爲天官侍郎爲酷吏所陷也

柴紹字嗣昌晉州臨汾人也祖烈周驃騎大將軍歷遂梁二州刺史封冠軍縣
公父愼隋太子右內率封鉅鹿郡公紹幼矯捷有勇力任俠聞於關中少補隋
元德太子千牛備身高祖微時妻之以女即平陽公主也義旗建紹自京間路
趣太原時建成元吉自河東往會於道建成謀於紹曰追書甚急恐已起事隋
郡縣連城千有餘里中間偷路勢必不全今欲且投小賊權以自濟紹曰不可

追既急宜速去雖稍辛苦終當獲全若投小賊知君唐公之子執以爲功徒然死耳建成從之遂共走太原入雀鼠谷知已起義於是相賀以紹之計爲得授右領軍大都督府長史大軍發晉陽兼領馬軍總管將至霍邑紹先至城下察宋老生形勢白曰老生有匹夫之勇我師若到必來出戰戰則成擒矣及義師至老生果出紹力戰有功下臨汾平絳郡並先登陷陣授右光祿大夫隋將桑顯和來擊孫華率精銳渡河以援之紹引軍直掩其背與史大奈合勢擊之顯和大敗因與諸將進下京城武德元年累遷左翊衛大將軍尋從太宗平薛舉破宋金剛攻平王世充於洛陽擒竇建德於武牢封霍國公賜實封千二百戶轉右驍衛大將軍吐谷渾與党項俱來寇邊命紹討之虜據高臨下射紹軍中矢下如雨紹乃遣人彈胡琵琶二女子對舞虜異之駐弓矢而相與聚觀紹見虜陣不整密使精騎自後擊之虜大潰斬首五百餘級貞觀元年拜右衛大將軍二年擊梁師都於夏州平之轉左衛大將軍出爲華州刺史七年加鎮軍大將軍行右驍衛大將軍改封譙國公十二年寢疾太宗親自臨問尋卒贈荊州

都督謚曰襄平陽公主高祖第三女也太穆皇后所生義兵將起公主與紹並在長安遣使密召之紹謂公主曰尊公將掃清多難紹欲迎接義旗同去則不可獨行恐罹後患爲計若何公主曰君宜速去我一婦人臨時易可藏隱當別自爲計矣紹卽閒行赴太原公主乃歸鄠縣莊所遂散家資招引山中亡命得數百人起兵以應高祖時有胡賊何潘仁聚衆於司竹園自稱總管未有所屬公主遣家僮馬三寶說以利害潘仁攻鄠縣陷之三寶又說羣盜李仲文向善志丘師利等各率衆數千人來會時京師留守頻遣軍討公主三寶潘仁屢挫其鋒公主掠地至盩厔武功始平皆下之每申明法令禁兵士無得侵掠故遠近奔赴者甚衆得兵七萬人公主令閒使以聞高祖大悅及義軍渡河遣紹將數百騎趨華陰傍南山以迎公主時公主引精兵萬餘與太宗軍會於渭北與紹各置幕府俱圍京城營中號曰娘子軍京城平封爲平陽公主以獨有軍功每賞賜異於他主六年薨及將葬詔加前後部羽葆鼓吹大輅麾幢班劍四十人虎賁甲卒太常奏議以禮婦人無鼓吹高祖曰鼓吹軍樂也往者公主於司

竹舉兵以應義旗親執金鼓有克定之勳周之文母列於十亂公主功參佐命非常婦人之所匹也何得無鼓吹遂特加之以旌殊績仍令所司按謚法明德有功曰昭謚公主爲昭子哲威歷右屯營將軍襲爵譙國公坐弟令武謀反徙嶺南起爲交州都督卒官令武尚巴陵公主累除太僕少卿衞州刺史封襄陽郡公永徽中坐與公主及房遺愛謀反遣使收之行至華陰自殺仍戮其屍公主賜死馬三寶初以平京城功拜太子監門率別擊叛胡劉拔真於北山破之又從平薛仁杲遷左驍衞將軍復從柴紹擊吐谷渾於岷州先鋒陷陣斬其名王前後虜男女數千口累封新興縣公嘗從幸司竹高祖顧謂三寶曰是汝建英雄之處衞青大不惡累除左驍衞大將軍貞觀三年卒太宗爲之廢朝謚曰忠

武士彠幷州文水人也家富於財頗好交結高祖初行軍於汾晉休止其家因蒙顧接及爲太原留守引爲行軍司鎧時盜賊蜂起士彠嘗陰勸高祖舉兵自進兵書及符瑞高祖謂曰幸勿多言兵書禁物尙能將來深識雅意當同富貴

耳及義兵將起高祖募人遣劉弘基長孫順德等分統之王威高君雅陰謂士彠曰弘基等皆背征三衞所犯當死安得領兵吾欲禁身推覈士彠曰此並唐公之客也若爾便大紛紜威等由是疑而不發留守司兵田德平又欲勸威等鞫問募人之狀士彠謂德平曰討捕之兵總隸唐公王威高君雅等並寄坐耳彼何能爲德平遂止義旗起以士彠爲大將軍府鎧曹從平京城功拜光祿大夫封太原郡公初爲義師將起士彠不預知及平京師乃自說云嘗夢高祖入西京升爲天子高祖哂之曰汝王威之黨也以能汝諫止弘基等微心可錄故加酬效今見事成乃說迂誕而取媚也武德中累遷工部尚書進封應國公又歷利州荊州都督貞觀九年卒官贈禮部尚書謚曰定顯慶元年以后父累贈司徒改封周國公咸亨中又贈太尉太原王特詔配饗高祖廟庭列在功臣之上孫承嗣事在外戚傳士彠長兄士稜性恭順勤於稼穡從起義官至司農少卿封宣城縣公常居苑中委以農圃之事貞觀中卒贈潭州都督次兄士逸亦有戰功武德初爲齊王府戶曹賜爵安陸縣公從齊王鎮幷州爲劉武周所獲

於賊中密令人詣京師陳武周可圖之計及武周平甚見慰勉累授益州行臺左丞數陳時政得失高祖每嘉納之貞觀初爲韶州刺史卒

史臣曰唐儉委質義旗之下立功草昧之初彼拘虜庭脫高祖蒲州之急侍獵苑囿諫太宗馬上之言可謂純臣矣順德佐命立功理郡著明肅之政弘基臨難不屈陷陣多剋捷之勳殷嶠劉政會柴嗣昌並在太原首預舉義從微至著善始令終馬三寶出廝養之徒處將軍之位亦馬之善走者也武士彠首參起義例封功臣無戡難之勞有因人之跡載窺他傳過爲褒詞慮當武后之朝佞出敬宗之筆凡涉虛美削而不書

贊曰茂約忠純順德功勳弘基六士義合風雲

舊唐書卷五十八

舊唐書卷五十九

後晉司空同中書門下平章事劉昫撰

列傳第九

屈突通 子壽 少子詮 詮子仲翔　任瓌　丘和 子行恭 行恭子神勣

許紹 孫力士 力士子欽寂 欽明 紹次子智仁 少子圉師　李襲志 弟襲譽

姜謩 子行本 行本子簡 簡子晞 簡弟柔遠 柔遠子皎 皎男慶初

屈突通雍州長安人父長卿周邛州刺史通性剛毅志尚忠慤檢身清正好武略善騎射開皇中爲親衞大都督文帝遣通往隴西檢覆羣牧得隱藏馬二萬餘匹文帝盛怒將斬太僕卿慕容悉達及諸監官千五百人通諫曰人命至重死不再生陛下至仁至聖子育羣下豈容以畜產之故而戮千有餘人愚臣狂狷輒以死請文帝瞋目叱之通又頓首曰臣一身如死望免千餘人命帝寤曰朕之不明以至於是感卿此意良用惻然今從所請以旌諫諍悉達等竟以減死論由是漸見委信擢爲右武候車騎將軍奉公正直雖親戚犯法無所縱捨

時通弟蓋爲長安令亦以嚴整知名時人爲之語曰寧食三斗艾不見屈突蓋寧服三斗葱不逢屈突通爲人所忌憚如此及文帝崩煬帝遣通以詔徵漢王諒先是文帝與諒有密約曰若璽書召汝於勅字之傍別加一點又與玉麟符合者當就徵及發書無驗諒覺變詰通通占對無所屈竟得歸長安大業中累轉左驍衛大將軍時秦隴盜賊蜂起以通爲關內討捕大使有安定人劉迦論舉兵反據雕陰郡僭號建元署置百官有衆十餘萬稽胡首領劉鷂子聚衆與迦論相影響通發關中兵擊之師臨安定初不與戰軍中以通爲怯通乃揚聲旋師而潛入上郡迦論不之覺遂進兵南寇去通七十里而舍分兵掠諸城邑通候其無備簡精甲夜襲之賊衆大潰斬迦論并首級萬餘於上郡南山築爲京觀虜男女數萬口而還煬帝幸江都令通鎮長安義兵起代王遣通進屯河東既而義師濟河大破通將桑顯和於飲馬泉永豐倉又爲義師所尅通大懼留鷹揚郎將堯君素守河東將自武關趨藍田以赴長安軍至潼關爲劉文靜所遏不得進相持月餘通又令顯和夜襲文靜詰朝大戰義軍不利顯和縱兵

破二柵惟文靜一柵獨存顯和兵復入柵而戰者往覆數焉文靜爲流矢所中
義軍氣奪垂至於敗顯和以兵疲傳餐而食文靜因得分兵以實二柵又有遊
軍數百騎自南山來擊其背三柵之兵復大呼而出表裏齊奮顯和軍潰僅以
身免悉虜其衆通勢彌蹙或說通歸降通泣曰吾蒙國重恩歷事兩主受人厚
祿安可逃難有死而已每自摩其頸曰要當爲國家受人一刀耳勞勉將士未
嘗不流涕人亦以此懷之高祖遣其家僮召之通遽命斬之通聞京師平家屬
盡沒乃留顯和鎮潼關率兵東下將趨洛陽通適進路而顯和降於劉文靜遣
副將竇琮段志玄等率精騎與顯和追之及於稠桑通結陣以自固竇琮縱通
子壽令往諭之通大呼曰昔與汝爲父子今與汝爲仇讎命左右射之顯和呼
其衆曰京師陷矣汝並關西人欲何所去衆皆釋仗通知不免乃下馬東南向
再拜號哭曰臣力屈兵敗不負陛下天地神祇實所鑒察遂擒通送于長安高
祖謂曰何相見晚耶通泣對曰通不能盡人臣之節力屈而至爲本朝之辱以
愧代王高祖曰隋室忠臣也命釋之授兵部尚書封蔣國公仍爲太宗行軍元

帥長史從平薛舉時珍物山積諸將皆爭取之通獨無所犯高祖聞而謂曰公清正奉國著自終始名下定不虛也特賜金銀六百兩綵物一千段尋以本官判陝東道行臺僕射復從太宗討王世充時通有二子並在洛陽高祖謂通曰東征之事今以相屬其如兩子何通對曰臣以老朽誠不足以當重任但自惟疇昔執就軍門至尊釋其縲囚加之恩禮既不能死實荷再生當此之時心口相誓暗以身命奉許國家久矣今此行臣願先驅兩兒若死自是其命終不以私害義高祖歎息曰徇義之夫一至於此及大兵圍洛陽竇建德且至太宗中分麾下以屬通令與齊王元吉圍守洛陽世充平通功為第一尋拜陝東大行臺右僕射鎮于洛陽數歲徵拜刑部尚書通自以不習文法固辭之轉工部尚書隱太子之誅也通復檢校行臺僕射馳鎮洛陽貞觀元年行臺廢授洛州都督賜實封六百戶加左光祿大夫明年卒年七十二太宗痛惜久之贈尚書右僕射謚曰忠子壽襲爵太宗幸洛陽宮思通忠節拜其少子詮果毅都尉賜束帛以䘏其家焉十七年詔圖形於淩煙閣二十三年與房玄齡配饗太宗廟庭

永徽五年重贈司空詮官至瀛州刺史詮子仲翔神龍中亦爲瀛州刺史

任瓌字瑋廬州合肥人陳鎮東大將軍蠻奴弟之子也父七寶仕陳定遠太守瓌早孤蠻奴愛之情踰己子每稱曰吾子姪雖多並傭保耳門戶所寄惟在於瓌年十九試守靈溪令俄遷衡州司馬都督王勇甚敬異之委以州府之務屬隋師滅陳瓌勸勇據嶺南求陳氏子孫立以爲帝勇不能用以嶺外降隋瓌乃棄官而去仁壽中爲韓城尉俄又罷職及高祖討捕於汾晉瓌謁高祖於轅門承制爲河東縣戶曹高祖將之晉陽留隱太子建成以託於瓌義師起瓌至龍門謁見高祖謂之曰隋氏失馭天下沸騰吾忝以外戚屬當重寄不可坐觀時變晉陽是用武之地士馬精強今率驍雄以匡國難卿將家子深有智謀觀吾此舉將爲濟否瓌曰後主殘酷無道征役不息天下恟恟思聞拯亂公天縱神武親舉義師所下城邑秋毫無犯軍令嚴明將士用命關中所在蜂起惟待義兵仗大順從衆欲何憂不濟瓌在馮翊積年人情諳練願爲一介之使銜命入關同州已東必當款伏於梁山舩濟直指韓城進逼郃陽分取朝邑且蕭造文

吏本無武略仰懼威靈理當自下孫華諸賊未有適從必當相率而至然後鼓行整衆入據永豐雖未得京城關中固已定矣高祖曰是吾心也迺授銀青光祿大夫遣陳演壽史大奈領步騎六千趣梁山渡河使瓌及薛獻爲招慰大使高祖謂演壽曰閫外之事宜與任瓌籌之孫華白玄度等聞兵且至果競來降并具舟于河師遂利涉瓌說下韓城縣與諸將進擊飲馬泉破之拜左光祿大夫留守永豐倉高祖即位改授穀州刺史王世充數率衆攻新安瓌拒戰破之以功累封管國公太宗率師討世充瓌從至邙山使檢校水運以供餉饋關東初定持節爲河南道安撫大使世充弟辯爲徐州行臺尚書令率所部詣瓌降瓌至宋州屬徐圓朗據兗州反曹戴諸州咸應之副使柳濬勸瓌退保汴州瓌笑曰柳公何怯也老將居邊甚久自當有計非公所知圓朗俄又攻陷楚丘引兵將圍虞城瓌遣崔樞張公謹自鄢陵領諸州豪右質子百餘人守虞城以拒賊濬又諫曰樞與公謹並世充之將又諸州質子父兄皆反此必爲變瓌不答樞至則分配質子並與土人合隊居守賊既稍近質子有叛者樞因斬其隊帥

城中人懼曰質子父兄悉來爲賊賊之子弟安可守城樞因縱諸隊各殺質子梟首于門外遣使報瓌瓌陽怒曰遣將去者欲招慰耳何罪而殺之退謂濬曰固知崔樞辦之既遣縣人殺賊質子宼隙已大吾何患焉樞果拒却圓朗事平遷徐州總管仍爲大使瓌選補官吏頗私親故或依倚其勢多所求納瓌知而不禁又妻劉氏妬悍無禮爲世所譏及輔公祏平拜邢州都督隱太子之誅也瓌弟璨時爲典膳監瓌坐左遷通州都督貞觀三年卒

丘和河南洛陽人也父壽魏鎭東將軍和少便弓馬重氣任俠及長始折節與物無忤無貴賤皆愛之周爲開府儀同三司入隋累遷右武衞將軍封平城郡公漢王諒之反也以和爲蒲州刺史諒使兵士服婦人服戴羃䍦奄至城中和脫身而免由是除名時宇文述方被任遇和傾心附之又以發武陵公元冑罪拜代州刺史屬煬帝北巡過代州和獻食甚精及至朔州刺史楊廓獨無所獻帝不悅而宇文述又盛稱之乃以和爲博陵太守仍令楊廓至博陵觀和爲式及駕至博陵和上食又豐帝益稱之由是所幸處獻食者競爲華侈和在郡善

撫吏士甚得歡心尋遷天水郡守大業末以海南僻遠吏多侵漁百姓咸怨數
爲亂逆於是選淳良太守以撫之黃門侍郎裴矩奏言丘和歷居二郡皆以惠
政著聞寛而不擾煬帝從之遣和爲交趾太守既至撫諸豪傑甚得蠻夷之心
會煬帝爲化及所弒鴻臚卿甯長眞以鬱林始安之地附於蕭銑馮盎以蒼梧
高涼珠崖番禺之地附于林士弘各遣人召之和初未知隋亡皆不就林邑之
西諸國並遣遺和明珠文犀金寶之物富埒王者銑利之遣長眞率百越之衆
渡海侵和和遣高士廉率交愛首領擊之長眞退走境內獲全郡中樹碑頌德
會舊驍果從江都還者審知隋滅遂以州從銑及銑平和以海南之地歸國詔
使李道裕卽授上柱國譚國公交州總管和遣司馬高士廉奉表請入朝詔許
之高祖遣其子師利迎之及謁見高祖爲之興引入臥內語及平生甚歡奏九
部樂以饗之拜左武侯大將軍和時年已衰老乃拜稷州刺史以是本鄉令自
怡養九年除特進貞觀十一年卒年八十六贈荆州總管謚曰襄賜東園祕器
陪葬獻陵有子十五人多至大官惟行恭知名行恭善騎射勇敢絶倫大業末

與兄師利聚兵於岐雍間有衆一萬保故郿城百姓多附之羣盜不敢入境初
原州奴賊數萬人圍扶風郡太守竇璡堅守經數月賊中食盡野無所掠衆多
離散投行恭者千餘騎行恭遣其酋渠說諸奴賊共迎義軍行恭又率五百人
皆負米麥持牛酒自詣賊營奴帥長揖行恭手斬之謂其衆曰汝等並是好人
何因事奴為主使天下號為奴賊衆皆俯伏曰願改事公行恭率其衆與師利
共謁太宗于渭北拜光祿大夫從平京城討薛舉劉武周王世充竇建德皆立
殊勳授左一府驃騎賞賜甚厚隱太子之誅也行恭以功遷左衛將軍貞觀中
坐與嫡兄爭葬所生母為法司所劾除名因從侯君集平高昌封天水郡公累
除右武候將軍高宗嗣位歷遷右武候大將軍冀陝二州刺史尋請致仕拜光
祿大夫麟德二年卒年八十贈荊州都督謚曰襄賜溫明祕器陪葬昭陵行恭
性嚴酷所在僚列皆懾憚之數坐事解免太宗每思其功不踰時月復其官初
從討王世充會戰於邙山之上太宗欲知其虛實強弱乃與數十騎衝之直出
其後衆皆披靡莫敢當其鋒所殺傷甚衆既而限以長隄與諸騎相失惟行恭

獨從尋有勁騎數人追及太宗矢中御馬行恭乃迴騎射之發無不中餘賊不敢復前然後下馬拔箭以其所乘馬進太宗行恭於御馬前步執長刀巨躍大呼斬數人突陣而出得入大軍貞觀中有詔刻石爲人馬以象行恭拔箭之狀立於昭陵闕前子神勣嗣聖元年爲左金吾將軍則天使於巴州害章懷太子既而歸罪於神勣左遷疊州刺史尋復入爲左金吾衛大將軍深見親委嘗受詔鞫獄與周興來俊臣等俱號爲酷吏尋以罪伏誅神龍初禁錮其子孫和少子行掩高宗時爲少府監

許紹字嗣宗本高陽人也梁末徙于周因家于安陸祖弘父法光俱爲楚州刺史元皇帝爲安州總管故紹兒童時得與高祖同學特相友愛大業末爲夷陵郡通守是時盜賊競起紹保全郡境流戶自歸者數十萬口開倉賑給甚得人心及江都弒逆紹率郡人大臨三日仍以郡遙屬越王侗王世充簒位乃率黔安武陵澧陽等諸郡遣使歸國授陝州刺史封安陸郡公高祖降勑書曰昔在子衿同遊庠序博士吳琰其妻姓仇追想此時宛然心目荏苒歲月遂成累紀

且在安州之日公家乃莅岳州渡遼之時伯裔又同戎旅安危契闊累葉同之其間遊處觸事可想雖盧綰與劉邦同里吳質共曹丕接席以今方古何足稱焉而公追硯席之舊歡存通家之曩好明鑒去就之理洞識成敗之機爰自荆門馳心絳闕綏懷士庶糺合賓寮踰越江山遠申誠款覽此忠至彌以慰懷及蕭銑將董景珍以長沙來降命紹率兵應之以破銑功拜其子智仁爲温州刺史委以招慰時蕭銑遣其將楊道生圍硤州紹縱兵擊破之銑又遣其將陳普環乘大艦泝江入硤與開州賊蕭闍提規取巴蜀紹遣智仁及錄事參軍李弘節子壻張玄靜追至西陵硤大破之生擒普環收其舩艦江南岸有安蜀城與硤州相對次東有荆門城皆險峻銑並以兵鎮守紹遣智仁及李弘節攻荆門鎮破之高祖大悅下制褒美許以便宜從事紹與王世充蕭銑疆界連接紹之士卒爲賊所虜者輒見殺害紹執敵人皆資給而遣之賊感其義不復侵掠闔境獲安趙郡王孝恭之擊蕭銑也復令紹督兵以圖荆州會卒於軍高祖聞而流涕貞觀中贈荆州都督嫡孫力士襲爵官至洛州長史卒子欽寂嗣萬歲登

封年爲夔州都督府長史時契丹入寇以欽寂兼龍山軍討擊副使軍次崇州
戰敗被擒其後賊將圍安東令欽寂說屬城之未下者安東都督裴玄珪時在
城下欽寂謂之曰狂賊天殃滅在朝夕公但謹守勵兵以全忠節賊大怒遂害
之則天下制褒美贈蘄州刺史諡曰忠又授其子輔乾左監門衛中候仍爲海
東慰勞使令迎其喪柩以禮改葬輔乾開元中官至光祿卿欽寂弟欽明少以
軍功歷左玉鈐衛將軍安西大都護封鹽山郡公萬歲通天元年授金紫光祿
大夫涼州都督欽明嘗出按部突厥默啜率衆數萬奄至城下欽明拒戰久之
力屈被執賊將欽明至靈州城下令說城中早降欽明大呼曰賊中都無飲食
城內有美醬乞二升粱米乞二斗墨乞一梃是時賊營處四面阻泥河惟有一
路得入欽明乞此物以喻城中冀其簡兵陳將候夜掩襲城中無悟其旨者尋
遇害兄弟同年皆死王事論者稱之紹次子智仁初以父勳授溫州刺史封孝
昌縣公尋繼其父爲硤州刺史後歷太僕少卿涼州都督貞觀中卒紹少子園
師有器幹博涉藝文舉進士顯慶二年累遷黃門侍郎同中書門下三品兼修

國史三年以修實錄功封平恩縣男賜物三百段四遷龍朔中爲左相俄以子自然因獵射殺人隱而不奏又爲李義府所擠左遷虔州刺史尋轉相州刺史政存寬惠人吏刊石以頌之嘗有官吏犯贓事露圉師不令推究但賜清白詩以激之犯者愧懼遂改節爲廉士其寬厚如此上元中再遷戶部尚書儀鳳四年卒贈幽州都督陪葬恭陵諡曰簡

李襲志字重光本隴西狄道人也五葉祖景避地安康復稱金州安康人也周信州總管安康郡公遷哲孫也父敬猷隋台州刺史安康郡公襲志初任隋歷始安郡丞大業末江外盜賊尤甚襲志散家產招募得三千人以守郡城時蕭銑林士弘曹武徹等爭來攻擊襲志固守久之後聞宇文化及弒逆乃集士庶舉哀三日有郡人勸襲志曰公累葉冠族久臨鄙郡蠻夷畏威士女悅服雖曰隋臣實我之君長今江都篡逆四海鼎沸王號者非止一人公宜因此時據有嶺表則百越之人皆拱手向化追蹤尉佗亦千載一遇也襲志厲聲曰吾世樹忠貞見危授命今雖江都陷沒而宗社猶存當與諸君戮力中原共雪讎恥豈

可怙亂稱兵以圖不義吾寧蹈忠而死不爲逆節而求生尉佗愚鄙無識何足景慕於是欲斬勸者從衆議而止襲志固守經二年而無援卒爲蕭銑所陷銑署爲工部尚書檢校桂州總管武德初高祖遣其子玄嗣齎書召之襲志乃密說嶺南首領隨永平郡守李光度與之歸國高祖又令間使齎書諭襲志曰卿昔久在桂州仍屬隋室運終四方圮絕率衆保境未知所統朕撫臨天下志在綏育眷彼幽遐思沾聲教況卿朕之宗姓情異於常家弟姪並立誠效公又分遣首領申諭諸州情深奉國甚副所望卿之子弟並據州縣俱展誠績每所嘉歎不能已已令並入屬籍著於宗正及蕭銑平江南道大使趙郡王孝恭授襲志桂州總管武德五年入朝授柱國封始安郡公拜江州都督及輔公祏反又以襲志爲水軍總管討平之轉桂州都督襲志前後凡任桂州二十八載政尚清簡嶺外安之後表請入朝拜右光祿大夫行汾州刺史致仕卒於家襲志弟襲譽襲譽字茂實少通敏有識度隋末爲冠軍府司兵時陰世師輔代王爲京師留守所在盜賊蜂起襲譽說世師遣兵據永豐倉發粟以賑窮乏出庫物賞

戰士移檄郡縣同心討賊世師不能用乃求外出募山南士馬世師許之既至漢中會高祖定長安召授太府少卿封安康郡公仍令與兄襲志附籍於宗正太宗討王世充以襲譽爲潞州總管時突厥與國和親又通使於世充襲譽掩擊悉斬之因委令轉運以餽大軍後歷光祿卿蒲州刺史轉揚州大都督府長史爲江南道巡察大使多所黜陟江都俗好商賈不事農桑襲譽乃引雷陂水又築勾城塘溉田八百餘頃百姓獲其利召拜太府卿襲譽性嚴整所在以威肅聞凡獲俸祿必散之宗親其餘資多寫書而已及從揚州罷職經史遂盈數車嘗謂子孫曰吾近京城有賜田十頃耕之可以充食河內有賜桑千樹蠶之可以充衣江東所寫之書讀之可以求官吾沒之後爾曹但能勤此三事亦何羨於人尋轉涼州都督加金紫光祿大夫行同州刺史坐在涼州陰憾番禾縣丞劉武杖而殺之至是有司議當死制除名流於泉州無幾而卒撰五經妙言四十卷江東記三十卷忠孝圖二十卷兄子懷儼頗以文才著名歷蘭臺侍郎受制檢校寫四部書進內以書有汗左授郢州刺史後卒于禮部侍郎

姜謩秦州上邽人祖真後魏南秦州刺史父景周梁州總管建平郡公謩大業末爲晉陽長會高祖留守太原見謩深器之謩退謂所親曰隋祚將亡必有命世大才以應圖籙唐公有霸王之度以吾觀之必爲撥亂之主由是深自結納及大將軍府建引爲司功參軍從平霍邑拔絳郡監督大軍濟河時兵士爭渡謩部勒諸軍自昏至曉六軍畢濟高祖稱歎之平京城除相國兵曹參軍封長道縣公時薛舉寇秦隴以謩西州之望詔於隴右安撫承制以便宜從事謩將行奏曰天人之望誠有所歸願早膺圖籙以寧兆庶老夫犬馬暮齒恐先朝露得一覲昇紫殿死無所恨高祖大悅謩與竇軌出散關下河池漢陽二郡軍次長道與薛舉相遇軌輕敵爲舉所敗徵謩還京拜員外散騎常侍及平薛仁杲拜謩秦州刺史高祖謂曰衣錦還鄉古人所尚今以本州相授用荅元功涼州之路近爲荒梗宜弘方略有以靜之謩至州撫以恩信州人相謂曰吾輩復見太平官府矣盜賊悉來歸首士庶安之尋轉隴州刺史七年以老疾去職貞觀元年卒贈岷州都督諡曰安子行本貞觀中爲將作大匠太宗修九成洛陽二

宮行本總領之以勤濟稱旨賞賜甚厚有所遊幸未嘗不從又轉左屯衞將軍時太宗選趫捷之士衣五色袍乘六閑馬直屯營以充仗內宿衞名爲飛騎每遊幸卽騎以從分隸於行本及高昌之役以行本爲行軍副總管率衆先出伊州未至柳谷百餘里依山造攻具其處有班超紀功碑行本磨去其文更刻頌陳國威德而去遂與侯君集進平高昌璽書勞之曰攻戰之重器械爲先將士屬心待以制敵卿星言就路躬事修營干戈纔動梯衝蹔臨三軍勇士因斯樹績萬里逋寇用是剋平方之前古豈足相況及還進封金城郡公賜物一百五十段奴婢七十人十七年太宗將征高麗行本諫以爲師未可動太宗不從行本從至蓋牟城中流矢卒太宗賦詩以悼之贈左衞大將軍郕國公諡曰襄陪葬昭陵子彥嗣永徽中官至安北都護卒子晞嗣開元初左散騎常侍彥弟柔遠美姿容善於敷奏則天時至左鷹揚衞將軍通事舍人內供奉柔遠子皎長安中累遷尙衣奉御時玄宗在藩見而悅之皎察玄宗有非常之度尤委心焉尋出爲潤州長史玄宗卽位召拜殿中少監數召入臥內命之捨敬坐侍宴私

與后妃連榻間以擊毬鬬雞常呼之爲姜七而不名也兼賜以宮女名馬及諸珍物不可勝數玄宗又嘗與皎在殿庭翫一嘉樹皎稱其美玄宗遽令徙植於其家其寵遇如此及竇懷貞等潛謀逆亂玄宗將討之皎協贊謀議以功拜殿中監封楚國公實封四百戶玄宗以皎在藩之舊皎又有先見之明欲宣布其事乃下勑曰朕聞士之生代始於事親中於事君終於立身此其本也若乃移孝成忠策名委質命有太山之重義徇則爲輕草有疾風之力節全則知勁況君臣之相遇而故舊之不遺乎銀青光祿大夫殿中監楚國公姜皎簪紱聯華珪璋特秀寬厚爲量體靜而安仁精微用心理和而專直往居藩邸潛款風雲亦由彭祖之同書子陵之共學朕常遊幸于外至長楊鄠杜之間皎於此時與之累宿私謂朕曰太上皇即登九五王必爲儲副凡如此者數四朕叱而後止寧知非僕雖玩於鄧晨可收護軍遂訶於朱祐皎復言於朕兄弟及諸駙馬等因聞徹太上皇太上皇遽奏於中宗孝和皇帝尋遺嗣虢王邕等鞫問皎保護無怠辭意轉堅李通之讖記不言田叔之髡鉗罔憚仍爲宗楚客紀處訥等密

奏請投皎炎荒中宗特降恩私左遷潤州長史讒邪每構忠懇逾深戴于朕躬憂存王室以爲天且有命預覩成龍之徵人而無禮常懷逐鳥之志游辭枉陷旋羅貶斥嚴憲將及殆見誅夷履危本於初心遭險期於不貳雖禍福之際昭然可圖而艱難之中是所繫賴洎朕祇膺寶位又共翦姦臣拜以光寵不忘撝挹敬愛之極神明所知造膝則會莫詭隨匪躬則動多規諫補朕之闕斯人孔臧而悠悠之談嗷嗷妄作醜正惡直竊生於謗考言詢事益亮其誠昔漢昭帝之保霍光魏太祖之明程昱朕之不德庶幾於此矧夫否當其悔則滅宗毀族朕負之必深泰至其亨則如山如河朕酬之未補豈流言之足聽而厚德之遂忘謀始有之圖終可也宜告示中外咸令知悉尋遷太常卿監修國史弟晦又歷御史中丞吏部侍郎兄弟當朝用事侍中宋璟以其權寵太盛恐非久安之道屢奏請稍抑損之開元五年下勑曰西漢諸將多以權貴不全南陽故人並以優閑自保觀夫先後之迹吉凶之數較然可知良有以也太常卿上柱國楚國公監修國史姜皎衣纓奕代忠讜立誠精識比於橋玄密私方於朱祐朕昔

在藩邸早申款洽當謂我以不遺亦起予以自愛及膺大位屢錫崇班茅土列爵山河傳誓備蒙光寵時冠等夷朕每欲戒盈用克終吉未若避榮公府守靖私第自弘高尚之風不涉囂塵之境沐我恩貸庇爾子孫宜放歸田園以恣娛樂又還晦爲宗正卿以去其權久之皎復起爲祕書監十年坐漏洩禁中語爲嗣濮王嶠所奏勑中書門下究其狀嶠即王守一之妹夫中書令張嘉貞希守一意構成其罪仍奏請先決杖配流嶺外下制曰祕書監姜皎往屬艱難頗效誠信功則可錄寵是以加既忘滿盈之誡又虧靜慎之道假說休咎妄談宮掖據其作孽合處極刑念茲舊勳免此殊死宜決一頓配流欽州皎既決杖行至汝州而卒年五十餘皎之所親都水使者劉承祖配流雷州自餘流死者數人時朝廷頗以皎爲寃而咎嘉貞焉源乾曜時爲侍中不能有所持正論者亦深譏之玄宗復思皎舊勳令遞其柩還以禮葬之仍遣中使存問其家十五年追贈澤州刺史晦坐皎左遷春州司馬俄還海州刺史卒天寶六載授皎男慶初等官七載贈皎吏部尚書仍贈實封二百戶以充享祀慶初襲封楚國公慶初

生未晬玄宗許尙公主後淪落二十餘年李林甫爲相當軸用事林甫卽皎之甥從容奏之故驟加恩命天寶十載詔慶初尙新平公主授駙馬都尉永泰元年拜太常卿

史臣曰或問屈突通盡忠於隋而功立於唐事兩國而名愈彰者何也答云若立純誠遇明主一心可事百君寧限於兩國爾被稠桑之擒臨難無苟免破仁杲之衆臨財無苟得君子哉任瓌丘和許紹李襲志咸遇眞主得爲故人或敘舊立功或率衆歸國尋其履迹皆有可稱襲志爲政襲譽訓子庶幾弘遠矣姜謩恩信有能官之譽行本勤濟多剋敵之功皎雖故舊恩倖不倫雖嘉貞致寃亦冒寵自掇豈非無德而祿禍過災生之驗歟任瓌縱妬妻無禮任親戚求財丘和進食邀幸皆無取焉

贊曰屈突守節求仁得仁諸君遇主不足擬倫

舊唐書卷五十九

舊唐書卷五十九考證

屈突通傳義師濟河大破通將桑顯和於飲馬泉又軍至潼關爲劉文靜所遏不得進相持月餘又令顯和夜襲文靜顯和軍潰○臣宗萬按傳自是兩事創業起居注曰通聞孫華導長諧等渡河遣𫝊牙郎將桑顯和率驍果精騎數千人夜馳掩襲長諧等軍營諧及孫華等奉教備豫故並覺之伺和赴營設伏分擊應時摧散追奔至于飲馬泉斬首獲生略以千計顯和走入河東城僅以身免據此則是一時之事非先破于飲馬泉月餘又破于潼關也又按高祖本紀云義師不利太宗以遊騎數百掩其後顯和潰散通鑑注云是時太宗未過河西而傳亦云遊軍數百騎自南山來擊其背並未載人名郎通鑑只書孫華史大奈亦未載及太宗也

遂擒通送于長安高祖謂曰何相見晚耶通泣對曰通不能盡人臣之節力屈而至爲本朝之辱以愧相王○臣德潛按當時無相王其人前文云義兵起代王遣通進屯河東此必代王之譌也已改正

舊唐書卷五十九考證

舊唐書卷六十

後晉司空同中書門下平章事劉昫撰

列傳第十

宗室 太祖諸子 代祖諸子

永安王孝基　淮安王神通 子道彥 孝察 孝同 孝慈 孝友 孝節 孝義 孝逸

襄邑王神符 子德懋 文暕　長平王叔良 子孝協 孝斌 孝斌子思訓 思誨 叔良弟德良 幼良

襄武王琛　河間王孝恭 子晦 孝恭弟瑊 瓌　廬江王瑗 王君廓附

淮陽王道玄　江夏王道宗　隴西王博乂

永安王孝基高祖從父弟也父璋周梁州刺史與趙王祐謀殺隋文帝事洩被誅高祖即位追封畢王孝基武德元年封永安王歷陝州總管鴻臚卿以罪免二年劉武周將宋金剛來寇汾澮夏縣人呂崇茂殺縣令舉兵反自稱魏王請援於武周復以孝基爲行軍總管討之工部尚書獨孤懷恩內史侍郎唐儉陝州總管于筠悉隸焉武周遣其將尉遲敬德潛援崇茂大戰於夏縣王師敗績

孝恭與唐儉等皆沒於賊後謀歸國爲武周所害高祖爲之發哀廢朝三日賜
其家帛千匹賊平購其屍不得招魂而葬之贈左衛大將軍諡曰壯無子以從
兄韶子道立爲嗣封高平郡王九年降爲縣公永徽初卒於陳州刺史
淮安王神通高祖從父弟也父亮隋海州刺史武德初追封鄭王神通隋末在
京師義師起隋人捕之神通潛入鄠縣山南與京師大俠史萬寶河東裴勣柳
崇禮等舉兵以應義師遣使與司竹賊帥何潘仁連結潘仁奉平陽公主而至
神通與之合勢進下鄠縣衆踰一萬自稱關中道行軍總管以史萬寶爲副裴
勣爲長史柳崇禮爲司馬令狐德棻爲記室高祖聞之大悅授光祿大夫從平
京師拜宗正卿武德元年拜右翊衛大將軍封永康王尋改封淮安王爲山東
道安撫大使擊宇文化及於魏縣化及不能抗東走聊城神通進兵躡之至聊
城會化及糧盡請降神通不受其副使黃門侍郎崔幹勸納之神通曰兵士暴
露已久賊計窮糧盡剋在旦暮正當攻取以示國威散其玉帛以爲軍賞若受
降者吾何以藉手乎幹曰今建德方至化及未平兩賊之間事必危迫不攻而

下之此勳甚大今貪其玉帛敗無日矣神通怒因斬于軍中既而士及自濟北餽之化及軍稍振遂拒戰神通督兵薄而擊之貝州刺史趙君德攀堞而上神通心害其功因止軍不戰君德大詬而下城又堅守神通乃分兵數千人往魏州取攻具中路復爲華人所敗竇建德軍且至遂引軍而退後二日化及爲建德所虜賊勢益張山東城邑多歸建德神通兵漸散退保黎陽依徐勣俄爲建德所陷及建德敗復授河北道行臺尚書左僕射從太宗平劉黑闥遷左武衛大將軍貞觀元年拜開府儀同三司賜實封五百戶時太宗謂諸功臣曰朕敘公等勳效量定封邑恐不能盡當各自言神通曰義旗初起臣率兵先至今房玄齡杜如晦等刀筆之人功居第一臣且不服上曰義旗初起人皆有心叔父雖率兵先至未嘗身履行陣山東未定受委專征建德南侵全軍陷沒及劉黑闥翻動叔父望風而破今計勳行賞玄齡等有籌謀帷幄定社稷功所以漢之蕭何雖無汗馬指縱推轂故功居第一叔父于國至親誠無所愛必不可緣私濫與勳臣同賞耳四年薨太宗爲之廢朝贈司空謚曰靖十四年詔與河間王

孝恭贈陝州大行臺右僕射鄖節公殷開山贈民部尚書渝襄公劉政會配饗
高祖廟庭有子十一人長子道彥武德五年封膠東王次孝察高密王孝同淄
川王孝慈廣平王孝友河間王孝節清河王孝義膠西王初高祖受禪以天下
未定廣封宗室以威天下皇從弟及姪年始孩童者數十人皆封爲郡王太宗
卽位因舉宗正屬籍問侍臣曰遍封宗子於天下便乎尚書右僕射封德彞對
曰歷觀往古封王者今最爲多兩漢已降唯封帝子及親兄弟若宗室疎遠者
非有大功如周之郇滕漢之賈澤並不得濫封所以別親疎也先朝敦睦九族
一切封王爵命既隆多給力役蓋以天下爲私殊非至公馭物之道太宗曰朕
理天下本爲百姓非欲勞百姓以養己之親也於是宗室率以屬疏降爵爲郡
公唯有功者數十人封王是時道彥等並隨例降爵道彥與季弟孝逸最知名
道彥幼而事親甚謹初義師起神通逃難被疾于山谷綿歷數旬山中食盡道
彥著故弊衣出人閒乞丐及採野實以供其父身無所噉其父分以食之輒詐
言已啗而覆藏留之以備闕乏及神通應義舉授朝請大夫高祖受禪封義興

郡公進封膠東王授隴州刺史貞觀初轉相州都督例降爵爲公拜岷州都督丁父憂廬於墓側負土成墳躬植松柏容貌哀毀親友皆不復識之太宗聞而嘉歎令侍中王珪就加開喻復授岷州都督道彥遣使告喻党項諸部申國威靈多有降附李靖之擊吐谷渾也詔道彥爲赤水道行軍總管時朝廷復厚幣遺党項令爲鄉導党項首領拓拔赤辭來詣靖軍請諸將曰往者隋人來擊吐谷渾我党項每資軍用而隋人無信必見侵掠今將軍若無他心者我當資給糧運如或我欺當卽固險以塞軍路諸將與之歃血而盟赤辭信之道彥既至闊水見赤辭無備遂襲之虜牛羊數千頭於是諸羌怨怒屯兵野狐硤道彥不能進爲赤辭所乘軍大敗死者數萬人道彥退保松州竟坐減死徙邊後起爲涼州都督尋卒贈禮部尚書孝逸少好學解屬文初封梁郡公高宗末歷給事中四遷益州大都督府長史則天臨朝入爲左衞將軍甚見親遇光宅元年徐敬業據揚州作亂以孝逸爲左玉鈐衞大將軍揚州行軍大總管督軍以討之孝逸引軍至淮而敬業方南攻潤州遣其弟敬猷屯兵淮陰僞將韋超據都梁

山以拒孝逸裨將馬敬臣擊斬賊之別帥尉遲昭夏侯瓚等超乃擁衆憑山以
自固或謂孝逸曰超衆守險且憑山爲阻攻之則士無所施其力騎無所騁其
足窮寇殊死殺傷必衆不若分兵守之大軍直趣揚州未數日其勢必降也支
度使廣府司馬薛克構曰超雖據險其卒非多今逢小寇不擊何以示武若加
兵以守則有闕前機捨之而前則終爲後患不如擊之尅超則淮陰自懾淮陰
破則楚州諸縣必開門而候官軍然後進兵高郵直趣江都逆豎之首可指掌
而懸也孝逸從其言進兵擊超賊衆壓伏官軍登山急擊之殺數百人日暮圍
解超銜枚夜遁孝逸引兵擊淮陰大破敬猷之衆時敬業迴軍屯於下阿溪以
拒官軍有流星墜其營孝逸引兵渡溪以擊之敬業初勝後敗孝逸乘勝追奔
數十里敬業窘迫與其黨攜妻子逃入海曲孝逸進據揚州盡捕斬敬業等振
旅而還以功進授鎮軍大將軍轉左豹韜衛大將軍改封吳國公孝逸素有名
望自是時譽益重武承嗣等深所忌嫉數讒毀之垂拱二年左遷施州刺史其
冬承嗣等又使人誣告孝逸往任益州嘗自解逸字云走遶兔者常在月中月

既近天合有天分則天以孝逸常有功減死配徙儋州尋卒景雲初贈益州大
都督孝銳曾孫齊物孝同曾孫國貞別有傳
襄邑王神符神通弟也幼孤事兄以友悌聞義寧初授光祿大夫封安吉郡公
武德元年進封襄邑郡王四年累遷幷州總管突厥頡利可汗率衆來寇神符
出兵與戰於汾水東敗之斬首五百級虜其馬二千匹又戰於沙河之北獲其
乙利達官幷可汗所乘馬及甲獻之由是召拜太府卿九年遷揚州大都督移
州府及居人自丹陽渡江州人賴焉貞觀初再遷宗正卿後以疾辭職太宗幸
其第問疾賜以縑帛每給羊酒又令乘小輿引入紫微殿以神符脚疾乃遣三
衛輿之而升尋授開府儀同三司永徽二年薨年七十三贈司空荆州都督陪
葬獻陵謚曰恭有子七人武德初並封郡王後例降封縣公次子德懋少子文
暕最知名德懋官至少府監臨川郡公文暕歷幽州都督魏郡公垂拱中坐事
貶爲藤州別駕尋被誅文暕子峑開元中爲宗正卿
長平王叔良高祖從父弟也父禕隋上儀同三司武德初追封郇王叔良義寧

中授左光祿大夫封長平郡公武德元年拜刑部侍郎進爵爲王師鎮涇州以禦薛舉舉乃陽言食盡引兵南去遣高墌人僞以降叔良遣驃騎劉感率衆赴之至百里細川伏兵發官軍敗績劉感沒于陣叔良大懼出金以賜士卒嚴爲守備涇州僅全四年突厥入寇命叔良率五軍擊之叔良中流矢而薨贈左翊衛大將軍靈州總管謚曰肅子孝協嗣武德五年封范陽郡王貞觀初以屬疎例降封郇國公累遷魏州刺史麟德中坐受贓賜死孝協弟孝斌官至原州都督府長史孝斌子思訓高宗時累轉江都令屬則天革命宗室多見構陷思訓遂棄官潛匿神龍初中宗初復宗社以思訓舊齒驟還宗正卿封隴西郡公實封二百戶歷益州長史開元初左羽林大將軍進封彭國公更加實封二百戶尋轉右武衛大將軍開元六年卒贈秦州都督陪葬橋陵思訓尤善丹青迄今繪事者推李將軍山水思訓弟思誨垂拱中揚州參軍思誨子林甫別有傳叔良弟德良少有疾不仕武德初封新興王貞觀十一年薨贈涼州都督德良孫晉先天中爲殿中監兼雍州長史甚有威名紹封新興王尋坐附會太平公主

伏誅改姓厲氏初晉之就誅寮吏皆奔散唯司功李撝步從不失在官之禮仍哭其屍姚崇聞之曰欒向之儔也擢爲尚書郎後官至澤州刺史德良弟幼良武德初封長樂王時有人盜其馬者幼良獲盜而擅殺之高祖怒曰昔人賜盜馬者酒終獲其報爾輒行戮何無古風盜者信有罪矣專殺豈非枉邪遣禮部尚書李綱於朝堂集宗室王公而撻之自後累遷涼州都督嘗引不逞百餘人爲左右多侵暴市里行旅苦之太宗即位有告幼良陰養死士交通境外恐謀爲反叛詔遣中書令宇文士及代爲都督幷按其事士及慮其爲變遂縊殺之

襄武王琛高祖從父兄子也祖蔚周朔州總管父安隋領軍大將軍武德初追封蔚爲蔡王安爲西平王琛義寧中封襄武郡公與太常卿鄭元璹齎女妓遺突厥始畢可汗以結和親始畢甚重之贈名馬數百匹遣骨咄祿特勤隨琛貢方物高祖大悅拜刑部侍郎進爵爲王歷蒲絳二州總管及宋金剛陷澮州時稽胡多叛轉琛爲隰州總管以鎮之馭衆寬簡夷夏安之三年薨子儉嗣後隨例降爵爲公

河間王孝恭琛之弟也高祖剋京師拜左光祿大夫尋爲山南道招慰大使自
金州出于巴蜀招攜以禮降附者三十餘州孝恭進擊朱粲破之諸將曰此食
人賊也爲害實深請坑之孝恭曰不可自此已東皆爲寇境若聞此事豈有來
降者乎盡赦而不殺由是書檄所至相繼降款武德二年授信州總管承制拜
假蕭銑據江陵孝恭獻平銑之策高祖嘉納之三年進爵爲王改信州爲夔州
使拜孝恭爲總管令大造舟楫教習水戰以圖蕭銑孝恭召巴蜀首領子弟量
才授用致之左右外示引擢而實以爲質也尋授荊湘道行軍總管統水陸十
二總管發自硤州進軍江陵攻其水城剋之所得船散於江中諸將皆曰虜得
賊船當藉其用何爲棄之無乃資賊耶孝恭曰不然蕭銑僞境南極嶺外東至
洞庭若攻城未拔援兵復到我則內外受敵進退不可雖有舟楫何所用之今
銑緣江州鎮忽見船舸亂下必知銑敗未敢進兵來去覘伺動淹旬月用緩其
救剋之必矣銑救兵至巴陵見船被江而下果狐疑不敢輕進銑內外阻絕銑
於是出降高祖大悅拜孝恭荊州大總管使畫工貌而視之於是開置屯田創

立銅冶百姓利焉六年遷襄州道行臺尚書左僕射時荆襄雖定嶺表尚未悉平孝恭分遣使人撫慰嶺南四十九州皆來款附及輔公祏據江東反發兵寇壽陽命孝恭爲行軍元帥以擊之七年孝恭自荆州趣九江時李靖李勣黄君漢張鎮州盧祖尚並受孝恭節度將發與諸將宴集命取水忽變爲血在座者皆失色孝恭舉止自若徐諭之曰禍福無門唯人所召自顧無負於物諸公何見憂之深公祏惡積禍盈今承廟算以致討盌中之血乃公祏授首之後徵遂盡飲而罷時人服其識度而能安衆公祏遣其僞將馮惠亮陳當時領水軍屯于博望山陳正通徐紹宗率步騎軍于青林山孝恭至堅壁不與鬬使奇兵斷其糧道賊漸餒夜薄我營孝恭安臥不動明日縱羸兵以攻賊壘使盧祖尚率精騎列陣以待之俄而攻壘者敗走賊出追奔數里遇祖尚軍與戰大敗之正通棄營而走復與馮惠亮保梁山孝恭乘勝攻之破其梁山別鎮赴水死者數千人正通率陸軍夜遁總管李靖又下廣陵城拔楊子鎮公祏窮蹙棄丹陽東走孝恭命騎將追之至武康擒公祏及其僞僕射西門君儀等數十人致于麾

下江南悉平璽書褒賞賜甲第一區女樂二部奴婢七百人金寶珍翫甚衆授東南道行臺尚書左僕射後廢行臺拜揚州大都督孝恭旣破公祏江淮及嶺南皆統攝之自大業末羣雄競起皆爲太宗所平謀臣猛將並在麾下罕有別立勳庸者唯孝恭著方面之功聲名甚盛厚自崇重欲以威名鎮遠築宅於石頭陳廬徼以自衛尋徵拜宗正卿九年賜實封一千二百戶貞觀初遷禮部尚書以功臣封河間郡王除觀州刺史與長孫無忌等代襲刺史孝恭性奢豪重遊宴歌姬舞女百有餘人然而寬恕退讓無驕矜自伐之色太宗甚加親待諸宗室中莫與爲比孝恭嘗悵然謂所親曰吾所居宅微爲宏壯非吾心也當賣之別營一所粗令充事而已身歿之後諸子若才守此足矣如其不才冀免他人所利也十四年暴薨年五十太宗素服舉哀哭之甚慟贈司空揚州都督陪葬獻陵諡曰元配享高祖廟庭子崇義嗣降爵爲譙國公歷蒲同二州刺史益州大都督長史甚有威名後卒於宗正卿孝恭次子晦乾封中累除營州都督以善政聞璽書勞問賜物三百段轉右金吾將軍兼檢校雍州長史糺發姦豪

無所容貸爲人吏畏服晦私第有樓下臨酒肆其人嘗候晦言曰微賤之人雖
則禮所不及然家有長幼不欲外人窺之家迫明公之樓出入非便請從此辭
晦卽日毀其樓高宗將幸洛陽令在京居守顧謂之曰關中之事一以付卿但
令式跼人不可以成官政令式之外有利於人者隨事卽行不須聞奏晦累有
異績則天臨朝遷戶部尚書垂拱初拜右金吾衞大將軍轉秋官尚書永昌元
年卒贈幽州都督子榮爲酷吏所殺孝恭弟瑊武德中爲尚書右丞封濟北郡
王卒於始州刺史瑊弟瓌義師剋京城授瓌左光祿大夫武德元年封漢陽郡
公五年進爵爲王時突厥屢爲侵寇高祖使瓌齎布帛數萬段與結和親頡利
可汗初見瓌箕踞瓌餌以厚利頡利大悅改容加敬遣使隨瓌獻名馬後復將
命頡利謂左右曰李瓌前來恨不屈之今者必令下拜瓌微知之及見頡利長
揖不屈節頡利大怒乃留瓌不遣瓌神意自若竟不爲之屈頡利知不可以威
脅終禮遣之拜左武候將軍轉衞尉卿代兄孝恭爲荊州都督政存清靜深爲
士庶所懷嶺外豪帥屢相攻擊遣使喻以威德皆相次歸附嶺表遂定太宗卽

位例降爵爲公時長史馮長命曾爲御史大夫素矜衒事多專決瓌怒杖之坐是免貞觀四年拜宜川刺史加散騎常侍卒子沖玄垂拱中官至冬官尚書沖虛卒于尚方監

廬江王瑗高祖從父兄子也父哲隋柱國備身將軍追封濟南王瑗武德元年歷信州總管封廬江王九年累遷幽州大都督朝廷以瑗懦愞非邊將才遣右領軍將軍王君廓助典兵事君廓故嘗爲盜勇力絶人瑗倚仗之許結婚姻以布心腹時隱太子建成將有異圖外結於瑗及建成誅死遣通事舍人崔敦禮召瑗入朝瑗有懼色君廓素險薄欲因事陷之以爲己功遂紿瑗曰京都有變事未可知大王國之懿親受委作鎮寧得擁兵數萬而從一使召耶且聞趙郡王先以被拘太子齊王又言若此大王今去能自保乎相與共泣瑗乃囚敦禮舉兵反召北齊州刺史王詵將與計事兵曹參軍王利涉說瑗曰王不奉詔而擅發兵此爲反矣須改易法度以權宜應變先定衆心今諸州刺史或有逆命王徵兵不集何以保全瑗曰若之何利涉曰山東之地先從竇建德酋豪首領

皆是僞官今並黜之退居匹庶此人思亂若旱苗之望雨王宜發使復其舊職各於所在遣募本兵諸州儻有不從卽委隨便誅戮此計若行河北之地可呼吸而定也然後分遣王誑北連突厥道自太原南臨蒲絳大王整駕親詣洛陽西入潼關兩軍合勢不盈旬月天下定矣瑗從之瑗以內外機悉付君廓利涉以君廓多翻覆又說瑗委兵於王誑而除君廓瑗不能決君廓知之馳斬誑持首告其衆曰李瑗與王誑共反禁錮勅使擅追兵集今王誑已斬獨李瑗在無能爲也汝若從之終亦族滅從我取之立得富貴禍福如是意欲何從衆曰皆願討賊君廓領其麾下登城西面瑗未之覺君廓自領千餘人先往獄中出敦禮瑗始知之遽率數百人披甲纔出至門外與君廓相遇君廓謂其衆曰李瑗作逆誤人何忽從之自取塗炭衆皆倒戈一時潰走瑗塊然獨存謂君廓曰小人賣我以自媚汝行當自及矣君廓擒瑗縊殺之年四十一傳首京師絕其屬籍君廓幷州石艾人也少亡命爲羣盜聚徒千餘人轉掠長平進逼夏縣李密遣使召之遂投於密尋又率衆歸國歷遷右武衞將軍累封彭國公從平劉黑

闔令鎮幽州會突厥入寇君廓邀擊破之俘斬二千餘人獲馬五千匹高祖大悅徵入朝賜以御馬令於殿庭乘之而出因謂侍臣曰吾聞藺相如叱秦皇目皆出血君廓往擊竇建德將出戰李靖遏之君廓發憤大呼目及鼻耳一時流血此之壯氣何謝古人不可以常例賞之復賜錦袍金帶還鎮幽州尋以誅瑗功拜左領軍大將軍兼幽州都督以瑗家口賜之加左光祿大夫賜物千段食實封千三百戶在職多縱逸長史李玄道數以朝憲脅之懼爲所奏殊不自安後追入朝行至渭南殺驛史而遁將奔突厥爲野人所殺追削其封邑

淮陽王道玄高祖從父兄子也祖繪隋夏州總管武德初追封雍王父贄追封河南王道玄武德元年封淮陽王授右千牛從太宗擊宋金剛于介州先登陷陣時年十五太宗壯之賞物千段後從討王世充頻戰皆捷竇建德至武牢太宗以轉騎誘賊令道玄率伏兵於道左會賊至追擊破之又從太宗轉戰于汜水麾戈陷陣直出賊後衆披靡復衝突而歸太宗大悅命副乘以給道玄又從太宗赴賊再入再出飛矢亂下箭如蝟毛猛氣益厲射人無不應弦而倒東都

平拜洛州總管及府廢改授洛州刺史五年劉黑闥引突厥寇河北復授山東道行軍總管師次下博與賊軍遇道玄帥騎先登命副將史萬寶督軍繼進萬寶與之不協及道玄深入而擁兵不進謂所親曰吾奉手詔言淮陽小兒雖名爲將而軍之進止皆委於吾今其輕脫越瀆交戰大軍若動必陷泥溺莫如結陣以待之雖不利於王而利於國道玄遂爲賊所擒全軍盡沒惟萬寶逃歸道玄遇害年十九太宗追悼久之嘗從容謂侍臣曰道玄終始從朕見朕深入賊陣所向必剋意嘗企慕所以每陣先登蓋學朕也惜其年少不遂遠圖因爲之流涕贈左驍衛大將軍謚曰壯無子詔封其弟武都郡公道明爲淮陽王令主道玄之祀累遷左驍衛將軍送弘化公主還蕃坐洩主非太宗女奪爵國除後卒於鄆州刺史

江夏王道宗道玄從父弟也父韶追封東平王贈戶部尙書道宗武德元年封略陽郡公起家左千牛備身討劉武周戰于度索原軍敗賊徒進逼河東道宗時年十七從太宗率衆拒之太宗登玉壁城望賊顧謂道宗曰賊恃其衆來邀

我戰汝謂如何對曰羣賊乘勝其鋒不可當易以計屈難與力競今深壁高壘以挫其鋒烏合之徒莫能持久糧運致竭自當離散可不戰而擒太宗曰汝意闇與我合後賊果食盡夜遁追及介州一戰滅之又從平竇建德破王世充屢有殊効五年授靈州總管梁師都據夏州遣弟洛仁引突厥兵數萬至于城下道宗閉門拒守伺隙而戰賊徒大敗高祖聞而嘉之謂左僕射裴寂中書令蕭瑀曰道宗今能守邊以寡制衆昔魏任城王彰臨戎却敵道宗勇敢有同於彼遂封為任城王初突厥連於梁師都其郁射設入居五原舊地道宗逐出之振耀威武開拓疆界斥地千餘里邊人悅服貞觀元年徵拜鴻臚卿歷左領軍大理卿時太宗將經略突厥又拜靈州都督三年為大同道行軍總管遇李靖襲破頡利可汗頡利以十餘騎來奔其部道宗引兵逼之徵其執送頡利頡利以數騎夜走匿于荒谷沙鉢羅懼馳追獲之遣使送於京師以功賜實封六百戶召拜刑部尚書吐谷渾寇邊詔右僕射李靖為崐丘道行軍大總管道宗與吏部尚書侯君集為之副賊聞兵至走入嶂山已行數千里諸將議欲息兵道宗

固請追討李靖然之而君集不從道宗遂率偏師幷行倍道去大軍十日追及之賊據險苦戰道宗潛遣千餘騎踰山襲其後賊表裏受敵一時奔潰十二年遷禮部尚書改封江夏王尋坐贓下獄太宗謂侍臣曰朕富有四海士馬如林欲使轍跡周宇內遊觀無休息絶域採奇玩海外訪珍羞豈不得耶勞萬姓而樂一人朕所不取也人心無厭唯當以理制之道宗俸料甚高宴賜不少足有餘財而貪婪如此使人嗟惋豈不鄙乎遂免官削封邑十三年起爲茂州都督未行轉晉州刺史十四年復拜禮部尚書時侯君集立功於高昌自負其才潛有異志道宗嘗因侍宴從容言曰君集智小言大舉止不倫以臣觀之必爲戎首太宗曰何以知之對曰見其恃有微功深懷矜伐恥在房玄齡李靖之下雖爲吏部尚書未滿其志非毀時賢常有不平之語太宗曰不可億度浪生猜貳其功勳才用無所不堪朕豈惜重位第未到耳俄而君集謀反誅太宗笑謂道宗曰君集之事果如公所揣及大軍討高麗令道宗與李靖爲前鋒濟遼水剋蓋牟城逢賊兵大至軍中僉欲深溝保險待太宗至徐進道宗曰不可賊赴急

遠來兵實疲頓恃衆輕我一戰必摧昔耿弇不以賊遺君父我既職在前軍當須清道以待輿駕李靖然之乃與壯士數十騎直衝賊陣左右出入靖因合擊大破之太宗至深加賞勞賜奴婢四十人又築土山攻安市城土山崩道宗失於部署爲賊所據歸罪於果毅傅伏愛斬之道宗跣行詣旗下請罪太宗曰漢武殺王恢不如秦穆赦孟明土山之失且非其罪捨而不問道宗在陣損足太宗親爲其鍼賜以御膳二十一年以疾請居閑職轉太常卿永徽元年加授特進增實封幷前六百戶四年房遺愛伏誅長孫無忌褚遂良素與道宗不協上言道宗與遺愛交結配流象州道病卒年五十四及無忌遂良得罪詔復其官爵道宗晚年頗好學敬慕賢士不以地勢淩人宗室中唯道宗及河間王孝恭昆季最爲當代所重道宗子景恆降封盧國公官至相州刺史

隴西王博乂高祖兄子也高祖長兄曰澄次曰湛次曰洪並早卒武德初追封澄爲梁王湛爲蜀王洪爲鄭王澄洪並無後博乂卽湛第二子也武德元年受封高祖時歷宗正卿禮部尚書加特進博乂有妓妾數百人皆衣羅綺食必粱

肉朝夕絃歌自娛驕侈無比與其弟渤海王奉慈俱爲高祖所鄙帝謂曰我怨讎有善猶擢以不次況於親戚而不委任聞汝等唯昵近小人好爲不軌先王墳典不聞習學今賜絹二百匹可各買經史習讀務爲善事咸亨二年薨贈開府儀同三司荆州都督謚曰恭奉慈武德初封渤海王顯慶中累遷原州都督薨謚曰敬

史臣曰無私於物物亦公焉高祖纔定中原先封疎屬致廬江爲叛神通爭功封德彝論之於前房玄齡譏之於後若河間機謀深沉識度弘遠縱虛舟而降蕭銑飲妖血而平公祏入朝定君臣之分賣第爲子孫之謀善始令終論功行賞卽無私矣或問曰水變爲血信妖矣竟成功而無咎者何也答曰河間節貫神明志匡宗社故妖不勝德明矣道宗軍謀武勇好學下賢於羣從之中稱一時之傑無忌遂良銜不協之素致千載之冤永徽中無忌遂良忠而獲罪人皆哀之殊不知誣陷劉洎吳王恪於前枉害道宗於後天網不漏不得其死也宜哉

贊曰踈屬盡封啓亂害公阿閒孝恭獨稱軍功

舊唐書卷六十

舊唐書卷六十考證

永安王孝基傳諡曰壯無子以從兄韶子道立爲嗣○沈炳震曰按新書宗室傳韶畢王璋子今孝基亦璋子是同父兄非從兄也

淮安王神通子道彥傳坐減死徙邊後起爲涼州都督○新書作嬀州

神通子孝逸傳垂拱二年冬承嗣等又使人誣告孝逸則天以孝逸常有功減死配徙儋州尋卒○沈炳震曰按新書則天本紀天授元年五月殺梁郡公孝逸年與月俱不符也證之綱目當從舊書

景雲初贈益州大都督○新書作金州

襄邑王神符傳有子七人武德初並封郡王後例降封縣公○沈炳震曰按通鑑時降封郡公應誤

長平王叔良傳武德元年師鎮涇州以禦薛舉○臣德潛按綱目武德元年唐將軍劉感鎮涇州薛仁杲圍之唐長平王叔良將兵至是禦仁杲非禦舉也時舉已先卒矣新書亦作禦仁杲

隴西王博乂傳武德初追封澄爲梁王湛爲蜀王洪爲鄭王〇新書表洪封漢王

舊唐書卷六十考證

舊唐書卷六十一

後晉司空同中書門下平章事劉昫撰

列傳第十一

温大雅 子無隱 大雅弟彥博 子振 挺 大雅弟大有　陳叔達

竇威 子惲 兄子軌 軌子奉節 琮 從子抗 抗子衍 靜 靜子逵 誕 誕子孝慈 孝慈子希玠 誕少子孝諶 弟璡

温大雅字彥弘太原祁人也父君悠北齊文林館學士隋泗州司馬大業末爲司隸從事見隋政日亂謝病而歸大雅性至孝少好學以才辯知名仕隋東宮學士長安縣尉以父憂去職後以天下方亂不求仕進高祖鎮太原甚禮之義兵起引爲大將軍府記室參軍專掌文翰禪代之際與司錄竇威主簿陳叔達參定禮儀武德元年歷遷黃門侍郎弟彥博爲中書侍郎對居近密議者榮之高祖從容謂曰我起義晉陽爲卿一門耳尋轉工部進拜陝東道大行臺工部尚書太宗以隱太子巢刺王之故令大雅鎮洛陽以俟變大雅數陳祕策甚蒙嘉賞太宗卽位累轉禮部尚書封黎國公大雅將改葬其祖父筮者曰葬於此

地害兄而福弟大雅曰若得家弟承康我將含笑入地葬訖歲餘而卒謚曰孝
撰創業起居注三卷永徽五年贈尚書右僕射子無隱官至工部侍郎大雅弟
彥博彥博幼聰悟有口辯涉獵書記初其父友薛道衡李綱常見彥博兄弟三
人咸歎異曰皆卿相才也開皇末爲州牧秦孝王俊所薦授文林郎直內史省
轉通直謁者及隋亂幽州總管羅藝引爲司馬藝以幽州歸國彥博贊成其事
授幽州總管府長史未幾徵爲中書舍人俄遷中書侍郎封西河郡公時高麗
遣使貢方物高祖謂羣臣曰名實之間理須相副高麗稱臣於隋終拒煬帝此
亦何臣之有朕敬於萬物不欲驕貴但據土宇務共安人何必令其稱臣以自
尊大可即爲詔述朕此懷也彥博進曰遼東之地周爲箕子之國漢家之玄菟
郡耳魏晉已前近在提封之內不可許以不臣若與高麗抗禮則四夷何以瞻
仰且中國之於夷狄猶太陽之比列星理無降尊俯同夷貊高祖乃止其年突
厥入寇命右衛大將軍張瑾爲并州道行軍總管出拒之以彥博爲行軍長史
與虜戰於太谷軍敗彥博沒於虜庭突厥以其近臣苦問以國家虛實及兵馬

多少彥博固不肯言頡利怒還於陰山苦寒之地太宗即位突厥送款始徵彥博還朝授雍州治中尋檢校吏部侍郎彥博意有沙汰多所損抑而退者不伏囂訟盈庭彥博惟騁辭辯與之相詰終日諠擾頗爲識者所嗤復拜中書侍郎兼太子右庶子貞觀二年遷御史大夫仍檢校中書侍郎事彥博善於宣吐每奉使入朝詔問四方風俗承受綸言有若成誦聲韻高朗響溢殿庭進止雍容觀者拭目四年遷中書令進爵虞國公高祖常宴朝臣詔太宗諭旨既而顧謂近臣曰何如温彥博其見重如此初突厥之降也詔議安邊之術朝士多言突厥恃強擾亂中國爲日久矣今天實喪之窮來歸我本非慕義之心也因其歸命分其種落俘之河南散屬州縣各使耕田變其風俗百萬胡虜可得化而爲漢則中國有加戶之利塞北常空矣惟彥博議曰漢建武時置降匈奴於五原塞下全其部落得爲捍蔽又不離其土俗因而撫之一則實空虛之地二則示無猜之心若遣向西南則乖物性故非含育之道也太宗從之遂處降人于朔方之地其入居長安者近且萬家議者尤爲不便欲建突厥國於河外彥博又

執奏曰既已納之無故遣去深爲可惜與魏徵等爭論數年不決十年遷尙書
右僕射明年薨年六十四彥博自掌知機務卽杜絕賓客國之利害知無不言
太宗以是嘉之及薨謂侍臣曰彥博以憂國之故勞精竭神我見其不逮已二
年矣恨不縱其閑逸致夭性靈彥博家無正寢及卒之日殯於別室太宗命有
司爲造堂焉贈特進謚曰恭陪葬昭陵子振少有雅望官至太子舍人居喪以
毀卒振弟挺尙高祖女千金公主官至延州刺史大雅弟大有字彥將性端謹
少以學行稱隋仁壽中尙書右丞李綱表薦之授羽騎尉尋丁憂去職歸鄉里
義旗初舉高祖引爲太原令從太宗擊西河高祖謂曰士馬尙少要資經略以
卿參謀軍事其善建功名也事之成敗當以此行卜之若剋西河帝業成矣及
破西河而還復以本官攝大將軍府記室與兄大雅共掌機密大有以昆季同
在機務意不自安固請他職高祖曰我虛心相待不以爲疑卿何自疑也大有
雖應命然每退讓遠避機權寮列以此多之武德元年累轉中書侍郎會卒高
祖甚傷惜之贈鴻臚卿初大雅在隋與顏思魯俱在東宮彥博與思魯弟愍楚

同直內史省彥將與愍楚弟遊秦典校祕閣二家兄弟各爲一時人物之選少時學業顏氏爲優其後職位温氏爲盛

陳叔達字子聰陳宣帝第十六子也善容止頗有才學在陳封義陽王年十餘歲嘗侍宴賦詩十韻援筆便就僕射徐陵甚奇之歷侍中丹陽尹都官尚書入隋久不得調大業中拜內史舍人出爲絳郡通守義師至絳郡叔達以郡歸款授丞相府主簿封漢東郡公與記室温大雅同掌機密軍書赦令及禪代文誥多叔達所爲武德元年授黃門侍郎二年兼納言四年拜侍中叔達明辯善容止每有敷奏搢紳莫不屬目江南名士薄遊長安者多爲薦拔五年進封江國公嘗賜食於御前得蒲萄執而不食高祖問其故對曰臣母患口乾求之不能致欲歸以遺母高祖喟然流涕曰卿有母遺乎因賜物三百段貞觀初加授光祿大夫尋坐與蕭瑀對御忿爭免官未幾丁母憂叔達先有疾太宗慮其危殆遣使禁絕弔賓服闋授遂州都督以疾不行久之拜禮部尚書建成元吉嫉害太宗陰行譖毀高祖惑其言將有貶責叔達固諫乃止至是太宗勞之曰武德

時危難潛構知公有讜言今之此拜有以相答叔達謝曰此不獨爲陛下社稷
計耳後坐閨庭不理爲憲司所劾朝廷惜其名臣不欲彰其罪聽以散秩歸第
九年卒謚曰繆後贈戸部尚書改謚曰忠有集十五卷
竇威字文蔚扶風平陸人太穆皇后從父兄也父熾隋太傅威家世勳貴諸昆
弟並尚武藝而威躭翫文史介然自守諸兄哂之謂爲書癡隋內史令李德林
舉秀異射策甲科拜祕書郎秩滿當遷而固守不調在祕書十餘歲其學業益
廣時諸兄並以軍功致仕通顯交結豪貴賓客盈門而威職掌閑散諸兄更謂
威曰昔孔子積學成聖猶狼狽當時栖遲若此汝效此道復欲何求名位不達
固其宜矣威笑而不荅久之蜀王秀辟爲記室以秀行事多不法稱疾還田里
及秀廢黜府僚多獲罪唯威以先見保全大業四年累遷內史舍人以數陳得
失忤旨轉考功郎中後坐事免歸京師高祖入關召補大丞相府司錄參軍時
軍旅草創五禮曠墜威既博物多識舊儀朝章國典皆其所定禪代文翰多參
預焉高祖常謂裴寂曰叔孫通不能加也武德元年拜內史令威奏議雍容多

引古爲諭高祖甚親重之或引入臥內常爲膝席又嘗謂曰昔周朝有八柱國之貴吾與公家咸登此職今我已爲天子公爲內史令本同末異乃不平矣威謝曰臣家昔在漢朝再爲外戚至於後魏三處外家陛下隆興復出皇后臣又階緣戚里位忝鳳池自惟叨濫曉夕兢懼高祖笑曰比見關東人與崔盧爲婚猶自矜伐公代爲帝戚不亦貴乎及寢疾高祖自往臨問尋卒家無餘財遺令薄葬謚曰靖贈同州刺史追封延安郡公葬日詔太子及百官並出臨送有文集十卷子惲嗣官至岐州刺史威兄子軌從兄子抗並知名軌字士則周雍州牧鄭國公恭之子也隋大業中爲資陽郡東曹掾後去官歸于家義兵起軌聚衆千餘人迎謁於長春宮高祖見之大悅降席握手語及平生賜良馬十匹使掠地渭南軌先下永豐倉收兵得五千人從平京城封贊皇縣公拜大丞相諮議參軍時稽胡賊五萬餘人掠宜春軌討之行次黃欽山與賊相遇賊乘高縱火王師稍却軌斬其部將十四人拔隊中小帥以代之軌自率數百騎殿於軍後令之曰聞鼓聲有不進者自後斬之既聞鼓士卒爭先赴敵賊射之不能止

因大破之斬首千餘級虜男女二萬口武德元年授太子詹事會赤排羌作亂與薛舉叛將鍾俱仇同寇漢中拜軌秦州總管與賊連戰皆捷餘黨悉降進封鄭國公三年遷益州道行臺左僕射許以便宜從事屬黨項寇松州詔軌援之又令扶州刺史蔣善合與軌連勢時党項引吐谷渾之衆其鋒甚銳軌師未至善合先期至鉗川遇賊力戰走之軌復軍於臨洮進擊左封破其部衆尋令率所部兵從太宗討王世充于洛陽四年還益州時蜀土寇往往聚結悉討平之軌每臨戎對寇或經旬月身不解甲其部衆無貴賤少長不恭命即立斬之每日吏士多被鞭撻流血滿庭見者莫不重足股慄軌初入蜀將其甥以爲心腹嘗夜出呼之不以時至怒而斬之每誡家僮不得出外嘗遣奴就官廚取漿而悔之謂奴曰我誠使汝要當斬汝頭以明法耳遣其部將收奴斬之其奴稱冤監刑者猶豫未決軌怒俱斬之行臺郎中趙弘安知名士也軌動輒榜箠歲至數百後徵入朝賜坐御榻軌容儀不肅又坐而對詔高祖大怒因謂曰公之入蜀車騎驃騎從者二十人爲公所斬略盡我隴種車騎未足給公詔下獄俄而

釋之還鎮益州軌與行臺尚書韋雲起郭行方素不協及隱太子誅有詔下益州軌藏諸懷中雲起問曰詔書安在軌不之示但曰卿欲反矣執而殺之行方大懼奔于京師軌追斬不及是歲行臺廢即授益州大都督加食邑六百戶貞觀元年徵授右衛大將軍二年出爲洛州都督洛陽因隋末喪亂人多浮僞軌並遣務農各令屬縣有遊手怠惰者皆按之由是人吏懾憚風化整肅四年卒官贈幷州都督子奉節嗣尚高祖永嘉公主歷左衞將軍秦州都督軌弟琮亦有武幹隋左親衞大業末犯法亡命奔太原依於高祖琮與太宗有宿憾每自疑太宗方搜羅英傑降禮納之出入臥內其意乃解及將義舉琮協贊大謀大將軍府建爲統軍從平西河破霍邑拜金紫光祿大夫扶風郡公尋從劉文靜擊屈突通於潼關通遣裨將桑顯和來逼文靜義軍不利琮與段志玄等力戰久之隋軍大潰通遁走琮率輕騎追至稠桑獲通而返進兵東略下陝縣拔太原倉拜右領軍大將軍賜物五百段時隋河陽都尉獨孤武潛謀歸國乃令琮以步騎一萬自柏崖道應接之遲留不進武見殺坐是除名武德初以元謀勳

特恕一死拜右屯衞大將軍復轉右領軍大將軍時將圖洛陽遣琮留守陝城以督糧運王世充遣其驍將羅士信來斷糧道琮潛使人說以利害士信遂帥衆降及從平東都賞物一千四百段後以本官檢校晉州總管尋從隱太子討平劉黑闥以功封譙國公賞黃金五十斤未幾而卒高祖以佐命之舊甚悼之贈左衞大將軍諡曰敬永徽五年重贈特進抗字道生太穆皇后之從兄也隋洛州總管陳國公榮之子也母隋文帝萬安公主抗在隋以帝甥甚見崇寵少入太學略涉書史釋褐千牛備身儀同三司屬其父寢疾抗躬親扶侍衣不解帶者五十餘日及居喪哀毀過禮後襲爵陳國公累轉梁州刺史將之官隋文帝幸其第命抗及公主酣宴如家人之禮賞賜極厚母卒號慟絕而復蘇者數焉文帝令宮人至第節其哭泣歲餘起爲岐州刺史轉幽州總管政並以寬惠聞及漢王諒作亂煬帝恐其爲變遣李子雄馳往代之子雄因言抗得諒書而不奏按之無驗以疑貳除名抗與高祖少相親狎及楊玄感作亂高祖統兵隴右抗言於高祖曰玄感抑爲發蹤耳李氏有名圖籙可乘其便天之所啓也高

祖曰無爲禍始何言之妄也大業末抗於靈武巡長城以伺盜賊及聞高祖定京城抗對衆而忭曰此吾家妹壻也豁達有大度眞撥亂之主矣因歸長安高祖見之大悅握手引坐曰李氏竟能成事何如因縱酒爲樂尋拜將作大匠武德元年以本官兼納言高祖聽朝或升御坐退朝之後延入臥內命之捨敬縱酒談謔敦平生之款常侍宴移時或留宿禁內高祖每呼爲兄而不名也宮內咸稱爲舅常陪侍遊宴不知朝務轉左武候大將軍領左右千牛備身大將軍尋從太宗平薛舉勳居第一四年又從征王世充及東都平冊勳太廟者九人抗與從弟軌俱預焉朝廷榮之賜女樂一部金寶萬計武德四年因侍宴暴卒贈司空謚曰密子衍衍嗣官至左武衞將軍時抗羣從內三品七人四品五品十餘人尚主三人妃數人冠冕之盛當朝無比靜字元休抗第二子也武德初累轉幷州大總管府長史時突厥數爲邊患師旅歲興軍糧不屬靜表請太原置屯田以省饋運時議者以民物凋零不宜動衆書奏不省靜頻上書辭甚切至於是徵靜入朝與裴寂蕭瑀封德彝等爭論於殿庭寂等不能屈竟從靜議

歲收數千斛高祖善之令檢校幷州大總管靜又以突厥頻來入寇請斷石嶺以爲鄣塞復從之太宗卽位徵拜司農卿封信都男尋轉夏州都督值突厥攜貳諸將出征多詰其所靜知虜中虛實潛令人間其部落郁射設所部鬱孤尼等九俟斤並率衆歸款太宗稱善賜馬百匹羊千口及擒頡利處其部衆於河南以爲不便上封曰臣聞夷狄者同夫禽獸窮則搏噬羣則聚麀不可以刑法威不可以仁義教衣食仰給不務耕桑徒損有爲之民以資無知之虜得之則無益於治失之則無損於化然彼首丘之情未易忘也誠恐一旦變生犯我王略愚臣之所深慮如臣計者莫如因其破亡之後加其無妄之福假以賢王之號妻以宗室之女分其土地析其部落使其權弱勢分易爲羈制自可永保邊塞俾爲藩臣此實長轡遠馭之道于時務在懷輯雖未從之太宗深嘉其志制曰北方之務悉以相委以卿爲寧朔大使撫鎮華戎朕無北顧之憂矣再遷民部尚書貞觀九年卒謚曰肅子逵逵尚太宗女遂安公主襲爵信都男誕抗第三子也隋仁壽中起家爲朝請郎義寧初辟丞相府祭酒轉殿中監封安豐郡

公尚高祖女襄陽公主從太宗征薛舉爲元帥府司馬遷刑部尚書轉太常卿高祖諸少子荆王元景等未出宮者十餘王所有國司家產之事皆令誕主之出爲梁州都督貞觀初召拜右領軍大將軍轉大理卿莘國公修營太廟賜物五百段復爲殿中監以疾解官復拜宗正卿太宗常與之言昏忘不能對乃手詔曰朕聞爲官擇人者治爲人擇官者亂竇誕比來精神衰耗殊異常時知不肖而任之覩尸祿而不退非唯傷風亂政亦恐爲君不明考績黜陟古今常典誕可光祿大夫還第尋卒贈工部尚書荆州刺史諡曰安子孝慈孝慈嗣官至左衞將軍孝慈子希玠希玠少襲爵中宗時爲禮部尚書以恩澤賜實封二百五十戶開元初爲太子少傅開府儀同三司誕少子孝諶在外戚傳竇氏自武德至今再爲外戚一品三人三品已上三十餘人尚主者八人女爲王妃六人唐世貴盛莫與爲比璡字之推抗季弟也大業末爲扶風太守高祖定京師以郡歸國歷禮部民部二尚書從太宗平薛仁杲尋鎮益州時蜀中尚多寇賊璡屢討平之時皇甫無逸在蜀與之不協璡屢請入朝高祖徵之中路詔令還鎮

璡不得志遂於路左題山以申鬱積有使者至其所璡宴之臥內遺以綾綺無逸奏其事坐免官未幾拜祕書監封鄧國公貞觀初授大子詹事後爲將作大匠修葺洛陽宮璡於宮中鑿池起山崇飾雕麗虛費功力太宗怒遽令毀之坐事免會納其女爲酆王妃俄而復位加右光祿大夫七年卒贈禮部尚書諡曰安璡頗曉音律武德中與太常少卿祖孝孫受詔定正聲雅樂璡討論故實撰正聲調一卷行於代

史臣曰得人者昌如諸温儒雅清顯爲一時之稱叔達才學明辯中二國之選皆抱廊廟之器俱爲社稷之臣威守道軌臨戎抗居喪靜經略璡音律仍以懿親俱至顯位才能門第輝映數朝豈非得人歟唐之昌也不亦宜乎然彥博之褊竇軌之酷亦非全器焉

贊曰温陳才位文蔚典禮諸竇戚里榮盛無比

舊唐書卷六十一

舊唐書卷六十二

五代司空同中書門下平章事劉昫撰

列傳第十二

李綱 子少植 少植子安仁　鄭善果 從兄元璹

楊恭仁 子思訓 恭仁從孫執柔 思訓孫睿交 恭仁少弟師道

皇甫無逸　李大亮 族孫迥秀

李綱字文紀觀州蓨人也祖元則後魏清河太守父制周車騎大將軍綱少慷慨有志節每以忠義自許初名瑗字子玉讀後漢書張綱傳慕而改之周齊王憲引爲參軍宣帝將害憲召僚屬證成其罪綱誓之以死終無撓辭及憲遇害露車載屍而出故吏皆散唯綱撫棺號慟躬自埋瘞哭拜而去隋開皇末爲太子洗馬皇太子勇嘗以歲首宴宮臣左庶子唐令則自請奏琵琶又歌武媚娘之曲綱白勇曰令則身任公卿職當調護乃於宴座自比倡優進淫聲穢視聽事若上聞令則罪不測豈不累於殿下臣請遽正其罪勇曰我欲爲樂耳君勿

多事綱趨而出及勇廢黜文帝召東宮官屬切讓之無敢對者綱對曰今日之事乃陛下之過非太子罪也勇器非上品性是常人若得賢明之士輔導之足堪繼嗣皇業方今多士盈朝當擇賢者居其任奈何以絃歌鷹犬之才侍側至令致此乃陛下訓導不足豈太子之罪耶辭氣凜然左右皆爲之失色文帝曰令汝在彼豈非擇人綱曰臣在東宮非得言者帝奇其對擢拜尚書右丞時左僕射楊素蘇威當朝用事綱每固執所見不與之同由是二人深惡之會遣大將軍劉方誅討林邑楊素言於文帝曰林邑多珍寶自非正人不可委因言綱可任文帝以爲行軍司馬劉方承素之意屈辱綱幾至於死及軍還久不得調後拜齊王府司馬未幾蘇威復令綱詣南海應接林邑久而不召綱後自來奏事威復言綱擅離所職以之屬吏綱見善卜者令筮之遇鼎因謂綱曰公易姓之後方可得志而爲卿輔宜早退不然有折足之敗也尋會赦免屏居于鄠大業末賊帥何潘仁以綱爲長史義師至京城綱來謁見高祖大悅授丞相府司錄封新昌縣公專掌選高祖踐祚拜禮部尚書兼太子詹事典選如故先是巢

王元吉授并州總管於是縱其左右攘奪百姓宇文歆頻諫不納乃上表曰王在州之日多出微行常共竇誕遊獵蹂踐穀稼放縱親昵公行攘奪境內獸畜取之殆盡當衢而射觀人避箭以爲笑樂分遣左右戲爲攻戰至相擊刺殞傷致死夜開府門宣淫他室百姓怨毒各懷憤嘆以此守城安能自保元吉竟坐免又諷父老詣闕請之尋令復職時劉武周率五千騎至黃蛇嶺元吉遣車騎將軍張達以步卒百人先嘗之達以步卒少固請不行元吉強遣之至則盡沒于賊達憤怒因引武周攻陷榆次進逼并州元吉大懼紿其司馬劉德威曰卿以老弱守城吾以強兵出戰因夜出兵攜其妻妾棄軍奔還京師并州遂陷高祖怒甚謂綱曰元吉幼小未習時事故遣竇誕宇文歆輔之強兵數萬食支十年起義興運之資一朝而棄宇文歆首畫此計我當斬之綱曰賴歆令陛下不失愛子臣以爲有功高祖問其故綱對曰罪由竇誕不能規諷致令軍人怨憤又齊王年少肆行驕逸放縱左右侵漁百姓誕曾無諫止乃隨順掩藏以成其釁此誕之罪宇文歆論情則疎向彼又淺王之過失悉以聞奏且父子之際人

所難言歆言之豈非忠懇今欲誅罪不錄其心臣愚竊以爲過翌日高祖召綱入升御坐謂曰今我有公遂使刑罰不濫元吉自惡結怨於人歆既曾以表聞誕亦焉能制禁時高祖拜舞人安叱奴爲散騎常侍綱上疏諫曰謹案周禮均工樂胥不得預於仕伍雖復才如子野妙等師襄皆身終子繼不易其業故魏武使禰衡擊鼓衡先解朝服露體而擊之云不敢以先王法服爲伶人之衣雖齊高緯封曹妙達爲王授安馬駒爲開府既招物議大斁彝倫有國有家者以爲殷鑒方今新定天下開太平之基起義功臣行賞未遍高才碩學猶滯草萊而先令舞胡致位五品鳴玉曳組趨馳廊廟顧非創業垂統貽厥子孫之道也高祖不納尋令參詳律令綱在東宮隱太子建成初甚禮遇建成常往溫湯綱時以疾不從有進生魚於建成者將召饔人作鱠時唐儉趙元楷在座各自贊能爲鱠建成從之既而謂曰飛刀鱠鯉調和鼎食公實有之至於審諭弼諧固屬於李綱矣於是遣使送絹二百匹以遺之建成後漸狎無行之徒有猜忌之謀不可諫止又思箴者之言頻乞骸骨高祖謾罵之曰卿爲潘仁長史何乃羞

爲朕尙書且建成在東宮遣卿輔導何爲屢致辭乎綱頓首陳謝曰潘仁賊也

誠在殺害每諫便止所活極多爲其長史故得無愧陛下功成業泰頗自矜伐

臣以凡劣才乖元凱所言如水投石安敢久爲尙書兼以愚臣事太子所懷鄙

見復不採納既無補益所以請退高祖謝曰知公直士勉弼我兒於是擢拜太

子少保尙書詹事並如故綱又上書諫太子曰綱耄矣日過時流墳樹已拱幸

未就土許傅聖躬無以酬恩請効愚直伏願殿下詳之竊見飲酒過多誠非養

生之術且凡爲人子者務於孝友以慰君父之心不宜聽受邪言妄生猜忌建

成覽書不懌而所爲如故綱以數言事忤太子旨道既不行鬱鬱不得志武德

二年以老表辭職優詔解尙書仍爲太子少保高祖以綱隋代名臣甚加優禮

每手勅未嘗稱名其見重如此貞觀四年拜太子少師時綱有脚疾不堪踐履

太宗特賜步輿令綱乘至閤下數引入禁中問以政道又令舉入東宮皇太子

引上殿親拜之綱於是陳君臣父子之道問寢視膳之方理順辭直聽者忘倦

太子每親政事太宗必令綱及左僕射房玄齡侍中王珪侍坐太子嘗商略古

來君臣名教竭忠盡節之事綱凜然曰託六尺之孤寄百里之命古人以爲難綱以爲易每吐論發言皆辭色慷慨有不可奪之志及遇疾太宗遣尚書左僕射房玄齡詣宅存問賜絹二百匹五年卒年八十五贈開府儀同三司諡曰貞太子爲之立碑初周齊王憲女孀居子立綱自以齊王故吏贍恤甚厚及綱卒其女被髮號哭如喪所生焉子少植隋武陽郡同功書佐先綱卒少植子安仁永徽中爲太子左庶子屬太子被廢歸于陳邸宮寮皆逃散無敢辭送者安仁獨涕泣拜辭而去朝野義之後卒於恆州刺史

鄭善果鄭州滎澤人也祖孝穆西魏少司空岐州刺史父誠周大將軍開封縣公大象初討尉遲迥力戰遇害善果年九歲以父死王事詔令襲其官爵家人以其嬰孺弗之告也受冊悲慟擗踊不能勝觀者莫不爲之流涕隋開皇初改封武德郡公拜沂州刺史大業中累轉魯郡太守善果篤慎事親至孝母崔氏賢明曉於政道每善果理務崔氏嘗於閤內聽之聞其剖斷合理歸則大悅若處事不允母則不與之言善果伏於牀前終日不敢食崔氏謂之曰吾非怒汝

反愧汝家耳汝先君在官清恪未嘗問私以身徇國繼之以死吾亦望汝繼父之心自童子承襲茅土今位至方伯豈汝身能致之耶安可不思此事而妄加嗔怒內則墜爾家風或亡官爵外則虧天子之法以取罪戾吾寡婦也有慈無威使汝不知教訓以負清忠之業吾死之日亦何面以事汝先君乎善果由此遂勵己爲清吏所在有政績百姓懷之及朝京師煬帝以其居官儉約蒞政嚴明與武威太守樊子蓋考爲天下第一各賞物千段黃金百兩再遷大理卿後突厥圍煬帝於鴈門以守禦功拜右光祿大夫從幸江都宇文化及弒逆署爲民部尚書隨化及至遼城淮安王神通圍化及善果爲化及守禦督戰爲流矢所中及神通退還竇建德進軍剋之建德將王琮獲善果謂之曰公隋室大臣也自尊夫人亡後而清稱益衰又忠臣子奈何爲弒君之賊殉命苦戰而傷痍若此善果深愧赧欲自殺僞中書令宋正本馳往救止之建德又不爲之禮乃奔相州淮安王神通送于京師高祖遇之甚厚拜太子左庶子檢校內吏侍郎封滎陽郡公善果在東宮數進忠言多所匡諫未幾檢校大理卿兼民部尚書

正身奉法甚有善績制與裴寂等十人每奏事及侍立並令升殿與從兄元璹在其數時以爲榮尋坐事免及山東平持節爲招撫大使坐選舉不平除名後歷禮部刑部二尚書貞觀元年出爲岐州刺史復以公事免三年起爲江州刺史卒元璹隋岐州刺史沛國公譯子也少以父功拜儀同大將軍襲爵沛國公累轉右武候將軍改封莘國公大業中出爲文城郡守義師至河東元璹以郡來降徵拜太常卿及定京城以本官兼參旗將軍元璹少在戎旅尤明軍法高祖常令巡諸軍教其兵事突厥始畢可汗弟乙力設代其兄爲叱羅可汗又劉武周將宋金剛與叱羅共爲犄角來寇汾晉詔元璹入蕃諭以禍福叱羅竟不納乃欲總其部落入寇太原以爲武周聲援未幾叱羅遇疾療之弗愈其下疑元璹令人毒之乃因執元璹不得歸叱羅竟死頡利嗣立留元璹每隨其牙帳經數年頡利後聞高祖遺其財物又許結婚始放元璹來還高祖勞之曰卿在虜庭累載拘繫蘇武弗之過也拜鴻臚卿尋而突厥又寇并州時元璹在母喪高祖令墨絰充使招慰突厥從介休至晉州數百里間精騎數十萬塡映山谷

及見元璹責中國違背之事元璹隨機應對竟無所屈因數突厥背誕之罪突厥大慚不能報元璹又謂頡利曰漢與突厥風俗各異漢得突厥既不能臣突厥得漢復何所用且抄掠資財皆入將士在於可汗一無所得不如早收兵馬遣使和好國家必有重賚幣帛皆入可汗免爲劬勞坐受利益大唐初有天下卽與可汗結爲兄弟行人往來音問不絕今乃捨善取怨違多就少何也頡利納其言卽引還太宗致書慰之曰知公已共可汗結和遂使邊亭息警爟火不然和戎之功豈唯魏絳金石之錫固當非遠元璹自義寧已來五入蕃充使幾至於死者數矣貞觀三年又使入突厥還奏曰突厥興亡唯以羊馬爲準今六畜疾羸人皆菜色又其牙內炊飯化而爲血徵祥如此不出三年必當覆滅太宗然之無幾突厥果敗元璹後累轉左武候大將軍坐事免尋起爲宜州刺史復封沛國公元璹有幹略所在頗著聲譽然其父譯事繼母失温清之禮隋文帝曾贈以孝經至元璹事親又不以孝聞清論鄙之二十年卒贈幽州刺史謚曰簡弟孫杲知名則天時爲天官侍郎

楊恭仁本名綸弘農華陰人隋司空觀王雄之長子也隋仁壽中累除甘州刺史恭仁務舉大綱不爲苛察戎夏安之文帝謂雄曰恭仁在州甚有善政非唯朕舉得人亦是卿義方所致也大業初轉吏部侍郎楊玄感作亂煬帝制恭仁率兵經略與玄感戰于破陵大敗之玄感兄弟挺身遁走恭仁與屈突通等追討獲之軍旋煬帝召入內殿謂曰我聞破陵之陣唯卿力戰功最難比雖知卿奉法清慎都不知勇決如此也納言蘇威曰仁者必有勇固非虛也時蘇威及左衞大將軍宇文述御史大夫裴蘊黃門侍郎裴矩等皆受詔參掌選事多納賄賂士流嗟怨恭仁獨雅正自守不爲蘊等所容由是出爲河南道大使討捕盜賊時天下大亂行至譙郡爲朱粲所敗奔還江都宇文化及弒逆署吏部尚書隨至河北爲化及守魏縣時元寶藏據有魏郡會行人魏徵說下寶藏執恭仁送于京師高祖甚禮遇之拜黃門侍郎封觀國公尋爲涼州總管恭仁素習邊事深悉羌胡情僞推心馭下人吏悅服自葱嶺已東並入朝貢未幾遙授納言總管如故俄而突厥頡利可汗率衆數萬奄至州境恭仁隨方備禦多設疑

兵頡利懼而退走屬瓜州刺史賀拔威擁兵作亂朝廷憚遠未遑征討恭仁乃募驍勇倍道兼進賊不虞兵至之速剋其二城恭仁悉放俘虜賊衆感其寬惠遂相率執威而降久之徵拜吏部尚書遷左衞大將軍鼓旗將軍貞觀初拜雍州牧加左光祿大夫行揚州大都督府長史五年遷洛州都督太宗曰洛陽要重古難其人朕之子弟多矣恐非所任特以委公也恭仁性虛澹必以禮度自居謙恭下士未嘗忤物時人方之石慶恭仁弟師道尚桂陽公主從姪女爲巢刺王妃弟子思訓尚安平公主連姻帝室益見崇重後以老病乞骸骨聽以特進歸第十三年卒册贈開府儀同三司潭州都督陪葬昭陵謚曰孝子思訓襲爵顯慶中歷右屯衞將軍時右衞大將軍慕容寶節有愛妾置于別宅嘗邀思訓就之宴樂思訓深責寶節與其妻隔絶妾等怒密以毒藥置酒思訓飲盡便死寶節坐是配流嶺表思訓妻又詣闕稱寃制遣使就斬之仍改賊盜律以毒藥殺人之科更從重法思訓孫睿交本名璥少襲爵觀國公尚中宗女長寧公主預誅張易之有功賜實封五百戶神龍中爲祕書監後被貶卒於絳州別駕

恭仁弟續頗有辭學貞觀中爲鄆州刺史續孫執柔則天時爲地官尚書則天以外氏近屬甚優寵之時武承嗣攸寧相次知政事則天嘗曰我今當宗及外家常一人爲宰相由是執柔同中書門下三品尋卒執柔子滔開元中官至吏部侍郎同州刺史執柔弟執一神龍初以誅張易之功封河東郡公累至右金吾衛大將軍恭仁少弟師道隋末自洛陽歸國授上儀同爲備身左右尋尚桂陽公主超拜吏部侍郎累轉太常卿封安德郡公貞觀七年代魏徵爲侍中性周慎謹密未嘗漏洩内事親友或問禁中之言乃更對以他語嘗曰吾少窺漢史至孔光不言温室之樹每飲其餘風所庶幾也師道退朝後必引當時英俊宴集園池而文會之盛當時莫比雅善篇什又工草隸酣賞之際援筆直書有如宿構太宗每見師道所製必吟諷嗟賞之十三年轉中書令太子承乾逆謀事洩與長孫無忌房玄齡同按其獄師道妻前夫之子趙節與承乾通謀師道微諷太宗冀活之由是獲譴罷知機密轉吏部尚書師道貴家子四海人物未能委練所署用多非其才而深抑貴勢及其親黨以避嫌疑時論譏之太宗嘗

從容謂侍臣曰楊師道性行純善自無愆過而情實怯愞未甚更事緩急不可
得力未幾從征高麗攝中書令及軍還有毀之者稍貶爲工部尚書尋轉太常
卿二十一年卒贈吏部尚書幷州都督陪葬昭陵賜東園祕器幷爲立碑子豫
之尚巢剌王女壽春縣主居母喪與永嘉公主淫亂爲主壻竇奉節所擒具五
刑而殺之師道兄子思玄高宗時爲吏部侍郎國子祭酒玄弟思敬禮部尚書
師道從兄子崇敬太子詹事始恭仁父雄在隋以同姓寵貴自武德之後恭仁
兄弟名位尤盛則天時又以外戚崇寵一家之內駙馬三人王妃五人贈皇后
一人三品已上官二十餘人遂爲盛族
皇甫無逸字仁儉安定烏氏人父誕隋幷州總管府司馬其先安定著姓徙居
京兆萬年仁壽末漢王諒於幷州起兵反誕抗節不從爲諒所殺無逸時在長
安聞諒反即同居喪之禮人問其故泣而對曰大人平生徇節義旣屬亂常必
無苟免尋而凶問果至在喪柴毀過禮事母以孝聞煬帝以誕死節贈柱國弘
義郡公令無逸襲爵時五等皆廢以其時忠義之後特封平輿侯拜淯陽太守

甚有能名差品爲天下第一再轉右武衛將軍甚見親委帝幸江都以無逸留守洛陽及江都之變與段達元文都尊立越王侗爲帝王世充作難無逸棄老母妻子斬關而走追騎且至無逸曰吾死而後已終不能同爾爲逆因解所服金帶投之於地曰以此贈卿無爲相迫追騎競下馬取帶自相爭奪由是得免高祖以隋代舊臣甚尊禮之拜刑部尚書封滑國公歷陝東道行臺民部尚書明年遷御史大夫時益部新開刑政未洽長吏橫恣贓污狼藉令無逸持節巡撫之承制除授無逸宣揚朝化法令嚴肅蜀中甚賴之有皇甫希仁者見無逸專制方面徼倖上變云臣父在洛陽無逸爲母之故陰遣臣與王世充相知高祖審其詐數之曰無逸偪於世充棄母歸朕今之委任異於衆人其在益州極爲清正此蓋羣小不耐欲誣之也此乃離間我君臣惑亂我視聽於是斬希仁於順天門遣給事中李公昌馳往慰諭之俄而又告無逸陰與蕭銑交通者無逸時與益州行臺僕射竇璡不協於是上表自理又言璡罪狀高祖覽之曰無逸當官執法無所迴避必是邪佞之徒惡直醜正共相搆扇也因令劉世龍溫

彥博將按其事卒無驗而止所告者坐斬竇璡亦以罪黜無逸旣返命高祖勞之曰公立身行己朕之所悉比多譖訴者但爲正直致邪佞所憎耳尋拜民部尙書累轉益州大都督府長史閉門自守不通賓客左右不得出門凡所貨易皆往他州每按部樵採不犯於人嘗夜宿人家遇燈炷盡主人將續之無逸抽佩刀斷衣帶以爲炷其廉介如此然過於審慎所上表奏懼有誤失必讀之數十遍仍令官屬再三披省使者就路又追而更審每遣一使輒連日不得上道議者以此少之母在長安疾篤太宗令驛召之無逸性至孝承問惶懼不能飲食因道病卒贈禮部尙書太常考行謚曰孝禮部尙書王珪駮之曰無逸入蜀之初自當扶侍老母與之同去申其色養而乃留在京師子道未足何得爲孝竟謚爲良孫忠開元中爲衞尉卿

李大亮雍州涇陽人後魏度支尙書琰之曾孫也其先本居隴西狄道代爲著姓祖綱後魏南岐州刺史父充節隋朔州總管武陽公大亮少有文武才幹隋末署韓國公龐玉行軍兵曹在東都與李密戰敗同輩百餘人皆就死賊帥張

弼見而異之獨釋與語遂定交於幕下義兵入關大亮自東都歸國授土門令
屬百姓饑荒盜賊侵寇大亮賣所乘馬分給貧弱勸以墾田歲因大稔躬捕寇
盜所擊輒平時太宗在藩巡撫北境聞而嗟歎下書勞之賜馬一匹帛五十段
其後胡賊寇境大亮衆少不敵遂單馬詣賊營召其豪帥諭以禍福羣胡感悟
相率請降大亮又殺所乘馬以與之宴樂徒步而歸前後降者千餘人縣境以
清高祖大悅超拜金州總管府司馬時王世充遣其兄子弘烈據襄陽令大亮
安撫樊鄧以圖進取大亮進兵擊之所下十餘城高祖下書勞勉遷安州刺史
又令徇廣州巴東行次九江會輔公祏反大亮以計擒公祏將張善安公祏尋
遣兵圍猷州刺史左難當嬰城自守大亮率兵進援擊賊破之以功賜奴婢百
人大亮謂曰汝輩多衣冠子女破亡至此吾亦何忍以汝為賤隸乎一皆放遣
高祖聞而嗟異復賜婢二十人拜越州都督貞觀元年轉交州都督封武陽縣
男在越州寫書百卷及徙職皆委之廨宇尋召拜太府卿出為涼州都督以惠
政聞嘗有臺使到州見有名鷹諷大亮獻之大亮密表曰陛下久絕畋獵而使

者求鷹若是陛下之意深乖昔旨如其自擅便是使非其人太宗下之書曰以卿兼資文武志懷貞確故委藩牧當茲重寄比在州鎮聲績遠彰念此忠勤無忘寤寐使遣獻鷹遂不曲順論今引古遠獻直言披露腹心非常懇到覽用嘉歎不能便已有臣若此朕復何憂宜守此誠終始若一古人稱一言之重侔於千金卿之此言深足貴矣今賜卿胡缾一枚雖無千鎰之重是朕自用之物又賜荀悅漢紀一部下書曰卿立志方直竭節至公處職當官每副所委方大任使以申重寄公事之閑宜尋典籍然此書敘致既明論議深博極爲治之體盡君臣之義今以賜卿宜加尋閱也時頡利可汗敗亡北荒諸部相率內屬有大度設拓設泥熟特勤及七姓種落等尚散在伊吾以大亮爲西北道安撫大使以綏之多所降附朝廷愍其部衆凍餒遣於磧口貯糧特加賑給大亮以爲於事無益上疏曰臣聞欲綏遠者必先安近中國百姓天下本根四夷之人猶如枝葉擾於根本以厚枝附而求久安未之有也自古明王化中國以信馭夷狄以權故春秋云戎狄豺狼不可厭也諸夏親昵不可棄也自陛下君臨區宇深

根固本人逸兵強九州殷盛四夷自服今者招致突厥雖入提封臣愚稍覺勞費未悟其有益也然河西氓庶積禦蕃夷州縣蕭條戶口鮮少如因隋亂減耗尤多突厥未平之前尚不安業匈奴微弱已來始就農畝若卽勞役恐致妨損以臣愚惑請停招慰且謂之荒服者故臣而不內是以周室愛人攘狄竟延七百之齡秦王輕戰事胡四十載而遂絕漢文養兵靜守天下安豐孝武揚威遠略海內虛耗雖悔輪臺追已不及至于隋室早得伊吾兼統鄯善既得之後勞費日甚虛內致外竟損無益遠尋秦漢近觀隋室動靜安危昭然備矣伊吾雖已臣附遠在蕃磧人非中夏地多沙鹵其自豎立稱藩附庸者請羈縻受之使居塞外必畏威懷德永爲蕃臣蓋行虛惠而收實福矣近日突厥傾國入朝既不能俘之江淮以變其俗置於內地去京不遠雖則寬仁之義亦非久安之計也每見一人初降賜物五匹袍一領酋帥悉授大官祿厚位尊理多糜費以中國之幣帛供積惡之兇虜其衆益多非中國之利也太宗納其奏八年爲劍南道巡省大使大亮激濁揚清甚獲當時之譽及討吐谷渾以大亮爲河東道行

軍總管與大總管李靖等出北路涉清海歷河源遇賊於蜀渾山接戰破之俘其名王虜雜畜五萬計以功進爵爲公賜物千段奴婢一百五十人悉遺親戚仍罄其家資收葬五葉宗族無後者三十餘喪送終之禮一時稱盛後拜左衛大將軍十七年晉王爲皇太子東宮僚屬皆盛選重臣以大亮兼領太子右衛率俄兼工部尚書身居三職宿衛兩宮甚爲親信大亮每當宿直必通宵假寐太宗嘗勞之曰至公宿直我便通夜安臥其見任如此太宗每有巡幸多令居守房玄齡甚重之每稱大亮有王陵周勃之節可以當大位大亮雖位望通顯而居處卑陋衣服儉率至性忠謹雖妻子不見其惰容事兄嫂有同於父母每懷張弼之恩而久不能得弼時爲將作丞自匿不言大亮嘗遇諸途而識之持弼而泣恨相得之晚多推家產以遺弼弼拒而不受大亮言於太宗曰臣有今日之榮張弼力也有官爵請迴太宗遂遷弼爲中郎將俄代州都督時人皆賢大亮不背恩而多弼不自伐也十八年太宗幸洛陽令大亮副司空玄齡居中尋遇疾太宗親爲調藥馳驛賜之臨終上表請停遼東之役又言京師宗廟所

在願深以關中爲意表成而歎曰吾聞禮男子不死婦人之手於是命屏婦人言終而卒時五十九死之日家無珠玉可以爲唅唯有米五石布三十端親戚孤遺爲大亮所鞠養服之如父者十五人太宗爲舉哀於别次哭之甚慟廢朝三日贈兵部尚書秦州都督謚曰懿陪葬昭陵兄子道裕永徽中爲大理卿迥秀大亮族孫也祖玄明濟州刺史父義本宣州刺史迥秀弱冠應英材傑出舉拜相州參軍累轉考功員外郎則天雅愛其材甚寵待之掌舉數年遷鳳閣舍人迥秀母氏庶賤而色養過人其妻崔氏嘗叱其媵婢母聞之不悅迥秀卽時出之或止云賢室雖不避嫌疑然過非出狀何遽如此迥秀曰娶妻本以承順顏色顏色苟違何敢留也竟不從長安初歷天官夏官二侍郎俄同鳳閣鸞臺平章事則天令宮人參問其母又嘗迎入宮中待之甚優迥秀雅有文才飲酒斗餘廣接賓朋當時稱爲風流之士然頗託附權倖傾心以事張易之昌宗兄弟由是深爲讜正之士所譏俄坐贓出爲廬州刺史景龍中累轉鴻臚卿修文館學士又持節爲朔方道行軍大總管所居宅中生芝草數莖又有猫爲犬所

乳中宗以爲孝感所致使旌其門閭俄代姚崇爲兵部尚書病卒子齊損開元十年與權梁山等構逆伏誅籍沒其家也

史臣曰孔子云邦有道危言危行如李綱直道事人執心不回始對隋文慷慨獲免終忤楊素屈辱尤深及高祖臨朝諫舞胡鳴玉懷不吐不茹之節存有始有卒之規可謂危矣非逢有道焉能免諸易曰王臣蹇蹇匪躬之故李綱有焉善果幼事賢母長爲正人元璹於國有功祗練邊事承家不孝終爲匪人恭仁仕隋忠厚馭衆謙恭破賊立功方見仁者有勇掌選被斥所謂獨正者危自僞歸朝懷才遇主連婚帝室列位藩宣始終無玷者鮮矣師道愼密純善怯懦無更事之名抑勢避嫌署用致非才之誚無逸知父守節陷難離母避逆終吉忠信之道著矣絶賓客以閑府門斷衣帶以續燈炷廉介之志彰矣於乎蜀道初開親老地梗至孝滅性子道可知不得謚爲孝也惜哉大亮文武兼才貞確成性賣馬勸農是爲政也投身諭賊略也放奴婢從良者仁也因鷹諫獵臨終上表忠也論伊呂之衆智也葬五葉無後報張弼恩義也侍兄嫂如父母孝也不

死婦人之手禮也無珠玉爲唅廉也房玄齡云大亮有王陵周勃之節名下無虛士矣逈秀諂事權倖爰至台司餘不足觀清風替矣

贊曰李綱守道言行俱危詹果母訓清貞是資元璹父子要道何虧恭仁獨正令德無違師道愼密抑勢見機無逸廉介終於孝思大亮才德陵勃名隨逈秀託附實污台司

舊唐書卷六十二

舊唐書卷六十二考證

楊恭仁傳瓜州刺史賀拔威○新書作賀拔行威

恭仁子思訓傳慕容寶節有愛妾置于別宅嘗邀思訓就之宴樂思訓深責寶節與其妻隔絶妾等怒密以毒藥置酒思訓飲盡便死○新書云顯慶中從高宗幸幷州右衛大將軍慕容寶節夜邀思訓謀亂思訓不敢對寶節懼毒酒以進思訓死兩書各異

舊唐書卷六十二考證

舊唐書卷六十三

後晉司空同中書門下平章事劉昫撰

列傳第十三

封倫　蕭瑀子銳 兄子鈞 鈞子瓘 鈞兄子嗣業　裴矩

宇文士及

封倫字德彝觀州蓚人北齊太子太保隆之孫父子繡隋通州刺史倫少時其舅盧思道每言曰此子智識過人必能致位卿相開皇末江南作亂內史令楊素往征之署爲行軍記室船至海曲素召之倫墜於水中人救免溺乃易衣以見竟寢不言素後知問其故曰私事也所以不白素甚嗟異之素將營仁壽宮引爲土木監隋文帝至宮所見制度奢侈大怒曰楊素爲不誠矣殫百姓之力雕飾離宮爲吾結怨於天下素惶恐慮將獲譴倫曰公當弗憂待皇后至必有恩詔明日果召素入對獨孤后勞之曰公知吾夫妻年老無以娛心盛飾此宮豈非孝順素退問倫曰卿何以知之對曰至尊性儉故初見而怒然雅聽后言

后婦人也惟麗是好后心既悅帝慮必移所以知耳素嘆伏曰揣摩之才非吾所及素負貴恃才多所凌侮唯擊賞倫每引與論宰相之務終日忘倦因撫其牀曰封郎必當據吾此座驟稱薦於文帝由是擢授內史舍人大業中倫見虞世基幸於煬帝而不閑吏務每有承受多失事機倫又託附之密爲指畫宣行詔命諂順主心外有表疏如忤意者皆寢而不奏決斷刑法多峻文深詆策勳行賞必抑削之故世基之寵日隆而隋政日壞皆倫所爲也宇文化及之亂逼帝出宮使倫數帝之罪帝謂曰卿是士人何至於此倫赧然而退化及尋署內史令從至聊城倫見化及勢蹙乃潛結化及弟士及請於濟北運糧以觀其變遇化及敗與士及來降高祖以其前代舊臣遣使迎勞拜內史舍人尋遷內史侍郎高祖嘗幸温湯經秦始皇墓謂倫曰古者帝王竭生靈之力殫府庫之財營起山陵此復何益倫曰上之化下猶風之靡草自秦漢帝王盛爲厚葬故百官衆庶競相遵倣凡是古冢丘封悉多藏珍寶咸見開發若死而無知厚葬深爲虛費若魂而有識被發豈不痛哉高祖稱善謂倫曰從今之後宜自上導下

悉爲薄葬太宗之討王世充詔倫參謀軍事高祖以兵久在外意欲旋師太宗遣倫入朝親論事勢倫言於高祖曰世充得地雖多而羈縻相屬其所用命者唯洛陽一城而已計盡力窮破在朝夕今若還兵賊勢必振更相連結後必難圖未若乘其已衰破之必矣高祖納之及太宗凱旋高祖謂侍臣曰朕初發兵東討衆議多有不同唯秦王請行封倫贊成此計昔張華協同晉武亦復何以加也封平原縣公兼天冊府司馬會突厥寇太原復遣使來請和親高祖問羣臣和之與戰策將安出多言戰則怨深不如先和倫曰突厥憑凌有輕中國之意必謂兵弱而不能戰如臣計者莫若悉衆以擊之其勢必捷勝而後和恩威兼著若今歲不戰明年必當復來臣以擊之爲便高祖從之六年以本官檢校吏部尚書曉習吏職甚獲當時之譽八年進封道國公尋徙封於密蕭瑀嘗薦倫於高祖高祖任倫爲中書令太宗嗣位瑀遷尚書左僕射倫爲右僕射倫素險詖與瑀商量可奏者至太宗前盡變易之由是與瑀有隙貞觀元年遘疾於尚書省太宗親自臨視卽命尚輦送還第尋薨年六十太宗深悼之廢朝三日

冊贈司空諡曰明初倫數從太宗征討特蒙顧遇以建成元吉之故數進忠款
太宗以爲至誠前後賞賜以萬計而倫潛持兩端陰附建成時高祖將行廢立
猶豫未決謀之於倫倫固諫而止然所爲祕隱時人莫知事具建成傳卒後數
年太宗方知其事十七年治書侍御史唐臨追劾倫曰臣聞事君之義盡命不
渝爲臣之節歲寒無貳苟虧其道罪不容誅倫位望鼎司恩隆胙土無心報效
乃肆姦謀熒惑儲藩獎成元惡寘于常典理合誅夷但苞藏之狀死而後發猥
加褒贈未正嚴科罪惡既彰宜加貶黜豈可仍疇爵邑尚列台槐此而不懲將
何沮勸太宗令百官詳議民部尚書唐儉等議倫罪暴身後恩結生前所歷衆
官不可追奪請降贈改諡詔從之於是改諡繆黜其贈官削所食實封子言道
尚高祖女淮南長公主官至宋州刺史倫兄子行高以文學知名貞觀中官至
禮部郎中

蕭瑀字時文高祖梁武帝曾祖昭明太子祖察後梁宣帝父巋明帝瑀年九歲
封新安郡王幼以孝行聞姊爲隋晉王妃從入長安聚學屬文端正鯁亮好釋

氏常修梵行每與沙門難及苦空必詣微旨常觀劉孝標辯命論惡其傷先王之教迷性命之理乃作非辯命論以釋之大旨以爲人稟天地以生孰云非命然吉凶禍福亦因人而有若一之於命其蔽已甚時晉府學士柳顧言諸葛潁見而稱之曰自孝標後數十年間言性命之理者莫能詆詰今蕭君此論足療劉子膏肓煬帝爲太子也授太子右千牛及踐祚遷尚衣奉御檢校左翊衞鷹揚郎將忽遇風疾命家人不卽醫療仍云若天假餘年因此望爲栖遁之資耳蕭后聞而誨之以爾才智足堪揚名顯親豈得輕毀形骸而求隱逸若以此致譴則罪在不測病且愈其姊勸勉之故復有仕進志累加銀青光祿大夫內史侍郎既以后弟之親委之機務後數以言忤旨漸見疎斥煬帝至鴈門爲突厥所圍瑀進謀曰如聞始畢託校獵至此義成公主初不知其有違背之心且北蕃夷俗可賀敦知兵馬事昔漢高祖解平城之圍乃閼氏之力況義成以帝女爲妻必恃大國之援若發一單使以告義成假使無益事亦無損臣又竊聽輿人之誦乃慮陛下平突厥後更事遼東所以人心不一或致挫敗請下明詔告

軍中赦高麗而專攻突厥則百姓心安人自爲戰煬帝從之於是發使詣可賀敦諭旨俄而突厥解圍去於後獲其諜人云義成公主遣使告急於始畢稱北方有警由是突厥解圍蓋公主之助也煬帝又將伐遼東謂羣臣曰突厥狂悖爲寇勢何能爲以其少時未散蕭瑀遂相恐動情不可恕因出爲河池郡守郎日遣之既至郡有山賊萬餘人寇暴縱橫瑀潛募勇敢之士設奇而擊之當陣而降其衆所獲財畜咸賞有功由是人竭其力薛舉遣衆數萬侵掠郡境瑀要擊之自後諸賊莫敢進郡中復安高祖定京城遣書招之瑀以郡歸國授光祿大夫封宋國公拜民部尚書太宗爲右元帥攻洛陽以瑀爲府司馬武德五年遷內史令時軍國草創方隅未寧高祖乃委以心腹凡諸政務莫不關掌高祖每臨軒聽政必賜升御榻瑀既獨孤氏之壻與語呼之爲蕭郎國典朝儀亦責成於瑀瑀孜孜自勉繩違舉過人皆憚之常奏便宜數十條多見納用手敕曰得公之言社稷所賴運智者之策以能成人之美納諫者之言以金寶酬其德今賜金一函以報智者勿爲推退瑀固辭優詔不許其年州置七職務取才望

兼美者爲之及太宗臨雍州牧以瑀爲州都督高祖常有勅而中書不時宣行高祖責其遲瑀曰臣大業之日見內史宣勅或前後相乖者百司行之不知何所承用所謂易必在前難必在後臣在中書日久備見其事今皇基初構事涉安危遠方有疑恐失機會比每受一勅臣必勘審使與前勅不相乖背者始敢宣行遲晚之愆實由於此高祖曰卿能用心若此我有何憂初瑀之朝也關內產業並先給勳人至是特還其田宅瑀皆分給諸宗子弟唯留廟堂一所以奉烝嘗及平王世充瑀以預軍謀之功加邑二千戶拜尚書右僕射內外考績皆委之司會爲羣寮指南庶務繁總瑀見事有時偏駮而持法稍深頗爲時議所少瑀嘗薦封倫於高祖高祖以倫爲中書令太宗卽位遷尚書左僕射封倫爲右僕射倫素懷險詖與商量將爲可奏者至太宗前盡變易之于時房玄齡杜如晦既新用事疏瑀親倫瑀心不能平遂上封事論之而辭旨寥落太宗以玄齡等功高由是忤旨廢于家俄拜特進太子少師未幾復爲尚書左僕射賜實封六百戶太宗常謂瑀曰朕欲使子孫長久社稷永安其理如何瑀對曰臣觀

前代國祚所以長久者莫若封諸侯以爲盤石之固秦幷六國罷侯置守二代而亡漢有天下郡國參建亦得年餘四百魏晉廢之不能永久封建之法實可遵行太宗然之始議封建尋坐與侍中陳叔達於上前忿諍聲色甚厲以不敬免歲餘授晉州都督明年徵授左光祿大夫兼領御史大夫與宰臣參議朝政瑀多辭辯每有評議玄齡等不能抗然心知其是不用其言瑀彌怏怏玄齡魏徵溫彥博嘗有微過瑀劾之而罪竟不問因此自失由是罷御史大夫以爲太子少傅不復預聞朝政六年授特進行太常卿八年爲河南道巡省大使人有坐當推劾苦未得其情者遂置格置繩以至於死太宗特免責之九年拜特進復令參預政事太宗嘗從容謂房玄齡曰蕭瑀大業之日進諫隋主出爲河池郡守應遭剖心之禍翻見太平之日北叟失馬事亦難常瑀頓首拜謝太宗又曰武德六年已後太上皇有廢立之心而不之定也我當此日不爲兄弟所容實有功高不賞之懼此人不可以厚利誘之不可以刑戮懼之真社稷臣也因賜瑀詩曰疾風知勁草版蕩識誠臣又謂瑀曰卿之守道耿介古人無以過也

然而善惡太明亦有時而失瑀再拜謝曰臣特蒙誡訓又許臣以忠諒雖死之日猶生之年也魏徵進而言曰臣有逆衆以執法明主恕之以忠臣有孤特以執節明主恕之以勁昔聞其言今覩其實蕭瑀不遇明聖必及於難太宗悅其言十七年與長孫無忌等二十四人並圖形於淩烟閣是歲立晉王爲皇太子拜瑀太子太保仍知政事太宗之伐遼東也以洛邑衝要襟帶關河以瑀爲洛陽宮守車駕自遼還請解太保仍同中書門下太宗以瑀好佛道嘗賚繡佛像一軀并繡瑀形狀於佛像側以爲供養之容又賜王褒所書大品般若經一部并賜袈裟以充講誦之服焉瑀嘗稱玄齡以下同中書門下內臣悉皆朋黨比周無至心奉上累獨奏云此等相與執權有同膠漆陛下不細諳知但未反耳太宗謂瑀曰爲人君者驅駕英材推心待士公言不亦甚乎何至如此太宗數日謂瑀曰知臣莫若君夫人不可求備自當捨其短而用其長朕雖才謝聰明不應頓迷臧否因數爲瑀信誓瑀既不自得而太宗積久銜之終以瑀忠貞居多而未廢也會瑀請出家太宗謂曰甚知公素愛桑門今者不能違意瑀旋踵

奏曰臣頃思量不能出家太宗以對羣臣吐言而取捨相違心不能平瑀尋稱足疾時詣朝堂又不入見太宗謂侍臣曰瑀豈不得其所乎而自慊如此遂手詔曰朕聞物之順也雖異質而成功事之違也亦同形而罕用是以舟浮檝舉可濟千里之川轅引輪停不越一毫之地故知動靜相循易爲務曲直相反難爲功況乎上下之宜君臣之際者矣朕以無明於元首期託德於股肱思欲去僞歸眞除澆反朴至於佛教非意所遵雖有國之常經固弊俗之虛術何則求其道者未驗福於將來修其教者翻受辜於既往至若梁武窮心於釋氏簡文銳意於法門傾帑藏以給僧祇殫人力以供塔廟及乎三淮沸浪五嶺騰烟假餘息於熊蹯引殘魂於雀鷇子孫覆亡而不暇社稷俄頃而爲墟報施之徵何其繆也而太子太保宋國公瑀踐覆車之餘軌襲亡國之遺風棄公就私未明隱顯之際身俗口道莫辯邪正之心修累葉之殃源祈一躬之福本上以違忤君主下則扇習浮華往前朕謂張亮云卿既事佛何不出家瑀乃端然自應請先入道朕即許之尋復不用一迴一惑在於瞬息之間自可自否變於帷扆之

所乖棟梁之大體豈具瞻之量乎朕猶隱忍至今瑀尚全無悛改宜即去茲朝
闕出牧小藩可商州刺史仍除其封二十一年徵授金紫光祿大夫復封宋國
公從幸玉華宮遘疾薨於宮所年七十四太宗聞而輟膳高宗爲之舉哀遣使
弔祭太常諡曰肅太宗曰易名之典必考其行瑀性多猜貳此諡失於不直更
宜摭實改諡曰貞褊公冊贈司空荊州都督賜東園祕器陪葬昭陵臨終遺書
曰生而必死理之常分氣絶後可著單服一通以充小斂棺內施單席而已冀
其速朽不得別加一物無假卜日惟在速辦自古賢哲非無等例爾宜勉之諸
子遵其遺志斂葬儉薄子銳嗣尚太宗女襄城公主歷太常卿汾州刺史公主
雅有禮度太宗每令諸公主凡厥所爲皆視其楷則又令所司別爲營第公主
辭曰婦人事舅姑如事父母若居處不同則定省多闕再三固讓乃止令於舊
宅而改創焉永徽初公主薨詔葬昭陵瑀兄璟亦有學行武德中爲黃門侍郎
累轉祕書監封蘭陵縣公貞觀中卒贈禮部尚書瑀兄子鈞隋遷州刺史梁國
公琮之子也博學有才望貞觀中累除中書舍人甚爲房玄齡魏徵所重永徽

二年歷遷諫議大夫兼弘文館學士時有左武候別駕盧文操踰垣盜左藏庫物高祖以別駕職在糺繩身行盜竊命有司殺之鈞進諫曰文操所犯情實難原然恐天下聞之必謂陛下輕法律賤人命任喜怒貴財物臣之所職以諫爲名愚衷所懷不敢不奏帝謂曰卿職在司諫能盡忠規遂特免其死罪顧謂侍臣曰此乃真諫議也尋而太常樂工宋四通等爲宮人通傳信物高宗特令處死乃遣附律鈞上疏言四通等犯在未附律前不合至死手詔曰朕聞防禍未萌先賢所重宮闕之禁其可漸歟昔如姬竊符朕用爲永鑒不欲今茲自彰其過所搦憲章想非濫也但朕翹心紫禁思覿引裾側席朱檻冀旌折檻今乃喜得其言特免四通等死遠處配流鈞尋爲太子率更令兼崇賢館學士顯慶中卒所撰韻旨二十卷有集三十卷行於代子璀官至渝州長史母終以毀卒璀子嵩別有傳鈞兄子嗣業少隨祖姑隋煬帝后入于突厥貞觀九年歸朝以深識蕃情充使統領突厥之衆累轉鴻臚卿兼單于都護府長史調露中單于突厥反叛嗣業率兵戰敗配流嶺南而死

裴矩字弘大河東聞喜人祖佗後魏東荆州刺史父訥之北齊太子舍人矩襁褓而孤爲伯父讓之所鞠及長博學早知名仕齊爲高平王文學齊亡隋文帝爲定州總管召補記室甚親敬之文帝卽位遷給事郎直內史省奏舍人事伐陳之役領元帥記室及陳平晉王廣令矩與高熲收陳圖籍歸之祕府累遷吏部侍郎以事免大業初西域諸蕃款張掖塞與中國互市煬帝遣矩監其事矩知帝方勤遠略欲吞幷夷狄乃訪西域風俗及山川險易君長姓族物產服章撰西域圖記三卷入朝奏之帝大悅賜物五百段每日引至御座顧問西方之事矩盛言西域多珍寶及吐谷渾可幷之狀帝信之仍委以經略拜民部侍郎俄遷黃門侍郎參預朝政令往張掖引至西蕃至者十餘國三年帝有事於恆嶽咸來助祭帝將巡河右復令矩往燉煌矩遣使說高昌王鞠伯雅及伊吾吐屯設等啗以厚利導使入朝及帝西巡次燕支山高昌王伊吾設等及西蕃胡二十七國盛服珠玉錦罽焚香奏樂歌舞相趨謁於道左復令武威張掖士女盛飾縱觀塡咽周亘數十里帝見之大悅及滅吐谷渾蠻夷納貢諸蕃懾服相

繼來庭雖拓地數千里而役戍委輸之費歲巨萬計中國騷動焉帝以矩有綏
懷之略加位銀青光祿大夫其年帝至東都矩以蠻夷朝貢者多諷帝大徵四
方奇技作魚龍曼延角觝於洛邑以誇諸戎狄終月而罷又令三市店肆皆設
帷帳盛酒食遣掌蕃率蠻夷與人貿易所至處悉令邀延就座醉飽而散夷人
有識者咸私哂其矯飾焉帝稱矩至誠謂宇文述牛弘曰裴矩大識朕意凡所
陳奏皆朕之成算朕未發頃矩輒以聞自非奉國用心孰能若是尋令與將軍
薛世雄城伊吾而還賜錢四十萬矩因進計縱反間於射匱使潛攻處羅後處
羅爲射匱所迫竟隨使者入朝帝甚悅賜矩貂裘及西域珍器從帝巡于塞北
幸啓民可汗帳時高麗遣使先通于突厥啓民不敢隱引之見帝矩因奏曰高
麗之地本孤竹國也周代以之封箕子漢時分爲三郡晉氏亦統遼東今乃不
臣列爲外域故先帝欲征之久矣但以楊諒不肖師出無功當陛下時安得不
有事於此使冠帶之竟仍爲蠻貊之鄉乎今其使者朝於突厥親見啓民從化
必懼皇靈之遠暢慮後服之先亡脅令入朝當可致也請面詔其使還本國遣

詔其王令速朝覲不然者當率突厥卽日誅之帝納焉高麗不用命始建征遼之策王師臨遼以本官領虎賁郎將明年復從至遼東兵部侍郎斛斯政亡入高麗帝令矩兼掌兵部事以前後渡遼功進位右光祿大夫矩後從幸江都及義兵入關屈突通敗問至帝問矩方略矩曰太原有變京畿不靜遙爲處分恐失事機唯鑾輿早還方可平定矩見天下將亂恐爲身禍每遇人盡禮雖至胥吏皆得其歡心時從駕驍果多逃散矩言於帝曰車駕留此已經二歲人無匹合則不能久安請聽兵士於此納室私相奔誘者因而配之帝從其計軍中漸安咸曰裴公之惠也是時帝既昏侈逾甚矩無所諫諍但悅媚取容而已宇文化及弒逆署爲尚書右僕射化及敗竇建德復以爲尚書右僕射令專掌選事時建德起自羣盜事無節文矩爲之創定朝儀權設法律憲章頗備建德大悅每諮訪焉及建德敗矩與僞將曹旦及建德之妻齎傳國八璽舉山東之地來降封安邑縣公武德五年拜太子左庶子俄遷太子詹事令與虞世南撰吉凶書儀參按故實甚合禮度爲學者所稱至今行之八年兼檢校侍中及太子建

成被誅其餘黨尙保宮城欲與秦王決戰王遣矩曉諭之宮兵乃散尋遷民部尙書矩年且八十而精爽不衰以曉習故事甚見推重太宗初卽位務止姦吏或聞諸曹按典多有受賂者乃遣人以財物試之有司門令史受餽絹一匹太宗怒將殺之矩進諫曰此人受賂誠合重誅但陛下以物試之卽行極法所謂陷人以罪恐非導德齊禮之義太宗納其言因召百寮謂曰裴矩遂能廷折不肯面從每事如此天下何憂不治貞觀元年卒贈絳州刺史諡曰敬撰開業平陳記十一卷行於代子宣機高宗時官至銀青光祿大夫太子左中護

宇文士及雍州長安人隋右衛大將軍述子化及弟也開皇末以父勳封新城縣公隋文帝嘗引入臥內與語奇之令尙煬帝女南陽公主大業中歷尙輦奉御從幸江都以父憂去職尋起爲鴻臚少卿化及之潛謀逆亂也以其主壻深忌之而不告旣弒煬帝署爲內史令初高祖爲殿內少監時士及爲奉御深自結託及隨化及至黎陽高祖手詔召之士及亦潛遣家僮閒道詣長安申赤心又因使密貢金環高祖大悅謂侍臣曰我與士及素經共事今貢金環是其來

意也及至魏縣兵威日蹙士及勸之西歸長安化及不從士及乃與封倫求於濟北徵督軍糧俄而化及爲竇建德所擒濟北豪右多勸士及發青齊之衆北擊建德收河北之地以觀形勢士及不納遂與封倫等來降高祖數之曰汝兄弟率思歸之卒爲入關之計當此之時若得我父子豈肯相存今欲何地自處士及謝曰臣之罪誠不容誅但臣早奉龍顏久存心腹往在涿郡嘗夜中密論時事後於汾陰宮復盡丹赤自陛下龍飛九五臣實傾心西歸所以密申貢獻冀此贖罪耳高祖笑謂裴寂曰此人與我言天下事至今已六七年矣公輩皆在其後時士及妹爲昭儀有寵由是漸見親待授上儀同從太宗平宋金剛以功復封新城縣公妻以壽光縣主仍還秦王府驃騎將軍又從平王世充竇建德以功進爵郢國公還中書侍郎再轉太子詹事太宗卽位代封倫爲中書令眞食益州七百戶尋以本官檢校涼州都督時突厥屢爲邊寇士及欲立威以鎭邊服每出入陳兵盛爲容衞又折節禮士涼士服其威惠徵爲殿中監以疾出爲蒲州刺史爲政寬簡吏人安之數歲入爲右衞大將軍甚見親顧每延入

閤中乙夜方出遇其歸沐仍遣馳召同列莫與爲比然尤謹密其妻每問向中使召有何樂事士及終無所言尋錄其功別封一子爲新城縣公在職七年復爲殿中監加金紫光祿大夫及疾篤太宗親問撫之流涕貞觀十六年卒贈左衛大將軍涼州都督陪葬昭陵士及撫幼弟及孤兄子以友愛見稱親戚故人貧乏者輒遺之然厚自封植衣食服玩必極奢侈諡曰恭黃門侍郎劉洎駁之曰士及居家侈縱不宜爲恭竟諡曰縱

史臣曰封倫多揣摩之才有附託之巧黨化及而數煬帝或有赧顏託士及以歸唐朝殊無愧色當建成之際事持兩端背蕭瑀之恩奏多異議太宗明主也不見其心玄齡賢相焉尚容其諂狡算醜行死而後彰苟非唐臨之劾唐儉等議則姦人得計矣蕭瑀骨鯁亮直儒術清明執政隋朝忠而獲罪委質高祖知無不爲及太宗臨朝房杜用事不容小過欲居成功既形猜貳之言寧固或躍之位易名而祇加褊字所幸者猶多奉佛而不失道情非善也而何謂裴矩方略寬簡士及通變謹密皆一時之稱也

贊曰封倫揣摩詔詐蕭瑀骨鯁儒術裴矩方略寬簡士及通變謹密

舊唐書卷六十三

舊唐書卷六十三考證

蕭瑀傳瑀疾薨於宮所年七十四太宗聞而輟膳高祖爲之舉哀○臣德潛按

瑀之薨在貞觀二十一年時高祖崩久矣安得爲之舉哀此必高宗之誤也

舊唐書卷六十三考證

舊唐書卷六十四

後晉司空同中書門下平章事劉昫撰

列傳第十四

高祖二十二子

隱太子建成　衞王玄霸　巢王元吉　楚王智雲

荊王元景　漢王元昌　酆王元亨　周王元方

徐王元禮　韓王元嘉　彭王元則　鄭王元懿

霍王元軌　虢王鳳　道王元慶　鄧王元裕

舒王元名　魯王靈夔　江王元祥　密王元曉

滕王元嬰

高祖二十二男：太穆皇后生隱太子建成及太宗、衞王玄霸、巢王元吉，萬貴妃生楚王智雲，尹德妃生酆王元亨，莫嬪生荊王元景，孫嬪生漢王元昌，宇文昭儀生韓王元嘉、魯王靈夔，崔嬪生鄧王元裕，楊嬪生江王元祥，小楊嬪生舒王元名郭婕妤生徐王元禮劉婕妤生道王元慶楊美人生虢王鳳張美人生霍王元軌張寶林生鄭王元懿柳寶林生滕王元嬰王才人生彭王元則魯才人生密王元曉張氏生周王元方

隱太子建成高祖長子也大業末高祖捕賊汾晉建成攜家屬寄於河東義旗初建遣使密召之建成與巢王元吉閒行赴太原建成至高祖大喜拜左領軍大都督封隴西郡公引兵略西河郡從平長安義寧元年冬隋恭帝拜唐國世子開府置僚屬二年授撫軍大將軍東討元帥將兵十萬徇洛陽及還恭帝授尚書令武德元年立爲皇太子二年司竹羣盜祝山海有衆一千自稱護鄉公詔建成率將軍桑顯和進擊山海平之時涼州人安興貴殺賊帥李軌以衆來降令建成往原州應接之時甚暑而馳獵無度士卒不堪其勞逃者過半高祖憂其不閑政術每令習時事自非軍國大務悉委決之又遣禮部尚書李綱民部尚書鄭善果俱爲宮官與參謀議四年稽胡酋帥劉仚成擁部落數萬人爲邊害又詔建成率師討之軍次鄜州與仚成軍遇擊大破之斬首數百級虜獲

千餘人建成設詐放其渠帥數十人並授官爵令還本所招慰羣胡𠛬成與胡中大帥亦請降建成以胡兵尚衆恐有變將盡殺之乃揚言增置州縣須有城邑悉課羣胡執板築之具會築城所陰勒兵士皆執之𠛬成聞有變奔於梁師都竟誅降胡六千餘人時太宗功業日盛高祖私許立爲太子建成密知之乃與齊王元吉潛謀作亂及劉黑闥重反王珪魏徵謂建成曰殿下但以地居嫡長爰踐元良功績既無可稱仁聲又未遐布而秦王勳業克隆威震四海人心所向殿下何以自安今黑闥率破亡之餘衆不盈萬加以糧運限絕瘡痍未瘳若大軍一臨可不戰而擒也願請討之且以立功深自封植因結山東英俊建成從其計遂請討劉黑闥擒之而旋時高祖晚生諸王諸母擅寵椒房親戚並分事宮府競求恩惠太宗每總戎律惟以撫接才賢爲務至於參請妃媛素所不行初平洛陽高祖遣貴妃等馳往東都選閱宮人及府庫珍物因私有求索兼爲親族請官太宗以財簿先已封奏官爵皆酬有功並不允許因此銜恨彌切時太宗爲陝東道行臺詔於管內得專處分淮安王神通有功太宗乃給田

數十頃後婕妤張氏之父令婕妤私奏以乞其地高祖手詔賜焉神通以教給
在前遂不肯與婕妤矯奏曰勅賜妾父地秦王奪之以與神通高祖大怒攘袂
責太宗曰我詔勅不行爾之教命州縣卽受他日高祖呼太宗小名謂裴寂等
此兒典兵既久在外專制爲讀書漢所教非復我昔日子也又德妃之父尹阿
鼠所爲橫恣秦王府屬杜如晦行經其門阿鼠家僮數人牽如晦墜馬毆擊之
罵云汝是何人敢經我門而不下馬阿鼠或慮上聞乃令德妃奏言秦王左右
凶暴凌轢妾父高祖又怒謂太宗曰爾之左右欺我妃嬪之家一至於此況凡
人百姓乎太宗深自辯明卒不被納妃嬪等因奏言至尊萬歲後秦王得志母
子定無孑遺因悲泣哽咽又云東宮慈厚必能養育妾母子高祖惻愴久之自
是於太宗恩禮漸薄廢立之心亦以此定建成元吉轉蒙恩寵自武德初高祖
令太宗居西宮之承乾殿元吉居武德殿後院與上臺東宮晝夜並通更無限
隔皇太子及二王出入上臺皆乘馬攜弓刀雜用之物相遇則如家人之禮由
是皇太子令及秦齊二王教與詔勅並行百姓惶惑莫知準的建成元吉又外

結小人內連嬖幸高祖所寵張婕妤尹德妃皆與之淫亂復與諸公主及六宮親戚驕恣縱橫幷兼田宅侵奪犬馬同惡相濟掩蔽聰明苟行己志惟以甘言諛辭承候顏色建成乃私召四方驍勇幷募長安惡少年二千餘人畜爲宮甲分屯左右長林門號爲長林兵及高祖幸仁智宮留建成居守建成先令慶州總管楊文幹募健兒送京師欲以爲變又遣郎將爾朱煥校尉橋公山齎甲以賜文幹令起兵共相應接公山煥等行至豳鄉懼罪馳告其事高祖託以他事手詔追建成詣行在所既至高祖大怒建成叩頭謝罪奮身自投於地幾至於絕其夜置之幕中令殿中監陳萬福防禦而文幹遂舉兵反高祖馳使召太宗以謀之太宗曰文幹小豎狂悖起兵州府官司已應擒勦縱其假息時刻但須遣一將耳高祖曰文幹事連建成恐應之者衆汝宜自行還立汝爲太子吾不能傚隋文帝誅殺骨肉廢建成封作蜀王地既僻小易制若不能事汝亦易取耳太宗既行元吉及四妃更爲建成內請封倫又外爲遊說高祖意便頓改遂寢不行復令建成還京居守惟責以兄弟不能相容歸罪於中允王珪左衞率

韋挺及天策兵曹杜淹等並流之巂州後又與元吉謀行酖毒引太宗入宮夜
宴既而太宗心中暴痛吐血數升淮安王神通狼狽扶還西宮高祖幸第問疾
因勑建成秦王素不能飲更勿夜聚乃謂太宗曰發跡晉陽本是汝計尅平宇
內是汝大功欲升儲位汝固讓不受以成汝美志建成自居東宮多歷年所今
復不忍奪之觀汝兄弟是不和同在京邑必有忿競汝還行臺居於洛陽自陝
已東悉宜主之仍令汝建天子旌旗如梁孝王故事太宗泣而奏曰今日之授
實非所願不能遠離膝下言訖嗚咽悲不自勝高祖曰昔陸賈漢臣尚有遞過
之事況吾四方之主天下爲家東西兩宮塗路咫尺憶汝卽往無勞悲也及將
行建成元吉相與謀曰秦王今往洛陽既得土地甲兵必爲後患留在京師制
之一匹夫耳密令數人上封事曰秦王左右多是東人聞往洛陽非常欣躍觀
其情狀自今一去不作來意高祖於是遂停是後日夜陰與元吉連結後宮譖
訴愈切高祖惑之太宗懼不知所爲李靖李勣等數言大王以功高被疑靖等
請申犬馬之力封倫亦潛勸太宗圖之並不許倫反言於高祖曰秦王恃有大

勳不服居太子之下若不立之願早爲之所又說建成作亂曰夫爲四海者不顧其親漢高乞羹此之謂矣九年突厥犯邊詔元吉率師拒之元吉因兵集將與建成尅期舉事長孫無忌房玄齡杜如晦尉遲敬德侯君集等日夜固爭曰事急矣若不行權道社稷必危周公聖人豈無情於骨肉爲存社稷大義滅親今大王臨機不斷坐受屠戮於義何成若不見聽無忌等將竄身草澤不得居王左右太宗然其計六月三日密奏建成元吉淫亂後宮因自陳曰臣於兄弟無絲毫所負今欲殺臣似爲世充建德報讎臣今枉死永違君親魂歸地下實亦恥見諸賊高祖省之愕然報曰明日當勘問汝宜早參四日太宗將左右九人至玄武門自衞高祖已召裴寂蕭瑀陳叔達封倫宇文士及竇誕顏師古等欲令窮覆其事建成元吉行至臨湖殿覺變卽迴馬將東歸宮府太宗隨而呼之元吉馬上張弓再三不彀太宗乃射之建成應弦而斃元吉中流矢而走尉遲敬德殺之俄而東宮及齊府精兵二千人結陣馳攻玄武門守門兵仗拒之不得入良久接戰流矢及于內殿太宗左右數百騎來赴難建成等兵遂敗散

高祖大驚謂裴寂等曰今日之事如何蕭瑀陳叔達進曰臣聞內外無限父子不親當斷不斷反受其亂建成元吉義旗草創之際並不預謀建立已來又無功德常自懷憂相濟爲惡釁起蕭牆遂有今日之事秦王功蓋天下率土歸心若處以元良委之國務陛下如釋重負蒼生自然乂安高祖曰善此亦吾之夙志也乃命召太宗而撫之曰近日已來幾有投杼之惑太宗哀號久之建成死時年三十八長子太原王承宗早卒次子安陸王承道河東王承德武安王承訓汝南王承明鉅鹿王承義並坐誅太宗即位追封建成爲息王諡曰隱以禮改葬葬日太宗於宜秋門哭之甚哀仍以皇子趙王福爲建成嗣十六年五月又追贈皇太子諡仍依舊

衞王玄霸高祖第三子也早薨無子武德元年追贈衞王諡曰懷四年封太宗子泰爲宜都王以奉其祀以禮改葬太子以下送于郭外泰後徙封於越又以宗室贈西平王瓊之子保定爲嗣貞觀五年薨無子國除

巢王元吉高祖第四子也義師起授太原郡守封姑臧郡公尋進封齊國公授

十五郡諸軍事鎮北大將軍留鎮太原許以便宜行事武德元年進爵爲王授并州總管二年劉武周南侵汾晉詔遣右衛將軍宇文歆助元吉守并州元吉性好畋獵載網罟三十餘兩嘗言我寧三日不食不能一日不獵又縱其左右攘奪百姓歆頻諫不納乃上表曰王在州之日多出微行常共竇誕遊獵蹂踐穀稼放縱親昵公行攘敓境內六畜因之殆盡當衢而射觀人避箭以爲笑樂分遣左右戲爲攻戰至相擊刺毀傷至死夜開府門宣淫他室百姓怨毒各懷憤歎以此守城安能自保元吉竟坐免又諷父老詣闕請之尋令復職時劉武周率五千騎至黃蛇嶺元吉遣車騎將軍張達以步卒百人先嘗之達以步卒少固請不行元吉強遣之至則盡沒於賊達憤怒因引武周攻陷榆次進逼并州元吉大懼紿其司馬劉德威曰卿以老弱守城吾以強兵出戰因夜出兵攜其妻妾棄軍奔還京師并州遂陷高祖怒甚謂禮部尚書李綱曰元吉幼小未習時事故遣竇誕宇文歆輔之強兵數萬食支十年起義興運之基一朝而棄宇文歆首畫此計我當斬之綱曰賴歆令陛下不失愛子臣以爲有功高祖問

其故綱對曰罪由竇誕不能規諷致令軍人怨憤又齊王年少肆行驕逸放縱
左右侵漁百姓誕曾無諫止乃隨順掩藏以成其釁此誕之罪宇文歆論情則
疎向彼又淺王之過失悉以聞奏且父子之際人所難言而歆言之豈非忠懇
今欲誅罪不錄其心臣愚竊以爲過翌日高祖召綱入升御坐謂曰今我有公
遂使刑罰不濫元吉自惡結怨於人歆既曾以表聞誕亦焉能禁制皆非其罪
也尋加授元吉侍中襄州道行臺尚書令稷州刺史四年太宗征竇建德留元
吉與屈突通圍王世充於東都世充出兵拒戰元吉設伏擊破之斬首八百級
生擒其大將樂仁昉甲士千餘人世充平拜司空餘官如故加賜袞冕之服前
後部鼓吹樂二部班劍二十人黃金二千斤與太宗各聽三鑪鑄錢以自給六
年加授隰州總管及與建成連謀各募壯士多匿罪人復內結宮掖遞加稱譽
又厚賂中書令封倫以爲黨助由是高祖頗疎太宗而加愛元吉太宗嘗從高
祖幸其第元吉伏其護軍宇文寶於寢內將以刺太宗建成恐事不果而止之
元吉慍曰爲兄計耳於我何害九年轉左衛大將軍尋進位司徒兼侍中并州

大都督隰州都督稷州刺史並如故高祖將避暑太和宮二王當從元吉謂建成曰待至宮所當與精兵襲取之置士窟中唯開一孔以通飲食耳會突厥郁射設屯軍河南入圍烏程建成乃薦元吉代太宗督軍北討仍令秦府驍將秦叔寶尉遲敬德程知節段志玄等並與同行又追秦府帳簡閱驍勇將奪太宗兵以益其府又譖杜如晦房玄齡逐令歸第高祖知其謀而不制元吉因密請加害太宗高祖曰是有定四海之功罪迹未見一旦欲殺何以為辭元吉曰秦王常違詔敕初平東都之日偃蹇顧望不急還京分散錢帛以樹私惠違戾如此豈非反逆但須速殺何患無辭高祖不對元吉遂退建成謂元吉曰既得秦王精兵統數萬之衆吾與秦王至昆明池於彼宴別令壯士拉之於幕下因云暴卒主上諒無不信吾當使人進說令付吾國務正位已後以汝為太弟敬德等既入汝手一時坑之孰敢不服率更丞王晊聞其謀密告太宗太宗召府僚以告之皆曰大王若不正斷社稷非唐所有若使建成元吉肆其毒心羣小得志元吉狼戾終亦不事其兄往者護軍薛寶上齊王符籙云元吉合成唐字齊

王得之喜曰但除秦王取東宮如反掌耳爲亂未成預懷相奪以大王之威襲二人如拾地芥太宗遲疑未決衆又曰大王以舜爲何如人也曰濬哲文明溫恭允塞爲子孝爲君聖焉可議之乎府僚曰向使舜浚井不出自同魚鱉之斃焉得爲孝子乎塗廩不下便成煨燼之餘焉得爲聖君乎小杖受大杖避良有以也太宗於是定計誅建成及元吉元吉死時年二十四有五子梁郡王承業漁陽王承鸞普安王承獎江夏王承裕義陽王承度並坐誅尋詔絶建成元吉屬籍太宗踐祚追封元吉爲海陵郡王謚曰剌以禮改葬貞觀十六年又追封巢王謚如故復以曹王明爲元吉後

楚王智雲高祖第五子也母曰萬貴妃性恭順特蒙高祖親禮宮中之事皆諮稟之諸王妃主莫不推敬後授楚國太妃薨陪葬獻陵智雲本名稚詮大業末從高祖於河東及義師將起隱太子建成潛歸太原以智雲年小委之而去因爲吏所捕送于長安爲陰世師所害年十四義寧元年贈尚書左僕射楚國公武德元年追封楚王謚曰哀無子三年以太宗子寬爲嗣寬薨貞觀二年復以

濟南公世都子靈龜嗣焉靈龜永徽中歷魏州刺史政尙清嚴姦盜屏跡又開永濟渠入于新市以控引商旅百姓利之卒官子福嗣嗣降爵爲公儀鳳中卒於右威衞將軍子承況神龍中爲右羽林將軍與節愍太子同舉兵入玄武門爲亂兵所殺

荆王元景高祖第六子也武德三年封爲趙王八年授安州都督貞觀初歷遷雍州牧右驍衞大將軍十年徙封荆王授荆州都督十一年定制元景等爲代襲刺史詔曰皇王受命步驟之迹以殊經籍所紀質文之道匪一雖治亂不同損益或異至於設官司以制海內建藩屏以輔王室莫不明其典章義存於致治崇其賢戚志在於無疆朕以寡昧丕承鴻緒寅畏三靈憂勤百姓考明哲之餘論求經邦之長策帝業之重獨任難以成務天下之曠因人易以獲安然則侯伯肇於自昔州郡始於中代聖賢異術沿革隨時復古則義難頓從尋今則事不盡理遂規模周漢斟酌曹馬採按部之嘉名參建侯之舊制共治之職重矣分土之實存焉已有制書陳其至理繼世垂範貽厥後昆維城作固同符前

烈荊州都督荊王元景梁州都督漢王元昌徐州都督徐王元禮潞州都督韓王元嘉遂州都督彭王元則鄭州刺史鄭王元懿絳州刺史霍王元軌虢州刺史虢王鳳豫州刺史道王元慶鄧州刺史鄧王元裕壽州刺史舒王元名幽州都督燕王靈夔蘇州刺史許王元祥安州都督吳王恪相州都督魏王泰齊州都督齊王祐益州都督蜀王愔襄州刺史蔣王惲揚州都督越王貞幷州都督晉王某秦州都督紀王慎等或地居旦奭夙聞詩禮或望及閒平早稱才藝並爵隆土宇寵兼車服誠孝之心無忘於造次風政之舉克著於期月宜冠恆冊祚以休命其所任刺史咸令子孫代代承襲尋又罷代襲之制元景久之轉鄜州刺史高宗卽位進位司徒加實封通前滿一千五百戶永徽二年坐與房遺愛謀反賜死國除後追封沈黎王備禮改葬以渤海王奉慈子長沙爲嗣降爵爲侯神龍初追復爵土幷封其孫逖爲嗣荊王尋薨國除

漢王元昌高祖第七子也少好學善隸書武德三年封爲魯王貞觀五年授華州刺史轉梁州都督十年改封漢王元昌在州頗違憲法太宗手敕責之初不

自咎更懷怨望知太子承乾嫉魏王泰之寵乃相附託圖爲不軌十六年元昌來朝京師承乾頻召入東宮夜宿因謂承乾曰願陛下早爲天子近見御側有一宮人善彈琵琶事平之後當望垂賜承乾許諾又刻臂出血以帛拭之燒作灰和酒同飲共爲信誓潛伺間隙十七年事發太宗弗忍加誅特敕免死大臣高士廉李世勣等奏言王者以四海爲家以萬姓爲子公行天下情無獨親元昌苞藏兇惡圖謀逆亂觀其指趣察其心府罪深燕旦釁甚楚英天地之所不容人臣之所切齒五刑不足申其罰九死無以當其愆而陛下情屈至公恩加梟獍欲開疎網漏此鯨鯢臣等有司期不奉制伏願敦師憲典誅此兇慝順羣臣之願效鷹鸇之心則吳楚七君不幽歎於往漢管蔡二叔不沉恨於有周太宗事不獲已乃賜元昌自盡於家妻子籍沒國除

酆王元亨高祖第八子也武德三年受封貞觀二年授散騎常侍拜金州刺史及之藩太宗以其幼小甚思之中路賜以金盞遣使爲之設宴六年薨無子國除

周王元方高祖第九子也武德四年受封貞觀二年授散騎常侍三年薨贈左光祿大夫無子國除

徐王元禮高祖第十子也少恭謹善騎射武德四年封鄭王貞觀六年賜實封七百戶授鄭州刺史徙封徐王遷徐州都督十七年轉絳州刺史以善政聞太宗降璽書勞勉賜以錦綵二十三年加實封千戶永徽四年加授司徒兼潞州刺史咸亨三年薨贈太尉冀州大都督陪葬獻陵子淮南王茂嗣茂險薄無行元禮姬趙氏有美色及元禮遇疾茂遂逼之元禮知而切加責讓茂乃屏斥元禮侍衞斷其藥膳仍云既得五十年爲王更何煩服藥竟以餒終上元中事洩配流振州而死神龍初又封茂子璀爲嗣徐王景龍四年加銀青光祿大夫開元中除宗正員外卿卒子延年嗣開元二十六年封嗣徐王除員外洗馬天寶初拔汗那王入朝延年將嫁女與之爲右相李林甫所奏貶文安郡別駕彭城長史坐贓貶永嘉司士至德初餘杭郡司馬卒永泰元年女壻黔中觀察使趙國珍入朝請以延年子前施州刺史諷爲嗣因封嗣徐王

韓王元嘉高祖第十一子也母宇文昭儀隋左武衛大將軍述之女也早有寵於高祖高祖初卽位便欲立爲皇后固辭不受元嘉少以母寵特爲高祖所愛自登極晚生皇子無及之者武德四年封宋王徙封徐王貞觀六年賜實封七百戶授潞州刺史時年十五在州聞太妃有疾便涕泣不食及京師發喪哀毀過禮太宗嗟其至性屢慰勉之九年授右領軍大將軍十年改封韓王授潞州都督二十三年加實封滿千戶元嘉少好學聚書至萬卷又採碑文古跡多得異本閨門修整有類寒素士大夫與其弟靈夔甚相友愛兄弟集見如布衣之禮其修身潔己內外如一當代諸王莫能及者唯霍王元軌抑其次焉高宗末元嘉轉澤州刺史及天后臨朝攝政欲順物情乃進授元嘉爲太尉定州刺史霍王元軌爲司徒青州刺史舒王元名爲司空隆州刺史魯王靈夔爲太子太師蘇州刺史越王貞爲太子太傅安州都督紀王愼爲太子太保並外示尊崇實無所綜理其後漸將誅戮宗室諸王不附己者元嘉大懼與其子通州刺史黃公譔及越王貞父子謀起兵於是皇宗國戚內外相連者甚廣遣使報貞及

貞子瑯邪王沖曰四面同來事無不濟沖與諸道計料未審而先發兵倉卒唯貞應之諸道莫有赴者故其事不成元嘉坐誅譔少以文才見知諸王子中與瑯邪王沖爲一時之秀凡所交結皆當代名士時天下犯罪籍沒者甚衆唯沖與譔父子書籍最多皆文句詳定秘閣所不及神龍初追復元嘉爵土升封其第五子訥爲嗣韓王官至員外祭酒開元十七年卒元嘉長子訓高祖時封潁川王早卒次子誼封武陵王官至濮州刺史開元中封訥子叔璿爲嗣韓王國子員外司業

彭王元則高祖第十二子也武德四年封荊王貞觀七年授豫州刺史十年改封彭王除遂州都督尋坐章服奢僭免官十七年拜澧州刺史更折節勵行頗著聲譽永徽二年薨高宗爲之廢朝三日贈司徒荊州都督陪葬獻陵謚曰思發引之日高宗登望春宮望其靈車哭之甚慟無子以霍王元軌子絢嗣龍朔中封南昌王子志暕神龍初封嗣彭王景龍初加銀青光祿大夫開元中宗正卿同正員卒

鄭王元懿高祖第十三子也頗好學武德四年封滕王貞觀七年授兗州刺史賜實封六百戶十年改封鄭王歷鄭潞二州刺史二十三年加實封滿千戶總章中累授絳州刺史數斷大獄甚有平允之譽高宗嘉之降璽書褒美賜物三百段咸亨四年薨贈司徒荊州大都督諡曰惠陪葬獻陵子璥上元初封爲嗣鄭王官至鄂州刺史神龍初又封璥嫡子希言爲嗣鄭王景龍四年嗣鄭王希言等共一十四人並加銀青光祿大夫開元中右金吾大將軍天寶初再爲太子詹事同正員卒

霍王元軌高祖第十四子也少多才藝高祖甚奇之武德六年封蜀王八年徙封吳王貞觀初太宗嘗問羣臣曰朕子弟孰賢侍中魏徵對曰臣愚闇不盡知其能唯吳王數與臣言未嘗不自失上曰朕亦器之卿以爲前代誰比徵曰經學文雅亦漢之閒平也由是寵遇彌厚因令娶徵女焉從太宗遊獵遇羣獸命元軌射之矢不虛發太宗撫其背曰汝武藝過人悵今無所施耳當天下未定我得汝豈不美乎七年拜壽州刺史賜實封六百戶高祖崩去職毀瘠過禮自

後嘗衣布示有終身之戚焉每至忌辰輒數日不食十年改封霍王授絳州刺史尋轉徐州刺史元軌前後爲刺史至州唯閉閤讀書吏事責成於長史司馬謹慎自守與物無忤爲人不妄在徐州唯與處士劉玄平爲布衣之交人或問玄平王之長玄平答曰無長問者怪而復問之玄平曰夫人有短所以見其長至於霍王無所不備吾何以稱之哉二十三年加實封滿千戸爲定州刺史突厥來寇元軌令開門偃旗虜疑有伏懼而宵遁州人李嘉運與賊連謀事洩高宗令收按其黨元軌以強寇在境人心不安惟殺嘉運餘無所及因自劾違制上覽表大悅謂使曰朕亦悔之向無王則失定州矣有王文操遇賊而二子鳳賢遂以身蔽捍文操獲全二子皆死縣司抑而不申元軌察知遣使弔祭表上其事詔並贈朝散大夫令加旌表其禮賢愛善如此後因入朝屢上疏陳時政得失多所匡益高宗甚尊重之及在外藩朝廷每有大事或密制問焉高宗崩與侍中劉齊賢等知山陵葬事齊賢服其識練故事每謂人曰非我輩所及也元軌嘗使國令徵封令白請依諸國賦物貿易取利元軌曰汝爲國令當正吾

失反說吾以利耶拒而不納垂拱元年加位司徒尋出爲襄州刺史轉青州四年坐與越王貞連謀起兵事覺徙居黔州仍令載以檻車行至陳倉而死有子七人長子緒最有才藝上元中封江都王累除金州刺史垂拱中坐與裴承光交通被殺神龍初與元軌並追復爵位仍封諸孫暉爲嗣霍王景龍四年加銀青光祿大夫開元中左千牛員外將軍

虢王鳳高祖第十五子也武德六年封豳王貞觀七年授鄧州刺史賜實封六百戶十年徙封虢王歷虢豫二州刺史二十三年加實封滿千戶麟德初累授青州刺史上元元年薨年五十二贈司徒揚州大都督陪葬獻陵謚曰莊子平陽郡王翼嗣官至光州刺史永隆二年卒子寓嗣則天時失爵鳳第三子定襄郡公宏則天初爲曹州刺史第五子東莞郡公融少以武勇見知垂拱中爲申州刺史初黃公譔將與越王貞通謀深倚仗融以爲外助時詔追諸親赴都融私使問其所親成均助教高子貢曰可入朝以否子貢報曰來必取死融乃稱疾不朝以俟諸藩期及得越王貞起兵書倉卒不能相應爲僚吏所逼不獲已

而奏之於是擢授銀青光祿大夫行太子右贊善大夫未幾爲支黨所引被誅
子徹神龍元年襲封東莞郡公開元五年繼密王元曉改爲嗣密王十二年改
封濮陽郡王歷宗正卿金紫光祿大夫卒神龍初封鳳嫡孫邕爲嗣號王邕娶
韋庶人妹爲妻由是中宗時特承寵異轉祕書監俄又改封汴王開府置僚屬
月餘而韋氏敗邕揮刃截其妻首以至於朝深爲物議所鄙貶沁州刺史不知
州事削封邑景雲二年復嗣號王還封二百戶累遷衞尉卿開元十五年卒子
巨嗣別有傳

道王元慶高祖第十六子也武德六年封漢王八年改封陳王貞觀九年拜趙
州刺史賜實封八百戶十年改封道王授豫州刺史二十三年加實封滿千戶
永徽四年歷滑州刺史以政績聞賜物二百段後歷徐沁衞三州刺史元慶事
母甚謹及母薨又請躬脩墳墓優詔不許麟德元年薨贈司徒益州都督陪葬
獻陵謚曰孝子臨淮王誘嗣官至澧州刺史永淳中坐贓削爵次子詢壽州刺
史詢子微神龍初封爲嗣道王景龍四年加銀青光祿大夫景雲元年宗正卿

卒子鍊開元二十五年襲封嗣道王廣德中官至宗正卿

鄧王元裕高祖第十七子也貞觀五年封鄶王十一年改封鄧王賜實封八百戸歷鄧梁黃三州刺史元裕好學善談名理與典籤盧照鄰爲布衣之交二十三年加實封通前一千五百戸高宗時又歷壽襄二州刺史兗州都督麟德二年薨贈司徒益州大都督陪葬獻陵謚曰康無子以弟江王元祥子廣平公炅嗣神龍初封炅子孝先爲嗣鄧王開元十三年右監門衞大將軍冠軍大將軍卒

舒王元名高祖第十八子也年十歲時高祖在大安宮太宗晨夕使尚宮起居送珍饌元名保傅等謂元名曰尚宮品秩高者見宜拜之元名曰此我二哥家婢也何用拜爲太宗聞而壯之曰此真我弟也貞觀五年封譙王十一年徙封舒王賜實封八百戸拜壽州刺史後歷滑許鄭三州刺史二十三年加實封滿千戸轉石州刺史元名性高潔罕問家人產業朝夕矜莊門庭清肅常誡其子豫章王亶等曰藩王所乏者不慮無錢財官職但勉行善事忠孝持身此吾志

也及亶爲江州刺史以善政聞高宗手敕褒美元名以賞其義方之訓高宗每欲授元名大州刺史固辭曰忝預藩戚豈以州郡戶口爲仕進之資辭情懇到故在石州二十年賞翫林泉有塵外之意垂拱年除青州刺史又除鄭州刺史州境隣接都畿諸王及帝戚莅官者或有不檢攝家人爲百姓所苦及元名到大革其弊轉滑州刺史政理如在鄭州尋加授司空永昌年與子亶俱爲丘神勣所陷被殺神龍初贈司徒復其官爵仍令以禮改葬亶子津爲嗣舒王景龍四年加銀青光祿大夫開元中左威衛將軍卒子萬嗣天寶二年卒子藻嗣天寶九載封嗣舒王

魯王靈夔高祖第十九子也少有美譽善音律好學工草隸與同母兄韓王元嘉特相友愛貞觀五年封魏王十年改封燕王賜實封八百戶授幽州都督十四年改封魯王授兗州都督二十三年加實封滿千戶永徽六年轉隆州刺史後歷絳滑定等州刺史太子太師垂拱元年授邢州刺史四年與兄元嘉子黃公譔結謀欲起兵應接越王貞父子事洩配流振州自縊而死有二子長子銑

封清河王次子藹封范陽王歷右散騎常侍爲酷吏所陷神龍初追復靈夔官爵仍令以禮改葬封藹子道堅爲嗣魯王性嚴整雖在閨門造次必於莊敬少年佐郡聲實已彰景龍四年加銀青光祿大夫歷果隴吉冀洛汾滄等七州刺史國子祭酒開元二十二年兼檢校魏州刺史未行改汴州刺史河南道採訪使此州都會水陸輻湊實曰膏腴道堅特以清毅聞入爲宗正卿卒子宇嗣二十九年封嗣魯王至德元年從幸巴蜀爲右金吾將軍寶應元年皇太子封爲魯王改宇嗣鄒王道堅弟道邃中興初封戴國公以恭默自守修山東婚姻故事頻任清列天寶中爲右丞大理宗正二卿卒

江王元祥高祖第二十子也貞觀五年封許王十一年徙封江王授蘇州刺史賜實封八百戸二十三年加實封滿千戸高宗時又歷金鄜鄭三州刺史性貪鄙多聚金寶營求無厭爲人吏所患時滕王元嬰蔣王惲虢王鳳亦稱貪暴有授得其府官者以比嶺南惡處爲之語曰寧向儋崖振白不事江滕蔣虢元祥體質洪大腰帶十圍飲啖亦兼數人其時韓王元嘉虢王鳳魏王恭狀貌亦偉

不逮於元祥又耿一目永隆元年薨贈司徒并州大都督陪葬獻陵諡曰安子
永嘉王晫永隆中爲復州刺史以禽獸其行賜死于家中興初元祥子鉅鹿郡
公晃子欽嗣江王景龍四年加銀青光祿大夫娶王仁皎女至千牛將軍卒
密王元曉高祖第二十一子也貞觀五年受封九年授虢州刺史十四年賜實
封八百戶二十三年加滿千戶轉澤州刺史永徽四年除宣州刺史後歷徐州
刺史上元三年薨贈司徒揚州都督陪葬獻陵諡曰貞子南安王穎嗣神龍初
封穎弟亮子曇爲嗣密王
滕王元嬰高祖第二十二子也貞觀十三年受封十五年賜實封八百戶授金
州刺史二十三年加實封滿千戶永徽中元嬰頗驕縱逸遊動作失度高宗與
書誡之曰王地在宗枝寄深磐石幼聞詩禮夙承義訓實冀孜孜無怠漸以成
德豈謂不遵軌轍踰越典章且城池作固以備不虞關鑰閉開須有常準鳩合
散樂并集府僚嚴關夜開非復一度遏密之悲尙纏比屋王以此情事何遽紛
紜又巡省百姓本觀風問俗遂乃驅率老幼借狗求罝志從禽之娛忽黎元之

重時方農要屢出畋遊以彈彈人將爲笑樂取適之方亦應多緒何必此事方
得爲娛晉陵虐主未可取則趙孝文趨走小人張四又倡優賤隸王親與博戲
極爲輕脫一府官僚何所瞻望凝寒方甚以雪埋人虐物既深何以爲樂家人
奴僕侮弄官人至於此事彌不可長朕以王骨肉至親不能致王於法令與王
下上考以媿王心人之有過貴在能改國有憲章私恩難再與言及此慚歎盈
懷三年遷蘇州刺史尋轉洪州都督又數犯憲章削邑戸及親事帳內之半於
滁州安置後起授壽州刺史轉隆州刺史弘道元年加開府儀同三司兼梁州
都督文明元年薨贈司徒冀州都督陪葬獻陵子長樂王循琦嗣兄弟六人垂
拱中並陷詔獄神龍初以循琦弟循琯子涉嗣滕王本名茂宗狀貌類胡而豐
碩開元十二年加銀青光祿大夫左驍衛將軍天寶初淮安郡別駕卒子湛然
嗣十一載封滕王十五載從幸蜀除左金吾將軍

史臣曰一人元良萬國以貞若明異重離道非出震雖居嫡長寧固錤鐖況當
開創之初未見太平之兆建成殘忍豈主鬯之才元吉兇狂有覆巢之迹若非

太宗逆取順守積德累功何以致三百年之延洪二十帝之纂嗣或堅持小節
必虧大猷欲比秦二世隋煬帝亦不及矣元嘉脩身元軌無短元裕名理元名
高潔靈夔嚴整皆有封册之名而無磐石之固武氏之亂或連頸被刑姦臣擅
權則束手爲制其望本枝百世也不亦難乎
贊曰有功曰祖有德曰宗建成元吉實爲二兇中外交構人神不容用晦而明
殷憂啓聖運屬文皇功成守正善惡既分社稷乃定盤維封建本枝茂盛元嘉
元軌修身慎行元裕元名行窮居正犬牙不固武氏易姓旣無兵民若拘陷穽
敢告後人無或失政

舊唐書卷六十四

舊唐書卷六十四考證

隱太子建成傳二年授撫軍大將軍東討元帥將兵十萬徇洛陽○新書作將兵萬人

荊王元景傳神龍初追復爵土幷封其孫逖爲嗣荊王○新書以孫元逖嗣唐代重諱無孫同祖名者應從舊書

韓王元嘉傳十年改封韓王授潞州都督○新書作遷滑州

彭王元則傳貞觀七年授豫州刺史○新書作婺州

魯王靈夔傳垂拱元年授邢州刺史○新書作相州

舊唐書卷六十四考證

舊唐書卷六十五

後晉司空同中書門下平章事劉昫撰

列傳第十五

高士廉子履行 眞行　長孫無忌

高儉字士廉渤海蓨人曾祖飛雀後魏贈太尉祖嶽北齊侍中左僕射太尉淸河王父勱字敬德北齊樂安王尙書左僕射隋洮州刺史士廉少有器局頗涉文史隋司隸大夫薛道衡起居舍人崔祖濬並稱先達與士廉結忘年之好由是公卿藉甚大業中爲治禮郎士廉妹先適隋右驍衞將軍長孫晟生子無忌及女晟卒士廉迎妹及甥於家恩情甚重見太宗潛龍時非常人因以晟女妻焉卽文德皇后也隋軍伐遼時兵部尙書斛斯政亡奔高麗士廉坐與交遊謫爲朱鳶主簿事父母以孝聞嶺南瘴癘不可同行留妻鮮于氏侍養供給不足又念妹無所庇乃賣大宅買小宅以處之分其餘資輕裝而去尋屬天下大亂王命阻絕交趾太守丘和署爲司法書佐士廉久在南方不知母問北顧彌切

嘗晝寢夢其母與之言宛如膝下既覺而涕泗橫集明日果得母訊議者以爲
孝感之應時欽州寧長真率衆攻和和欲出門迎之士廉進說曰長真兵勢雖
多懸軍遠至內離外釁不能持久且城中勝兵足以當之奈何而欲受人所制
和從之因命士廉爲行軍司馬水陸俱進逆擊破之長真僅以身免餘衆盡降
及蕭銑敗高祖使徇嶺南武德五年士廉與和上表歸國累遷雍州治中時太
宗爲雍州牧以士廉是文德皇后之舅素有才望甚親敬之及將誅隱太子士
廉與其甥長孫無忌並預密謀六月四日士廉率吏卒釋繫囚授以兵甲馳至
芳林門備與太宗合勢太宗昇春宮拜太子右庶子貞觀元年擢拜侍中封義
興郡公賜實封九百戶士廉明辯善容止凡有獻納搢紳之士莫不屬目時黃
門侍郎王珪有密表附士廉以聞士廉寢而不言坐是出爲安州都督轉益州
大都督府長史蜀土俗薄畏鬼而惡疾父母病有危殆者多不親扶侍杖頭挂
食遙以哺之士廉隨方訓誘風俗頓改秦時李冰守蜀導引汶江創浸灌之利
至今地居水側者須直千金富強之家多相侵奪士廉乃於故渠外別更疏決

蜀中大獲其利又因暇日汲引辭人以爲文會兼命儒生講論經史勉勵後進蜀中學校粲然復興蜀人朱桃椎者澹泊爲事隱居不仕披裘帶索沉浮人閒竇軌之鎭益州也聞而召見遺以衣服逼爲鄉正桃椎口竟無言棄衣於地逃入山中結菴澗曲夏則躶形冬則樹皮自覆人有贈遺一無所受每爲芒履置之於路人見之者曰朱居士之履也爲鬻米置於本處桃椎至夕而取之終不與人相見議者以爲焦先之流士廉下車以禮致之及至降階與語桃椎不答直視而去士廉每令存問桃椎見使者輒入林自匿近代以來多輕隱逸士廉獨加褒禮蜀中以爲美談五年入爲吏部尚書進封許國公仍封一子爲縣公獎鑒人倫雅諳姓氏凡所署用莫不人地俱允高祖崩士廉攝司空營山陵制度事畢加特進上柱國是時朝議以山東人士好自矜夸雖復累葉陵遲猶恃其舊地女適他族必多求聘財太宗惡之以爲甚傷教義乃詔士廉與御史大夫韋挺中書侍郎岑文本禮部侍郎令狐德棻等刊正姓氏於是普責天下譜諜仍憑據史傳考其眞僞忠賢者褒進悖逆者貶黜撰爲氏族志士廉乃類其

等第以進太宗曰我與山東崔盧李鄭舊既無嫌爲其世代衰微全無冠蓋猶
自云士大夫婚姻之間則多邀錢幣才識凡下而偃仰自高販鬻松檟依託富
貴我不解人間何爲重之秖緣齊家惟據河北梁陳僻在江南當時雖有人物
偏僻小國不足可貴至今猶以崔盧王謝爲重我平定四海天下一家凡在朝
士皆功効顯著或忠孝可稱或學藝通博所以擢用見居三品以上欲共衰代
舊門爲親縱多輸錢帛猶被偃仰我今特定族姓者欲崇重今朝冠冕何因崔
幹猶爲第一等昔漢高祖止是山東一匹夫以其平定天下主尊臣貴卿等讀
書見其行迹至今以爲美談心懷敬重卿等不貴我官爵耶不須論數世以前
止取今日官爵高下作等級遂以崔幹爲第三等及書成凡一百卷詔頒於天
下賜士廉物千段尋同中書門下三品十二年與長孫無忌等以佐命功並代
襲刺史授申國公其年拜尚書右僕射士廉既任遇益隆多所表奏成輒焚藁
人莫知之攝太子少師特令掌選十六年加授開府儀同三司尋表請致仕聽
解尚書右僕射令以開府儀同三司依舊平章事又正受詔與魏徵等集文學

之士撰文思博要一千二百卷奏之賜物千段十七年二月詔圖形凌煙閣十九年太宗伐高麗皇太子定州監國士廉攝太子太傅仍典朝政皇太子下令曰攝太傅申國公士廉朝望國華儀刑攸屬寡人忝膺監守實資訓導比聽政常屈同榻庶因諮白少袪蒙滯但據案奉對情所未安已約束不許更進太傅誨諭深至使遵常式辭不獲免輒復敬從所司亦宜別以一案供太傅士廉固讓不敢當二十年遇疾太宗幸其第問之因敍說生平流涕歔欷而訣二十一年正月壬辰薨于京師崇仁里私第時年七十二太宗又命駕將臨之司空玄齡以上餌藥石不宜臨喪抗表切諫上曰朕之此行豈獨爲君臣之禮兼以故舊情深姻戚義重卿勿復言也太宗從數百騎出興安門至延喜門長孫無忌馳至馬前諫曰餌石臨喪經方明忌陛下含育黎元須爲宗社珍愛臣亡舅士廉知將不救顧謂臣曰至尊覆載恩隆不遺簪履亡歿之後或至親臨內省凡才無益聖日安可以死亡之餘輒迴宸駕魂而有靈負譴斯及陛下恩深故舊亦請察其丹誠其言甚切太宗猶不許無忌乃伏於馬前流涕帝乃還宮贈司

徒并州都督陪葬昭陵諡曰文獻士廉祖父洎身並爲僕射子爲尚書甥爲太
尉當代榮之六子履行至行純行真行審行慎行及喪柩出自橫橋太宗登故
城西北樓望而慟高宗即位追贈太尉與房玄齡屈突通並配享太宗廟庭子
履行貞觀初歷祠部郎中丁母憂哀悴踰禮太宗遣使諭之曰孝子之道毀不
滅性汝宜強食不得過禮服闋累遷滑州刺史尚太宗女東陽公主拜駙馬都
尉十九年除戶部侍郎加銀青光祿大夫無幾遭父艱居喪復以孝聞太宗手
詔敦喻曰古人立孝毀不滅身聞卿絕粒殊乖大體幸抑摧裂之情割傷生之
累俄起爲衛尉卿進加金紫光祿大夫襲爵申國公永徽元年拜戶部尚書檢
討太子詹事太常卿顯慶元年出爲益州大都督府長史先是士廉居此職頗
著能名至是履行繼之亦有善政大爲人吏所稱三年坐與長孫無忌親累左
授洪州都督轉永州刺史卒於官履行弟真行官至右衛將軍其子典膳丞岐
坐與章懷太子陰謀事洩詔付真行令自懲誡真行遂手刃之仍棄其屍於衢
路高宗聞而鄙之貶真行爲睦州刺史卒

長孫無忌字輔機河南洛陽人其先出自後魏獻文帝第三兄初爲拓拔氏宣力魏室功最居多世襲大人之號後更跋氏爲宗室之長改姓長孫氏七世祖道生後魏司空上黨靖王六世祖旃後魏特進上黨齊王五世祖觀後魏司徒上黨定王高祖稚西魏太保馮翊文宣王曾祖子裕西魏衞尉卿平原郡公祖光周開府儀同三司襲平原公父晟隋右驍衞將軍無忌貴戚好學該博文史性通悟有籌略文德皇后卽其妹也少與太宗友善義軍渡河無忌至長春宮謁見授渭北道行軍典籤常從太宗征討累除比部郎中封上黨縣公武德九年隱太子建成齊王元吉謀將害太宗無忌請太宗先發誅之於是奉旨密召房玄齡杜如晦等共爲籌略六月四日無忌與尉遲敬德侯君集張公謹劉師立公孫武達獨孤彥雲杜君綽鄭仁泰李孟嘗等九人入玄武門討建成元吉平之太宗昇春宮授太子左庶子及卽位遷左武侯大將軍貞觀元年轉吏部尚書以功第一進封齊國公實封千三百戶太宗以無忌佐命元勳地兼外戚禮遇尤重嘗令出入臥內其年拜尚書右僕射時突厥頡利可汗新與中國和

盟政教紊亂言事者多陳攻取之策太宗召蕭瑀及無忌問曰北番君臣昏亂殺戮無辜國家不違舊好便失攻昧之機今欲取亂侮亡復爽同盟之義二途不決孰爲勝耶蕭瑀曰兼弱攻昧擊之爲善無忌曰今國家務在戢兵待其寇邊方可討擊彼既已弱必不能來若深入虜廷臣未見其可且按甲存信臣以爲宜太宗從無忌之議突厥尋政衰而滅或有密表稱無忌權寵過盛太宗以表示無忌曰朕與卿君臣之間凡事無疑若各懷所聞而不言則君臣之意無以獲通因召百寮謂之曰朕今有子皆幼無忌於朕實有大功今者委之猶如子也疏間親新間舊謂之不順朕所不取也無忌深以盈滿爲誡懇辭機密文德皇后又爲之陳請太宗不獲已乃拜開府儀同三司解尚書右僕射是歲太宗親祠南郊及將還命無忌與司空裴寂同昇金輅五年與房玄齡杜如晦尉遲敬德四人以元勳各封一子爲郡公七年十月冊拜司空無忌固辭不許又因高士廉奏曰臣幸居外戚恐招聖主私親之誚敢以死請太宗曰朕之授官必擇才行若才行不至縱朕至親亦不虛授襄邑王神符是也若才有所適雖

怨讎而不棄魏徵等是也朕若以無忌居后兄之愛當多遺子女金帛何須委以重官蓋是取其才行耳無忌聰明鑒悟雅有武略公等所知朕故委之台鼎無忌又上表切讓詔報之曰昔黃帝得力牧而爲五帝先夏禹得咎繇而爲三王祖齊桓得管仲而爲五伯長朕自居藩邸公爲腹心遂得廓清宇內君臨天下以公功績才望允稱具瞻故授此官無宜多讓也太宗追思王業艱難佐命之力又作威鳳賦以賜無忌其辭曰有一威鳳憩翮朝陽晨遊紫霧夕飲玄霜資長風以舉翰戾天衢而遠翔西翥則煙氛閉色東飛則日月騰光化垂鵬於北裔馴羣鳥於南荒殄亂世而方降應明時而自彰俛翼雲路歸功本樹仰喬枝而見猜俯修條而抱蠹同林之侶俱嫉共榦之儔並忤無恆山之義情有炎洲之凶度若巢葦而居安獨懷危而履懼鴟鴞嘯乎側葉鷰雀喧乎下枝慚己陋之至鄙害他賢之獨奇或聚咮而交擊乍分羅而見羈戢凌雲之逸羽韜偉世之清儀遂乃蓄情宵影結志晨暉霜殘綺翼露點紅衣嗟憂患之易結歎矰繳之難違期畢命於一死本無情於再飛幸賴君子以依以恃引此風雲濯斯

塵滓披蒙翳於葉下發光華於枝裏仙翰屈而還舒靈音摧而復起眄八極以
遐翥臨九天而高峙庶廣德於衆禽非崇利於一己是以徘徊感德顧慕懷賢
憑明哲而禍散託英才而福全答惠之情彌結報功之志方宣非知難而行易
思令後而終前俾賢德之流慶畢萬葉而芳傳十一年令與諸功臣世襲刺史
詔曰周武定業胙茅土於子弟漢高受命誓帶礪於功臣豈止重親賢之地崇
其典禮抑亦固磐石之基寄以藩翰魏晉已降事不師古建侯之制有乖名實
非所謂作屏王室永固無窮者也隋氏之季四海沸騰朕運屬殷憂戡翦多難
上憑明靈之祐下賴英賢之輔廓清寓縣嗣膺寶曆豈予一人獨能致此時迍
共資其力世安專享其利乃睠於斯甚所不取但今刺史卽古之諸侯雖立名
不同監統一也故申命有司斟酌前代宣條委共理之寄象賢存世及之典司
空齊國公無忌等並策名運始功參締構義貫休戚效彰夷險嘉庸懿績簡於
朕心宜委以藩鎭改錫土宇無忌可趙州刺史改封趙國公尚書左僕射魏國
公玄齡可宋州刺史改封梁國公故司空蔡國公杜如晦可贈密州刺史改封

萊國公特進代國公靖可濮州刺史改封衛國公特進吏部尚書許國公士廉可申州刺史改封申國公兵部尚書潞國公侯君集可陳州刺史改封陳國公刑部尚書任城郡王道宗可鄂州刺史改封江夏郡王晉州刺史趙郡王孝恭可觀州刺史改封河間郡王同州刺史吳國公尉遲敬德可宣州刺史改封鄂國公并州都督府長史曹國公李勣可蘄州刺史改封英國公左驍衛大將軍楚國公段志玄可金州刺史改封褒國公左領軍大將軍宿國公程知節可普州刺史改封盧國公太僕卿任國公劉弘基可朗州刺史改封夔國公相州都督府長史鄖國公張亮可澧州刺史改封鄖國公餘官食邑並如故即令子孫奕葉承襲無忌等上言曰臣等披荊棘以事陛下今海內寧一不願違離而乃世牧外州與遷徙何異乃與房玄齡上表曰臣等聞質文迭變皇王之迹有殊今古相沿致理之方乃革緬惟三代習俗靡常爰制五等隨時作教蓋由力不能制因而利之禮樂節文多非己出逮於兩漢用矯前違置守頒條蠲除曩弊爲無益之文覃及四方建不易之理有逾千載今曲爲臣等復此奄荒欲其優

隆錫之茅社施于子孫永貽長世斯乃大鈞播物毫髮並施其生小人踰分後世必嬰其禍何者違時易務曲樹私恩謀及庶僚義非僉允方招史冊之誚有紊聖代之綱此其不可一也又臣等智效罕施器識庸陋或情緣右戚遂陟台階或顧想披荆便蒙夜拜直當今日猶愧非才重裂山河愈彰濫賞此其不可二也又且孩童嗣職義乖師儉之方任以褰帷寧無傷錦之弊上干天憲彝典既有常科下擾生民必致餘殃於後一挂刑網自取誅夷陛下深仁務延其世翻令勦絶誠有可哀此其不可三也當今聖曆欽明求賢分政古稱良守寄在共理此道之目爲日滋久因緣臣等或有改張封植兒曹失於求瘼百姓不幸將焉用之此其不可四也在茲一舉爲損實多曉夕深思憂貫心髓所以披丹上訴指事明心不敢浮辭同於矯飾伏願天澤諒其愚款特停渙汗之旨賜其性命之恩太宗覽表謂曰割地以封功臣古今通義意欲公之後嗣翼朕子孫長爲藩翰傳之永久而公等薄山河之誓發言怨望朕亦安可强公以土宇耶於是遂止十二年太宗幸其第凡是親族班賜有差十六年冊拜司徒十七年

令圖畫無忌等二十四人於凌煙閣詔曰自古皇王褒崇勳德既勒銘於鍾鼎又圖形於丹青是以甘露良佐麟閣著其美建武功臣雲臺紀其跡司徒趙國公無忌故司空揚州都督河間元王孝恭故司空萊國成公如晦故司空相州都督太子太師鄭國文貞公徵司空梁國公玄齡開府儀同三司鄂國公敬德特進衞國公靖特進宋國公瑀故輔國大將軍揚州都督褒忠壯公志玄輔國大將軍夔國公弘基故尚書左僕射蔣忠公通故陝東道行臺右僕射鄖節公開山故荊州都督譙襄公柴紹故荊州都督邳襄公順德洛州都督鄖國公張亮光祿大夫吏部尚書陳國公侯君集故左驍衞大將軍郯襄公張公謹左領軍大將軍盧國公程知節故禮部尚書永興文懿公虞世南故戶部尚書渝襄公劉政會光祿大夫戶部尚書莒國公唐儉光祿大夫兵部尚書英國公勣故徐州都督胡壯公秦叔寶等或材推棟梁謀猷經遠綢繆帷帳經綸霸圖或學綜經籍德範光茂隱犯同致忠讜日聞或竭力義旗委質藩邸一心表節百戰標奇或受脤廟堂闢土方面重氛載廓王略遐宣並契闊屯夷劬勞師旅贊景

業於草昧翼淳化於隆平茂績殊勳冠冕列辟昌言直道牢籠搢紳宜酌故實
弘茲令典可並圖畫於淩煙閣庶念功之懷無謝於前載旌賢之義永貽於後
昆其年太子承乾得罪太宗欲立晉王而限以非次迴惑不決御兩儀殿羣官
盡出獨留無忌及司空房玄齡兵部尚書李勣謂曰我三子一弟所爲如此我
心無憀因自投於牀抽佩刀欲自刺無忌等驚懼爭前扶抱取佩刀以授晉王
無忌等請太宗所欲報曰我欲立晉王無忌曰謹奉詔有異議者臣請斬之太
宗謂晉王曰汝舅許汝宜拜謝晉王因下拜太宗謂無忌等曰公等既符我意
未知物論何如無忌曰晉王仁孝天下屬心久矣伏乞召問百寮必無異辭若
不蹈舞同音臣負陛下萬死於是建立遂定因加授無忌太子太師尋而太宗
又欲立吳王恪無忌密爭之其事遂輟太宗嘗謂無忌等曰朕聞主賢則臣直
人苦不自知公宜面論攻朕得失無忌奏言陛下武功文德跨絕古今發號施
令事皆利物孝經云將順其美臣順之不暇實不見陛下有所愆失太宗曰朕
冀聞己過公乃妄相諛悅朕今面談公等得失以爲鑒誡言之者可以無過聞

之者可以自改因目無忌曰善避嫌疑應對敏速求之古人亦當無比而總兵攻戰非所長也高士廉涉獵古今心術聰悟臨難既不改節爲官亦無朋黨所少者骨鯁規諫耳唐儉言辭便利善和解人酒杯流行發言啓齒事朕三十載遂無一言論國家得失楊師道性行純善自無愆過而情實怯懦未甚任事緩急不可得力岑文本性道敦厚文章是其所長而持論常據經遠自當不負於物劉洎性最堅貞言多利益然其意上然諾於朋友能自補闕亦何以尚馬周見事敏速性甚貞正至於論量人物直道而行朕比任使多所稱意褚遂良學問稍長性亦堅正既寫忠誠甚親附於朕譬如飛鳥依人自加憐愛十九年太宗征高麗令無忌攝侍中還無忌固辭師傅之位優詔聽罷太子太師二十一年遙領揚州都督二十三年太宗疾篤引無忌及中書令褚遂良二人受遺令輔政太宗謂遂良曰無忌盡忠於我我有天下多是此人力爾輔政後勿令讒毀之徒損害無忌若如此者爾則非復人臣高宗即位進拜太尉兼揚州都督知尚書及門下二省事並如故無忌固辭知尚書省事許之仍令以太尉同中

書門下三品永徽二年監修國史高宗嘗謂公卿朕開獻書之路冀有意見可錄將擢用之比者上疏雖多而遂無可採者無忌對曰陛下卽位政化流行條式律令固無遺闕言事者率其鄙見妄希僥倖至於裨俗益教理當無足可取然須開此路猶冀時有讜言如或杜絕便恐下情不達帝曰又聞所在官司猶自多有顏面無忌曰顏面阿私自古不免然聖化所漸人皆向公至於肆情曲法實謂必無此事小小收取人情恐陛下尚亦不免況臣下私其親戚豈敢頓言絕無時無忌位當元舅數進謀議高宗無不優納之明年以旱上疏辭職高宗頻降手詔敦喻不許五年親幸無忌第見其三子並擢授朝散大夫又命圖無忌形像親爲畫贊以賜之六年帝將立昭儀武氏爲皇后無忌屢言不可帝乃密遣使賜無忌金銀寶器各一車綾錦十車以悅其意昭儀母楊氏復自詣無忌宅屢加祈請時禮部尚書許敬宗又屢申勸請無忌嘗厲色折之帝後又召無忌左僕射于志寧右僕射褚遂良謂曰武昭儀有令德朕欲立爲皇后卿等以爲如何無忌曰自貞觀二十三年後先朝付託遂良望陛下問其可否帝

竟不從無忌等言而立昭儀爲皇后皇后以無忌先受重賞而不助己心甚銜之顯慶元年無忌與史官國子祭酒令狐德棻綴集武德貞觀二朝史爲八十卷表上之無忌以監領功賜物二千段封其子潤爲金城縣子四年中書令許敬宗遣人上封事稱監察御史李巢與無忌交通謀反帝令敬宗與侍中辛茂將鞫之敬宗奏言無忌謀反有端帝曰我家不幸親戚中頻有惡事高陽公主與朕同氣往年遂與房遺愛謀反今阿舅復作惡心近親如此使我慚見萬姓敬宗曰房遺愛乳臭兒與女子謀反豈得成事且無忌與先朝謀取天下衆人服其智作宰相三十年百姓畏其威可謂威能服物智能動衆臣恐無忌知事露卽爲急計攘袂一呼嘯命同惡必爲宗廟深憂誠願陛下斷之不日卽收捕準法破家帝泣曰我決不忍處分與罪後代良史道我不能和其親戚使至於此敬宗曰漢文帝漢室明主薄昭卽是帝舅從代來日亦有大勳與無忌不別於後惟坐殺人文帝惜國之法令朝臣喪服就宅哭而殺之良史不以爲失今無忌忘先朝之大德捨陛下之至親聽受邪謀遂懷悖逆意在塗炭生靈若比

薄昭罪惡未可同年而語案諸刑典合誅五族臣聞當斷不斷反受其亂大機之事間不容髮若少遲延恐卽生變惟請早決帝竟不親問無忌謀反所由惟聽敬宗誣構之說遂去其官爵流黔州仍遣使發次州府兵援送至流所其子祕書監駙馬都尉沖等並除名流於嶺外敬宗尋與吏部尚書李義府遣大理正袁公瑜就黔州重鞫無忌反狀公瑜逼令自縊而死籍沒其家無忌既有大功而死非其罪天下至今哀之上元元年優詔追復無忌官爵特令無忌孫延主齊獻公之祀無忌從父兄安世仕王世充署爲內史令東都平死於獄中安世子祥以文德皇后近屬累除刑部尚書坐與無忌通書見殺

史臣曰士廉才望素高操秉無玷保君臣終始之義爲子孫襲繼之謀社稷之臣功亦隆矣擬遇之恩賞亦厚矣及子真行手刃其子何凶忍也若是積慶之道不其惑哉無忌戚里右族英冠人傑定立儲闈力安社稷勳庸茂著終始不渝及黜廢中宮竟不阿旨報先帝之顧託爲敬宗之誣構嗟乎忠信獲罪今古不免無名受戮族滅何辜主暗臣姦足貽後代

贊曰嚴嚴申公功名始終文皇題品信謂酌中趙公右戚兩朝宣力功成不去竟逢鬼域

舊唐書卷六十五

舊唐書卷六十五考證

長孫無忌傳七世祖道生後魏司空上黨靖王六世祖旃後魏特進上黨齊王

○臣德潛按魏書長孫道生傳道生子抗抗子觀無旃名且抗早卒觀襲祖

爵此云旃襲且封齊二史互異

上元元年優詔追復無忌官爵特令無忌孫延主齊獻公之祀○新書無忌孫

名元翼

舊唐書卷六十五考證

舊唐書卷六十六

後晉司空同中書門下平章事劉昫撰

列傳第十六

房玄齡子遺直 遺愛　杜如晦弟楚客 叔淹

房喬字玄齡齊州臨淄人曾祖翼後魏鎮遠將軍宋安郡守襲壯武伯祖熊字子繹褐州主簿父彥謙好學通涉五經隋涇陽令隋書有傳玄齡幼聰敏博覽經史工草隸善屬文嘗從其父至京師時天下寧晏論者咸以國祚方永玄齡乃避左右告父曰隋帝本無功德但誑惑黔黎不爲後嗣長計混諸嫡庶使相傾奪諸后藩枝競崇淫侈終當內相誅夷不足保全家國今雖清平其亡可翹足而待彥謙驚而異之年十八本州舉進士授羽騎尉吏部侍郎高孝基素稱知人見之深相嗟挹謂裴矩曰僕閱人多矣未見如此郎者必成偉器但恨不覩其聳壑凌霄耳父病綿歷十旬玄齡盡心藥膳未嘗解衣交睫父終酌飲不入口者五日後補隰城尉會義旗入關太宗徇地渭北玄齡杖策謁於軍門溫

彥博又薦焉太宗一見便如舊識署渭北道行軍記室參軍玄齡既遇知己罄竭心力知無不爲賊寇每平衆人競求珍玩玄齡獨先收人物致之幕府及有謀臣猛將皆與之潛相申結各盡其死力旣而隱太子見太宗勳德尤盛轉生猜間太宗嘗至隱太子所食中毒而歸府中震駭計無所出玄齡因謂長孫無忌曰今嫌隙已成禍機將發天下恟恟人懷異志變端一作大亂必興非直禍及府朝正恐傾危社稷此之際會安可不深思也僕有愚計莫若遵周公之事外寧區夏內安宗社申孝養之禮古人有云爲國者不顧小節此之謂歟孰若家國淪亡身名俱滅乎無忌曰久懷此謀未敢披露公今所說深會宿心無忌乃入白之太宗召玄齡謂曰阽危之兆其迹已見將若之何對曰國家患難今古何殊自非睿聖欽明不能安輯大王功蓋天地事鍾壓紐神贊所在匪藉人謀因與府屬杜如晦同心勠力仍隨府遷授秦王府記室封臨淄侯又以本職兼陝東道大行臺考功郎中加文學館學士玄齡在秦府十餘年常典管記每軍書表奏駐馬立成文約理贍初無藁草高祖嘗謂侍臣曰此人深識機宜足

堪委任每爲我兒陳事必會人心千里之外猶對面語耳隱太子以玄齡如晦爲太宗所親禮甚惡之譖之於高祖由是與如晦並被驅斥隱太子將有變也太宗令長孫無忌召玄齡及如晦令衣道士服潛引入閤計事及太宗入春宮擢拜太子右庶子賜絹五千匹貞觀元年代蕭瑀爲中書令論功行賞以玄齡及長孫無忌杜如晦尉遲敬德侯君集五人爲第一進爵邢國公賜實封千三百戶太宗因謂諸功臣曰朕敍公等勳效量定封邑恐不能盡當各許自言皇從父淮安王神通進曰義旗初起臣率兵先至今房玄齡杜如晦等刀筆之吏功居第一臣竊不服上曰義旗初起人皆有心叔父雖率得兵來未嘗身履行陣山東未定受委專征建德南侵全軍陷沒及劉黑闥翻動叔父望風而破今計勳行賞玄齡等有籌謀帷幄定社稷之功所以漢之蕭何雖無汗馬指蹤推轂故得功居第一叔父於國至親誠無所愛必不可緣私濫與功臣同賞耳初將軍丘師利等咸自矜其功或攘袂指天以手畫地及見神通理屈自相謂曰陛下以至公行賞不私其親吾屬何可妄訴三年拜太子少師固讓不受攝太

子詹事兼禮部尚書明年代長孫無忌為尚書左僕射改封魏國公監修國史既任總百司虔恭夙夜盡心竭節不欲一物失所聞人有善若己有之明達吏事飾以文學審定法令意在寬平不以求備取人不以己長格物隨能收敘無隔卑賤論者稱為良相焉或時以事被譴則累日朝堂稽顙請罪悚懼踧踖若無所容九年護高祖山陵制度以功加開府儀同三司十一年與司空長孫無忌等四人並代襲刺史以本官為宋州刺史改封梁國公事竟不行十三年加太子少師玄齡頻表請解僕射詔報曰夫選賢之義無私為本奉上之道當仁是貴列代所以弘風通賢所以協德公忠肅恭懿明允篤誠草昧霸圖綢繆帝道儀刑黃閣庶政惟和輔翼春宮望實斯著而忘彼大體徇茲小節雖恭教諭之職乃辭機衡之務豈所謂弼予一人共安四海者也玄齡遂以本官就職時皇太子將行拜禮備儀以待之玄齡深自卑損不敢修謁遂歸於家有識者莫不重其崇讓玄齡自以居端揆十五年女為韓王妃男遺愛尚高陽公主實顯貴之極頻表辭位優詔不許十六年又與士廉等同撰文思博要成錫賚甚優

進拜司空仍綜朝政依舊監修國史玄齡抗表陳讓太宗遣使謂之曰昔留侯讓位竇融辭榮自懼盈滿知進能退善鑒止足前代美之公亦欲齊蹤往哲實可嘉尚然國家久相任使一朝忽無良相如失兩手公若筋力不衰無煩此讓玄齡遂止十八年與司徒長孫無忌等圖形於凌煙閣讚曰才兼藻翰思入機神當官勵節奉上忘身高宗居春宮加玄齡太子太傅仍知門下省事監修國史如故尋以撰高祖太宗實錄成降璽書褒美賜物一千五百段其年玄齡丁繼母憂去職特敕賜以昭陵葬地未幾起復本官太宗親征遼東命玄齡京城留守手詔曰公當蕭何之任朕無西顧之憂矣軍戎器械戰士糧廩並委令處分發遣玄齡屢上言敵不可輕尤宜誡慎尋與中書侍郎褚遂良受詔重撰晉書於是奏取太子左庶子許敬宗中書舍人來濟著作郎陸元仕劉子翼前雍州刺史令狐德棻太子舍人李義府薛元超起居郎上官儀等八人分功撰錄以臧榮緒晉書爲主參考諸家甚爲詳洽然史官多是文詠之士好採詭謬碎事以廣異聞又所評論競爲綺豔不求篤實由是頗爲學者所譏唯李淳風深

明星曆善於著述所修天文律曆五行三志最可觀採太宗自著宣武二帝及陸機王羲之四論於是總題云御撰至二十年書成凡一百三十卷詔藏于祕府頒賜加級各有差玄齡嘗因微譴歸第黄門侍郎褚遂良上疏曰君爲元首臣號股肱龍躍雲興不嘯而集苟有時來千年朝暮陛下昔在布衣心懷拯溺手提輕劍仗義而起平諸寇亂皆自神功文經之助頗由輔翼爲臣之懃玄齡爲最昔呂望之扶周武伊尹之佐成湯蕭何關中王導江外方之於斯可以爲匹且武德初策名伏事忠勤恭孝衆所同歸而前宮海陵憑凶恃亂干時事主人不自安居累卵之危有倒懸之急命視一刻身縻寸景玄齡之心終始無變及九年之際機臨事迫身被斥逐闕於謨謀猶服道士之衣與文德皇后同心影助其於臣節自無所負及貞觀之始萬物惟新甄吏事君物論推與而勳庸無比委質惟舊自非罪狀無赦搢紳同尤不可以一犯一愆輕示遐棄陛下必矜玄齡齒髮薄其所爲古者有諷諭大臣遣其致仕自可在後式遵前事退之以禮不失善聲今數十年勳舊以一事而斥逐在外云云以爲非是夫天子重

大臣則人盡其力輕去就則物不自安臣以庸薄忝預左右敢冒天威以申管見二十一年太宗幸翠微宮授司農卿李緯爲民部尚書玄齡時在京城留守會有自京師來者太宗問曰玄齡聞李緯拜尚書如何對曰玄齡但云李緯好髭鬚更無他語太宗遽改授緯洛州刺史其爲當時準的如此二十三年駕幸玉華宮時玄齡舊疾發詔令臥總留臺及漸篤追赴宮所乘擔轝入殿將至御座乃下太宗對之流涕玄齡亦感咽不能自勝勅遣名醫救療尚食每日供御膳若微得減損太宗卽喜見顏色如聞增劇便爲改容悽愴玄齡因謂諸子曰吾自度危篤而恩澤轉深若孤負聖君則死有餘責當今天下清謐咸得其宜唯東討高麗不止方爲國患主上含怒意決臣下莫敢犯顏吾知而不言則銜恨入地遂抗表諫曰臣聞兵惡不戢武貴止戈當今聖化所覃無遠不屆洎上古所不臣者陛下皆能臣之所不制者皆能制之詳觀今古爲中國患害者無如突厥遂能坐運神策不下殿堂大小可汗相次束手分典禁衛執戟行間其後延陁鴟張尋就夷滅鐵勒慕義請置州縣沙漠以北萬里無塵至如高昌叛

渙於流沙吐渾首鼠於積石偏師薄伐俱從平蕩高麗歷代逋誅莫能討擊陛下責其逆亂殺主虐人親總六軍問罪遼碣未經旬月卽拔遼東前後虜獲數十萬計分配諸州無處不滿雪往代之宿恥掩崤陵之枯骨比功較德萬倍前王此聖心之所自知微臣安敢備說且陛下仁風被於率土孝德彰於配天覩夷狄之將亡則指期數歲授將帥之節度則決機萬里屈指而候驛視景而望書符應若神算無遺策擢將於行伍之中取士於凡庸之末遠夷單使一見不忘小臣之名未嘗再問箭穿七札弓貫六鈞加以留情墳典屬意篇什筆邁鍾張辭窮班馬文鋒既振則管磬自諧輕翰蹔飛則花蘤競發撫萬姓以慈遇羣臣以禮褒秋毫之善解吞舟之網逆耳之諫必聽膚受之訴斯絕好生之德焚障塞於江湖惡殺之仁息鼓刀於屠肆鳧鶴荷稻粱之惠犬馬蒙帷蓋之恩降乘吮思摩之瘡登堂臨魏徵之柩哭戰亡之卒則哀動六軍負塡道之薪則精感天地重黔黎之大命特盡心於庶獄臣心識昏憒豈足論聖功之深遠談天德之高大哉陛下兼衆美而有之靡不備具微臣深爲陛下惜之重之愛之寶

之周易曰知進而不知退知存而不知亡知得而不知喪又曰知進退存亡不失其正者惟聖人乎由此言之進有退之義存有亡之機得有喪之理老臣所以爲陛下惜之者蓋此謂也老子曰知足不辱知止不殆謂陛下威名功德亦可足矣拓地開疆亦可止矣彼高麗者邊夷賤類不足待以仁義不可責以常禮古來以魚鱉畜之宜從闊略若必欲絶其種類恐獸窮則搏且陛下每決一死囚必令三覆五奏進素食停音樂者蓋以人命所重感動聖慈也況今兵士之徒無一罪戾無故驅之於行陣之間委之於鋒刃之下使肝腦塗地魂魄無歸令其老父孤兒寡妻慈母望轊車而掩泣抱枯骨以摧心足以變動陰陽感傷和氣實天下冤痛也且兵者凶器戰者危事不得已而用之向使高麗違失臣節陛下誅之可也侵擾百姓而陛下滅之可也久長能爲中國患而陛下除之可也有一於此雖日殺萬夫不足爲愧今無此三條坐煩中國內爲舊王雪恥外爲新羅報讎豈非所存者小所損者大願陛下遵皇祖老子止足之誠以保萬代巍巍之名發霈然之恩降寬大之詔順陽春以布澤許高麗以自新焚

凌波之舩罷應募之衆自然華夷慶賴遠肅邇安臣老病三公旦夕入地所恨竟無塵露微增海嶽謹罄殘魂餘息預代結草之誠儻蒙錄此哀鳴卽臣死且不朽太宗見表謂玄齡子婦高陽公主曰此人危惙如此尙能憂我國家後疾增劇遂鑿苑牆開門累遣中使候問上又親臨握手敘別悲不自勝皇太子亦就之與之訣卽日授其子遺愛右衞中郎將遺則中散大夫使及目前見其通顯尋薨年七十廢朝三日冊贈太尉幷州都督謚曰文昭給東園祕器陪葬昭陵玄齡嘗誡諸子以驕奢沉溺必不可以地望凌人故集古今聖賢家誡書於屛風令各取一具謂曰若能留意足以保身成名又云袁家累葉忠節是吾所尙汝宜師之高宗嗣位詔配享太宗廟庭子遺直嗣永徽初爲禮部尙書汴州刺史次子遺愛尙太宗女高陽公主拜駙馬都尉官至太府卿散騎常侍初主有寵於太宗故遺愛特承恩遇與諸主壻禮秩絕異主旣驕恣謀黜遺直而奪其封爵永徽中誣告遺直無禮於己高宗令長孫無忌鞫其事因得公主與遺愛謀反之狀遺愛伏誅公主賜自盡諸子配流嶺表遺直以父功特宥之除名

爲庶人停玄齡配享

杜如晦字克明京兆杜陵人也曾祖皎周贈開府儀同大將軍遂州刺史高祖徽周河內太守祖果周溫州刺史入隋工部尚書義興公周書有傳父吒隋昌州長史如晦少聰悟好談文史隋大業中以常調預選吏部侍郎高孝基深所器重顧謂之曰公有應變之才當爲棟梁之用願保崇令德今欲俯就卑職爲須少祿俸耳遂補滏陽尉尋棄官而歸太宗平京城引爲秦王府兵曹參軍俄遷陝州總管府長史時府中多英俊被外遷者衆太宗患之記室房玄齡曰府僚去者雖多蓋不足惜杜如晦聰明識達王佐才也若大王守藩端拱無所用之必欲經營四方非此人莫可太宗大驚曰爾不言幾失此人矣遂奏爲府屬後從征薛仁杲劉武周王世充竇建德嘗參謀帷幄時軍國多事剖斷如流深爲時輩所服累遷陝東道大行臺司勳郎中封建平縣男食邑三百戶尋以本官兼文學館學士天策府建以爲從事中郎畫象於丹青者十有八人而如晦爲冠首令文學褚亮爲之贊曰建平文雅休有烈光懷忠履義身立名揚其見

重如此隱太子深忌之謂齊王元吉曰秦王府中所可憚者唯杜如晦與房玄齡耳因譖之於高祖乃與玄齡同被斥逐後又潛入畫策及事捷與房玄齡功等擢拜太子左庶子俄遷兵部尚書進封蔡國公賜實封千三百戶貞觀二年以本官檢校侍中攝吏部尚書仍總監東宮兵馬事號爲稱職三年代長孫無忌爲尚書右僕射仍知選事與房玄齡共掌朝政至於臺閣規模及典章人物皆二人所定甚獲當代之譽談良相者至今稱房杜焉如晦以高孝基有知人之鑒爲其樹神道碑以紀其德其年冬遇疾表請解職許之祿賜特依舊太宗深憂其疾頻遣使存問名醫上藥相望於道四年疾篤令皇太子就第臨問上親幸其宅撫之流涕賜物千段及其未終見子拜官遂超遷其子左千牛構爲尚舍奉御尋薨年四十六太宗哭之甚慟廢朝三日贈司空徙封萊國公謚曰成太宗手詔著作郎虞世南曰朕與如晦君臣義重不幸奄從物化追念勳舊痛悼于懷卿體吾此意爲制碑文也太宗後因食瓜而美愴然悼之遂輟食之半遣使奠於靈座又嘗賜房玄齡黃銀帶顧謂玄齡曰昔如晦與公同心輔朕

今日所賜唯獨見公因泫然流涕又曰朕聞黃銀多爲鬼神所畏命取黃金帶遣玄齡親送於靈所其後太宗忽夢見如晦若平生及曉以告玄齡言之歔欷令送御饌以祭焉明年如晦亡日太宗復遣尚宮至第慰問其妻子其國官府佐並不之罷終始恩遇未之有焉子構襲爵官至慈州刺史坐弟荷謀逆徙於嶺表而卒初荷以功臣子尚城陽公主賜爵襄陽郡公授尚乘奉御貞觀中與太子承乾謀反坐斬如晦弟楚客少隨叔父淹沒於王世充淹素與如晦兄弟不睦譖如晦兄於王行滿王世充殺之并囚楚客幾至餓死楚客竟無怨色洛陽平淹當死楚客泣涕請如晦救之如晦初不從楚客曰叔已殺大兄今兄又結恨棄叔一門之內相殺而盡豈不痛哉因欲自剄如晦感其言請於太宗淹遂蒙恩宥楚客因隱於嵩山貞觀四年召拜給事中上謂曰聞卿山居日久志意甚高自非宰相之任則不能出何有是理耶夫涉遠者必自邇升高者必自下但在官爲衆所許無慮官之不大爾兄雖與我體異其心猶一於我國家非無大功爲憶爾兄意欲見爾宜識朕意繼爾兄之忠義也拜楚客蒲州刺史甚

有能名後歷魏王府長史拜工部尚書攝魏王泰府事楚客知太宗不悅承乾魏王泰又潛令楚客友朝臣用事者至有懷金以賂之因說泰聰明可爲嫡嗣人或以聞太宗隱而不言及釁發太宗始揚其事以其兄有佐命功免死廢于家尋授虔化令卒如晦叔父淹淹字執禮祖業周豫州刺史父徵河內太守淹聰辯多才藝弱冠有美名與同郡韋福嗣爲莫逆之交相與謀曰上好用嘉遁蘇威以幽人見徵擢居美職遂共入太白山揚言隱逸實欲邀求時譽隋文帝聞而惡之謫戍江表後還鄉里雍州司馬高孝基上表薦之授承奉郎大業末官至御史中丞王世充僭號署爲吏部大見親用及洛陽平初不得調淹將委質於隱太子時封德彝典選以告房玄齡恐隱太子得之長其姦計於是遽啓太宗引爲天策府兵曹參軍文學館學士武德八年慶州總管楊文幹作亂辭連東宮歸罪於淹及王珪韋挺等並流於越嶲太宗知淹非罪贈以黃金三百兩及即位徵拜御史大夫封安吉郡公賜實封四百戶以淹多識典故特詔東宮儀式簿領並取淹節度尋判吏部尚書參議朝政前後表薦四十餘人後多

知名者淹嘗薦刑部員外郎郅懷道太宗因問淹懷道才行何如淹對曰懷道在隋日作吏部主事甚有清慎之名又煬帝向江都之日召百官問去住之計時行計已決公卿皆阿旨請去懷道官位極卑獨言不可臣目見此事太宗曰卿爾可從何計對曰臣從行計太宗曰事君之義有犯無隱卿稱懷道爲是何因自不正諫對曰臣爾日不居重任又知諫必不從徒死無益太宗曰孔子稱從父之命未爲孝子故父有爭子國有爭臣若以主之無道何爲仍仕其世既食其祿豈得不匡其非因謂羣臣曰公等各言諫事如何王珪曰昔比干諫紂而死孔子稱其仁洩冶諫而被戮孔子曰民之多辟無自立辟是則祿重責深理須極諫官卑望下許其從容太宗又召淹笑謂曰卿在隋日可以位下不言近仕世充何不極諫對曰亦有諫但不見從太宗曰世充若修德從善當不滅亡既無道拒諫卿何免禍淹無以對太宗又曰卿在今日可爲備任復欲極諫否對曰臣在今日必盡死無隱且百里奚在虞虞亡在秦秦霸臣竊比之太宗笑時淹兼二職而無清潔之譽又素與無忌不協爲時論所譏及有疾太宗親

自臨陷賜帛三百匹貞觀二年卒贈尚書右僕射謚曰襄子敬同襲爵官至鴻臚少卿敬同子從則中宗時爲蒲州刺史

史臣曰房杜二公皆以命世之才遭逢明主謀猷允協以致昇平議者以比漢之蕭曹信矣然萊成之見用文昭之所舉也世傳太宗嘗與文昭圖事則曰非如晦莫能籌之及如晦至焉竟從玄齡之策也蓋房知杜之能斷大事杜知房之善建嘉謀裨諶草創東里潤色相須而成俾無悔事賢達用心良有以也若以往哲方之房則管仲子產杜則鮑叔罕虎矣

贊曰肇啓聖君必生賢輔猗歟二公實開運祚文含經緯謀深夾輔笙磬同音唯房與杜

舊唐書卷六十六考證

房玄齡傳祖熊字子繹褐州主簿○沈炳震曰隋書房彥謙傳父熊釋褐州簿不載其字新書宰相世系字子彪据此子字下闕彪字而繹乃釋字之譌也

考地理志初無褐州

遺直以父功特宥之除名爲庶人○新書貶銅陵尉

舊唐書卷六十六考證

舊唐書卷六十七

後晉司空同中書門下平章事劉昫撰

列傳第十七

李靖客師 令問 彥芳 李勣孫敬業

李靖本名藥師雍州三原人也祖崇義後魏殷州刺史永康公父詮隋趙郡守靖姿貌瓌偉少有文武材略每謂所親曰大丈夫若遇主逢時必當立功立事以取富貴其舅韓擒虎號爲名將每與論兵未嘗不稱善撫之曰可與論孫吳之術者惟斯人矣初仕隋爲長安縣功曹後歷駕部員外郎左僕射楊素吏部尚書牛弘皆善之素嘗拊其牀謂靖曰卿終當坐此大業末累除馬邑郡丞會高祖擊突厥於塞外靖察高祖知有四方之志因自鏁上變將詣江都至長安道塞不通而止高祖尅京城執靖將斬之靖大呼曰公起義兵本爲天下除暴亂不欲就大事而以私怨斬壯士乎高祖壯其言太宗又固請遂捨之太宗尋召入幕府武德三年從討王世充以功授開府時蕭銑據荊州遣靖安輯之輕

騎至金州遇蠻賊數萬屯聚山谷廬江王瑗討之數爲所敗靖與瑗設謀擊之多所剋獲既至硤州阻蕭銑久不得進高祖怒其遲留陰勑硤州都督許紹斬之紹惜其才爲之請命於是獲免會開州蠻首冉肇則反率衆寇夔州趙郡王孝恭與戰不利靖率兵八百襲破其營後又要險設伏臨陣斬肇則俘獲五千餘人高祖甚悅謂公卿曰朕聞使功不如使過李靖果展其効因降璽書勞曰卿竭誠盡力功効特彰遠覽至誠極以嘉賞勿憂富貴也又手敕靖曰既往不咎舊事吾久忘之矣四年靖又陳十策以圖蕭銑高祖從之授靖行軍總管兼攝孝恭行軍長史高祖以孝恭未更戎旅三軍之任一以委靖其年八月集兵於夔州銑以時屬秋潦江水泛漲三峽路險必謂靖不能進遂休兵不設備九月靖乃率師而進將下峽諸將皆請停兵以待水退靖曰兵貴神速機不可失今兵始集銑尙未知若乘水漲之勢倏忽至城下所謂疾雷不及掩耳此兵家上策縱彼知我倉卒徵兵無以應敵此必成擒也孝恭從之進兵至夷陵銑將文士弘率精兵數萬屯清江孝恭欲擊之靖曰士弘銑之健將士卒驍勇今新

失荊門盡兵出戰此是救敗之師恐不可當也宜自泊南岸勿與爭鋒待其氣衰然後奮擊破之必矣孝恭不從留靖守營率師與賊合戰孝恭果敗奔於南岸賊舟大掠人皆負重靖見其軍亂縱兵擊破之獲其舟艦四百餘艘斬首及溺死將萬人孝恭遣靖率輕兵五千爲先鋒至江陵屯營於城下士弘旣敗銑甚懼始徵兵於江南果不能至孝恭以大軍繼進靖又破其驍將楊君茂鄭文秀俘甲卒四千餘人更勒兵圍銑城明日銑遣使請降靖卽入據其城號令嚴肅軍無私焉時諸將咸請孝恭云銑之將帥與官軍拒戰死者罪狀旣重請籍沒其家以賞將士靖曰王者之師義存弔伐百姓旣受驅逼拒戰豈其所願且犬吠非其主無容同叛逆之科此蒯通所以免大戮於漢祖也今新定荊郢宜弘寬大以慰遠近之心降而籍之恐非救焚拯溺之義但恐自此已南城鎮各堅守不下非計之善於是遂止江漢之域聞之莫不爭下以功授上柱國封永康縣公賜物二千五百段詔命檢校荊州刺史承制拜授乃度嶺至桂州遣人分道招撫其大首領馮盎李光度甯真長等皆遣子弟來謁靖承制授其官爵

凡所懷輯九十六州戶六十餘萬優詔勞勉授嶺南道撫慰大使檢校桂州總
管十六年輔公祏於丹陽反詔孝恭爲元帥靖爲副以討之李勣任瓌張鎮州
黃君漢等七總管並受節度師次舒州公祏遣將馮惠亮率舟師三萬屯當塗
陳正通徐紹宗領步騎二萬屯青林山仍於梁山連鐵鎖以斷江路築却月城
延袤十餘里與惠亮爲犄角之勢孝恭集諸將會議皆云惠亮正通並握強兵
爲不戰之計城柵既固卒不可攻請直指丹陽掩其巢穴丹陽既破惠亮自降
孝恭欲從其議靖曰公祏精銳雖在水陸二軍然其自統之兵亦皆勁勇惠亮
等城柵尚不可攻公祏既保石頭豈應易拔若我師至丹陽留停旬月進則公
祏未平退則惠亮爲患此便腹背受敵恐非萬全之計惠亮正通皆是百戰餘
賊必不憚於野戰止爲公祏立計令其持重但欲不戰以老我師今欲攻其城
柵乃是出其不意滅賊之機唯在此舉孝恭然之靖乃率黃君漢等先擊惠亮
苦戰破之殺傷及溺死者萬餘人惠亮奔走靖率輕兵先至丹陽公祏大懼先
遣僞將左遊仙領兵守會稽以爲引援公祏擁兵東走以趨遊仙至吳郡與惠

亮正通並相次擒獲江南悉平於是置東南道行臺拜靖行臺兵部尚書賜物千段奴婢百口馬百匹其年行臺廢又檢校揚州大都督府長史丹陽連攉兵寇百姓凋弊靖鎮撫之吳楚以安八年突厥寇太原以靖爲行軍總管統江淮兵一萬與張瑾屯大谷時諸軍不利靖衆獨全尋檢校安州大都督高祖每云李靖是蕭銑輔公祏膏肓古之名將韓白衞霍豈能及也九年突厥莫賀咄設寇邊徵靖爲靈州道行軍總管頡利可汗入涇陽靖率兵倍道趨豳州邀賊歸路既而與虜和親而罷太宗嗣位拜刑部尚書并錄前後功賜實封四百戶貞觀二年以本官兼檢校中書令三年轉兵部尚書突厥諸部離叛朝廷將圖進取以靖爲代州道行軍總管率驍騎三千自馬邑出其不意直趨惡陽嶺以逼之突利可汗不虞於靖見官軍奄至於是大懼相謂曰唐兵若不傾國而來靖豈敢孤軍而至一日數驚靖候知之潛令間諜離其心腹其所親康蘇密來降四年靖進擊定襄破之獲隋齊王暕之子楊正道及煬帝蕭后送于京師可汗僅以身遁以功進封代國公賜物六百段及名馬寶器焉太宗嘗謂曰昔李陵

提步卒五千不免身降匈奴尚得書名竹帛卿以三千輕騎深入虜庭克復定襄威振北狄古今所未有足報往年渭水之役自破定襄後頡利可汗大懼退保鐵山遣使入朝謝罪請舉國內附又以靖爲定襄道行軍總管往迎頡利頡利雖外請朝謁而潛懷猶豫其年二月太宗遣鴻臚卿唐儉將軍安修仁慰諭靖揣知其意謂將軍張公謹曰詔使到彼虜必自寬遂選精騎一萬齎二十日糧引兵自白道襲之公謹曰詔許其降行人在彼未宜討擊靖曰此兵機也時不可失韓信所以破齊也如唐儉等輩何足可惜督軍疾進師至陰山遇其斥候千餘帳皆俘以隨軍頡利見使者大悅不虞官兵至也靖軍將逼其牙帳十五里虜始覺頡利畏威先走部衆因而潰散靖斬萬餘級俘男女十餘萬殺其妻隋義成公主頡利乘千里馬將走投吐谷渾西道行軍總管張寶相擒之以獻俄而突利可汗來奔遂復定襄常安之地斥土界自陰山北至於大漠太宗初聞靖破頡利大悅謂侍臣曰朕聞主憂臣辱主辱臣死往者國家草創太上皇以百姓之故稱臣於突厥朕未嘗不痛心疾首志滅匈奴坐不安席食不甘

味今者暫動偏師無往不捷單于款塞恥其雪乎於是大赦天下酺五日御史大夫温彥博害其功譖靖軍無綱紀致令虜中奇寶散於亂兵之手太宗大加責讓靖頓首謝久之太宗謂曰隋將史萬歲破達頭可汗有功不賞以罪致戮朕則不然當赦公之罪錄公之勳詔加左光祿大夫賜絹千匹真食邑通前五百戶未幾太宗謂靖曰前有人讒公今朕意已悟公勿以爲懷賜絹二千匹拜尚書右僕射靖性沉厚每與時宰參議恂恂然似不能言八年詔爲畿內道大使伺察風俗尋以足疾上表乞骸骨言甚懇至太宗遣中書侍郎岑文本謂曰朕觀自古已來身居富貴能知止足者甚少不問愚智莫能自知才雖不堪強欲居職縱有疾病猶自勉強公能識達大體深足可嘉朕今非直成公雅志欲以公爲一代楷模乃下優詔加授特進聽在第攝養賜物千段尚乘馬兩匹祿賜國官府佐並依舊給患若小瘳每三兩日至門下中書平章政事九年正月賜靖靈壽杖助足疾也未幾吐谷渾寇邊太宗顧謂侍臣曰得李靖爲帥豈非善也靖乃見房玄齡曰靖雖年老固堪一行太宗大悅即以靖爲西海道行軍

大總管統兵部尚書任城王道宗涼州都督李大亮右衛將軍李道彥利州刺史高甑生等三總管征之九年軍次伏俟城吐谷渾燒去野草以餧我師退保大非川諸將咸言春草未生馬已羸瘦不可赴敵唯靖決計而進深入敵境遂踰積石山前後戰數十合殺傷甚衆大破其國吐渾之衆遂殺其可汗來降靖又立大寧王慕容順而還初利州刺史高甑生爲鹽澤道總管以後軍期靖薄責之甑生因有憾於靖及是與廣州都督府長史唐奉義告靖謀反太宗命法官按其事甑生等竟以誣罔得罪靖乃闔門自守杜絕賓客雖親戚不得妄進十一年改封衛國公授濮州刺史仍令代襲例竟不行十四年靖妻卒有詔墳塋制度依漢衛霍故事築闕象突厥內鐵山吐谷渾內積石山形以旌殊績十七年詔圖畫靖及趙郡王孝恭等二十四人於淩煙閣十八年帝幸其第問疾仍賜絹五百匹進位衛國公開府儀同三司太宗將伐遼東召靖入閣賜坐御前謂曰公南平吳會北清沙漠西定慕容唯東有高麗未服公意如何對曰臣往者憑籍天威薄展微効今殘年朽骨唯擬此行陛下不棄老臣病期瘳矣太

宗因愍其羸老不許二十三年薨于家年七十九冊贈司徒并州都督給班劍四十人羽葆鼓吹陪葬昭陵謚曰景武子德謇嗣官至將作少匠靖弟客師貞觀中官至右武衛將軍以戰功累封丹陽郡公永徽初以年老致仕性好馳獵四時從禽無蹔止息有別業在昆明池南自京城之外西際灃水鳥獸皆識之每出則鳥鵲隨逐而譟野人謂之鳥賊總章中卒年九十餘客師孫令問玄宗在藩時與令問款狎及卽位以協贊功累遷至殿中少監先天中預誅竇懷貞等功封宋國公實封五百戶令問固辭實封詔不許開元中轉殿中監左散騎常侍知尙食事令問雖特承恩寵未嘗干預時政深爲物論所稱然厚於自奉食饌豐侈廣畜芻豢躬臨宰殺時方奉佛其篤信之士或譏之令問曰此物畜生與果菜何異胡爲強生分別不亦遠於道乎略不以恩眄自恃閑適郊野從禽自娛十五年涼州都督王君㚟奉迴紇部落叛令問坐與連姻左授撫州別駕尋卒大和中令問孫彥芳鳳翔府司錄參軍詣闕進高祖太宗所賜衛國公靖官告勅書手詔等十餘卷內四卷太宗文皇帝筆迹文宗寶惜不能釋手其

佩筆尙堪書金裝木匣製作精巧帝並留禁中令書工模寫本還之賜芳絹二百匹衣服靴笏以酬之

李勣曹州離狐人也隋末徙居滑州之衞南本姓徐氏名世勣永徽中以犯太宗諱單名勣焉家多僮僕積粟數千鍾與其父蓋皆好惠施拯濟貧乏不問親疎大業末韋城人翟讓聚衆爲盜勣往從之時年十七謂讓曰今此土地是公及勣鄉壤人多相識不宜自相侵掠且宋鄭兩郡地管御河商旅往還船乘不絕就彼邀截足以自相資助讓然之於是劫公私船取物兵衆大振隋遣齊郡通守張須陁率師二萬討之勣與頻戰竟斬須陁於陣初李密亡命在雍丘浚儀人王伯當匿於野伯當共勣說翟讓奉密爲主隋令王世充討密勣以奇計敗世充於洛水之上密拜勣爲東海郡公時河南山東大水死者將半隋帝令飢人就食黎陽開倉賑給時政教已紊倉司不時賑給死者日數萬人勣言於密曰天下大亂本是爲飢今若得黎陽一倉大事濟矣密乃遣勣領麾下五千人自原武濟河掩襲卽日尅之開倉恣食一旬之間勝兵二十萬餘經歲餘宇

文化及於江都弒逆擁兵北上直指東郡時越王侗卽位於東京赦密之罪拜爲太尉封魏國公授勣右武候大將軍命討化及密遣勣守倉城勣於城外掘深溝以固守化及設攻具四面攻倉阻塹不得至城下勣於塹中爲地道出兵擊之大敗而去武德二年密爲王世充所破擁衆歸朝其舊境東至于海南至于江西至汝州北至魏郡勣並據之未有所屬謂長史郭孝恪曰魏公旣歸大唐今此人衆土地魏公所有也吾若上表獻之卽是利主之敗自爲己功以邀富貴吾所恥也今宜具錄州縣名數及軍人戶口總啓魏公聽公自獻此則魏公之功也乃遣使啓密使人初至高祖聞其無表惟有啓與密甚怪之使者以勣意聞奏高祖大喜曰徐世勣感德推功實純臣也詔授黎陽總管上柱國萊國公尋加右武候大將軍改封曹國公賜姓李氏賜良田五十頃甲第一區封其父蓋爲濟陰王蓋固辭王爵乃封舒國公授散騎常侍陵州刺史令勣總統河南山東之兵以拒王世充及李密反叛伏誅高祖以勣舊經事密遣使報其反狀勣表請收葬詔許之勣服衰絰與舊僚吏將士葬密於黎山之南墳高七

仞釋服而散朝野義之尋而竇建德擒化及於魏縣復進軍攻勣力屈降之建德收其父從軍爲質令勣復守黎陽三年自拔歸京師四年從太宗伐王世充於東都累戰大捷又東略地至武牢僞鄭州司兵沈悅請翻武牢勣夜潛兵應接剋之擒其僞刺史荆王行本又從太宗平竇建德降王世充振旅而還論功行賞太宗爲上將勣爲下將與太宗俱服金甲乘戎輅告捷于太廟其父自洛州與裴矩入朝高祖見之大喜復其官爵勣又從太宗破劉黑闥徐圓朗累遷左監門大將軍圓朗重據兗州反授勣河南大總管以討之尋獲圓朗斬首以獻兗州平七年詔與趙郡王孝恭討輔公祏孝恭領舟師巡江而下勣領步卒一萬渡淮拔其壽陽至硤石公祏之將陳正通率兵十萬屯於梁山又遣其大將馮惠亮帥水軍十萬鎖連大艦以斷江路仍於江西結壘分守水陸以禦王師勣攻其壘尋剋之惠亮單艓而遁勣乘勝逼正通大潰以十餘騎奔於丹陽公祏弃城夜遁勣縱騎追斬之於武康江南悉定八年突厥寇幷州命勣爲行軍總管擊之於太谷走之太宗卽位拜幷州都督賜實封九百戶貞觀三年爲

通漠道行軍總管至雲中與突厥頡利可汗兵會大戰於白道突厥敗屯營於磧口遣使請和詔鴻臚卿唐儉往赦之勣時與定襄道大總管李靖軍會相與議曰頡利雖敗人衆尚多若走渡磧保於九姓道遙阻深追則難及今詔使唐儉至彼其必弛備我等隨後襲之此不戰而平賊矣靖扼腕喜曰公之此言乃韓信滅田橫之策也於是定計靖將兵逼夜而發勣勒兵繼進靖軍既至賊營大潰頡利與萬餘人欲走渡磧勣屯軍於磧口頡利至不得渡磧其大酋長率其部落並降於勣虜五萬餘口而還時高宗爲晉王遙領幷州大都督授勣光祿大夫行幷州大都督府長史父憂解尋起復舊職十一年改封英國公代襲蘄州刺史時並不就國復以本官遙領太子左衛率勣在幷州凡十六年令行禁止號爲稱職太宗謂侍臣曰隋煬帝不能精選賢良安撫邊境惟解築長城以備突厥情識之惑一至於此朕今委任李世勣於幷州遂使突厥畏威遁走塞垣安靜豈不勝遠築長城耶十五年徵拜兵部尚書未赴京會薛延陁遣其子大度設帥騎八萬南侵李思摩部落命勣爲朔州行軍總管率輕騎三千追

及延陁於青山擊大破之斬其名王一人俘獲首領虜五萬餘計以功封一子爲縣公勣時遇暴疾驗方云鬚灰可以療之太宗乃自翦鬚爲其和藥勣頓首見血泣以懇謝帝曰吾爲社稷計耳不煩深謝十七年高宗爲皇太子轉勣太子詹事兼左衛率加位特進同中書門下三品太宗謂曰我兒新登儲貳卿舊長史今以宮事相委故有此授雖屈階資可勿怪也太宗又嘗閑宴顧勣曰朕將屬以幼孤思之無越卿者公往不遺於李密今豈負於朕哉勣雪涕致辭因噬指流血俄而沉醉乃解御服覆之其見委信如此十八年太宗將親征高麗授勣遼東道行軍大總管攻破蓋牟遼東白崖等數城又從太宗摧殄駐蹕陣以功封一子爲郡公二十年延陁部落擾亂詔勣將二百騎便發突厥兵討擊至烏德鞬山大戰破之其大首領梯真達干率衆來降其可汗咄摩支南竄於荒谷遣通事舍人蕭嗣業招慰部領送於京師磧北悉定二十二年轉太常卿仍同中書門下三品旬日復除太子詹事二十三年太宗寢疾謂高宗曰汝於李勣無恩我今將責出之我死後汝當授以僕射卽荷汝恩必致其死力乃出

爲疊州都督高宗即位其月召拜洛州刺史尋加開府儀同三司令同中書門下參掌機密是歲册拜尚書左僕射永徽元年抗表求解僕射仍令以開府儀同三司依舊知政事四年册拜司空初貞觀中太宗以勳庸特著嘗圖其形於凌煙閣至是帝又命寫形焉仍親爲之序顯慶三年從幸東都在路遇疾帝親臨問麟德初東封泰山詔勣爲封禪大使乃從駕次滑州其姊早寡居勣舊閭皇后親自臨問賜以衣服仍封爲東平郡君勣又墜馬傷足上親降問以所乘賜之乾封元年高麗莫離支男產爲其弟男建所逐保於國內城遣子獻城請降勣乞師總章元年命勣爲遼東道行軍總管率兵二萬略地至鴨綠水賊遣其弟來拒戰勣縱兵擊敗之追奔二百里至於平壤城男建閉門不敢出賊中諸城駭懼多拔人衆遁走降款者相繼勣又引兵圍平壤遼東道副大總管劉仁軌郝處俊將軍薛仁貴並會於平壤犄角圍之經月餘剋其城虜其王高藏及男建男產裂其諸城並爲州縣振旅而旋令勣便道以高藏及男建獻於昭陵禮畢備軍容入京城獻太廟二年加太子太師增食實封通前一千一百戶其

年寢疾詔以勣弟晉州刺史弼爲司衛正卿使得視疾尋薨年七十六帝爲之
舉哀輟朝七日贈太尉揚州大都督謚曰貞武給東園祕器陪葬昭陵令司平
太常伯楊昉攝同文正卿監護及葬日帝幸未央古城登樓臨送望柳車慟哭
幷爲設祭皇太子亦從駕臨送哀慟悲感左右詔百官送至故城西北所築墳
一準衛霍故事象陰山鐵山及烏德鞬山以旌破突厥薛延陁之功光宅元年
詔勣配享高宗廟庭勣前後戰勝所得金帛皆散之於將士初得黎陽倉就倉
者數十萬人魏徵高季輔杜正倫郭孝恪皆遊其所一見於衆人中即加禮敬
引之臥內談謔忘倦及平武牢獲僞鄭州長史戴冑知其行能尋釋於竟推薦
咸至顯達當時稱其有知人之鑒又初平王世充獲其故人單雄信依例處死
勣表稱其武藝絶倫若收之於合死之中必大感恩堪爲國家盡命請以官爵
贖之高祖不許臨將就戮勣對之號慟割股肉以啖之曰生死永訣此肉同歸
於土矣仍收養其子每行軍用師頗任籌算臨敵應變動合事機與人圖計識
其臧否聞其片善扼腕而從事捷之日多推功於下以是人皆爲用所向多剋

捷洎勣之死聞者莫不悽愴與弟弼特存友愛閨門之內肅若嚴君自遇疾高宗及皇太子送藥卽取服之家中召醫巫皆不許入門子弟固以藥進勣謂曰我山東一田夫耳攀附明主濫居富貴位極三台年將八十豈非命乎修短必是有期寧容浪就醫人求活竟拒而不進忽謂弼曰我似得小差可置酒以申宴樂於是堂上奏女妓簷下列子孫宴罷謂弼曰我自量必死欲與汝一別耳恐汝悲哭誑言似差可未須啼泣聽我約束我見房玄齡杜如晦高季輔辛苦作得門戶亦望垂裕後昆並遭癡兒破家蕩盡我有如許豚犬將以付汝汝可防察有操行不倫交遊非類急卽打殺然後奏知又見人多埋金玉亦不須爾惟以布裝露車載我棺柩棺中斂以常服惟加朝服一副死儻有知庶著此奉見先帝明器惟作馬五六匹下帳用幔布爲頂白紗爲裙其中著十箇木人示依古禮芻靈之義此外一物不用姬媵已下有兒女而願住自養者聽之餘並放出事畢汝卽移入我堂撫恤小弱違我言者同於戮屍此後略不復語弼等遵行遺言勣少弟感幼有志操李密之敗也陷於王世充世充逼令以書召勣

感曰家兄立身不虧名節今已事主君臣分定決不以感造次改圖卒不肯世充怒遂害焉時年十五勣長子震顯慶初官至桂州刺史先勣卒勣孫敬業高宗崩則天太后臨朝旣而廢帝爲廬陵王立相王爲皇帝而政由天后諸武皆當權任人情憤怨時給事中唐之奇貶授括蒼令長安主簿駱賓王貶授臨海丞詹事司直杜求仁黜縣丞敬業坐事左授柳州司馬其弟盩厔令敬猷亦坐累左遷俱在揚州敬業用前盩厔尉魏思溫謀據揚州嗣聖元年七月敬業遣其黨監察御史薛璋先求使江都又令雍州人韋超詣璋告變云揚州長史陳敬之與唐之奇謀逆璋乃收敬之繫獄居數日敬業矯制殺敬之自稱揚州司馬詐言高州首領馮子猷叛逆奉密詔募兵進討是日開府庫令士曹參軍李宗臣解繫囚及丁役工匠得數百人皆授之以甲錄事參軍孫處行拒命敬業斬之以徇遂據揚州鳩聚民衆以匡復廬陵爲辭乃開三府一曰匡復府二曰英公府三曰揚州大都督府敬業自稱匡復府上將領揚州大都督以杜求仁唐之奇駱賓王爲府屬餘皆僞署職位旬日之間勝兵有十餘萬仍移檄諸郡

縣曰僞臨朝武氏者人非温順地實寒微昔充太宗下陳嘗以更衣入侍洎乎晚節穢亂春宮密隱先帝之私陰圖後庭之嬖入門見嫉蛾眉不肯讓人掩袖工讒狐媚偏能惑主踐元后於翬翟陷吾君於聚麀加以虺蜴爲心豺狼成性近狎邪僻殘害忠良殺姊屠兄弑君鴆母人神之所同嫉天地之所不容猶復包藏禍心窺竊神器君之愛子幽之於別宮賊之宗盟委之以重任嗚呼霍子孟之不作朱虛侯之已亡鷰啄皇孫知漢祚之將盡龍漦帝后識夏廷之遽衰敬業皇唐舊臣公侯冢胤奉先君之成業荷本朝之舊恩宋微子之興悲良有以也袁君山之流涕豈徒然哉是用氣憤風雲志安社稷因天下之失望順宇內之推心爰舉義旗誓清妖孽南連百越北盡三河鐵騎成羣玉軸相接海陵紅粟倉儲之積靡窮江浦黄旗匡復之功何遠班聲動而北風起劍氣衝而南斗平喑嗚則山嶽崩頹叱咤則風雲變色以此制敵何敵不摧以此圖功何功不克公等或家傳漢爵或地協周親或膺重寄於爪牙或受顧命於宣室言猶在耳忠豈忘心一抔之土未乾六尺之孤何託儻能轉禍爲福送往事居共立

勤王之師無廢舊君之命凡諸爵賞同裂山河請看今日之域中竟是誰家之天下則天命左玉鈐衛大將軍李孝逸將兵三十萬討之追削敬業祖父官爵剖墳斲棺復本姓徐氏初敬業兵集圖其所向薛璋曰金陵王氣猶在大江設險可以自固且取常潤等州以爲霸基然後治兵北渡魏思溫曰兵貴神速但宜早渡淮而北招合山東豪傑乘其未集直取東都據關決戰此上策也敬業不從十月率衆渡江攻拔潤州殺刺史李思文先是太子賢爲天后所廢死於巴州敬業乃求狀貌似賢者置於城中奉之爲主云賢本不死孝逸軍渡淮至楚州敬業之衆狼狽還江都屯兵高郵以拒之頻戰大敗孝逸乘勝追躡敬業奔至揚州與唐之奇杜求仁等乘小舸將入海投高麗追兵及皆捕獲之初敬業傳檄至京師則天讀之微哂至一抔之土未乾遽問侍臣曰此語誰爲之或對曰駱賓王之辭也則天曰宰相之過安失此人中宗返正詔曰故司空勣往因敬業毀廢墳塋朕追想元勳永懷佐命昔竇憲干紀無累安豐之祠霍禹亂常猶全博陸之祀罪不相及國之通典宜特垂恩禮令所司速爲起墳所有官

爵並宜追復勳諸子孫坐敬業誅殺靡有遺胤偶脫禍者皆竄迹胡越貞元十七年吐蕃陷麟州驅掠民畜而去至鹽州西橫槽烽蕃將號徐舍人者環集漢俘於呼延州謂僧延素曰師勿甚懼予本漢五代孫也屬武太后斲喪王室吾祖建義不果子孫流落絕域今三代矣雖代居職任掌握兵要然思本之心無忘於國但族屬已多無由自拔耳此地蕃漢交境放師還鄉數千百人解縛而遣之

史臣曰近代稱爲名將者英衞二公誠煙閣之最英公振彭黥之迹自拔草莽常能以義藩身與物無忤遂得功名始終賢哉垂命之誠敬業不蹈貽謀至於覆族悲夫衞公將家子綽有渭陽之風臨戎出師凜然威斷位重能避功成益謙銘之鼎鍾何慙耿鄧矣哉

贊曰功以懋賞震主則危辭祿避位除猜破疑功定華夷志懷忠義白首平戎賢哉英衞

舊唐書卷六十七

舊唐書卷六十七考證

李靖傳公祏遣將馮惠亮率舟師三萬屯當塗○公祏本傳屯博望山

御史大夫温彥博害其功譖靖軍無綱紀致令虜中奇寶散于亂兵之手○新

書譖靖者爲蕭瑀

李勣傳○臣德潛按新書詳勣與李義甫許敬宗勸高宗立武后事此生平大

玷不可不書也舊書不及是其識短處

敬業傳蕃將號徐舍人者環集漢俘于呼延州謂僧延素曰師勿甚懼予本漢

五代孫也○臣德潛按漢字下有闕文應是予本漢徐敬業五代孫也

舊唐書卷六十七考證

舊唐書卷六十八

後晉司空同中書門下平章事劉昫撰

列傳第十八

尉遲敬德　秦叔寶　程知節　段志玄

張公謹 子大素 大安

尉遲敬德朔州善陽人大業末從軍於高陽討捕羣賊以武勇稱累授朝散大夫劉武周起以爲偏將與宋金剛南侵陷晉澮二州敬德深入至夏縣應接呂崇茂襲破永安王孝基執獨孤懷恩唐儉等武德三年太宗討武周於柏壁武周令敬德與宋金剛來拒王師於介休金剛戰敗奔於突厥敬德收其餘衆城守介休太宗遣任城王道宗宇文士及往諭之敬德與尋相舉城來降太宗大悅賜以曲宴引爲右一府統軍從擊王世充於東都既而尋相與武周下降將皆叛諸將疑敬德必叛囚於軍中行臺左僕射屈突通尚書殷開山咸言敬德初歸國家情志未附此人勇健非常縶之又久既被猜貳怨望必生留之恐貽

後悔請即殺之太宗曰寡人所見有異於此敬德若懷翻背之計豈在尋相之後耶遽命釋之引入臥內賜以金寶謂曰丈夫以意氣相期勿以小疑介意寡人終不聽讒言以害忠良公宜體之必應欲去今以此物相資表一時共事之情也是日因從獵於榆窠遇王世充領步騎數萬來戰世充驍將單雄信領騎直趨太宗敬德躍馬大呼橫刺雄信墜馬賊徒稍却敬德翼太宗以出賊圍更率騎兵與世充交戰數合其衆大潰擒僞將陳智略獲排矟兵六千人太宗謂敬德曰比衆人證公必叛天誘我意獨保明之福善有徵何相報之速也特賜金銀一篋此後恩眄日隆敬德善解避矟每單騎入賊陣賊矟攢刺終不能傷又能奪取賊矟還以刺之是日出入重圍往返無礙齊王元吉亦善馬矟聞而輕之欲親自試命去矟刃以竿相刺敬德曰縱使加刃終不能傷請勿除之敬德矟謹當却刃元吉竟不能中太宗問曰奪矟避矟何者難易對曰奪矟難乃命敬德奪元吉矟元吉執矟躍馬志在刺之敬德俄頃三奪其矟元吉素驍勇雖相歎異甚以爲恥及竇建德營於板渚太宗將挑戰先伏李勣程知節秦叔

竇等兵太宗持弓矢敬德執矟造建德壘下大呼致師賊衆大驚擾出兵數千騎太宗逡巡漸却前後射殺數人敬德所殺亦十數人遂引賊以入伏內於是與勣等奮擊大破之王世充兄子偽代王琬使於建德軍中乘隋煬帝所御驄馬鎧甲甚鮮迥出軍前以誇衆太宗曰彼之所乘真良馬也敬德請往取之乃與高甑生梁建方三騎直入賊軍擒琬引其馬以歸賊衆無敢當者又從討劉黑闥於臨洺黑闥軍來襲李世勣太宗勒兵掩賊復以救之既而黑闥衆至其軍四合敬德率壯士犯圍而入大破賊陣太宗與江夏王道宗乘之以出又從破徐圓朗累有戰功授秦王府左二副護軍隱太子巢刺王元吉將謀害太宗密致書以招敬德曰願迂長者之眷敦布衣之交幸副所望也仍贈以金銀器物一車敬德辭曰敬德起自幽賤逢遇隋亡天下土崩竄身無所久淪逆地罪不容誅實荷秦王惠以生命今又隸名藩邸唯當以身報恩於殿下無功不敢謬當重賜若私許殿下便是二心徇利忘忠殿下亦何所用建成怒是後遂絕敬德尋以啓聞太宗曰公之素心鬱如山嶽積金至斗知公情不可移送來但

取寧須慮也若不然恐公身不安且知彼陰計足爲良策元吉等深忌敬德令壯士往刺之敬德知其計乃重門洞開安臥不動賊頻至其庭終不敢入元吉乃譖敬德於高祖下詔獄訊驗將殺之太宗固諫得釋會突厥侵擾烏城建成舉元吉爲將密謀請太宗同送於昆明池將加屠害敬德聞其謀與長孫無忌遽啓太宗曰大王若不速正之則恐被其所害社稷危矣太宗歎曰今二公離阻骨肉滅亡君親危亡之機共所知委寡人雖深被猜忌禍在須臾然同氣之情終所未忍欲待其先起然後以義討之公意以爲何如敬德曰人情畏死衆人以死奉王此天授也若天與不取反受其咎雖存仁愛之小情忘社稷之大計禍至而不恐將亡而自安失人臣臨難不避之節乏先賢大義滅親之事非所聞也以臣愚誠請先誅之王若不從敬德言請奔逃亡命不能交手受戮且因敗成功明賢之高見轉禍爲福智士之先機敬德今若逃亡無忌亦欲同去太宗猶豫未決無忌曰王今不從敬德之言必知敬德等非王所有事今敗矣其若之何太宗曰寡人所言未可全弃公更圖之敬德曰王今處事有疑非智

臨難不決非勇王縱不從敬德言請自決計其如家國何其如身命何且在外勇士八百餘人今悉入宮控弦被甲事勢已就王何得辭敬德又與侯君集日夜進勸然後計定時房玄齡杜如晦皆被高祖斥出秦府不得復入太宗令長孫無忌密召之玄齡等報曰有勅不許更事王今若私謁必至誅滅不敢奉命太宗大怒謂敬德曰玄齡如晦豈背我耶取所佩刀授敬德曰公且往觀其無來心可並斬其首持來也敬德又與無忌喻曰王已決計尅日平賊公宜即入籌之我等四人不宜羣行在道於是玄齡如晦著道士服隨無忌入敬德別道亦至六月四日建成既死敬德領七十騎躡踵繼至元吉走馬東奔左右射之墜馬太宗所乘馬又逸於林下橫被所繣墜不能興元吉遽來奪弓垂欲相扼敬德躍馬叱之於是步走欲歸武德殿敬德奔逐射殺之其宮府諸將薛萬徹謝叔方馮立等率兵大至屯於玄武門殺屯營將軍敬德持建成元吉首以示之宮府兵遂散是時高祖泛舟於海池太宗命敬德侍衛高祖敬德擐甲持矛直至高祖所高祖大驚問曰今日作亂是誰卿來此何也對曰秦王以太子齊

王作亂舉兵誅之恐陛下驚動遣臣來宿衞高祖意乃安南衙北門兵馬及二
宮左右猶相拒戰敬德奏請降手勅令諸軍兵並授秦王處分於是內外遂定
高祖勞敬德曰卿於國有安社稷之功賜珍物甚衆太宗昇春宮授太子左衞
率時議者以建成等左右百餘人並合從坐籍沒唯敬德執不聽曰爲罪者二
兇今已誅訖若更及支黨非取安之策由是獲免及論功敬德與長孫無忌爲
第一各賜絹萬匹齊王府財幣器物封其全邸盡賜敬德貞觀元年拜右武候
大將軍賜爵吳國公與長孫無忌房玄齡杜如晦四人並食實封千三百戶會
突厥來入寇授涇州道行軍總管以擊之賊至涇陽敬德輕騎與之挑戰殺其
名將賊遂敗敬德好訐直負其功每見無忌玄齡如晦等短長必面折廷辯由
是與執政不平三年出爲襄州都督八年累遷同州刺史嘗侍宴慶善宮時有
班在其上者敬德怒曰汝有何功合坐我上任城王道宗次其下因解喻之敬
德勃然拳毆道宗目幾至眇太宗不懌而罷謂敬德曰朕覽漢史見高祖功臣
獲全者少意常尤之及居大位以來常欲保全功臣令子孫無絕然卿居官輒

犯憲法方知韓彭夷戮非漢祖之愆國家大事唯賞與罰非分之恩不可數行勉自修飭無貽後悔也十一年封建功臣爲代襲刺史册拜敬德宣州刺史改封鄂國公後歷鄜夏二州都督十七年抗表乞骸骨授開府儀同三司令朝朔望尋與長孫無忌等二十四人圖形於淩煙閣及太宗將征高麗敬德奏言車駕若自往遼左皇太子又在定州東西二京府庫所在雖有鎮守終是空虛遼東路遙恐有玄感之變且邊隅小國不足親勞萬乘伏望委之良將自可應時摧滅太宗不納令以本官行太常卿爲左一馬軍總管從破高麗於駐蹕山軍還依舊致仕敬德末年篤信仙方飛鍊金石服食雲母粉穿築池臺崇飾羅綺嘗奏清商樂以自奉養不與外人交通凡十六年顯慶三年高宗以敬德功追贈其父爲幽州都督其年薨年七十四高宗爲之舉哀廢朝三日令京官五品以上及朝集使赴宅哭册贈司徒并州都督諡曰忠武賜東園祕器陪葬於昭陵子寶琳嗣官至衞尉卿

秦叔寶名瓊齊州歷城人大業中爲隋將來護兒帳內叔寶喪母護兒遣使弔

之軍吏怪曰士卒死亡及遭喪者多矣將軍未嘗降問獨弔叔寶何也答曰此人勇悍加有志節必當自取富貴豈得以卑賤處之隋末羣盜起從通守張須陁擊賊帥盧明月於下邳賊衆十餘萬須陁所統纔萬人力勢不敵去賊六七里立柵相持十餘日糧盡將退謂諸將士曰賊見兵却必輕來追我其衆既出營內即虛若以千人襲營可有大利此誠危險誰能去者人皆莫對唯叔寶與羅士信請行於是須陁委柵遁使二人分領千兵伏於蘆葦間既而明月果悉兵追之叔寶與士信馳至其柵柵門閉不得入二人超升其樓拔賊旗幟各殺數人營中大亂叔寶士信又斬關以納外兵因縱火焚其三十餘柵烟焰漲天明月奔還須陁又迴軍奮擊大破賊衆明月以數百騎遁去餘皆虜之由是勇氣聞於遠近又擊孫宣雅於海曲先登破之以前後累勳授建節尉從須陁進擊李密於滎陽軍敗須陁死之叔寶以餘衆附裴仁基會仁基以武牢降於李密密得叔寶大喜以爲帳內驃騎待之甚厚密與化及大戰於黎陽童山爲流矢所中墮馬悶絕左右奔散追兵且至唯叔寶獨捍衛之密遂獲免叔寶又收

兵與之力戰化及乃退後密敗又爲王世充所得署龍驤大將軍叔寶薄世充之多詐因其出抗官軍至於九曲與程齩金吳黑闥牛進達等數十騎西馳百許步下馬拜世充曰雖蒙殊禮不能仰事請從此辭世充不敢逼於是來降高祖令事秦府太宗素聞其勇厚加禮遇從鎮長春宮拜馬軍總管又從征於美良川破尉遲敬德功最居多高祖遣使賜以金瓶勞之曰卿不顧妻子遠來投我又立功效朕肉可爲卿用者當割以賜卿況子女玉帛乎卿當勉之尋授秦王右三統軍又從破宋金剛於介休錄前後勳賜黃金百斤雜綵六千段授上柱國從討王世充每爲前鋒太宗將拒竇建德於武牢叔寶以精騎數十先陷其陣世充平進封翼國公賜黃金百斤帛七千段從平劉黑闥賞物千段叔寶每從太宗征伐敵中有驍將銳卒炫燿人馬出入來去者太宗頗怒之輒命叔寶往取叔寶應命躍馬負槍而進必刺之萬衆之中人馬辟易太宗以是益重之叔寶亦以此頗自矜尚六月四日從誅建成元吉事寧拜左武衛大將軍食實封七百戶其後每多疾病因謂人曰吾少長戎馬所經二百餘陣屢中重瘡

討吾前後出血亦數斛矣安得不病乎十二年卒贈徐州都督陪葬昭陵太宗
特令所司就其塋內立石人馬以旌戰陣之功焉十三年改封胡國公十七年
與長孫無忌等圖形於凌煙閣
程知節本名齩金濟州東阿人也少驍勇善用馬矟大業末聚徒數百共保鄉
里以備他盜後依李密署爲內軍驃騎時密於軍中簡勇士尤異者八千人隸
四驃騎分爲左右以自衞號爲內軍自云此八千人可當百萬知節既領其一
甚被恩遇及王世充出城決戰知節領內馬軍與密同營在北邙山上單雄信
領外馬軍營在偃師城北世充來襲雄信營密遣知節及裴行儼助之行儼先
馳赴敵爲流矢所中墜於地知節救之殺數人世充軍披靡乃抱行儼重騎而
還爲世充騎所逐刺槊洞過知節迴身捩折其槊兼斬獲追者於是與行儼俱
免及密敗世充得之接遇甚厚知節謂秦叔寶曰世充器度淺狹而多妄語好
爲呪誓乃巫師老嫗耳豈是撥亂主乎及世充拒王師於九曲知節領兵在其
陣與秦叔寶等馬上揖世充曰荷公接待極欲報恩公性猜貳傍多扇惑非僕

託身之所今謹奉辭於是躍馬與左右數十人歸國世充懼不敢追之授秦王府左三統軍破宋金剛擒竇建德降王世充並領左一馬軍總管每陣先登以功封宿國公武德七年建成忌之構之於高祖除康州刺史知節白太宗曰大王手臂今並翦除身必不久知節以死不去願速自全六月四日從太宗討建成元吉事定拜太子右衛率遷右武衛大將軍賜實封七百戶貞觀中歷瀘州都督左領軍大將軍與長孫無忌等代襲刺史改封盧國公授普州刺史十七年累轉左屯衛大將軍檢校北門屯兵加鎮軍大將軍永徽六年遷左衛大將軍顯慶二年授葱山道行軍大總管以討賀魯師次怛篤城有胡人數千家開門出降知節屠城而去賀魯遂即遠遁軍還坐免官未幾授岐州刺史表請乞骸骨許之麟德二年卒贈驃騎大將軍益州大都督陪葬昭陵子處默襲爵盧國公處亮以功臣子尚太宗女清河長公主授駙馬都尉左衛中郎將少子處弼官至右金吾將軍處弼子伯獻開元中左金吾大將軍

段志玄齊州臨淄人也父偃師隋末爲太原郡司法書佐從高祖起義官至郢

州刺史志玄從父在太原甚爲太宗所接待義兵起志玄募得千餘人授右領大都督府軍頭從平霍邑下絳郡攻永豐倉皆爲先鋒歷遷左光祿大夫從劉文靜拒屈突通於潼關文靜爲通將桑顯和所襲軍營已潰志玄率二十騎赴擊殺數十人而還爲流矢中足慮衆心動忍而不言更入賊陣者再三顯和軍亂大軍因此復振擊大破之及屈突通之遁志玄與諸將追而擒之以功授樂遊府驃騎將軍後從討王世充深入陷陣馬倒爲賊所擒兩騎夾持其髻將渡洛水志玄踊身而奮二人俱墮馬馳歸追者數百騎不敢逼及破竇建德平東都功又居多遷秦王府右二護軍賞物二千段隱太子建成巢剌王元吉競以金帛誘之志玄拒而不納密以白太宗竟與尉遲敬德等同誅建成元吉太宗即位累遷左驍衛大將軍封樊國公食實封九百戸文德皇后之葬也志玄與宇文士及分統士馬出肅章門太宗夜使宮官至二將軍所士及開營内使者志玄閉門不納曰軍門不可夜開使者曰此有手勅志玄曰夜中不辯眞僞竟停使者至曉太宗聞而歎曰此眞將軍也周亞夫無以加焉十一年定世封之

制授金州刺史改封褒國公十二年拜右衞大將軍十四年加鎭軍大將軍十六年寢疾太宗親自臨視涕泣而別顧謂曰當與卿子五品志玄頓首固請迴授母弟志感太宗遂授志感左衞郎將及卒上爲發哀哭之甚慟贈輔國將軍揚州都督陪葬昭陵諡曰忠壯十七年正月詔圖形於凌煙閣子瓚襲爵褒國公武太后時官至左屯衞大將軍子懷節襲爵開元中官至太子詹事

張公謹字弘愼魏州繁水人也初爲王世充洧州長史武德元年與王世充所署洧州刺史崔樞以州城歸國授鄒州別駕累除右武候長史初未知名李勣驟薦於太宗尉遲敬德亦言之乃引入幕府時太宗爲隱太子建成巢王元吉所忌因召公謹問以自安之策對甚合旨漸見親遇及太宗將討建成元吉遣卜者灼龜占之公謹自外來見遽投於地而進曰凡卜筮者將以決嫌疑定猶豫今旣事在不疑何卜之有縱卜之不吉勢不可已願大王思之太宗深然其言六月四日公謹與長孫無忌等九人伏於玄武門以俟變及斬建成元吉其黨來攻玄武門兵鋒甚盛公謹有勇力獨閉門以拒之以功累授左武候將軍

封定遠郡公賜實封一千戶貞觀元年拜代州都督上表請置屯田以省轉運
又前後言時政得失十餘事並見納用後遣李靖經略突厥以公謹爲副公謹
因言突厥可取之狀曰頡利縱欲肆情窮凶極暴誅害良善昵近小人此主昏
於上其可取一也又其別部同羅僕骨迴紇延陁之類並自立君長將圖反噬
此則衆叛於下其可取二也突厥被疑輕騎自免拓設出討匹馬不歸欲谷喪
師立足無地此則兵挫將敗其可取三也塞北霜早糧餱乏絶其可取四也頡
利疎其突厥親委諸胡胡人翻覆是其常性大軍一臨內必生變其可取五也
華人入北其類實多比聞自相嘯聚保據山險師出塞垣自然有應其可取六
也太宗深納之破定襄敗頡利璽書慰勞進封鄒國公轉襄州都督甚有惠政
卒官年三十九太宗聞而嗟悼出次發哀有司奏言準陰陽書日子在辰不可
哭泣又爲流俗所忌太宗曰君臣之義同於父子情發於哀安避辰日遂哭之
贈左驍衛大將軍謚曰襄十三年追思舊功改封郯國公十七年圖形於淩煙
閣永徽中又贈荊州都督長子大象嗣官至戶部侍郎次子大業大安並知名

舊唐書卷六十八

大素龍朔中歷位東臺舍人兼修國史卒於懷州長史撰後魏書一百卷隋書三十卷大安上元中曆太子庶子同中書門下三品時章懷太子在春宮令大安與太子洗馬劉訥言等注范曄後漢書宮廢左授普州刺史光宅中卒於橫州司馬大安子況開元中爲國子祭酒

史臣曰敬德奪矟陷陣鼓勇王師却賂報恩竭忠霸主然而奮拳負氣非自全之道文皇告誡之言可爲功臣藥石叔寶善用馬矟拔賊壘則以寡敵衆可謂勇矣知節志平國難拜隼旟則致命輔君可謂忠矣而並曉世充之猜貳識唐代之霸圖可謂見幾君子矣志玄中鏑不言竟安師旅公謹投龜定議志助儲君皆所謂猛將謀臣知機識變有唐之盛斯實賴焉

贊曰太宗經綸實賴虎臣胡鄂諸將奮不顧身圖形凌煙配食嚴禋光諸簡冊爲報君親

舊唐書卷六十九

後晉司空同中書門下平章事劉昫撰

列傳第十九

侯君集　張亮　薛萬徹兄萬均　盛彥師　盧祖尚　劉世讓　劉蘭　李君羨等附

侯君集豳州三水人也性矯飾好矜誇翫弓矢而不能成其藝乃以武勇自稱太宗在藩引入幕府數從征伐累除左虞候車騎將軍封全椒縣子漸蒙恩遇參預謀議建成元吉之誅也君集之策居多太宗卽位遷左衞將軍以功進封潞國公賜邑千戶尋拜右衞大將軍貞觀四年遷兵部尚書參議朝政時將討吐谷渾伏允命李靖爲西海道行軍大總管以君集及任城王道宗並爲之副九年三月師次鄯州君集言於靖曰大軍已至賊虜尚未走險宜簡精銳長驅疾進彼不我虞必有大利若此策不行潛遁必遠山障爲阻討之實難靖然其計乃簡精銳輕齎深入道宗追及伏允之衆於庫山破之伏允輕兵入磧以避官軍靖乃中分士馬爲兩道並入靖與薛萬均李大亮趣北路使侯君集道宗

趣南路歷破邏真谷踰漢哭山經途二千餘里行空虛之地盛夏降霜山多積雪轉戰過星宿川至於柏海頻與虜遇皆大尅獲北望積玉山觀河源之所出焉乃旋師與李靖會於大非川平吐谷渾而還十一年與長孫無忌等俱受世封授君集陳州刺史改封陳國公明年拜吏部尚書進位光祿大夫君集出自行伍素無學術及被任遇方始讀書典選舉定考課出爲將領入參朝政並有時譽高昌王麴文泰時遏絶西域商賈太宗徵文泰入朝而稱疾不至詔以君集爲交河道行軍大總管討之文泰聞王師將起謂其國人曰唐國去此七千里涉磧闊二千里地無水草冬風凍寒夏風如焚風之所吹行人多死常行百人不能得至安能致大軍乎若頓兵於吾城下二十日食必盡自然魚潰乃接而虜之何足憂也及軍至磧口而文泰卒其子智盛襲位君集率兵至柳谷候騎言文泰尅日將葬國人咸集諸將請襲之君集曰不可天子以高昌驕慢無禮使吾恭行天罰今襲人於墟墓之間非問罪之師也於是鼓行而前攻其田地賊嬰城自守君集諭之不行先是大軍之發也上召山東善爲攻城器械者

悉遣從軍君集遂刊木填隍推撞車撞其睥睨數丈積穴拋車石擊其城中其所當者無不糜碎或張氈被用障拋石城上守陴者不得復立遂拔之虜其男女七千餘口仍進兵圍其都城智盛窮蹙致書於君集曰有罪於天子者先王也天罰所加身已喪背智盛襲位未幾不知所以愆闕冀尚書哀憐君集報曰若能悔禍宜束手軍門智盛猶不出因命士卒填其隍塹發拋車以攻之又爲十丈高樓仰視城內有行人及飛石所中處皆唱言之人多入室避石初文泰與西突厥欲谷設約有兵至共爲表裏及聞君集至欲谷設懼而西走千餘里智盛失援計無所出遂開門出降君集分兵略地遂平其國俘智盛及其將吏刻石紀功而還君集初破高昌曾未奏請輒配沒無罪人又私取寶物將士知之亦競來盜竊君集恐發其事不敢制及京師有司請推其罪詔下獄中書侍郎岑文本以爲功臣大將不可輕加屈辱上疏曰君集等或位居輔佐或職惟爪牙並蒙拔擢受將帥之任不能正身奉法以報陛下之恩舉厝肆情罪負盈積實宜繩之刑典以肅朝倫但高昌昏迷人神共弃在朝議者以其地在遐荒

咸欲置之度外唯陛下運獨見之明授決勝之略君集等奉行聖算遂得指期平殄若論事實並是陛下之功君集等有道路之勞未足稱其勳力而陛下天德弗宰乃推功於將帥露布初至便降大恩從征之人皆霑滌蕩及其凱旋特蒙曲宴又對萬國加之重賞內外文武咸欣陛下賞不踰時而不經旬日並付大理雖乃君集等自挂網羅而在朝之人未知所犯恐海內又疑陛下唯錄其過似遺其功臣以下才謬參近職既有所見不敢默然臣聞古之人君出師命將克敵則獲重賞不克則受嚴刑是以賞其有功也雖貪殘淫縱必蒙青紫之寵當其有罪也雖勤躬潔己不免鈇鉞之誅故周書曰記人之功忘人之過宜爲君者也昔漢貳師將軍李廣利損五萬之師糜億萬之費經四年之勞唯獲駿馬三十匹雖斬宛王之首而貪不愛卒罪惡甚多武帝爲萬里征伐不錄其過遂封廣利海西侯食邑八千戶又校尉陳湯矯詔與師雖斬郅支單于而湯素貪盜所收康居財物事多不法爲司隸所繫湯乃上疏曰與吏士共誅郅支幸得擒滅今司隸乃收繫案驗是爲郅支報讎也元帝赦其罪封湯關內侯賜

黃金百斤又晉龍驤將軍王濬有平吳之功而王渾等論濬違詔不受節度軍人得孫皓寶物并燒皓宮及船濬上表曰今年平吳誠爲大慶於臣之身更爲咎累武帝赦而不推拜輔國大將軍封襄陽侯賜絹萬匹近隋新義郡公韓擒虎平陳之日縱士卒暴亂叔寶宮內文帝亦不問罪雖不進爵拜擒虎上柱國賜物八千段由斯觀之將帥之臣廉慎者寡貪求者衆是以黃石公軍勢曰使智使勇使貪使愚故智者樂立其功勇者好行其志貪者邀趨其利愚者不計其死是知前聖莫不收人之長弃人之短良爲此也臣又聞夫天地之道以覆載爲先帝王之德以含弘爲美夫以區區漢武及歷代諸帝猶能宥廣利等況陛下天縱神武振宏圖以定六合豈獨正茲刑網不行古人之事哉伏惟聖懷當自己有斟酌臣今所以陳聞非敢私君集等庶以螢爝末光增暉日月儻陛下降雨露之澤收雷電之威錄其微勞忘其大過使君集重升朝列復預驅馳雖非清貞之臣猶是貪愚之將斯則陛下聖德雖屈法而德彌顯君集等愆過雖蒙宥而過更彰足使立功之士因茲而皆勸負罪之將由斯而改節矣疏奏

乃釋君集自以有功於西域而以貪冒被囚志殊怏怏十七年張亮以太子詹事出爲洛州都督君集激怒亮曰何爲見排亮曰是公見排更欲誰寃君集曰我平一國還觸天子大嗔何能抑排因攘袂曰鬱鬱不可活公能反乎當與公反耳亮密以聞太宗謂亮曰卿與君集俱是功臣君集獨以語卿無人聞見若以屬吏君集必言無此兩人相證事未可知遂寢其事待君集如初尋與諸功臣同畫像於淩煙閣時庶人承乾在東宮恐有廢立又知君集怨望遂與通謀君集子壻賀蘭楚石時爲東宮千牛承乾令數引君集入內問以自安之術君集以承乾劣弱意欲乘釁以圖之遂贊承乾陰圖不軌嘗舉手謂承乾曰此好手當爲用之君集或慮謀洩心不自安每中夜蹶然而起歎咤久之其妻怪而謂之曰公國之大臣何爲乃爾必當有故若有不善之事孤負國家宜自歸罪首領可全君集不能用及承乾事發君集被收楚石又詣闕告其事太宗親臨問曰我不欲命刀筆吏辱公故自鞫驗耳君集辭窮太宗謂百寮曰往者家國未安君集實展其力不忍寘之於法我將乞其性命公卿其許我乎羣臣爭進

曰君集之罪天地所不容請誅之以明大法太宗謂君集曰與公長訣矣而今而後但見公遺像耳因歔欷下泣遂斬於四達之衢籍沒其家君集臨刑容色不改謂監刑將軍曰君集豈反者乎蹉跌至此然嘗爲將破滅二國頗有微功爲言於陛下乞令一子以守祭祀由是特原其妻及一子徙於嶺南

張亮鄭州滎陽人也素寒賤以農爲業倜儻有大節外敦厚而內懷詭詐人莫之知大業末李密略地滎汴亮杖策從之未被任用屬軍中有謀反者亮告之密以爲至誠署驃騎將軍隸於徐勣及勣以黎陽歸國亮頗贊成其事乃授鄭州刺史會王世充陷鄭州亮不得之官孤軍無援遂亡命於共城山澤後房玄齡李勣以亮倜儻有智謀薦之於太宗引爲秦府車騎將軍漸蒙顧遇委以心膂會建成元吉將起難太宗以洛州形勝之地一朝有變將出保之遣亮之洛陽統左右王保等千餘人陰引山東豪傑以俟變多出金帛恣其所用元吉告亮欲圖不軌坐是屬吏亮卒無所言事釋遣還洛陽及建成死授懷州總管封長平郡公貞觀五年歷遷御史大夫轉光祿卿進封鄅國公賜實封五百戶後

歷豳夏鄜三州都督七年魏王泰爲相州都督而不之部進亮金紫光祿大夫行相州大都督長史十一年改封鄖國公亮所莅之職潛遣左右伺察善惡發擿姦隱動若有神抑豪強而恤貧弱故所在見稱初亮之在州也弃其本妻更娶李氏李素有淫行驕妬特甚亮寵憚之後至相州有鄴縣小兒以賣筆爲業善歌舞李見而悅之遂與私通假言亮先與其母野合所生收爲亮子名曰慎幾亮前婦子慎微每以養慎幾致諫亮不從李尤好左道所至巫覡盈門又干預政事由是亮之聲稱漸損十四年又爲工部尚書明年遷太子詹事出爲洺州都督及侯君集誅以亮先奏其將反優詔褒美遷刑部尚書參預朝政太宗將伐高麗亮頻諫不納因自請行以亮爲滄海道行軍大總管管率舟師自東萊渡海襲沙卑城破之俘男女數千口進兵頓於建安城下營壘未固士卒多樵牧賊衆奄至軍中惶駭亮素怯懦無計策但踞胡床直視而無所言將士見之翻以亮爲有膽氣其副總管張金樹等乃鳴鼓令士衆擊賊破之太宗知其無將帥材而不之責有方術人程公頴者亮親信之初在相州陰召公頴謂曰

相州形勝之地人言不出數年有王者起公以爲何如公頗知其有異志因言
亮臥似龍形必當大貴又有公孫常者頗擅文辭自言有黃白之術尤與亮善
亮謂曰吾嘗聞圖讖有弓長之君當別都雖有此言實不願聞之常又言亮名
應圖籙亮大悅二十年有陝人常德玄告其事幷言亮有義兒五百人太宗遣
法官按之公頴及常證其罪亮曰此二人畏死見誣耳又自陳佐命之舊冀有
寬貸太宗謂侍臣曰亮有義兒五百畜養此輩將何爲也正欲反耳命百寮議
其獄多言亮當誅唯將作少匠李道裕言亮反形未具明其無罪太宗旣盛怒
竟斬於市籍沒其家歲餘刑部侍郎有闕令執政者妙擇其人累奏皆不可太
宗曰朕得其人也往者李道裕議張亮云反形未具此言當矣雖不卽從至今
追悔遂授道裕刑部侍郎
薛萬徹雍州咸陽人自燉煌徙焉隋左禦衞大將軍世雄子也世雄大業末卒
於涿郡太守萬徹少與兄萬均隨父在幽州俱以武略爲羅藝所親待尋與藝
歸附高祖授萬均上柱國永安郡公萬徹車騎將軍武安縣公會竇建德率衆

十萬來寇范陽藝逆拒之萬均謂藝曰衆寡不敵今若出門百戰百敗當以計取之可令羸兵弱馬阻水背城爲陣以誘之觀賊之勢必渡水交兵萬均請精騎百人伏於城側待其半渡擊之破賊必矣藝從其言建德果引軍渡水萬均邀擊大破之明年建德率衆二十萬復攻幽州賊已攀堞萬均與萬徹率敢死士百人從地道而出直掩賊背擊之賊遂潰走及太宗平劉黑闥引萬均爲右二護軍恩顧甚至隱太子建成又引萬徹置於左右建成被誅萬徹率宮兵戰於玄武門鼓譟欲入秦府將士大懼及梟建成首示之萬徹與數十騎亡於終南山太宗累遣使諭意萬徹釋仗而來太宗以其忠於所事不之罪也萬均貞觀初歷遷殿中少監柴紹之擊梁師都以萬徹爲副未至朔方數十里突厥四面而至官軍稍却萬均與萬徹橫出擊之斬其驍將虜陣亂因而乘之殺傷被野鼓行而進遂圍師都俄而師都見殺城降突厥不敢來援萬徹後從李靖擊突厥頡利可汗於塞北以功授統軍進爵郡公初靖將擊吐谷渾靖萬徹同行及至賊境與諸將各率百餘騎先行卒與虜數千騎相遇萬徹單騎馳擊之虜

無敢當者還謂諸將曰賊易與耳躍馬復進諸將隨之斬數千級人馬流血勇冠三軍又與萬均破吐谷渾天柱王於赤水源獲其雜畜二十萬計追至河源萬均此後官至左屯衞大將軍累封潞國公而卒萬徹尋丁母憂解職俄起爲右衞將軍出爲蒲州刺史會薛延陁率迴紇同羅之衆渡磧南擊李思摩萬徹副李勣援之與虜相遇率數百騎爲先鋒擊其陣後騎皆散賊顧見遂大潰追奔數十里斬首三千餘級獲馬萬五千匹以功別封一子爲縣侯十八年授左衞將軍尚丹陽公主拜駙馬都尉尋遷右衞大將軍轉杭州刺史還代州都督復召拜右武衞大將軍太宗從容謂從臣曰當今名將唯李勣道宗萬徹三人而已李勣道宗不能大勝亦不大敗萬徹非大勝卽大敗太宗嘗召司徒長孫無忌等十餘人宴於丹霄殿各賜以膜皮萬徹預焉太宗意在賜萬徹而誤呼萬均因愴然曰萬均朕之勳舊不幸早亡不覺呼名豈其魂靈欲朕之賜也因給取膜皮呼萬均以同賜而焚之於前侍坐者無不感歎二十二年萬徹又爲青丘道行軍大總管率甲士三萬自萊州泛海伐高麗入鴨綠水百餘里至泊

灼城高麗震懼多棄城而遁泊灼城主所夫孫率步騎萬餘人拒戰萬徹遣右衛將軍裴行方領步卒爲支軍繼進萬徹及諸軍乘之賊大潰追奔百餘里於陣斬所夫孫進兵圍泊灼城其城因山設險阻鴨綠水以爲固攻之未拔高麗遣將高文率烏骨安地諸城兵三萬餘人來援分置兩陣萬徹分軍以當之鋒刃纔接而賊大潰萬徹在軍仗氣凌物人或奏之及謁見太宗謂曰上書者論卿與諸將不協朕錄功棄過不罪卿也因取書焚之尋爲副將右衛將軍裴行方言其怨望於是廷驗之萬徹辭屈英國公李勣進曰萬徹職乃將軍親惟主壻發言怨望罪不容誅因除名徙邊會赦得還永徽二年授寧州刺史入朝與房遺愛款昵因謂遺愛曰今雖患脚坐置京師諸輩猶不敢動遺愛謂萬徹曰公若國家有變我當與公立荊王元景爲主及謀洩吏逮之萬徹不之伏遺愛證之遂伏誅臨刑大言曰薛萬徹大健兒留爲國家効死力固好豈得坐房遺愛殺之乎遂解衣謂監刑者疾斫執刀者斬之不殊萬徹叱之曰何不加刀三斫乃絕萬徹長兄萬淑亦有戰功貞觀初至營州都督檢校東夷校尉封梁郡

公季弟萬備有孝行母終廬於墓側太宗降璽書弔慰仍旌表其門後官至右衛將軍並先萬徹卒初武德貞觀之際有盛彥師盧祖尚劉世讓劉蘭李君羨等並有功名而不終其位

盛彥師者宋州虞城人大業中爲澄城長義師至汾陰率賓客千餘人濟河上謁拜銀青光祿大夫行軍總管從平京城俄與史萬寶鎮宜陽以拒東寇及李密之叛將出山南史萬寶懼密威名不敢拒謂彥師曰李密驍賊也又輔以王伯當決策而叛其下兵士思欲東歸若非計出萬全則不爲也兵在死地殆不可當彥師笑曰請以數千之衆邀之必梟其首萬寶曰計將安出對曰軍法尚詐不可爲公說之便領衆踰熊耳山南傍道而止令弓弩者夾路乘高刀楯者伏於溪谷令曰待賊半渡一時齊發弓弩據高縱射刀楯卽亂出薄之或問之曰聞李密欲向洛州而公入山何也彥師曰密聲言往洛實走襄城就張善相耳必當出人不意若賊入谷口我自後追之山路險隘無所展力一夫殿後必不能制今吾先得入谷擒之必矣李密既度陜州以爲餘不足慮遂擁衆徐行

果踰山南渡彥師擊之密衆首尾斷絶不得相救遂斬李密追擒伯當以功封葛國公拜武衞將軍仍鎮熊州太宗討王世充遣彥師與萬寶軍於伊闕絶其山南之路賊平除宋州總管初彥師之入關也王世充以其將陳寶遇爲宋州刺史處其家不以禮及此彥師因事殺之平生所惡數十家亦皆殺之州中震駭重足而立會徐圓朗反彥師爲安撫大使因戰遂沒於賊圓朗禮厚之令彥師作書報其弟令舉城降已彥師爲書曰吾奉使無狀被賊所擒爲臣不忠誓之以死汝宜善侍老母勿以吾爲念圓朗初色動而彥師自若圓朗乃笑曰盛將軍乃有壯節不可殺也待之如舊賊平彥師竟以罪賜死

盧祖尚者字季良光州樂安人也父禮隋虎賁郎將累葉豪富傾財散施甚得人心大業末召募壯士逐捕羣盜時年甚少而武力過人又御衆嚴整所向有功羣盜畏憚不敢入境及宇文化及作亂州人請祖尚爲刺史祖尚時年十九昇壇歃血以誓其衆泣涕歔欷悲不自勝衆皆感激王世充立越王侗祖尚遣使從之侗授祖尚光州總管及世充自立遂舉州歸款高祖嘉之賜璽書勞勉

拜光州刺史封弋陽郡公武德六年從趙郡王孝恭討輔公祏爲前軍總管攻其宣歙州克之進擊賊帥馮惠亮陳正通並破之賊平以功授蔣州刺史又歷壽州都督瀛州刺史並有能名貞觀初交州都督遂安公壽以貪冒得罪太宗思求良牧朝臣咸言祖尚才兼文武廉平正直徵至京師臨朝謂之曰交州大藩去京甚遠須賢牧撫之前後都督皆不稱職卿有安邊之略爲我鎮邊勿以道遠爲辭也祖尚拜謝而出既而悔之以舊疾爲辭太宗遣杜如晦諭旨祖尚固辭又遣其妻兄周範往諭之曰匹夫相許猶須存信卿面許朕豈得後方悔之宜可早行三年必自相召卿勿推拒朕不食言對曰嶺南瘴癘皆日飲酒臣不便酒去無還理太宗大怒曰我使人不從何以爲天下命斬之於朝時年三十餘尋悔之使復其官廕

劉世讓字元欽雍州醴泉人也仕隋徵仕郎高祖入長安世讓以湋川歸國拜通議大夫時唐弼餘黨寇扶風世讓自請安輯許之俄得數千人復爲安定道行軍總管率兵以拒薛舉戰敗世讓及弟實俱爲舉軍所獲舉將至城下令紿

說城中曰大軍五道已趣長安宜開門早降世讓僞許之因告城中曰賊兵多少極於此矣宜善自固以圖安全舉重其執節竟不之害太宗時屯兵高墌世讓潛遣寶逃歸言賊中虛實高祖嘉之賜其家帛千匹及賊平得歸授彭州刺史尋領陝東道行軍總管與永安王孝基擊呂崇茂於夏縣諸軍敗績世讓與唐儉俱爲賊所獲獄中聞獨孤懷恩有逆謀逃還以告高祖時高祖方濟河將幸懷恩之營聞難驚曰劉世讓之至豈非天命哉因勞之曰卿往陷薛舉遣弟潛效款誠今復冒危告難是皆憂國忘身也尋封弘農郡公賜莊一區錢百萬累轉幷州總管統兵屯於鴈門突厥處羅可汗與高開道苑君璋合衆攻之甚急鴻臚卿鄭元璹先使在蕃可汗令元璹來說之世讓厲聲曰大丈夫奈何爲夷狄作說客耶經日餘虜乃退及元璹還述世讓忠貞勇幹高祖下制褒美之錫以良馬未幾召拜廣州總管將之任高祖問以備邊之策世讓答曰突厥南寇徒以馬邑爲其中路耳如臣所計請於崞城置一智勇之將多儲金帛有來降者厚賞賜之數出奇兵略其城下芟踐禾稼敗其生業不出歲餘彼當無食

馬邑不足圖也高祖無可任者乃使馳驛往經略之突厥懼其威名乃縱反間言世讓與可汗通謀將爲亂高祖不之察遂誅世讓籍沒其家貞觀初突厥來降者言世讓初無逆謀始原其妻子

劉蘭字文郁青州北海人也仕隋鄱陽郡書佐頗涉經史善言成敗然性多兇狡見隋末將亂交通不逞于時北海完富蘭利其子女玉帛與羣盜相應破其本鄉城邑武德中淮安王神通爲山東道安撫大使蘭率宗黨往歸之以功累遷尚書員外郎貞觀初梁師都尚據朔方蘭上言攻取之計太宗善之命爲夏州都督府司馬時梁師都以突厥之師頓於城下蘭偃旗臥鼓不與之爭鋒賊徒宵遁蘭追擊破之遂進軍夏州及師都平以功遷豐州刺史徵爲右領軍將軍十一年幸洛陽以蜀王愔爲夏州都督愔不之藩以蘭爲長史總其府事時突厥攜離有郁射設阿史那摸末率其部落入居河南蘭縱反間以離其部落頡利果疑摸末摸末懼而頡利又遣兵追之蘭率衆逆擊敗之太宗以爲能超拜豐州刺史再轉夏州都督封平原郡公貞觀末以謀反腰斬右驍衛大將軍

丘行恭探其心肝而食之太宗聞而召行恭讓之曰典刑自有常科何至於此必若食逆者心肝而爲忠孝則劉蘭之心爲太子諸王所食豈至卿邪行恭無以答

李君羨者洛州武安人也初爲王世充驃騎惡世充之爲人乃與其黨叛而來歸太宗引爲左右從討劉武周及王世充等每戰必單騎先鋒陷陣前後賜以宮女馬牛黃金雜綵不可勝數太宗卽位累遷華州刺史封武連郡公貞觀初太白頻晝見太史占曰女主昌又有謠言當有女武王者太宗惡之時君羨爲左武衞將軍在玄武門太宗因武官內宴作酒令各言小名君羨自稱小名五娘子太宗愕然因大笑曰何物女子如此勇猛又以君羨封邑及屬縣皆有武字深惡之會御史奏君羨與妖人員道信潛相謀結將爲不軌遂下詔誅之天授二年其家屬詣闕稱寃則天乃追復其官爵以禮改葬

史臣曰侯君集摧兇克敵効用居多恃寵矜功粗率無檢弃前功而罹後患貪愚之將明矣張亮聽公穎之妖言恃弓長之邪讖義兒斯畜惡跡遂彰雖道裕

云反狀未形而詭詐之性於斯驗矣萬徹籌深行陣勇冠戎夷不能保其首領以至誅戮夫二三子非慎始而保終也

贊曰君子立功守以謙沖小人得位足爲身害侯張兇險望窺聖代雄若韓彭難逃葅醢

舊唐書卷六十九

舊唐書卷六十九考證

張亮傳收爲亮子名曰愼幾亮前婦子愼微每以養愼幾致諫○新書亮子顗數諫止

薛萬徹傳卒與虜數千騎相遇萬徹單騎馳擊之○新書追奔至積石山大風折旗萬均曰虜且來乃勒兵俄而虜至萬均直前斬其將衆遂潰是單騎馳擊者萬徹兄萬均也

劉世讓傳高祖無可任者○臣德潛按上文世讓答高祖備邊之策應是高祖曰非公無可任者高祖二字下疑有闕文

舊唐書卷六十九考證

舊唐書卷七十

後晉司空同中書門下平章事劉昫撰

列傳第二十

王珪 兄子至德　戴胄 兄子至德　岑文本 兄子長倩 長倩子羲 格輔元附　杜正倫

王珪字叔玠太原祁人也在魏爲烏九氏曾祖神念自魏奔梁復姓王氏祖僧辯梁太尉尚書令父顗北齊樂陵太守珪幼孤性雅澹少嗜慾志量沈深能安於貧賤體道履正交不苟合季叔頗當時通儒有人倫之鑒嘗謂所親曰門戶所寄唯在此兒耳開皇末爲奉禮郎及頗坐漢王諒反事被誅珪當從坐遂亡命於南山積十餘歲高祖入關丞相府司錄李綱薦珪貞諒有器識引爲世子府諮議參軍及東宮建除太子中舍人尋轉中允甚爲太子所禮後以連其陰謀事流于巂州建成誅後太宗素知其才召拜諫議大夫貞觀元年太宗嘗謂侍臣曰正主御邪臣不能致理正臣事邪主亦不能致理唯君臣相遇有同魚水則海內可安也昔漢高祖田舍翁耳提三尺劍定天下既而規模弘遠慶流

子孫者此蓋任得賢臣所致也朕雖不明幸諸公數相匡救冀憑嘉謀致天下於太平耳珪對曰臣聞木從繩則正后從諫則聖故古者聖主必有諍臣七人言而不用則相繼以死陛下開聖慮納芻蕘臣處不諱之朝實願罄其狂瞽太宗稱善勅自今後中書門下及三品以上入閤必遣諫官隨之珪每推誠納忠多所獻替太宗顧待益厚賜爵永寧縣男遷黃門侍郎兼太子右庶子二年代高士廉爲侍中太宗嘗閑居與珪宴語時有美人侍側本廬江王瑗之姬瑗敗籍沒入宮太宗指示之曰廬江不道賊殺其夫而納其室暴虐之甚何有不亡者乎珪避席曰陛下以廬江取此婦人爲是耶爲非耶太宗曰殺人而取其妻卿乃問朕是非何也對曰臣聞於管子曰齊桓公之郭問其父老曰郭何故亡父老曰以其善善而惡惡也桓公曰若子之言乃賢君也何至於亡父老曰不然郭君善善而不能用惡惡而不能去所以亡也今此婦人尚在左右竊以聖心爲是之陛下若以爲非此謂知惡而不去也太宗雖不出此美人而甚重其言時太常少卿祖孝孫以教宮人聲樂不稱旨爲太宗所讓珪及溫彥博諫曰

孝孫妙解音律非不用心但恐陛下顧問不得其人以惑陛下視聽且孝孫雅士陛下忽爲教女樂而怪之臣恐天下怪愕太宗怒曰卿皆我之腹心當進忠獻直何乃附下罔上反爲孝孫言也彥博拜謝珪獨不拜曰臣本事前宮罪已當死陛下矜恕性命不以不肖置之樞近責以忠直今臣所言豈是爲私不意陛下忽以疑事誚臣是陛下負臣臣不負陛下帝默然而罷翌日帝謂房玄齡曰自古帝王能納諫者固難矣昔周武王尙不用伯夷叔齊宣王賢主杜伯猶以無罪見殺吾夙夜庶幾前聖恨不能仰及古人昨責彥博王珪朕甚悔之公等勿以此而不進直言也時房玄齡李靖溫彥博戴冑魏徵與珪同知國政後嘗侍宴太宗謂珪曰卿識鑒清通尤善談論自房玄齡等咸宜品藻又可自量孰與諸子賢對曰孜孜奉國知無不爲臣不如玄齡才兼文武出將入相臣不如李靖敷奏詳明出納惟允臣不如溫彥博處繁理劇衆務必舉臣不如戴冑以諫諍爲心恥君不及於堯舜臣不如魏徵至如激濁揚清嫉惡好善臣於數子亦有一日之長太宗深然其言羣公亦各以爲盡己所懷謂之確論後進爵

爲郡公七年坐漏泄禁中語左遷同州刺史明年召拜禮部尙書十一年與諸儒正定五禮書成賜帛三百段封一子爲縣男是歲兼魏王師旣而上問黃門侍郎韋挺曰王珪爲魏王泰師與其相見若爲禮節挺對曰見師之禮拜答如禮王問珪以忠孝珪荅曰陛下王之君也事君思盡忠陛下王之父也事父思盡孝忠孝之道可以立身可以成名當年可以享天祐餘芳可以垂後葉王曰忠孝之道已聞教矣願聞所習珪荅曰漢東平王蒼云爲善最樂上謂侍臣曰古來帝子生於宮闈及其成人無不驕逸是以傾覆相踵少能自濟我今嚴教子弟欲令皆得安全王珪我久驅使是所諳悉以其意存忠孝選爲子師爾宜語泰汝之待珪如事我也可以無過泰每爲之先拜珪亦以師道自居物議善之時珪子敬直尙南平公主禮有婦見舅姑之儀自近代公主出降此禮皆廢珪曰今主上欽明動循法制吾受公主謁見豈爲身榮所以成國家之美耳遂與其妻就席而坐令公主親執笄行盥饋之道禮成而退是後公主下降有舅姑者皆備婦禮自珪始也珪少時貧寒人或遺之初不辭謝及貴皆厚報之雖

其人已亡必賑贍其妻子事寡嫂盡禮撫孤姪恩義極隆宗姻困匱者亦多所周卹珪通貴漸久而不營私廟四時蒸嘗猶祭於寢坐爲法司所劾太宗優容弗之譴也因爲立廟以媿其心珪既儉不中禮時論以是少之十三年遇疾勅公主就第省視又遣民部尚書唐儉增損藥膳尋卒年六十九太宗素服舉哀於別次悼惜久之詔魏王泰率百官親往臨哭贈吏部尚書諡曰懿長子崇基襲爵官至主爵郎中少子敬直以尚主拜駙馬都尉坐與太子承乾交結徙于嶺外崇基孫旭開元初爲左司郎中兼侍御史時光祿少卿盧崇道犯罪配流嶺南逃歸匿於東都爲讎家所發玄宗令旭究其獄旭欲擅其威權因捕繫崇道親黨數十人皆極其楚毒然後結成其罪崇道及其三子並坐死親友皆決杖流貶時得罪多是知名之士四海寃之旭又與御史大夫李傑不協遞相糺訐傑竟坐左遷衢州刺史旭既得志擅行威福由是朝廷畏而鄙之俄以贓罪黜爲龍川尉憤恚而死甚爲時之所快

戴胄字玄胤相州安陽人也性貞正有幹局明習律令尤曉文簿隋大業末爲

門下錄事納言蘇威黃門侍郎裴矩甚禮之越王侗以爲給事郎王世充將篡侗位胄言於世充曰君臣之分情均父子理須同其休戚曷以終始明公以文武之才當社稷之寄與存與亡在於今日所願推誠王室擬跡伊周使國有泰山之安家傳代祿之盛則率土之濱莫不幸甚世充詭辭稱善勞而遣之世充後逼越王加其九錫胄又抗言切諫世充不納由是出爲鄭州長史令與兄子行本鎮武牢太宗尅武牢而得之引爲秦府士曹參軍及即位除兵部郎中封武昌縣男貞觀元年遷大理少卿時吏部尚書長孫無忌嘗被召不解佩刀入東上閤尚書右僕射封德彝議以監門校尉不覺罪當死無忌誤帶入罰銅二十斤上從之胄駮曰校尉不覺與無忌帶入同爲誤耳臣子之於尊極不得稱誤準律云供御湯藥飲食舟船誤不知者皆死陛下若錄其功非憲司所決若當據法罰銅未爲得衷太宗曰法者非朕一人之法乃天下之法也何得以無忌國之親戚便欲阿之更令定議德彝執議如初太宗將從其議胄又曰校尉緣無忌以致死於法當輕若論其誤則爲情一也而生死頓殊敢以固請上嘉

之竟免校尉之死于時朝廷盛開選舉或有詐僞資蔭者帝令其自首不首者罪至于死俄有詐僞者事洩胄據法斷流以奏之帝曰朕下勅不首者死今斷從流是示天下以不信卿欲賣獄乎胄曰陛下當即殺之非臣所及既付所司臣不敢虧法帝曰卿自守法而令我失信邪胄曰法者國家所以布大信於天下言者當時喜怒之所發耳陛下發一朝之忿而許殺之既知不可而寘之於法此乃忍小忿而存大信也若順忿違信臣竊爲陛下惜之帝曰法有所失公能正之朕何憂也胄前後犯顏執法多此類所論刑獄皆事無冤濫隨方指擿言如泉涌其年轉尚書右丞尋遷左丞先是每歲水旱皆以正倉出給無倉之處就食他州百姓多致饑乏二年胄上言水旱凶災前聖之所不免國無九年儲蓄禮經之所明誡今喪亂已後戶口凋殘每歲納租未實倉廩隨即出給纔供當年若有災凶將何賑卹故隋開皇立制天下之人節級輸粟名爲社倉終文皇代得無饑饉及大業中年國用不足並取社倉之物以充官費故至末塗無以支給自王公已下爰及衆庶計所墾田稼穡頃畝每至秋熟準其苗以理

勸課盡令出粟稻麥之鄉亦同此稅各納所在立爲義倉太宗從其議以其家貧賚錢十萬時尚書左僕射蕭瑀免官僕射封德彝又卒太宗謂胄曰尚書省天下綱維百司所稟若一事有失天下必有受其弊者今以令僕繫之於卿當稱朕所望也胄性明敏達於從政處斷明速議者以爲左右丞稱職武德已來一人而已又領諫議大夫令與魏徵更日供奉三年進拜民部尚書兼檢校太子左庶子先是右僕射杜如晦專掌選舉臨終請以選事委胄由是詔令兼攝吏部尚書其民部庶子諫議並如故胄雖有幹局而無學術居吏部抑文雅而獎法吏甚爲時論所譏四年罷吏部尚書以本官參預朝政尋進爵爲郡公五年太宗將修復洛陽宮胄上表諫曰陛下當百王之弊屬暴隋之後拯餘燼於塗炭救遺黎於倒懸遠至邇安率土清謐大功大德豈臣之所稱贊臣誠小人才識非遠唯知耳目之近不達長久之策敢竭區區之誠論臣職司之事比見關中河外盡置軍團富室強丁並從戎旅重以九成作役餘丁向盡去京二千里內先配司農將作假有遺餘勢何足紀亂離甫爾戶口單弱一人就役舉家

便廢入軍者督其戎仗從役者責其糇糧盡室經營多不能濟以臣愚慮恐致怨嗟七月已來霖潦過度河南河北厥田洿下時豐歲稔猶未可量加以軍國所須皆資府庫布絹所出歲過百萬丁既役盡賦調不減費用不止帑藏其虛且洛陽宮殿足蔽風雨數年功畢亦謂非晚若頓修營恐傷勞擾太宗甚嘉之因謂侍臣曰戴胄於我無骨肉之親但以忠直勵行情深體國事有機要無不以聞所進官爵以酬厥誠耳七年卒太宗爲之舉哀廢朝三日贈尙書右僕射追封道國公諡曰忠詔虞世南撰爲碑文又以胄宅宇弊陋祭享無所令有司特爲造廟房玄齡魏徵並美胄才用俱與之親善及胄卒後嘗見其遊處之地數爲之流涕胄無子以兄子至德爲後至德乾封中累遷西臺侍郎同東西臺三品尋轉戶部尙書依舊知政事父子十數年閒相繼爲尙書預知國政時以爲榮咸亨中高宗爲飛白書以賜侍臣賜至德曰泛洪源俟舟檝賜郝處俊曰飛九霄假六翮賜李敬玄曰資啓沃罄丹誠又賜中書侍郎崔知悌曰竭忠節贊皇猷其辭皆有興比俄遷尙書右僕射時劉仁軌爲左僕射每遇申訴冤滯

者輒美言許之而至德先據理難詰未嘗與奪若有理者密爲奏之終不顯己之斷決由是時譽歸於仁軌或以問至德答曰夫慶賞刑罰人主之權柄凡爲人臣豈得與人主爭權柄哉其愼密如此後高宗知而深歎美之儀鳳四年薨輟朝三日使百官以次赴宅哭之贈開府儀同三司并州大都督謚曰恭

岑文本字景仁南陽棘陽人祖善方仕蕭詧吏部尚書父之象隋末爲邯鄲令嘗被人所訟理不得申文本性沈敏有姿儀博考經史多所貫綜美譚論善屬文時年十四詣司隸稱冤辭情慨切召對明辯衆頗異之試令作蓮花賦下筆便成屬意甚佳合臺莫不歎賞其父冤雪由是知名其後郡舉秀才以時亂不應蕭銑僭號於荆州召署中書侍郎專典文翰及河間王孝恭定荆州軍中將士咸欲大掠文本進說孝恭曰自隋室無道羣雄鼎沸四海延頸以望真主今蕭氏君臣江陵父老決計歸降者實望去危就安耳王必欲縱兵虜掠誠非鄙州來蘇之意亦恐江嶺以南向化之心沮矣孝恭稱善遂止之署文本荆州別駕孝恭進擊輔公祏召典軍書復署行臺考功郎中貞觀元年除祕書郎兼直

中書省遇太宗行藉田之禮文本上藉田頌及元日臨軒宴百寮文本復上三元頌其辭甚美文本才名既著李靖復稱薦之擢拜中書舍人漸蒙親顧初武德中詔誥及軍國大事文皆出於顏師古至是文本所草詔誥或衆務繁湊卽命書僮六七人隨口並寫須臾悉成亦殆盡其妙時中書侍郎顏師古以譴免職頃之溫彥博奏曰師古諳練時事長於文法時無及者冀蒙復用太宗曰我自舉一人公勿憂也於是以文本爲中書侍郎專典機密又先與令狐德棻撰周史其史論多出於文本至十年史成封江陵縣子十一年從至洛陽宮會穀洛泛溢文本上封事曰臣聞創撥亂之業其功既難守已成之基其道不易故居安思危所以定其業也有始有卒所以隆其基也今雖億兆乂安方隅寧謐既承喪亂之後又接凋弊之餘戶口減損尙多田疇墾闢猶少覆燾之恩著矣而瘡痍未復德教之風被矣而資產屢空是以古人譬之種樹年祀綿遠則枝葉扶踈若種之日淺根本未固雖壅之以黑壤暖之以春日一人搖之必致枯槁今之百姓頗類於此常加含養則日就滋息暫有征役則隨而凋耗凋耗既

甚則人不聊生人不聊生則怨氣充塞怨氣充塞則離叛之心生矣故帝舜曰可愛非君可畏非人孔安國曰人以君爲命故可愛君失道人叛之故可畏仲尼曰君猶舟也人猶水也水所以載舟亦所以覆舟是以古之哲王雖休勿休日慎一日者良爲此也伏惟陛下覽古今之事察安危之機上以社稷爲重下以億兆爲念明選舉慎賞罰進賢才退不肖聞過卽改從諫如流爲善在於不疑出令期於必信頤神養性省畋遊之娛去奢從儉減工役之費務靜方內而不求闢土載櫜弓矢而無忘武備凡此數者雖爲國之常道陛下之所常行臣之愚心唯願陛下思之而不倦行之而不怠則至道之美與三五比隆億載之祚隨天地長久雖使桑穀爲妖龍蛇作孽雉雊於鼎耳石言於晉地猶當轉禍爲福變咎爲祥況水雨之患陰陽常理豈可謂之天譴而繫聖心哉臣聞古人有言農夫勞而君子養焉愚者言而智者擇焉輒陳狂瞽伏待斧鉞是時魏王泰寵冠諸王盛修第宅文本以爲侈不可長上疏盛陳節儉之義言泰宜有抑損太宗並嘉之賜帛三百段十七年加銀青光祿大夫文本自以出自書生每

懷撝損平生故人雖微賤必與之抗禮居處卑陋室無茵褥帷帳之飾事母以孝聞撫弟姪恩義甚篤太宗每言其弘厚忠謹吾親之信之是時新立晉王爲皇太子名士多兼領宮官太宗欲令文本兼攝文本再拜曰臣以庸才久踰涯分守此一職猶懼滿盈豈宜更忝春坊以速時謗臣請一心以事陛下不願更希東宮恩澤太宗乃止仍令五日一參東宮皇太子執賓友之禮與之答拜其見待如此俄拜中書令歸家有憂色其母怪而問之文本曰非勳非舊濫荷寵榮責重位高所以憂懼親賓有來慶賀輒曰今受弔不受賀也又有勸其營產業者文本歎曰南方一布衣徒步入關疇昔之望不過祕書郎一縣令耳而無汗馬之勞徒以文墨致位中書令斯亦極矣荷俸祿之重爲懼已多何得更言產業乎言者歎息而退文本既久在樞揆當塗任事賞錫稠疊凡有財物出入皆委季弟文昭一無所問文昭時任校書郎多與時人遊款太宗聞而不悅嘗從容謂文本曰卿弟過多交結恐累卿朕將出之爲外官如何文本泣曰臣弟少孤老母特所鍾念不欲信宿離于左右若令外出母必憂悴儻無此弟亦無

老母也歔欷嗚咽太宗愍其意而止唯召見文昭嚴加誡約亦卒無㥪過及將
伐遼凡所籌度一皆委之文本受委既深神情頓竭言辭舉措頗異平常太宗
見而憂之謂左右曰文本今與我同行恐不與我同返及至幽州遇暴疾太宗
親自臨視撫之流涕尋卒年五十一其夕太宗聞嚴鼓之聲曰文本殞逝情深
惻怛今宵夜警所不忍聞命停之贈侍中廣州都督謚曰憲賜東園祕器陪葬
昭陵有集六十卷行於代文本兄文叔文叔子長倩少爲文本所鞠同於己子
永淳中累轉兵部侍郎同中書門下平章事垂拱初自夏官尚書遷內史知夏
官事俄拜文昌右相封鄧國公則天初革命尤好符瑞長倩懼罪頗有陳奏又
上疏請改皇嗣姓爲武氏以爲周室儲貳則天許之實封五百戶天授二年加
特進輔國大將軍其年鳳閣舍人張嘉福與洛州人王慶之等列名上表請立
武承嗣爲皇太子長倩以皇嗣在東宮不可更立承嗣與地官尚書格輔元竟
不署名仍奏請切責上書者由是大忤諸武意乃斥令西征吐蕃充武威道行
軍大總管中路召還下制獄被誅仍發掘其父祖墳墓來俊臣又脅迫長倩子

靈源令誣納言歐陽通及格輔元等數十人皆陷以同反之罪並誅死長倩子
義長安中爲廣武令有能名則天嘗令宰相各舉堪爲員外郎者鳳閣侍郎韋
嗣立薦義且奏曰恨其從父長倩犯逆爲累則天曰苟有材幹何恨微累遂拜
天官員外郎由是緣坐近親相次入省登封令劉守悌爲司門員外郎渭南令
裴惓爲地官員外郎先是義爲金壇令守悌及惓稱爲清德義以文吏著名俱
爲巡察使所薦皆授畿縣令又同爲尙書郎悉有美譽守悌後至陝州刺史惓
至杭州刺史義神龍初爲中書舍人時武三思用事侍中敬暉欲上表請削諸
武之爲王者募爲疏者衆畏三思皆辭託不敢爲之義便操筆辭甚切直由是
忤三思意轉祕書少監再遷吏部侍郎時吏部侍郎崔湜太常少卿鄭愔大理
少卿李元恭分掌選事皆以贓貨聞義最守正時議美之尋加銀青光祿大夫
右散騎常侍同中書門下三品睿宗卽位出爲陝州刺史復歷刑部戸部二尙
書門下三品監修國史刪定格令仍修氏族錄初中宗時侍御史冉祖雍誣奏
睿宗及太平公主與節愍太子連謀請加推究義與中書侍郎蕭至忠密申保

護及羲監修中宗實錄自書其事睿宗覽而大加賞歎賜物三百段良馬一疋仍下制書褒美之時羲兄獻爲國子司業弟翔爲陜州刺史休爲商州刺史從族兄弟子姪因羲引用登清要者數十人羲歎曰物極則返可以懼矣然竟不能有所抑退尋遷侍中先天元年坐預太平公主謀逆伏誅籍沒其家

格輔元者汴州浚儀人也伯父德仁隋剡縣丞與同郡人齊王文學王孝逸文林郎繁師玄羅川郡戶曹靖君亮司隸從事鄭祖咸宣城縣長鄭師善王世充中書舍人李行簡處士盧協等八人以辭學擅名當時號爲陳留八俊輔元弱冠舉明經歷遷御史大夫地官尚書同鳳閣鸞臺平章事初張嘉福等請立武承嗣也則天以問輔元固稱不可遂爲承嗣所譖而死海內寃之輔元兄希元高宗時洛川司法參軍章懷太子召令與洗馬劉訥言等注解范曄後書行於代先輔元卒

杜正倫相州洹水人也隋仁壽中與兄正玄正藏俱以秀才擢第隋代舉秀才止十餘人正倫一家有三秀才甚爲當時稱美正倫善屬文深明釋典仕隋爲

羽騎尉武德中歷遷齊州總管府錄事參軍太宗聞其名令直秦府文學館貞觀元年尚書右丞魏徵表薦正倫以爲古今難匹遂擢授兵部員外郎太宗謂曰朕今令舉行能之人非朕獨私於行能者以其能益於百姓也朕於宗親及以勳舊無行能者終不任之以卿忠直朕今舉卿卿宜勉稱所舉二年拜給事中兼知起居注太宗嘗謂侍臣曰朕每日坐朝欲出一言卽思此言於百姓有利益否所以不能多言正倫進曰君舉必書言存左右史臣職當修起居注不敢不盡愚直陛下若一言乖於道理則千載累於聖德非直當今損於百姓願陛下慎之太宗大悅賜綃二百段四年累遷中書侍郎六年正倫與御史大夫韋挺祕書少監虞世南著作郎姚思廉等咸上封事稱旨太宗爲之設宴因謂曰朕歷觀自古人臣立忠之事若值明王便得盡誠規諫至如龍逄比干竟不免孥戮爲君不易爲臣極難我又聞龍可擾而馴然喉下有逆鱗觸之則殺人人主亦有逆鱗卿等遂不避犯觸各進封事常能如此朕豈慮有危亡哉我思卿等此意豈能暫忘故聊設宴樂也仍並賜帛有差尋加散騎常侍行太子右

庶子兼崇賢館學士太宗謂曰國之儲副自古所重必擇善人爲之輔佐今太子年在幼沖志意未定朕若朝夕見之可得隨事誡約今既委以監國不在目前知卿志懷貞慤能敦直道故輒輟卿於朕以匡太子宜知委任輕重也十年復授中書侍郎賜爵南陽縣侯仍兼太子左庶子正倫出入兩宮參典機密甚以幹理稱時太子承乾有足疾不能朝謁好昵近羣小太宗謂正倫曰我兒疾病乃可事也但全無令譽不聞愛賢好善私所引接多是小人卿可察之若教示不得須來告我正倫數諫不納乃以太宗語告之承乾抗表聞奏太宗謂正倫曰何故漏洩我語對曰開導不入故以陛下語嚇之冀其有懼或當反善帝怒出爲穀州刺史又左授交州都督後承乾搆逆事與侯君集相連稱遺君集將金帶遺正倫由是配流驩州顯慶元年累授黃門侍郎兼崇賢館學士尋同中書門下三品二年兼度支尙書仍依舊知政事俄拜中書令兼太子賓客弘文館學士進封襄陽縣公三年坐與中書令李義府不協出爲橫州刺史仍削其封邑尋卒有集十卷行於代

史臣曰王珪履正不回忠讜無比君臣時命胥會于茲易曰自天祐之吉無不利叔玠有焉戴冑兩朝仕官一乃心力刑無僭濫事有箴規雖學術不能求備而匡益自可濟時亦所謂巧於任大矣文本文傾江海忠貫雪霜申慈父之寃匡明主之業及委繁劇俄致暴終書曰小心翼翼昭事上帝所謂憂能傷人不復永年矣洎義而下登清要者數十人積善之道焉可忽諸正倫以能文被舉以直道見委參典機密出入兩宮斯謂得時然被承乾金帶之譏孰與夫薏苡之謗士大夫慎之

贊曰五靈嘉瑞出繫汙隆人中鱗鳳王戴諸公動必由禮言皆匡躬獻規納諫貞觀之風

舊唐書卷七十

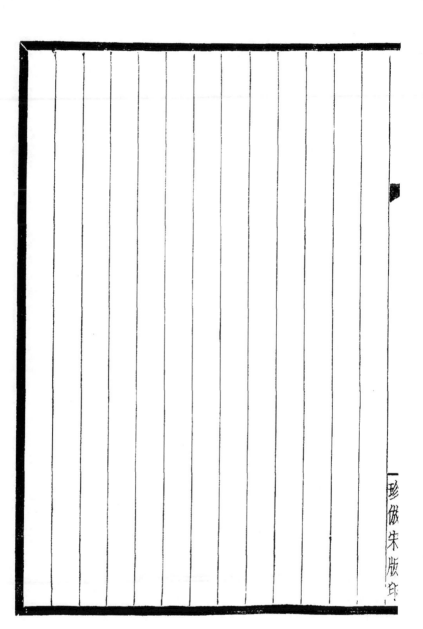

舊唐書卷七十考證

王珪傳季叔頍當時通儒○沈炳震曰按隋書文學傳作頍兩書俱作頍

長子崇基崇基孫旭○新書珪孫旭

岑文本傳長倩子羲長安中爲廣武令○沈炳震曰按舊書作長倩子新書作文本孫覲下文韋嗣立薦羲曰恨其從兄長倩犯逆爲累則固非長倩之子而亦非文本之孫蓋長倩爲文本兄子羲當是文本子也

格輔元傳伯父德仁○伯父新書作父德仁新書名處仁

舊唐書卷七十考證

舊唐書卷七十一

後晉司空同中書門下平章事劉昫撰

列傳第二十一

魏徵

魏徵字玄成鉅鹿曲城人也父長賢北齊屯留令徵少孤貧落拓有大志不事生業出家爲道士好讀書多所通涉見天下漸亂尤屬意縱横之說大業末武陽郡丞元寶藏舉兵以應李密召徵使典書記密每見寶藏之疏未嘗不稱善既聞徵所爲遽使召之徵進十策以干密雖奇之而不能用及王世充攻密於洛口徵說密長史鄭頲曰魏公雖驟勝而驍將銳卒死傷多矣又軍無府庫有功不賞戰士心惰此二者難以應敵未若深溝高壘曠日持久不過旬月敵人糧盡可不戰而退追而擊之取勝之道且東都食盡世充計窮意欲死戰可謂窮寇難與爭鋒請愼無與戰頲曰此老生之常談耳徵曰此乃奇謀深策何謂常談因拂衣而去及密敗徵隨密來降至京師久不見知自請安輯山東乃授

祕書丞驅傳至黎陽時徐世勣尚爲李密擁衆徵與世勣書曰自隋末亂離羣雄競逐跨州連郡不可勝數魏公起自叛徒奮臂大呼四方響應萬里風馳雲合霧聚衆數十萬威之所被將半天下破世充于洛口摧化及於黎山方欲西蹈咸陽北凌玄闕揚旌瀚海飲馬渭川翻以百勝之威敗於奔亡之虜固知神器之重自有所歸不可以力爭是以魏公思皇天之乃睠入函谷而不疑公生于擾攘之時感知己之遇根本已拔確乎不動鳩合遺散據守一隅世充以乘勝餘勇息其東略建德因侮亡之勢不敢南謀公之英聲足以振于今古然誰無善始終之慮難去就之機安危大節若策名得地則九族蔭其餘輝委質非人則一身不能自保殷鑒不遠公所聞見孟賁猶豫童子先之知幾其神不俟終日今公處必爭之地乘宜速之機更事遲疑坐觀成敗恐凶狡之輩先人生心則公之事去矣世勣得書遂定計遣使歸國開倉運糧以餽淮安王神通之軍俄而建德悉衆南下攻陷黎陽獲徵署爲起居舍人及建德就擒與裴矩西入關隱太子聞其名引直洗馬甚禮之徵見太宗勳業日隆每勸建成早爲之

所及敗太宗使召之謂曰汝離閒我兄弟何也徵曰皇太子若從徵言必無今日之禍太宗素器之引爲詹事主簿及踐祚擢拜諫議大夫封鉅鹿縣男使安輯河北許以便宜從事徵至磁州遇前宮千牛李志安齊王護軍李思行錮送詣京師徵謂副使李桐客曰吾等受命之日前宮齊府左右皆令赦原不問今復送思行此外誰不自疑徒遣使往彼必不信此乃差之毫釐失之千里且公家之利知無不爲寧可慮身不可廢國家大計今若釋遣思行不問其罪則信義所感無遠不臻古者大夫出疆苟利社稷專之可也況今日之行許以便宜從事主上旣以國士見待安可不以國士報之乎卽釋遣思行等仍以啓聞太宗甚悅太宗新卽位勵精政道數引徵入臥內訪以得失徵雅有經國之才性又抗直無所屈撓太宗與之言未嘗不欣然納受徵亦喜逢知己之主思竭其用知無不言太宗嘗勞之曰卿所陳諫前後二百餘事非卿至誠奉國何能若是其年遷尚書左丞或有言徵阿黨親戚者帝使御史大夫溫彥博案驗無狀彥博奏曰徵爲人臣雖存形迹不能遠避嫌疑遂招此謗雖情在無私亦有可

責帝令彥博讓徵且曰自今後不得不存形迹他日徵入奏曰臣聞君臣協契
義同一體不存公道唯事形迹若君臣上下同遵此路則邦之興喪或未可知
帝瞿然改容曰吾已悔之徵再拜曰願陛下使臣爲良臣勿使臣爲忠臣帝曰
忠良有異乎徵曰良臣稷契咎陶是也忠臣龍逄比干是也良臣使身獲美名
君受顯號子孫傳世福祿無疆忠臣身受誅夷君陷大惡家國並喪空有其名
以此而言相去遠矣帝深納其言賜絹五百匹貞觀二年遷祕書監參預朝政
徵以喪亂之後典章紛雜奏引學者校定四部書數年之閒祕府圖籍粲然畢
備時高昌王麴文泰將入朝西域諸國咸欲因文泰遣使貢獻太宗令文泰使
人厭怛紇干往迎接之徵諫曰中國始平瘡痍未復若微有勞役則不自安往
年文泰入朝所經州縣猶不能供況加於此輩若任其商賈來往邊人則獲其
利若爲賓客中國卽受其弊矣漢建武二十二年天下已寧西域請置都護送
侍子光武不許蓋不以蠻夷勞弊中國也今若許十國入貢其使不下千人欲
使緣邊諸州何以取濟人心萬端後雖悔之恐無所及上善其議時厭怛紇干

已發遽追止之後太宗幸九成宮因有宮人還京憩於湋川縣之官舍俄又右僕射李靖侍中王珪繼至官屬移宮人於別所而舍靖等太宗聞之怒曰威福之柄豈由靖等何爲李靖而輕我宮人卽令案驗湋川官屬及靖等徵諫曰靖等陛下心膂大臣宮人皇后掃除之隸論其委付事理不同又靖等出外官吏訪朝廷法式歸來陛下問人閒疾苦靖等自當與官吏相見官吏亦不可不謁也至於宮人供食之外不合參承若以此罪責縣吏恐不益德音徒駭天下耳目帝曰公言是也乃釋官吏之罪李靖等亦寢而不問尋宴於丹霄樓酒酣太宗謂長孫無忌曰魏徵王珪昔在東宮盡心所事當時誠亦可惡我能拔擢用之以至今日足爲無愧古人然徵每諫我不從發言輒卽不應何也對曰臣以事有不可所以陳論若不從輒應便恐此事卽行帝曰但當時且應更別陳論豈不得耶徵曰昔舜誡羣臣爾無面從退有後言若臣面從陛下方始諫此卽退有後言豈是稷契事堯舜之意耶帝大笑曰人言魏徵舉動疏慢我但覺嫵媚適爲此耳徵拜謝曰陛下導之使言臣所以敢諫若陛下不受臣諫豈敢數

犯龍鱗是月長樂公主將出降帝以皇后所生勅有司資送倍於永嘉長公主徵曰不可昔漢明欲封其子云我子豈與先帝子等可半楚淮陽前史以爲美談天子姊妹爲長公主子爲公主既加長字卽是有所尊崇或可情有淺深無容禮相踰越上然其言入告長孫皇后后遣使齎錢四十萬絹四百匹詣徵宅以賜之尋進爵郡公七年代王珪爲侍中尚書省滯訟有不決者詔徵評理之徵性非習法但存大體以情處斷無不悅服初有詔遣令狐德棻岑文本撰周史孔穎達許敬宗撰隋史姚思廉撰梁陳史李百藥撰齊史徵受詔總加撰定多所損益務存簡正隋史序論皆徵所作梁陳齊各爲總論時稱良史史成加左光祿大夫進封鄭國公賜物二千段徵自以無功於國徒以辯說遂參帷幄深懼滿盈後以目疾頻表遜位太宗曰朕拔卿於讎虜之中任公以樞要之職見朕之非未嘗不諫公獨不見金之在鑛也何足貴哉良冶鍛而爲器便爲人所寶朕方自比於金以卿爲良匠卿雖有疾未爲衰老豈得便爾其年徵又面請遜位太宗難違之乃拜徵特進仍知門下事其後又頻上四疏以陳得失其

一曰臣觀自古受圖膺運繼體守文控御英傑南面臨下皆欲配厚德於天地齊高明於日月本枝百代傳祚無窮然而克終者鮮敗亡相繼其故何哉所以求之失其道也殷鑒不遠可得而言昔在有隋統一寰宇甲兵強盛四十餘年風行萬里威動殊俗一旦舉而棄之盡爲他人之有彼煬帝豈惡天下之治安不欲社稷之長久故行桀虐以就滅亡哉恃其富強不虞後患驅天下以從欲罄萬物以自奉採域中之子女求遠方之奇異宮宇是飾臺榭是崇徭役無時干戈不戢外示威重內多險忌讒邪者必受其福忠正者莫保其生上下相蒙君臣道隔人不堪命率土分崩遂以四海之尊殞於匹夫之手子孫殄滅爲天下笑深可痛哉聖哲乘機拯其危溺八柱傾而復正四維絕而更張遠肅邇安不踰於朞月勝殘去殺無待於百年今宮觀臺榭盡居之矣奇珍異物盡收之矣姬姜淑媛盡侍於側矣四海九州盡爲臣妾矣若能鑒彼之所以亡念我之所以得日慎一日雖休勿休焚鹿臺之寶衣毀阿房之廣殿懼危亡於峻宇思安處於卑宮則神化潛通無爲而理德之上也若成功不毀即仍其舊除其不

急損之又損雜茅茨於桂棟參玉砌以土階悅以使人不竭其力常念居之者逸作之者勞億兆悅以子來羣生仰而遂性德之攸也若惟聖罔念不慎厥終忘締構之艱難謂天命之可恃忽彩椽之恭儉追雕牆之侈靡因其基以廣之增其舊而飾之觸類而長不思止足人不見德而勞役是聞斯爲下矣譬之負薪救火揚湯止沸以亂易亂與亂同道莫可則也後嗣何觀則人怨神怒人怨神怒則災害必下而禍亂必作禍亂既作而能以身名令終者鮮矣順天革命之后隆七百之祚貽厥孫謀傳之萬世難得易失可不念哉其二曰臣聞求木之長者必固其根本欲流之遠者必浚其泉源思國之安者必積其德義源不深而豈望流之遠根不固而何求木之長德不厚而思國之治雖在下愚知其不可而況於明哲乎人君當神器之重居域中之大將崇極天之峻永保無疆之休不念於居安思危戒貪以儉德不處其厚情不勝其欲斯亦伐根以求木茂塞源而欲流長者也凡百元首承天景命莫不殷憂而道著功成而德衰有善始者實繁能克終者蓋寡豈其取之易而守之難乎昔取之而有餘今守之

而不足何也夫在殷憂必竭誠以待下既得志則縱情以傲物竭誠則胡越爲一體傲物則骨肉爲行路雖董之以嚴刑振之以威怒終苟免而不懷仁貌恭而不心服怨不在大可畏惟人載舟覆舟所宜深愼奔車朽索其可忽乎君人者誠能見可欲則思知足以自戒將有所作則思知止以安人念高危則思謙沖而自牧懼滿溢則思江海而下百川樂盤遊則思三驅以爲度恐懈怠則思愼始而敬終慮壅蔽則思虛心以納下想讒邪則思正身以黜惡恩所加則思無因喜以謬賞罰所及則思無因怒而濫刑總此十思弘茲九德簡能而任之擇善而從之則智者盡其謀勇者竭其力仁者播其惠信者效其忠文武爭馳君臣無事可以盡豫遊之樂可以養松喬之壽鳴琴垂拱不言而化何必勞神苦思代下司職役聰明之耳目虧無爲之大道哉其三曰臣聞書曰明德愼罰惟刑恤哉禮云爲上易事爲下易知則刑不煩矣上多疑則百姓惑下難知則君長勞矣夫上易事下易知君長不勞百姓不惑故君有一德臣無二心上播忠厚之誠下竭股肱之力然後太平之基不墜康哉之詠斯起當今道被華夷

功高宇宙無思不服無遠不臻然言尚於簡大志在於明察刑賞之本在乎勸
善而懲惡帝王之所以與天下爲畫一不以親疎貴賤而輕重者也今之刑賞
未必盡然或申屈在乎好惡輕重由乎喜怒遇喜則矜其刑於法中逢怒則求
其罪於事外所好則鑽皮出其毛羽所惡則洗垢求其瘢痕瘢痕可求則刑斯
濫矣毛羽可出則賞典謬矣刑濫則小人道長賞謬則君子道消小人之惡不
懲君子之善不勸而望治安刑措非所聞也且夫豫暇清談皆敦尚於孔老威
怒所至則取法於申韓直道而行非無三黜危人自安蓋亦多矣故道德之旨
未弘刻薄之風已扇夫上風既扇則下生百端人競趨時則憲章不一稽之王
度實虧君道昔州黎上下其手楚國之法遂差張湯輕重其心漢朝之刑以弊
人臣之頗僻猶莫能申其欺罔況人君之高下將何以措其手足乎以叡聖之
聰明無幽微而不燭豈神有所不達智有所不通哉安其所安不以卹刑爲念
樂其所樂遂亡先笑之變禍福相倚吉凶同域唯人所召安可不思頃者責罰
稍多威怒微厲或以供給不贍或以人不從欲皆非致治之所急實乃驕奢之

攸漸是知貴不與驕期而驕自來富不與奢期而奢自至非徒語也且我之所代實在有隋隋氏亂亡之源聖明之所臨照以隋氏之甲兵況當今之士馬以隋氏之府藏譬今日之資儲以隋氏之戶口校今時之百姓度長計大曾何等級然隋氏以富強而喪敗動之也我以貧寡而安寧靜之也靜之則安動之則亂人皆知之非隱而難見也微而難察也鮮蹈平易之塗多遵覆車之轍何哉在於安不思危治不念亂存不慮亡之所致也昔隋氏之未亂自謂必無亂隋氏之未亡自謂必不亡所以甲兵屢動徭役不息至于身將戮辱竟未悟其滅亡之所由也可不哀哉夫鑒形之美惡必就於止水鑒國之安危必取於亡國詩曰殷鑒不遠在夏后之世又曰伐柯伐柯其則不遠臣願當今之動靜思隋氏以爲鑒則存亡治亂可得而知若能思其所以危則安矣思其所以亂則治矣思其所以亡則存矣存亡之所在節嗜欲以從人省畋遊之娛息靡麗之作罷不急之務慎偏聽之怒近忠厚遠便佞杜悅耳之邪說聽苦口之忠言去易進之人賤難得之貨採堯舜之誹謗追禹湯之罪己惜十家之產順百姓之心

近取諸身恕以待物思勞謙以受益不自滿以招損有動則庶類以和出言而千里斯應超上德於前載樹風聲於後昆此聖哲之宏規帝王之盛業能事斯畢在乎慎守而已夫守之則易取之實難既得其所以難豈不能保其所以易其或保之不固則驕奢淫泆動之也慎終如始可不勉歟易云君子安不忘危存不忘亡治不忘亂是以身安而國家可保誠哉斯言不可以不深察也伏惟陛下欲善之志不減於昔時聞過必改少虧於曩日若能以當今之無事行曩昔之恭儉則盡善盡美固無得而稱焉其四曰臣聞爲國之基必資於德禮君子所保惟在於誠信誠信立則下無二心德禮形則遠人斯格然則德禮誠信國之大綱在於父子君臣不可斯須而廢也故孔子曰君使臣以禮臣事君以忠又曰自古皆有死人無信不立文子曰同言而信信在言前同令而行誠在令外然則言而不行言不信也令而不從令無誠也不信之言無誠之令爲上則敗國爲下則危身雖在顛沛之中君子所不爲也自王道休明十有餘載威加海外萬國來庭倉廩日積土地日廣然而道德未益厚仁義未益博者何哉

由乎待下之情未盡於誠信雖有善始之勤未覩克終之美故也其所由來者漸非一朝一夕之故昔貞觀之始聞善若驚暨五六年間猶悅以從諫自茲厥後漸惡直言雖或勉強時有所容非復曩時之豁如也謇諤之士稍避龍鱗便佞之徒肆其巧辯謂同心者爲朋黨謂告訐者爲至公謂強直者爲擅權謂忠讜者爲誹謗謂之朋黨雖忠信而可疑謂之至公雖矯僞而無咎強直者畏擅權之議忠讜者慮誹謗之尤至於竊斧生疑投杼致惑正人不得盡其言大臣莫能與之諍熒惑視聽鬱於大道妨化損德其在茲乎故孔子惡利口之覆邦家蓋爲此也且君子小人貌同心異君子掩人之惡揚人之善臨難無苟免殺身以成仁小人不恥不仁不畏不義唯利之所在危人以自安夫苟在危人則何所不至今將求致治必委之於君子事有得失或訪之於小人其待君子也則敬而疎遇小人也必輕而狎狎則言無不盡疎則情或不通是譽毀在於小人刑罰加於君子實興喪所在亦安危所繫可不慎哉夫中智之人豈無小慧然才非經國慮不及遠雖竭力盡誠猶未免於傾敗況內懷姦利承顏順旨其

爲患禍不亦深乎故孔子曰君子或有不仁者焉未見小人而仁者然則君子不能無小惡惡不積無妨於正道小人或時有小善善不積不足以立忠今謂之善人矣復慮其有不信何異夫立直木而疑其影之不直乎雖竭精神勞思慮其不可亦已明矣夫君能盡禮臣得竭忠必在於內外無私上下相信上不信則無以使下下不信則無以事上信之爲義大矣哉故自天祐之吉無不利昔齊桓公問於管仲曰吾欲酒腐於爵肉腐於俎得無害於霸乎管仲曰此極非其善者然亦無害霸也公曰何如而害霸乎曰不能知人害霸也知而不能用害霸也用而不能信害霸也既信而又使小人參之害霸也晉中行穆伯攻鼓經年而不能下餽閒倫曰鼓之嗇夫閒倫知之請無疲士大夫而鼓可得穆伯不應左右曰不折一戟不傷一卒而鼓可得君奚爲不取穆伯曰閒倫之爲人也佞而不仁若閒倫下之吾不可以不賞賞之是賞佞人也佞人得志是使晉國之士捨仁而爲佞雖得鼓將何用之夫穆伯列國大夫管仲霸者之佐猶慎於信任遠避佞人也如此況乎爲四海之大君應千齡之上聖而可使巍巍

之盛德復將有所間然乎若欲令君子小人是非不雜必懷之以德待之以信
厲之以義節之以禮然後善善而惡惡審罰而明賞則小人絕其佞邪君子自
強不息無爲之化何遠之有善善而不能進惡惡而不能去罰不及於有罪賞
不加於有功則危亡之期或未可保永錫祚胤將何望哉太宗手詔嘉美優納
之嘗謂長孫無忌曰朕即位之初上書者或言人主必須威權獨運不得委任
羣下或欲耀兵振武懾服四夷唯有魏徵勸朕偃革興文布德施惠中國既安
遠人自服朕從其語天下大寧絕域君長皆來朝貢九夷重譯相望於道此皆
魏徵之力也太宗嘗嫌上封者衆不近事實欲加黜責徵奏曰古者立誹謗之
木欲聞己過今之封事謗木之流也陛下思聞得失秖可恣其陳道若所言衷
則有益於陛下若不衷無損於國家太宗曰此言是也並勞而遣之後太宗在
洛陽宮幸積翠池宴羣臣酒酣各賦一事太宗賦尚書曰日昃翫百篇臨燈披
五典夏康既逸豫商辛亦流湎恣情昏主多克己明君鮮滅身資累惡成名由
積善徵賦西漢曰受降臨軹道爭長趣鴻門驅傳渭橋上觀兵細柳屯夜宴經

柏谷朝遊出杜原終藉叔孫禮方知皇帝尊太宗曰魏徵每言必約我以禮也尋以修定五禮當封一子爲縣男請讓孤兄子叔慈太宗愴然曰卿之此心可以勵俗遂許之十二年禮部尚書王珪奏言三品以上遇親王於塗皆降乘違法申敬有乖儀準太宗曰卿輩皆自崇貴卑我兒子乎徵進曰自古迄茲親王班次三公之下今三品皆曰天子列卿及八座之長爲王降乘非王所宜當也求諸故事則無可憑行之於今又乖國憲太宗曰國家所以立太子者擬以爲君也然則人之修短不在老少設無太子則母弟次立以此而言安得輕我子耶徵曰殷家尙質有兄終弟及之義自周以降立嫡必長所以絕庶孽之窺覦塞禍亂之源本有國者之所深愼於是遂可珪奏會皇孫誕育召公卿賜宴太宗謂侍臣曰貞觀以前從我平定天下周旋艱險玄齡之功無所與讓貞觀之後盡心於我獻納忠讜安國利民犯顏正諫匡朕之違者唯魏徵而已古之名臣何以加也於是親解佩刀以賜二人徵以戴聖禮記編次不倫遂爲類禮二十卷以類相從削其重復採先儒訓注擇善從之研精覃思數年而畢太宗覽

而善之賜物一千段錄數本以賜太子及諸王仍藏之祕府先是遣使詣西域立葉護可汗未還又遣使多齎金銀帛歷諸國市馬徵諫曰今以立可汗爲名可汗未定卽詣諸國市馬彼必以爲意在市馬不爲專意立可汗可汗得立則不甚懷恩諸蕃聞之以爲中國薄義重利未必得馬而失義矣昔漢文有獻千里馬者曰吾凶行日三十里吉行五十里鑾輿在前屬車在後吾獨乘千里馬將安之乃賞其道里所費而返之漢光武有獻千里馬及寶劍者馬以駕鼓車劍以賜騎士陛下凡所施爲皆邈踰三王之上奈何至於此事欲爲孝文光武之下乎又魏文帝欲求市西域大珠蘇則曰若陛下惠及四海則不求自至求而得之不足爲貴也陛下縱不能慕漢文之高行可不畏蘇則之言乎太宗納其言而止時公卿大臣並請封禪唯徵以爲不可太宗曰朕欲卿極言之豈功不高耶德不厚耶諸夏未治安耶遠夷不慕義耶嘉瑞不至耶年穀不登耶何爲而不可對曰陛下功則高矣而民未懷惠德雖厚矣而澤未滂流諸夏雖安未足以供事遠夷慕義無以供其求符瑞雖臻罻羅猶密積歲豐稔倉廩尚虛

此臣所以竊謂未可臣未能遠譬且借喻於人今有人十年長患療治且愈此人應皮骨僅存便欲使負米一石日行百里必不可得隋氏之亂非止十年陛下爲之良醫疾苦雖已乂安未甚充實告成天地臣竊有疑且陛下東封萬國咸萃要荒之外莫不奔走今自伊洛以東暨乎海岱灌莽巨澤蒼茫千里人煙斷絶雞犬不聞道路蕭條進退艱阻豈可引彼夷狄示以虛弱竭財以賞未厭遠人之望重加給復不償百姓之勞或遇水旱之災風雨之變庸夫橫議悔不可追豈獨臣之懇誠亦有輿人之誦太宗不能奪是後右僕射缺欲拜之徵固讓乃止及皇太子承乾不修德業魏王泰寵愛日隆內外庶僚並有疑議太宗聞而惡之謂侍臣曰當今朝臣忠謇無踰魏徵我遣傅皇太子用絶天下之望十六年拜太子太師知門下省事如故徵自陳有疾詔答曰漢之太子四皓爲助我之賴公卽其義也知公疾病可臥護之其年稱綿惙中使相望徵宅先無正寢太宗欲爲小殿輟其材爲徵營構五日而成遣中使齎素褥布被而賜之遂其所尚也及病篤輿駕再幸其第撫之流涕問所欲言徵曰嫠不恤緯而憂

宗周之亡後數日太宗夜夢徵若平生及旦而奏徵薨時年六十四太宗親臨慟哭廢朝五日贈司空相州都督謚曰文貞給羽葆鼓吹班劍四十人賻絹布千段米粟千石陪葬昭陵及將祖載徵妻裴氏曰徵平生儉素今以一品禮葬羽儀甚盛非亡者之志悉辭不受竟以布車載柩無文彩之飾太宗登苑西樓望喪而哭詔百官送出郊外帝親製碑文幷爲書石其後追思不已賜其實封九百戸嘗臨朝謂侍臣曰夫以銅爲鏡可以正衣冠以古爲鏡可以知興替以人爲鏡可以明得失朕常保此三鏡以防己過今魏徵殂逝遂亡一鏡矣徵亡後朕遣人至宅就其書函得表一紙始立表草字皆難識唯前有數行稍可分辯云天下之事有善有惡任善人則國安用惡人則國亂公卿之內情有愛憎憎者唯見其惡愛者唯見其善愛憎之閒所宜詳愼若愛而知其惡憎而知其善去邪勿疑任賢勿貳可以興矣其遺表如此然在朕思之恐不免斯事公卿侍臣可書之於笏知而必諫也徵狀貌不逾中人而素有膽智每犯顏進諫雖逢王赫斯怒神色不移嘗密薦中書侍郎杜正倫及吏部尚書侯君集有宰相

之材徵卒後正倫以罪黜君集犯逆伏誅太宗始疑徵阿黨徵又自錄前後諫諍言辭往復以示史官起居郎褚遂良太宗知之愈不悅先許以衡山公主降其長子叔玉於是手詔停婚顧其家漸衰矣徵四子叔琬叔璘叔瑜叔玉襲爵國公官至光祿少卿叔瑜至潞州刺史叔璘禮部侍郎則天時爲酷吏所殺神龍初繼封叔玉子膺爲鄭國公叔瑜子華開元初太子右庶子

史臣曰臣嘗讀漢史劉更生傳見其上書論王氏擅權恐移運祚漢成不悟更生徘徊伊鬱極言而不顧禍患何匡益忠藎也如此當更生時諫者甚多如谷永楊興之上言圖爲姦利與賊臣爲鄉導梅福王吉之言雖近古道未切事情則納諫任賢詎宜容易臣嘗閱魏公故事與文皇討論政術往復應對凡數十萬言其匡過弼違能近取譬博約連類皆前代諍臣之不至者其實根於道義發爲律度身正而心勁上不負時主下不阿權幸中不侈親族外不爲朋黨不以逢時改節不以圖位賣忠所載章疏四篇可爲萬代王者法雖漢之劉向魏之徐邈晉之山濤宋之謝朏才則才矣比文貞之雅道不有遺行乎前代諍臣

一人而已

贊曰智者不諫諫或不智智者盡言國家之利鄭公達節才周經濟太宗用之子孫長世

舊唐書卷七十一

舊唐書卷七十一考證

魏徵傳○臣德潛按新舊二書所載魏徵言行去取各有所見新書有諫鄭仁基女事舊書無與封德彝論大亂易治猶饑人之易食也云云新書有舊書無論長樂公主資送倍于永嘉長公主事舊書有新書無帝于苑中作層臺以望昭陵事新書有舊書無徵上四疏舊書全錄新書不載十思貞觀之初導人使諫三年以後見諫者悅而從之比一二年勉强受諫而終不平也云云新書有舊書無十漸不終疏新書有舊書無却封禪議新書有舊書無又舊書祇載停婚而遺征遼還重爲立碑之事于君臣之義有遺憾也必合二書參考之乃見完備

舊唐書卷七十一考證

舊唐書卷七十二

後晉司空同中書門下平章事劉昫撰

列傳第二十二

虞世南　李百藥子安期　褚亮　劉孝孫　李玄道　李守素附

虞世南字伯施越州餘姚人隋內史侍郎世基弟也祖檢梁始興王諮議父荔陳太子中庶子俱有重名叔父寄陳中書侍郎無子以世南繼後故字曰伯施世南性沈靜寡欲篤志勤學少與兄世基受學於吳郡顧野王經十餘年精思不倦或累旬不盥櫛善屬文常祖述徐陵陵亦言世南得己之意又同郡沙門智永善王羲之書世南師焉妙得其體由是聲名藉甚天嘉中荔卒世南尚幼哀毀殆不勝喪陳文帝知其二子博學每遣中使至其家將護之及服闋召為建安王法曹參軍寄陷於陳寶應在閩越中世南雖除喪猶布衣蔬食至大建末寶應破寄還方令世南釋布食肉至德初除西陽王友陳滅與世基同入長安俱有重名時人方之二陸時煬帝在藩聞其名與秦王俊辟書交至以母老

固辭晉王命使者追之大業初累授祕書郎遷起居舍人時世基當朝貴盛妻子被服擬於王者世南雖同居而躬履勤儉不失素業及至隋滅宇文化及弒逆之際世基爲內史侍郎將被誅世南抱持號泣請以身代化及不納因哀毀骨立時人稱焉從化及至聊城又陷于竇建德僞授黃門侍郎太宗滅建德引爲秦府參軍尋轉記室仍授弘文館學士與房玄齡對掌文翰太宗嘗命寫列女傳以裝屏風于時無本世南暗疏之不失一字太宗昇春宮遷太子中舍人及即位轉著作郎兼弘文館學士時世南年已衰老抗表乞骸骨詔不許遷太子右庶子固辭不拜除祕書少監上聖德論辭多不載七年轉祕書監賜爵永興縣子太宗重其博識每機務之隙引之談論共觀經史世南雖容貌懦愞若不勝衣而志性抗烈每論及古先帝王爲政得失必存規諷多所補益太宗嘗謂侍臣曰朕因暇日與虞世南商略古今有一言之失未嘗不悵恨其懇誠若此朕用嘉焉羣臣皆若世南天下何憂不理八年隴右山崩大蛇屢見山東及江淮多大水太宗以問世南對曰春秋時山崩晉侯召伯宗而問焉對曰國主

山川故山川崩竭君爲之不舉降服乘縵徹樂出次祝幣以禮焉梁山晉所主
也晉侯從之故得無害漢文帝元年齊楚地二十九山同日崩水大出令郡國
無來貢獻施惠於天下遠近歡洽亦不爲災後漢靈帝時青蛇見御座晉惠帝
時大蛇長三百步見齊地經市入朝案蛇宜在草野而入市朝所以可爲怪耳
今蛇見山澤蓋深山大澤必有龍蛇亦不足怪也又山東足雨雖則其常然陰
淫過久恐有冤獄宜省繫囚庶幾或當天意且妖不勝德唯修德可以銷變太
宗以爲然因遣使者賑恤饑餒申理獄訟多所原宥後有星孛于虛危歷于氐
百餘日乃滅太宗謂羣臣曰天見彗星是何妖也世南曰昔齊景公時有彗星
見公問晏嬰對曰穿池沼畏不深起臺榭畏不高行刑罰畏不重是以天見彗
爲公誡耳景公懼而修德後十六日而星沒臣聞天時不如地利地利不如人
和若德義不修雖獲麟鳳終是無補但政事無闕雖有災星何損於時然願陛
下勿以功高古人而自矜伐勿以太平漸久而自驕怠慎終如始彗星雖見未
足爲憂太宗斂容謂曰吾之撫國良無景公之過但吾纔弱冠舉義兵年二十

四平天下未三十而居大位自謂三代以降撥亂之主莫臻於此重以薛舉之驍雄宋金剛之鷙猛竇建德跨河北王世充據洛陽當此之時足爲勍敵皆爲我所擒及逢家難復決意安社稷遂登九五降服北夷吾頗有自矜之意以輕天下之士此吾之罪也上天見變良爲是乎秦始皇平六國隋煬帝富四海既驕且逸一朝而敗吾亦何得自驕也言念於此不覺惕焉震懼四月康國獻獅子詔世南爲之賦命編之東觀辭多不載後高祖崩有詔山陵制度準漢長陵故事務從隆厚程限既促功役勞弊世南上封事諫曰臣聞古之聖帝明王所以薄葬者非不欲崇高光顯珍寶具物以厚其親然審而言之高墳厚壠珍物畢備此適所以爲親之累非曰孝也是以深思遠慮安於菲薄以爲長久萬代之計割其常情以定耳昔漢成帝造延昌二陵制度甚厚功費甚多諫議大夫劉向上書其言深切皆合事理其略曰孝文居霸陵悽愴悲懷顧謂羣臣曰嗟乎以北山石爲椁用紵絮斮陳漆其間豈可動哉張釋之進曰使其中有可欲雖錮南山猶有隙使其中無可欲雖無石椁又何戚焉夫死者無終極而國家

有廢與釋之所言爲無窮計也孝文寤焉遂以薄葬又漢氏之法人君在位三分天下貢賦以一分入山陵武帝歷年長久比葬陵中不復容物霍光暗於大體奢侈過度其後至更始之敗赤眉賊入長安破茂陵取物猶不能盡無故聚斂百姓爲盜之用甚無謂也魏文帝於首陽東爲壽陵作終制其略曰昔堯葬壽陵因山爲體無封樹無立寢殿園邑爲棺椁足以藏骨爲衣衾足以朽肉吾營此不食之地欲使易代之後不知其處無藏金銀銅鐵一以瓦器自古及今未有不亡之國無有不發之墓至乃燒取玉匣金縷骸骨並盡乃不重痛哉若違詔妄有變改吾爲戮屍於地下死而重死不忠不孝使魂而有知將不福汝以爲永制藏之宗廟魏文帝此制可謂達於事矣向使陛下德止如秦漢之君臣則緘口而已不敢有言伏見聖德高遠堯舜猶所不逮而俯與秦漢之君同爲奢泰捨堯舜殷周之節儉此臣所以尤戚也今爲丘壟如此其內雖不藏珍寶亦無益也萬代之後但見高墳大塚豈謂無金玉耶臣之愚計以爲漢文霸陵既因山勢雖不起墳自然高顯今之所卜地勢即平不可不起宜依白虎通

所陳周制爲三仞之壙其方中制度事事減少事竟之日刻石於陵側明丘封
大小高下之式明器所須皆以瓦木合於禮文一不得用金銀銅鐵使萬代子
孫並皆遵奉一通藏之宗廟豈不美乎且臣下除服用三十六日已依霸陵今
爲墳壠又以長陵爲法恐非所宜伏願深覽古今爲長久之慮臣之赤心唯願
萬歲之後神道常安陛下孝名揚於無窮耳書奏不報世南又上疏曰漢家卽
位之初便營陵墓近者十餘歲遠者五十年方始成就今以數月之閒而造數
十年之事其於人力亦已勞矣又漢家大郡五十萬戶卽目人衆未及往時而
功役與之一等此臣所以致疑也時公卿又上奏請遵遺詔務從節儉因下其
事付所司詳議於是制度頗有減省焉太宗後頗好獵世南上疏諫曰臣聞秋
獮冬狩蓋惟恆典射隼從禽備乎前誥伏惟陛下因聽覽之餘辰順天道以殺
伐將欲躬摧班掌親御皮軒窮猛獸之窟穴盡逸材于林藪夷凶翦暴以衞黎
元收革擢羽用充軍器舉旗效獲式遵前古然黃屋之尊金輿之貴八方之所
仰德萬國之所係心清道而行猶戒銜橛斯蓋重愼防微爲社稷也是以馬卿

直諫於前張昭變色於後臣誠微淺敢忘斯義且天弧星罼所殪已多頒禽賜獲皇恩亦溥伏願時息獵車且韜長戟不拒芻蕘之請降納涓澮之流袒裼徒搏任之羣下則貽範百王永光萬代其有犯無隱多此類也太宗以是益親禮之嘗稱世南有五絶一曰德行二曰忠直三曰博學四曰文辭五曰書翰十二年又表請致仕優制許之仍授銀青光祿大夫弘文館學士祿賜防閤並同京官職事尋卒年八十一太宗舉哀於別次哭之甚慟賜東園祕器陪葬昭陵贈禮部尚書謚曰文懿手勅魏王泰曰虞世南於我猶一體也拾遺補闕無日蹔忘實當代名臣人倫準的吾有小失必犯顏而諫之今其云亡石渠東觀之中無復人矣痛惜豈可言耶未幾太宗爲詩一篇追述往古興亡之道既而歎曰鍾子期死伯牙不復鼓琴朕之此詩將何以示令起居郎褚遂良詣其靈帳讀訖焚之冀世南神識感悟後數歲太宗夜夢見之有若平生翌日下制曰禮部尚書永興文懿公虞世南德行淳備文爲辭宗夙夜盡心志在忠益奄從物化倏移歲序昨因夜夢忽覩其人兼進讜言有如平生之日追懷遺美良增悲歎

宜資冥助申朕思舊之情可於其家爲設五百僧齋并爲造天尊像一區又勅圖其形於凌煙閣有集三十卷令褚亮爲之序世南子昶官至工部侍郎

李百藥字重規定州安平人隋內史令安平公德林子也爲童兒時多疾病祖母趙氏故以百藥爲名七歲解屬文父友齊中書舍人陸乂馬元熙嘗造德林讌集有讀徐陵文者云既取成周之禾將刈琅邪之稻並不知其事百藥時侍立進曰傳稱鄅人籍稻杜預注云鄅國在琅邪開陽乂等大驚異之開皇初授東宮通事舍人遷太子舍人兼東宮學士或嫉其才而毀之者乃謝病免去十九年追赴仁壽宮令襲父爵左僕射楊素吏部尚書牛弘雅愛其才奏授禮部員外郎皇太子勇又召爲東宮學士詔令修五禮定律令撰陰陽書臺內奏議文表多百藥所撰時煬帝出鎮揚州嘗召之百藥辭疾不赴煬帝大怒及即位出爲桂州司馬爲沈法興所得署爲掾其後罷州置郡因解職還鄉里大業五年授魯郡臨泗府步兵校尉九年充戍會稽尋授建安郡丞行達烏程屬江都難作復會沈法興爲李子通所破子通又命爲中書侍郎國子祭酒及杜伏威

攻滅子通又以百藥爲行臺考功郎中或有譖之者伏威因之百藥著省躬賦以致其情伏威亦知其無罪乃令復職伏威既據有江南高祖遣使招撫百藥勸伏威入朝伏威從之遣其行臺僕射輔公祏與百藥留守遂詣京師及渡江至歷陽狐疑中悔將害百藥乃飲以石灰酒因大洩痢而宿病皆除伏威知百藥不死乃作書與公祏令殺百藥賴伏威養子王雄誕保護獲免公祏反又授百藥吏部侍郎有譖百藥於高祖云百藥初說杜伏威入朝又與輔公祏同反高祖大怒及公祏平得伏威與公祏令殺百藥書高祖意稍解遂配流涇州太宗重其才名貞觀元年召拜中書舍人賜爵安平縣男受詔修定五禮及律令撰齊書二年除禮部侍郎朝廷議將封建諸侯百藥上封建論曰臣聞經國庇民王者之常制尊主安上人情之本方思闡治定之規以弘長世之業者萬古不易百慮同歸然命曆有賒促之殊邦家有理亂之異遐觀載籍論之詳矣咸云周過其數秦不及期存亡之理在於郡國可以監夏殷之長久遵黃唐之並建維城盤石深根固本雖王綱弛廢枝幹相持故使逆節不生宗祀不絕秦氏

背師古之訓棄先王之道踐華恃險罷侯置守子弟無尺土之邑兆庶罕共治之憂故一夫號澤七廟隳祀臣以爲自古皇王君臨寓內莫不受命上玄飛名帝籙締構遇興王之運殷憂屬啓聖之期雖魏武攜養之資漢高徒役之賤非止意有覬覦推之亦不能去也若其獄訟不歸菁華已竭雖帝堯之光被四表大舜之上齊七政非止情存揖讓守之亦不可固焉以放勛重華之德尚不能克昌厥後是知祚之長短必在天時政或盛衰有關人事隆周卜代三十卜年七百雖淪胥之道斯極而文武之器猶存斯則龜鼎之祚已懸定於杳冥也至使南征不返東遷避逼禋祀如綫郊畿不守此乃淩夷之漸有累於封建焉暴秦運短閏餘數鍾百六受命之主德異禹湯繼世之君才非啓誦借使李斯王綰之輩盛開四履將閭子嬰之徒俱啓千乘豈能逆帝子之勃興抗龍顏之基命者也然則得失成敗各有由焉而著述之家多守常轍莫不情亡今古理蔽澆淳欲以百王之季行三代之法天下五服之內盡封諸侯王畿千乘之閒俱爲采地是以結繩之化行虞夏之朝用象刑之典治劉曹之末紀綱既紊斷可

知焉鍥船求劍未見其可膠柱成文彌所多惑徒知問鼎請隧有懼霸王之師白馬素車無復藩籬之援不悟望夷之釁未甚羿浞之災高貴之殃寧異申繒之酷乃欽明昏亂自革安危固非守宰公侯以成興廢且數世之後王室浸微始自藩屏化爲仇敵家殊俗國異政強淩弱衆暴寡疆埸彼此干戈日尋狐駘之役女子盡髽崤陵之師隻輪不返斯蓋略舉一隅其餘不可勝數陸士衡方規規然云嗣王委其九鼎凶族據其大邑天下晏然以治待亂何斯言之謬也而設官分職任賢使能以循吏之才膺共治之寄刺郡分竹何代無人至使地或呈祥天不愛寶民稱父母政比神明曹元首方區區然稱與人共其樂者人必憂其憂與人同其安者人必拯其危豈容委以侯伯則同其安危任之牧宰則殊其憂樂何斯言之妄也封君列國藉慶門資忘其先業之艱難輕其自然之崇貴莫不世增淫虐代益驕侈自離宮別館切漢淩雲或刑人力而將盡或召諸侯而共樂陳靈則君臣悖禮共侮徵舒衛宣則父子聚麀終誅壽朔乃云爲己思治豈若是乎內外羣官選自朝廷擢士庶以任之澄水鏡以鑒之年勞

優其階品考績明其黜陟進取事切砥礪情深或俸祿不入私門妻子不之官舍頒條之貴食不舉火剖符之重衣唯補葛南郡太守敝布裹身萊蕪縣長凝塵生甑專云爲利圖物何其爽歟總而言之爵非世及用賢之路斯廣民無定主附下之情不固此乃愚智所辨安可惑哉至如滅國弑君亂常干紀春秋二百年間略無寧歲次睢咸秩遂用玉帛之名魯道有蕩每等衣裳之會縱使西漢哀平之際東洛桓靈之時下吏淫暴必不至此爲政之理可一言以蔽之伏惟陛下握紀御天膺期啓聖救億兆之焚溺掃氛祲於寰區創業垂統配二儀以立德發號施令妙萬物而爲言獨照宸衷永懷前古將復五等而修舊制建萬國以親諸侯竊以漢魏以還餘風之弊未盡勛華既往至公之道斯革況晉氏失馭寓縣崩離後魏時乘華夷雜處重以關河分阻吳楚懸隔習文者學長短縱橫之術習武者盡干戈戰爭之心畢爲狙詐之階彌長澆浮之俗開皇在運因藉外家驅御羣英任雄猜之數坐移時運非克定之功年踰二紀民不見德及大業嗣文世道交喪一時人物掃地將盡雖天縱神武削平寇虐兵威不

息勞止未康自陛下仰順聖慈嗣膺寶曆情深致治綜覈前王雖至道無名言象所紀略陳梗概實所庶幾愛敬蒸蒸勞而不倦大舜之孝也訪安內豎親嘗御膳文王之德也每憲司讞罪尚書奏獄大小必察枉直咸申舉斷趾之法易大辟之刑仁心隱惻貫徹幽顯大禹之泣辜也正色直言虛心受納不簡鄙陋無棄芻蕘帝堯之求諫也弘獎名教勸勵學徒既擢明經於青紫將升碩儒於卿相聖人之善誘也羣臣以宮中暑濕寢膳或乖請徙御高明營一小閣遂惜家人之產竟抑子來之願不丞陰陽所感以安卑陋之居去歲荒儉普天饑饉喪亂甫爾倉廩空虛聖情矜愍勤加惠卹竟無一人流離道路猶且食啗藜藿樂撤簨簴言必悽動貌成癯瘠公旦喜於重譯文命矜其卽序陛下每四夷款附萬里歸仁必退思進省凝神動慮恐妄勞中國以事遠方不藉萬古之英聲以存一時之茂實心切憂勞跡絕遊幸每旦視朝聽受無倦智周於萬物道濟於天下罷朝之後引進名臣討論是非備盡肝膈唯及政事更無異辭纔及日昃命才學之士賜以清閑高談典籍雜以文詠間以玄言乙夜忘疲中宵不寐

此之四道獨邁往初斯實生民以來一人而已弘茲風化昭示四方信可以朞
月之間彌綸天壤而淳粹尙阻浮詭未移此由習之永久難以卒變請待斲雕
成朴以質代文刑措之教一行登封之禮云畢然後定疆理之制議山河之賞
未爲晚焉易稱天地盈虛與時消息況於人乎美哉斯言也太宗竟從其議四
年授太子右庶子五年與左庶子于志寧中允孔穎達舍人陸敦信侍講于弘
教殿時太子頗留意典墳然閑燕之後嬉戲過度百藥作贊道賦以諷焉辭多
不載太宗見而遣使謂百藥曰朕於皇太子處見卿所獻賦悉述古來儲貳事
以誡太子甚是典要朕選卿以輔弼太子正爲此事大稱所委但須善始令終
耳因賜綵物五百段然太子卒不悟而廢十年以撰齊史成加散騎常侍行太
子左庶子賜物四百段俄除宗正卿十一年以撰五禮及律令成進爵爲子後
數歲以年老固請致仕許之太宗嘗制帝京篇命百藥並作上歎其工手詔曰
卿何身之老而才之壯何齒之宿而意之新乎二十二年卒年八十四謚曰康
百藥以名臣之子才行相繼四海名流莫不宗仰藻思沈鬱尤長於五言詩雖

樵童牧豎並皆吟諷性好引進後生提獎不倦所得俸祿多散之親黨又至性過人初侍父母喪還鄉徒跣單衣行數千里服闋數年容貌毀悴爲當時所稱及懸車告老怡然自得穿池築山文酒談賞以舒平生之志有集三十卷子安期安期幼聰辯七歲解屬文初百藥大業末出爲桂州司馬行至太湖遇逆賊將加白刃安期跪泣請代父命賊哀而釋之貞觀初累轉符璽郎預修晉書成除主客員外郎永徽中遷中書舍人又與李義府等於武德殿內修書再轉黃門侍郎龍朔中爲司列少常伯參知軍國有事太山詔安期爲朝覲壇碑文安期前後三爲選部頗爲當時所稱時高宗屢引侍臣責以不進賢良衆皆莫對獨安期進曰臣聞聖帝明王莫不勞於求賢逸於任使設使堯舜苦已癯瘠不能用賢終亦王化不行自夏殷已來歷國數十皆委賢良以共致理且十室之邑必有忠信況今天下至廣非無英彥但比來公卿有所薦引卽遭囂謗以爲朋黨沉屈者未申而在位者已損所以人思苟免競爲緘默若陛下虛己招納務於搜訪不忌親讎唯能是用讒毀亦既不入誰敢不竭忠誠此皆事由陛下

非臣等所能致也高宗深然其言俄檢校東臺侍郎同東西臺三品出爲荆州大都督府長史咸亨初卒自德林至安期三世皆掌制誥安期孫義仲又爲中書舍人

褚亮字希明杭州錢塘人曾祖湮梁御史中丞祖蒙太子中舍人父玠陳祕書監並著名前史其先自陽翟徙居焉亮幼聰敏好學善屬文博覽無所不至經目必記於心喜遊名賢尤善談論年十八詣陳僕射徐陵陵與商確文章深異之陳後主聞而召見使賦詩江總及諸辭人在坐莫不推善禎明初爲尚書殿中侍郎陳亡入隋爲東宮學士大業中授太常博士時煬帝將改置宗廟亮奏議曰謹按禮記天子七廟三昭三穆與太祖之廟而七鄭玄注曰此周制也七者太祖及文王武王之祧與親廟四也殷則六廟契及湯與二昭二穆也夏則五廟無太祖禹與二昭二穆而已玄又據禮王者禘其祖之所自出而立四廟案鄭玄義天子唯立四親廟幷始祖而爲五周以文武爲受命之祖特立二祧是爲七廟王肅註禮記曰尊者尊統上卑者尊統下故天子七廟諸侯五廟其

有殊功異德非太祖而不毀不在七廟之數案蕭以爲天子七廟是百代之言又據王制天子七廟諸侯五廟大夫三廟降二爲差是則天子立四親廟又立高祖之父高祖之祖父太祖而爲七周有文武姜嫄合爲十廟漢世諸帝之廟各立無迭毀之義至元帝時貢禹匡衡之徒始議其禮以高帝爲太祖而立四親是爲五廟唯劉歆以爲天子七廟諸侯五廟降殺以兩之義七者其正法可常數也宗不在此數內有功德則宗之不可豫設爲數也是以班固稱考論諸儒之儀劉歆博而舊矣光武即位建高廟於洛陽乃立南頓君以上四廟就祖宗而爲七至魏初高堂隆爲鄭學議立親廟四太祖武帝猶在四親之內乃虛置太祖及二祧以待後世至景初間乃依王肅更立六廟二世祖就四親而爲六廟晉武受禪博議宗祀自文帝以上至六世親祖征西府君而宣帝亦序於昭穆未升太祖故祭止六世江左中興賀循知禮至於寢廟之議皆依魏晉舊事宋武初受命爲王依諸侯立親廟四即位之後增祠五世祖相國掾府君六世祖右北平府君止於六廟建身沒主升亦從昭穆猶太祖之位也降及齊梁

守而勿革加宗迭毀禮無違舊臣又按姬周自太祖已下皆別立廟至於禘祫俱合食於太祖是以炎漢之初諸廟各立歲時常享亦隨處而祭所用廟樂皆像功德而歌舞焉至光武乃總立一堂而羣主異室斯則新承寇亂欲從約省自此已來因循不變皇隋太祖武元皇帝仁風潛暢至澤傍通以昆彭之勳開稷契之緒高祖文皇帝睿哲玄覽神武應期撥亂返正遠肅邇安受命開基垂統聖嗣鴻名冠於三代寶祚傳於七百當文明之運定祖宗之禮且損益不同沿襲異趣時王所制可以垂法自歷代已來親用王鄭二義若尋其旨歸校以優劣康成止論周代非謂經通子雍總貫皇王事兼長遠今請依據古典崇建七廟受命之廟宜別立廟祧百世之後不毀之法至於鑾駕親奉申孝享於高廟有司行事竭誠敬於羣主俾夫規模可則嚴祀易遵表有功而彰明德大復古而貴能變臣又按周人立廟亦無處置之文據冢人職而言之先王居中以昭穆爲左右阮忱所撰禮圖亦從此義漢京諸廟既遠又不序禘祫今若依周制理有未安雜用漢儀事難全採謹詳立別圖附之議未行尋坐與楊玄感有

舊左遷西海郡司戶時京兆郡博士潘徽亦以筆札爲玄感所禮降威定縣主簿當時寇盜縱橫六親不能相保亮與同行至隴山徽遇病終亮親加棺斂瘞之路側慨然傷懷遂題詩於隴樹好事者皆傳寫諷誦信宿遍於京邑焉薛舉僭號隴西以亮爲黃門侍郎委之機務及舉滅太宗聞亮名深加禮接因從容自陳太宗大悅賜物二百段馬四匹從還京師授秦王文學時高祖以寇亂漸平每冬畋狩亮上疏諫曰臣聞堯鼓納諫舜木求箴茂克昌之風致昇平之道伏惟陛下應千祀之期拯百王之弊平壹天下劬勞帝業旰食思政廢寢憂人用農隙之餘遵冬狩之禮獲車之所遊踐虞旗之所涉歷網唯一面禽止三驅縱廣成之獵士觀上林之手搏斯固畋弋之常規而皇王之壯觀至於親逼猛獸臣竊惑之何者筋力驍悍爪牙輕捷連弩一發未必挫其凶心長戟纔攜不能當其憤氣雖孟賁抗左夏育居前卒然驚軼事生慮表如或近起林叢未填坑谷駭屬車之後乘犯官騎之清塵小臣怯懦私懷戰慄陛下以至聖之資垂將來之教降情納下無隔直言臣叨逢明時遊宦藩邸身漸榮渥日用不知敢

緣天造冒陳丹懇高祖甚納之太宗每有征伐亮常侍從軍中宴筵必預歡賞從容諷議多所裨益又與杜如晦等十八人爲文學館學士太宗入居春宮除太子舍人遷太子中允貞觀元年爲弘文館學士九年進授員外散騎常侍封陽翟縣男拜通直散騎常侍學士如故十六年進爵爲侯食邑七百戶後致仕歸于家太宗幸遼東亮子遂良爲黃門侍郎詔遂良謂亮曰昔年師旅卿常入幕今茲遐伐君已懸車倏忽之間移三十載眷言疇昔我勞如何今將遂良東行想公於朕不惜一兒於膝下耳故遣陳離意善居加食亮奉表陳謝及寢疾詔遣醫藥救療中使候問不絕卒時年八十八太宗甚悼惜之不視朝一日贈太常卿陪葬昭陵謚曰康長子遂賢守雍王友次子遂良自有傳始太宗既平寇亂留意儒學乃於宮城西起文學館以待四方文士於是以屬大行臺司勳郎中杜如晦記室考功郎中房玄齡及于志寧軍諮祭酒蘇世長天策府記室薛收文學褚亮姚思廉太學博士陸德明孔穎達主簿李玄道天策倉曹李守素記室參軍虞世南參軍事蔡允恭顏相時著作佐郎攝記室許敬宗薛元敬

太學助教蓋文達軍諮典籤蘇勗並以本官兼文學館學士及薛收卒復徵東
虞州錄事參軍劉孝孫入館尋遣圖其狀貌題其名字爵里乃命亮爲之像贊
號十八學士寫真圖藏之書府以彰禮賢之重也諸學士並給珍膳分爲三番
更直宿于閣下每軍國務靜參謁歸休即便引見討論墳籍商略前載預入館
者時所傾慕謂之登瀛洲顏相時兄師古蘇勗兄子幹

劉孝孫者荊州人也祖貞周石臺太守孝孫弱冠知名與當時辭人虞世南蔡
君和孔德紹庾抱庾自直劉斌等登臨山水結爲文會大業末沒于王世充世
充弟僞杞王辯引爲行臺郎中洛陽平辯面縛歸國衆皆離散孝孫猶攀援號
慟追送遠郊時人義之武德初歷虞州錄事參軍太宗召爲秦府學士貞觀六
年遷著作佐郎吳王友嘗採歷代文集爲王撰古今類序詩苑四十卷十五年
遷本府諮議參軍尋遷太子洗馬未拜卒

李玄道者本隴西人也世居鄭州爲山東冠族祖瑾魏著作佐郎父行之隋都
水使者玄道仕隋爲齊王府屬李密據洛口引爲記室及密破爲王世充所執

是時同遇凶俘者並懼死達曙不寐唯玄道顏色自若曰死生有命非憂能了
同拘者雅推其識量及見世充舉措不改其常世充素知其名益重之釋縛以
爲著作佐郎東都平太宗召爲秦王府主簿文學館學士貞觀元年累遷給事
中封姑臧縣男時王君廓爲幽州都督朝廷以其武將不習時事拜玄道爲幽
州長史以維持府事君廓在州屢爲非法玄道數正議裁之嘗又遺玄道一婢
玄道問婢所由云本良家子爲君廓所掠玄道因放遣之君廓甚不悅後遇君
廓入朝房玄齡即玄道之從甥也玄道附書君廓私發不識草字疑其謀己懼
而奔叛玄道流嶲州未幾徵還爲常州刺史在職清簡百姓安之太宗下詔褒
美賜以綾綵三年表請致仕加銀青光祿大夫以祿歸第尋卒子雲將知名官
至尚書左丞
李守素者趙州人代爲東山名族太宗平王世充徵爲文學館學士署天策府
倉曹參軍守素尤工譜學自晉宋已降四海士流及諸勳貴華戎閥閱莫不詳
究當時號爲行譜嘗與虞世南共談人物言江左山東世南猶相酬對及言北

地諸侯次第如流顯其世業皆有援證世南但撫掌而笑不復能答歎曰行譜定可畏許敬宗因謂世南曰李倉曹以善談人物乃得此名雖爲美事然非雅目公既言成準的宜當有以改之世南曰昔任彥昇美談經籍梁代稱爲五經笥今目倉曹爲人物志可矣貞觀初卒

史臣曰劉幷州有言和氏之璧不獨耀於郢握夜光之珠何專玩於隋掌天下之寶固當與天下共之虞永興之從建德李安平之佐公祏褚陽翟之依薛舉蓋大渴不能擇泉而飲大暑不能擇蔭而息耳非不識其飲憩之所及文皇帝揭三辰而燭天下羣賢霧集人之所奉方得躍鱗天池擅價春山爲一代之至寶則所託之勢異也隋掌郢握曷有常哉二虞昆仲文章炳蔚於隋唐之際褚河南父子箴規獻替洋溢於貞觀永徽之閒所謂代有人焉而三家尤盛

贊曰猗與文皇盪滌蒼昊十八文星連輝炳耀虞褚之筆動若有神安平之什老而彌新

舊唐書卷七十二

舊唐書卷七十二考證

褚亮傳曾祖湮梁御史中丞○沈炳震曰陳書褚玠傳作湮

劉孝孫○臣德潛按因褚亮傳中敘薛收卒復徵東虞州錄事劉孝孫入館尋遺圖其狀貌是因薛收而及其生平不必更立傳也今附亮傳末

舊唐書卷七十二考證

後晉司空同中書門下平章事劉昫撰

列傳第二十三

薛收兄子元敬收子元超從子稷　姚思廉　顏師古弟相時

令狐德棻鄧世隆顧胤李延壽李仁實等附　孔穎達司馬才章王恭馬嘉運等附

薛收字伯褒蒲州汾陰人隋內史侍郎道衡子也事繼從父孺以孝聞年十二解屬文以父在隋非命乃潔志不仕大業末郡舉秀才固辭不應義旗起遁於首陽山將協義舉蒲州通守堯君素潛知收謀乃遣人迎收所生母王氏置城內收乃還城後君素將應王世充收遂踰城歸國秦府記室房玄齡薦之於太宗即日召見問以經略收辯對縱橫皆合旨要授秦府主簿判陜東道大行臺金部郎中時太宗專任征伐檄書露布多出於收言辭敏速還同宿構馬上即成曾無點竄太宗討王世充也竇建德率兵來拒諸將皆以為宜且退軍以觀賊形勢收獨建策曰世充據有東都府庫填積其兵皆是江淮精銳所患者在

於乏食是以爲我所持求戰不可建德親總軍旅來拒我師亦當盡彼驍雄期於奮決若縱其至此兩寇相連轉河北之糧以相資給則伊洛之間戰鬬不已今宜分兵守營深其溝防卽世充欲戰愼勿出兵大王親率猛銳先據成皐之險訓兵坐甲以待其至彼以疲弊之師當我堂堂之勢一戰必尅建德卽破世充自下矣不過兩旬二國之君可面縛麾下若退兵自守計之下也太宗納之卒擒建德東都平太宗入觀隋氏宮室嗟後主罄人力以逞奢侈收進曰竊聞峻宇雕牆殷辛以滅土階茅棟唐堯以昌秦帝增阿房之飾漢后罷露臺之費故漢祚延而秦禍速自古如此後主曾不能察以萬乘之尊困一夫之手使土崩瓦解取譏後代以奢虐所致也太宗悅其對及軍還授天策府記室參軍太宗初授天策上將尚書令命收與世南並作第一讓表竟用收者太宗曾侍高祖遊後園中獲白魚命收爲獻表收援筆立就不復停思時人推其二表贍而速從平劉黑闥封汾陰縣男武德六年以本官兼文學館學士與房玄齡杜如晦特蒙殊禮受心腹之寄又嘗上書諫獵太宗手詔曰覽讀所陳實悟心膽今

日成我卿之力也明珠兼乘豈比來言當以誠心書何能盡今賜卿黃金四十鋌以酬雅意七年寢疾太宗遣使臨問相望於道尋命輿疾詣府太宗親以衣袂撫收論敘生平潸然流涕尋卒年三十三太宗親自臨哭哀慟左右與收從父兄子元敬書曰吾與卿叔共事或軍旅多務或文詠從容何嘗不驅馳經略款曲襟抱比雖疾苦日冀痊除何期一朝忽成萬古追尋痛惋彌用傷懷且聞其兒子幼小家徒壁立未知何處安置宜加安撫以慰吾懷因使人弔祭贈物三百段及後遍圖學士等形像太宗歎曰薛收遂成故人恨不早圖其像及登極顧謂房玄齡曰薛收若在朕當以中書令處之又嘗夢收如平生又勅有司特賜其家粟帛貞觀七年贈定州刺史永徽六年又贈太常卿陪葬昭陵文集十卷元敬隋選部侍郎邁子也有文學少與收及收族兄德音齊名時人謂之河東三鳳收爲長雛德音爲鸑鷟元敬以年最小爲鵷鶵武德中元敬爲祕書郎太宗召爲天策府參軍兼直記室收與元敬俱爲文學館學士時房杜等處心腹之寄深相友託元敬畏於權勢竟不之狎如晦常云小記室不可得而親

不可得而踈太宗入東宮除太子舍人時軍國之務總於東宮元敬專掌文翰號爲稱職尋卒收子元超元超早孤九歲襲爵汾陰男及長好學善屬文太宗甚重之令尚巢刺王女和靜縣主累授太子舍人預撰晉書高宗卽位擢拜給事中時年二十六數上書陳君臣政體及時事得失高宗皆嘉納之俄轉中書舍人加弘文館學士兼修國史中書省有一盤石初道衡爲內史侍郎嘗踞而草制元超每見此石未嘗不泫然流涕永徽五年丁母憂解明年起授黃門侍郎兼檢校太子左庶子元超既擅文辭兼好引寒俊嘗表薦任希古高智周郭正一王義方孟利貞等十餘人由是時論稱美後以疾出爲饒州刺史三年拜東臺侍郎右相李義府以罪配流巂州舊制流人禁乘馬元超奏請給之坐貶爲簡州刺史歲餘西臺侍郎上官儀伏誅又坐與文章款密配流巂州上元初遇赦還拜正諫大夫三年遷中書侍郎尋同中書門下三品時高宗幸温泉校獵諸蕃酋長亦持弓矢而從元超以爲既非族類深可爲虞上疏切諫帝納焉時元超特承恩遇常召入與諸王同預私讌又重其文學政理之才嘗謂元超

曰長得卿在中書固不藉多人也永隆二年拜中書令兼太子左庶子高宗幸東都太子於京師監國因留元超以侍太子常臨行謂元超曰朕之留卿如去一臂但吾子未閑庶務關西之事悉以委卿所寄既深不得默爾於是元超表薦鄭祖玄鄧玄挺崔融爲崇文館學士又數上疏諫太子高宗知而稱善遣使慰諭賜物百段弘道元年以疾乞骸加金紫光祿大夫聽致仕其年冬卒年六十二贈光祿大夫秦州都督陪葬乾陵文集四十卷子曜亦以文學知名聖曆中修三教珠英官至正諫大夫元超從子稷稷舉進士累轉中書舍人時從祖兄曜爲正諫大夫與稷俱以辭學知名同在兩省爲時所稱景龍末爲諫議大夫昭文館學士好古博雅尤工隸書自貞觀永徽之際虞世南褚遂良時人宗其書跡自後罕能繼者稷外祖魏徵家富圖籍多有虞褚舊跡稷銳精模倣筆態遒麗當時無及之者又善畫博採古跡睿宗在藩留意於小學稷於是特見招引俄又令其子伯陽尚仙源公主及踐祚累拜中書侍郎與蘇頲等對掌制誥俄與中書侍郎崔日用參知政事睿宗以鍾紹京爲中書令稷勸令禮讓因

入言於帝曰紹京素無才望出自胥吏雖有功勳未聞令德一朝超居元宰師長百寮臣恐清濁同貫失於聖朝具瞻之美帝然其言因紹京表讓遂轉爲戶部尚書稷又於帝前面折崔日用遞相短長由是罷知政事遷左散騎常侍歷工部禮部二尚書以翊贊睿宗功封晉國公賜實封三百戶除太子少保睿宗常召稷入宮中參決庶政恩遇莫與爲比及竇懷貞伏誅稷以知其謀賜死於萬年縣獄中子伯陽以尚公主拜右千牛衛將軍駙馬都尉亦以功封安邑郡公別食實封四百戶及父死特免坐左遷晉州員外別駕尋而配徙嶺表在道自殺伯陽子談開元十六年尚常山公主拜駙馬都尉光祿員外卿旬日暴卒

姚思廉字簡之雍州萬年人父察陳吏部尚書入隋歷太子內舍人祕書丞北絳公學兼儒史見重於三代陳亡察自吳與始遷關中思廉少受漢史於其父能盡傳家業勤學寡慾未嘗言及家人產業在陳爲揚州主簿入隋爲漢王府參軍丁父憂解職初察在陳嘗修梁陳二史未就臨終令思廉續成其志丁繼母憂廬於墓側毀瘠加人服闋補河間郡司法書佐思廉上表陳父遺言有詔

許其續成梁陳史煬帝又令與起居舍人崔祖濬修區宇圖志後爲代王侑侍讀會義師剋京城侑府寮奔駭唯思廉侍王不離其側兵將昇殿思廉厲聲謂曰唐公舉義本匡王室卿等不宜無禮於王衆服其言於是布列階下高祖聞而義之許其扶侑至順陽閤下泣拜而去觀者咸歎曰忠烈之士也仁者有勇此之謂乎高祖受禪授秦王文學後太宗征徐圓朗思廉時在洛陽太宗嘗從容言及隋亡之事慨然歎曰姚思廉不懼兵刃以明大節求諸古人亦何以加也因寄物三百段以遺之書曰想節義之風故有斯贈尋引爲文學館學士太宗入春宮遷太子洗馬貞觀初遷著作郎弘文館學士寫其形像列於十八學士圖令文學褚亮爲之讚曰志苦精勤紀言實錄臨危殉義餘風勵俗三年又受詔與祕書監魏徵同撰梁陳二史思廉又採謝炅等諸家梁史續成父書幷推究陳事刪益博綜顧野王所修舊史撰成梁書五十卷陳書三十卷魏徵雖裁其總論其編次筆削皆思廉之功也賜綵絹五百段加通直散騎常侍思廉以藩邸之舊深被禮遇政有得失常遣密奏之思廉亦直言無隱太宗將幸九

成宮思廉諫曰離宮遊幸秦皇漢武之事固非堯舜禹湯之所爲也言甚切至
太宗諭曰朕有氣疾熱便頓劇固非情好遊賞也因賜帛五十匹九年拜散騎
常侍賜爵豐城縣男十一年卒太宗深悼惜之廢朝一日贈太常卿謚曰康賜
葬地於昭陵子處平官至通事舍人處平子璹斑別有傳

顏籀字師古雍州萬年人齊黃門侍郎之推孫也其先本居琅邪世仕江左及
之推歷事周齊齊滅始居關中父思魯以學藝稱武德初爲秦王府記室參軍
師古少傳家業博覽羣書尤精詁訓善屬文隋仁壽中爲尚書左丞李綱所薦
授安養尉尚書左僕射楊素見師古年弱貌羸因謂曰安養劇縣何以克當師
古曰割雞焉用牛刀素奇其對到官果以幹理聞時薛道衡爲襄州總管與高
祖有舊又悅其才有所綴文嘗使其掎摭疵病甚親暱之尋坐事免歸長安十
年不得調家貧以教授爲業及起義師古至長春宮謁見授朝散大夫從平京
城拜燉煌公府文學轉起居舍人再遷中書舍人專掌機密于時軍國多務凡
有制誥皆成其手師古達於政理冊奏之工時無及者太宗踐祚擢拜中書侍

郎封琅邪縣男以母憂去職服闋復爲中書侍郎歲餘坐事免太宗以經籍去
聖久遠文字訛謬令師古於祕書省考定五經師古多所釐正既成奏之太宗
復遣諸儒重加詳議于時諸儒傳習已久皆共非之師古輒引晉宋已來古今
本隨言曉答援據詳明皆出其意表諸儒莫不歎服於是兼通直郎散騎常侍
頒其所定之書於天下令學者習焉貞觀七年拜祕書少監專典刊正所有奇
書難字衆所共惑者隨宜剖析曲盡其源是時多引後進之士爲讎校師古抑
素流先貴勢雖富商大賈亦引進之物論稱其納賄由是出爲郴州刺史未行
太宗惜其才謂之曰卿之學識良有可稱但事親居官未爲清論所許今之此
授卿自取之朕以卿曩日任使不忍遐棄宜深自誡勵也於是復以爲祕書少
監師古既負其才又早見驅策累被任用及頻有罪譴意甚喪沮自是闔門守
靜杜絕賓客放志園亭葛巾野服然搜求古跡及古器耽好不已俄又奉詔與
博士等撰定五禮十一年禮成進爵爲子時承乾在東宮命師古注班固漢書
解釋詳明深爲學者所重承乾表上之太宗令編之祕閣賜師古物二百段良

馬一匹十五年太宗下詔將有事於泰山所司與公卿幷諸儒博士詳定儀注太常卿韋挺禮部侍郎令狐德棻爲封禪使參考其儀時論者競起異端師古奏曰臣撰定封禪儀注書在十一年春于時諸儒參詳以爲適中於是詔公卿定其可否多從師古之說然而事竟不行師古俄遷祕書監弘文館學士十九年從駕東巡道病卒年六十五謚曰戴有集六十卷其所注漢書及急就章大行於世永徽三年師古子揚庭爲符璽郎又表上師古所撰匡謬正俗八卷高宗下詔付祕書閣仍賜揚庭帛五十疋師古弟相時亦有學業武德中與房玄齡等爲秦府學士貞觀中累遷諫議大夫拾遺補闕有諍臣之風尋轉禮部侍郎相時羸瘠多疾病太宗常使賜以醫藥性仁友及師古卒不勝哀慕而卒師古叔父遊秦武德初累遷廉州刺史封臨沂縣男時劉黑闥初平人多以強暴寡禮風俗未安遊秦撫恤境內敬讓大行邑里歌曰廉州顏有道性行同莊老愛人如赤子不殺非時草高祖璽書勞勉之俄拜鄆州刺史卒于官撰漢書決疑十二卷爲學者所稱後師古注漢書亦多取其義耳

令狐德棻宜州華原人隋鴻臚少卿熙之子也先居燉煌代爲河西右族德棻博涉文史早知名大業末爲藥城長以世亂不就職及義旗建淮安王神通據太平宮自稱總管以德棻爲記室參軍高祖入關引直大丞相府記室武德元年轉起居舍人甚見親待五年遷祕書丞與侍中陳叔達等受詔撰藝文類聚高祖問德棻曰比者丈夫冠婦人髻競爲高大何也對曰在人之身冠爲上飾所以古人方諸君上昔東晉之末君弱臣強江左士女皆衣小而裳大及宋武正位之後君德尊嚴衣服之製俄亦變改此卽近事之徵高祖然之時承喪亂之餘經籍亡逸德棻奏請購募遺書重加錢帛增置楷書令繕寫數年間羣書略備德棻嘗從容言於高祖曰竊見近代已來多無正史梁陳及齊猶有文籍至周隋遭大業離亂多有遺闕當今耳目猶接尙有可憑如更十數年後恐事跡湮沒陛下既受禪於隋復承周氏歷數國家二祖功業並在周時如文史不存何以貽鑑今古如臣愚見並請修之高祖然其奏下詔曰司典序言史官記事考論得失究盡變通所以裁成義類懲惡勸善多識前古貽鑑將來伏犧以

降周秦斯及兩漢傳緒三國受命迄于晉宋載籍備焉自有魏南徙乘機撫運
周隋禪代歷世相仍梁氏稱邦跨據淮海齊遷龜鼎陳建皇宗莫不自命正朔
綿歷歲祀各殊徽號刪定禮儀至於發跡開基受終告代嘉謀善政名臣奇士
立言著績無乏於時然而簡牘未編紀傳咸闕炎涼已積謠俗遷訛餘烈遺風
倏焉將墜朕握圖馭宇長世字人方立典謩永垂憲則顧彼湮落用深軫悼有
懷撰次實資良直中書令蕭瑀給事中王敬業著作郎殷聞禮可修魏史侍中
陳叔達祕書丞令狐德棻太史令庾儉可修周史兼中書令封德彝中書舍人
顏師古可修隋史大理卿崔善為中書舍人孔紹安太子洗馬蕭德言可修梁
史太子詹事裴矩兼吏部郎中祖孝孫前祕書丞魏徵可修齊史祕書監竇璡
給事中歐陽詢秦王文學姚思廉可修陳史務加詳覈博採舊聞義在不刊書
法無隱瑀等受詔歷數年竟不能就而罷貞觀三年太宗復勅修撰乃令德棻
與祕書郎岑文本修周史中書舍人李百藥修齊史著作郎姚思廉修梁陳史
祕書監魏徵修隋史與尚書左僕射房玄齡總監諸代史衆議以魏史既有魏

收魏彥二家已爲詳備遂不復修德棻又奏引殿中侍御史崔仁師佐修周史德棻仍總知類會梁陳齊隋諸史武德已來創修撰之源自德棻始也六年累遷禮部侍郎兼修國史賜爵彭城男十年以修周史賜絹四百匹十一年修新禮成進爵爲子又以撰氏族志成賜帛二百匹十五年轉太子右庶子承乾敗隨例除名十八年起爲雅州刺史以公事免尋有詔改撰晉書房玄齡奏德棻令預修撰當時同修一十八人並推德棻爲首其體制多取決焉書成除祕書少監永徽元年又受詔撰定律令復爲禮部侍郎兼弘文館學士監修國史及五代史志尋遷太常卿兼弘文館學士時高宗初嗣位留心政道常召宰臣及弘文館學士於中華殿而問曰何者爲王道霸道又孰爲先後德棻對曰王道任德霸道任刑自三王已上皆行王道唯秦任霸術漢則雜而行之魏晉已下王霸俱失如欲用之王道爲最而行之爲難高宗曰今之所行何政爲要德棻對曰古者爲政清其心簡其事以此爲本當今天下無虞年穀豐稔薄賦斂少征役此乃合於古道爲政之要莫過於此高宗曰政道莫尚於無爲也又問

曰禹湯何以興桀紂何以亡德棻對曰傳稱禹湯罪己其興也勃焉桀紂罪人其亡也忽焉二主惑於妹喜妲己誅戮諫者造炮烙之刑是其所以亡也高宗甚悅既罷各賜以繒綵四年遷國子祭酒以修貞觀十三年以後實錄功賜物四百段兼授崇賢館學士尋又撰高宗實錄三十卷進爵爲公龍朔二年表請致仕許之仍加金紫光祿大夫乾封元年卒于家年八十四謚曰憲德棻暮年尤勤於著述國家凡有修撰無不參預自武德已後有鄧世隆顧胤李延壽李仁實前後修撰國史頗爲當時所稱

鄧世隆者相州人也大業末王世充兄子太守河陽引世隆爲賓客大見親遇及太宗攻洛陽遺書諭太世隆爲復書言辭不遜洛陽平後世隆懼罪變姓名自號隱玄先生竄於白鹿山貞觀初徵授國子主簿與崔仁師慕容善行劉顗庾安禮敬播等俱爲修史學士世隆負宿罪猶不自安太宗聞之遣房玄齡諭之曰爾爲王太作書誠合重罪但各爲其主於朕豈有惡哉朕今爲天子何能追責匹夫之過爾宜坦然勿懷危懼也擢授著作佐郎歷衛尉丞初太宗以武

功定海內櫛風沐雨不暇於詩書暨于嗣業進引忠良銳精思政數年之後道致隆平遂於聽覽之暇留情文史敘事言懷時有構屬天才宏麗興託玄遠貞觀十三年世隆上疏請編錄御集太宗竟不許之世隆又採隋代舊事撰爲東都記三十卷遷著作郎尋卒

顧胤者蘇州吳人也祖越陳給事黃門侍郎父覽隋祕書學士胤永徽中歷遷起居郎兼修國史撰太宗實錄二十卷成以功加朝散大夫授弘文館學士以撰武德貞觀兩朝國史八十卷成加朝請大夫封餘杭縣男賜帛五百段龍朔三年遷司文郎中尋卒胤又撰漢書古今集二十卷行於代子琮長安中爲天官侍郎同鳳閣鸞臺平章事

李延壽者本隴西著姓世居相州貞觀中累補太子典膳丞崇賢館學士嘗受詔與著作佐郎敬播同修五代史志又預撰晉書尋轉御史臺主簿兼直國史延壽嘗撰太宗政典三十卷表上之歷遷符璽郎兼修國史尋卒調露中高宗嘗觀其所撰政典歎美久之令藏于祕閣賜其家帛五十段延壽又嘗刪補宋

齊梁陳及魏齊周隋等八代史謂之南北史凡一百八十卷頗行於代
李仁實魏州頓丘人官至左史嘗著格論三卷通曆八卷戎州記並行於時
孔穎達字仲達冀州衡水人也祖碩後魏南臺丞父安齊青州法曹參軍穎達
八歲就學日誦千餘言及長尤明左氏傳鄭氏尚書王氏易毛詩禮記兼善算
曆解屬文同郡劉焯名重海內穎達造其門焯初不之禮穎達請質疑滯多出
其意表焯改容敬之穎達固辭歸焯固留不可還家以教授爲務隋大業初舉
明經高第授河內郡博士時煬帝徵諸郡儒官集于東都令國子祕書學士與
之論難穎達爲最時穎達少年而先輩宿儒恥爲之屈潛遣刺客圖之禮部尚
書楊玄感舍之於家由是獲免補太學助教屬隋亂避地於武牢太宗平王世
充引爲秦府文學館學士武德九年擢授國子博士貞觀初封曲阜縣男轉給
事中時太宗初卽位留心庶政穎達數進忠言益見親待太宗嘗問曰論語云
以能問於不能以多問於寡有若無實若虛何謂也穎達對曰聖人設教欲人
謙光己雖有能不自矜大仍就不能之人求訪能事己之才藝雖多猶以爲少

仍就寡少之人更求所益己之雖有其狀若無己之雖實其容若虛非唯匹庶帝王之德亦當如此夫帝王內蘊神明外須玄默使深不可測度不可知易稱以蒙養正以明夷莅衆若其位居尊極炫耀聰明以才凌人飾非拒諫則上下情隔君臣道乖自古滅亡莫不由此也太宗深善其對六年累除國子司業歲餘遷太子右庶子仍兼國子司業與諸儒議曆及明堂皆從穎達之說又與魏徵撰成隋史加位散騎常侍十一年又與朝賢修定五禮所有疑滯咸諮決之書成進爵爲子賜物三百段庶人承乾令撰孝經義疏穎達因文見意更廣規諷之道學者稱之太宗以穎達在東宮數有匡諫與左庶子于志寧各賜黃金一斤絹百匹十二年拜國子祭酒仍侍講東宮十四年太宗幸國學觀釋奠命穎達講孝經既畢穎達上釋奠頌手詔褒美後承乾不循法度穎達每犯顏進諫承乾乳母遂安夫人謂曰太子成長何宜屢致面折穎達對曰蒙國厚恩死無所恨諫諍逾切承乾不能納先是與顏師古司馬才章王恭王琰等諸儒受詔撰定五經義訓凡一百八十卷名曰五經正義太宗下詔曰卿等博綜古今

義理該洽考前儒之異說符聖人之幽旨實爲不朽付國子監施行賜穎達物三百段時又有太學博士馬嘉運駁穎達所撰正義詔更令詳定功竟未就十七年以年老致仕十八年圖形於凌煙閣讚曰道光列第風傳闕里精義霞開掞辭飆起二十二年卒陪葬昭陵贈太常卿謚曰憲

司馬才章者魏州貴鄉人也父烜博涉五經善緯候才章少傳其業隋末爲郡博士貞觀六年左僕射房玄齡薦之屢蒙召問擢授國子助教論議該洽學者稱之

王恭者滑州白馬人也少篤學博涉六經每於鄉閭教授弟子自遠方至數百人貞觀初徵拜太學博士其所講三禮皆別立義證甚爲精博蓋文懿文達等皆當時大儒罕所推借每講三禮皆遍舉先達義而亦暢恭所說

馬嘉運者魏州繁水人也少出家爲沙門明於三論後更還俗專精儒業尤善論難貞觀初累除越王東閤祭酒頃之罷歸隱居白鹿山十一年召拜太學博士兼弘文館學士預修文思博要嘉運以穎達所撰正義頗多繁雜每掎摭之

諸儒亦稱爲允當高宗居春宮引爲崇賢館學士數與洗馬秦暐侍講殿中甚
蒙禮異十九年遷國子博士卒
史臣曰唐德勃興英儒間出佐命協力實有其人薛收左右厥猷經謀雅道不
幸短命殲我良士上言恨不圖形若在當以中書令處之才可知矣元敬藻翰
明敏而畏權勢竟不狎房杜深沉至愼不亦優哉元超藉父風望弼亮宏略諒
非其罪而再遷流及登大任益有嘉謀汲引多才以隆弘納其感恩之重時其
聞諸有始有卒其殆庶幾乎稷出自名家涉于大用及自貽謀釁如貞亮何姚
思廉篤學寡欲受漢史於家尊果執明義臨大節而不可奪及筆削成書箴規
翊聖言其命世亦當仁乎師古家籍儒風該博經義至于詳注史策探測典禮
清明在躬天有才格然而三黜之負竟在時譏孔子曰才難不其然乎令狐德
棻貞度應時待問平直徵舊史修新禮以暢國風辨治亂談王霸以資帝業元
首明哉股肱良哉其斯之謂歟鄧世隆國史時譽固有諒直其復書不遜何不
知之甚也上疏請編御集其弼直乎顧胤清芬可觀彝範積善餘慶其有子哉

李延壽研考史學修撰刪補克成大典方之班馬何代無人仁實据摭抑又次焉孔穎達風格高爽幼而有聞探賾明敏辨析應對天有通才人道惡盈必有毀訐及正義炳煥乃異人也雖其掎摭亦何損於明司馬才章藉時崇儒明嚴致業王恭弘闡聲教禮學研詳馬嘉運達識自通克成典雅並符才用潤色丹青其掎摭繁雜蓋求備者也

贊曰河東三鳳俱瑞黃圖棻爲良史穎實名儒解經不窮希顏之徒登瀛入館不其盛乎

舊唐書卷七十三

舊唐書卷七十四

後晉司空同中書門下平章事劉昫撰

列傳第二十四

劉洎　馬周　崔仁師 孫湜 液弟滌　湜弟液　液子論

劉洎字思道荊州江陵人也隋末仕蕭銑爲黃門侍郎銑令略地嶺表得五十餘城未還而銑敗遂以所得城歸國授南康州都督府長史貞觀七年累拜給事中封清苑縣男十五年轉治書侍御史上疏曰尚書萬機實爲政本伏尋此選受授誠難是以八座比於文昌二丞方於管轄爰至曹郎上應列宿苟非稱職竊位興譏伏見比來尚書省詔勅稽停文案壅滯臣誠雖庸劣請述其源貞觀之初未有令僕于時省務繁雜倍多於今左丞戴胄右丞魏徵並曉達吏方質性平直事應彈舉無所迴避陛下又假以恩慈自然肅物百司匪懈抑此之由及杜正倫續任右丞頗亦厲下比者綱維不舉並爲勳親在位品非其任功勢相傾凡在官寮未循公道雖欲自強先懼囂謗所以郎中抑奪唯事諮稟尚

書依違不得斷決或憚聞奏故事稽延案雖理窮仍更盤下去無程限來不責
遲一經出手便涉年載或希旨失情或避嫌抑理勾司以案成爲事了不究是
非尙書用便僻爲奉公莫論當否遞相姑息唯務彌縫且選賢授能非材莫舉
天工人代焉可妄加至於懿戚元勳但優其禮秩或年高耄及或積病智昏既
無益於時宜當致之以閑逸久妨賢路殊爲不可將救玆弊且宜精簡四員左
右丞左右司郎中如並得人自然綱維略舉亦當矯正趨競豈唯息其稽滯哉
書奏未幾拜尙書右丞十三年遷黃門侍郎十七年加授銀青光祿大夫尋除
散騎常侍洎性疎峻敢言太宗工王羲之書尤善飛白嘗宴三品已上於玄武
門帝操筆作飛白字賜羣臣或乘酒爭取於帝手洎登御座引手得之皆奏曰
洎登御牀罪當死請付法帝笑而言曰昔聞婕妤辭輦今見常侍登牀尋攝黃
門侍郎加上護軍太宗善持論每與公卿言及古道必詰難往復洎上書諫曰
帝王之與凡庶聖哲之與庸愚上下相懸擬倫斯絕是知以至愚而對至聖以
極卑而對至尊徒思自強不可得也陛下降恩旨假慈顏凝旒以聽其言虛襟

以納其說猶恐羣下未敢對敭況動神機縱天辯飾辭以折其理援古以排其議欲令凡庶何階應答臣聞皇天以無言爲貴聖人以不言爲德老君稱大辯若訥莊生稱至道無文此皆不欲煩也齊侯讀書輪扁竊笑漢皇慕古長孺陳譏此亦不欲勞也且多記則損心多語則損氣心氣內損形神外勞初雖不覺後必爲累須爲社稷自愛豈爲性好自傷乎竊以今日昇平皆陛下力行所至欲其長久匪由辯博但當忘彼愛憎慎茲取捨每事敦朴無非至公若貞觀之初則可矣至如秦政強辯失人心於自矜魏文宏才虧衆望於虛說此才辯之累較然可知矣伏願略茲雄辯浩然養氣簡彼緗圖淡焉自怡固萬壽於南岳齊百姓於東戶則天下幸甚皇恩斯畢手詔答曰非慮無以臨下非言無以述慮比有談論遂致煩多輕物驕人恐由茲道形神心氣非此爲勞今聞讜言虛懷以改時皇太子初立洎以爲宜尊賢重道上書曰臣聞郊迎四方孟侯所以成德齒學三讓元良由是作貞斯皆屈主祀之尊申下交之義故得芻言咸薦睿問旁通不出軒庭坐知天壤率由茲道永固鴻基者焉原夫太子宗祧是繫

善惡之際與亡斯在不勤於始將悔于終是以晁錯上書令先通政術賈誼獻策務前知禮教竊惟皇太子孝友仁義明允篤誠皆挺自天姿非勞審諭固以華夷仰德翔泳希風矣然則寢門視膳已表於三朝藝宮論道宜弘於四術雖春秋鼎盛飭躬有漸實恐歲月易往墮業與譏取適宴安方從此始臣以愚短幸參侍從思廣離明願聞經術不敢曲陳故事請以聖德言之伏惟陛下誕叡膺圖登庸歷試多才多藝道著於匡時允武允文功成於纂祀萬方即序九圍清宴尚且雖休勿休日慎一日求異聞於振古勞睿思於當年乙夜觀書事高漢帝馬上披卷勤過魏后陛下自勵如此而令太子優游棄日不習圖書臣所未諭一也加以蹔屏機務即寓雕蟲綜寶思於天文則長河韜映摛玉字於仙札則流霞成彩固以錙銖萬代冠冕百王屈宋不足以升堂鍾張何階於入室陛下自好如此而太子悠然靜處不尋篇翰臣所未諭二也陛下歷該眾妙獨秀寰中猶晦天聽俯詢凡識聽朝之隙引見羣官降以溫顏訪以今古故得朝廷是非里閭好惡凡有巨細必關聽覽陛下自好如此而令太子久入趨侍不

接正人臣所未諭三也陛下若謂無益則何事勞神若謂有成則宜申貽厥蔑
而不急未見其可伏願俯推睿範訓及儲君授以良書娛之嘉客晨披經史觀
成敗於前蹤晚接賓遊訪得失於當代間以書札繼以篇章則日聞所未聞日
見所未見副德逾光羣生之福也古之太子問安而退所以廣敬於君父異宮
而處所以分別於嫌疑今太子一侍天闈動移旬朔師傅以下無由接見假令
供奉有隙蹔還東宮拜謁既踈且事欣仰規諫之道固所未暇陛下不可以親
教宮案無由以進言雖有具寮竟將何補伏願俯循前躅稍抑下流弘遠大之
規展師友之義則儲徽克茂帝圖斯廣凡在黎元孰不慶賴自此勅洎令與岑
文本同馬周遞日往東宮與皇太子談論太宗嘗怒苑西守監穆裕命於朝堂
斬之皇太子遽進諫太宗謂司徒長孫無忌曰夫人久相與處自然染習自朕
臨御天下虛心正直即有魏徵朝夕進諫自徵云亡劉洎岑文本馬周褚遂良
等繼之皇太子幼在朕膝前每見朕心悅諫昔者因染以成性固有今日之諫
耳十八年遷侍中太宗嘗謂侍臣曰夫人臣之對帝王多順旨而不逆甘言以

取容朕今發問欲聞己過卿等須言朕愆失長孫無忌李勣楊師道等咸云陛
下聖化致太平臣等不見其失洎對曰陛下化高萬古誠如無忌等言然頃上
書人不稱旨者或面加窮詰無不慚退恐非獎進言者之路太宗曰卿言是也
當爲卿改之太宗征遼令洎與高士廉馬周留輔皇太子定州監國仍兼左庶
子檢校民部尚書太宗謂洎曰我今遠征使卿輔翼太子社稷安危之機所寄
尤重卿宜深識我意洎進曰願陛下無憂大臣有愆失者臣謹即行誅太宗以
其妄發頗怪之謂曰君不密則失臣臣不密則失身卿性踈而太健恐以此取
敗深宜誡愼以保終吉十九年太宗遼東還發定州在道不康洎與中書令馬
周入謁洎周出遂良傳問起居洎泣曰聖體患癰極可憂懼遂良誣奏之曰洎
云國家之事不足慮正當傅少主行伊霍故事大臣有異志者誅之自然定矣
太宗疾愈詔問其故洎以實對又引馬周以自明太宗問周周對與洎所陳不
異遂良又執證不已乃賜洎自盡洎臨引決請紙筆欲有所奏憲司不與洎死
太宗知憲不與紙筆怒之並令屬吏洎文集十卷行於時則天臨朝其子弘業

上言洎被遂良譖而死詔令復其官爵

馬周字賓王清河茌平人也少孤貧好學尤精詩傳落拓不爲州里所敬武德中補博州助教日飲醇酎不以講授爲事刺史達奚恕屢加咎責周乃拂衣遊於曹汴又爲浚儀令崔賢所辱遂感激西遊長安宿於新豐逆旅主人唯供諸商販而不顧待周遂命酒一斗八升悠然獨酌主人深異之至京師舍於中郎將常何之家貞觀五年太宗令百寮上書言得失何以武吏不涉經學周乃爲何陳便宜二十餘事令奏之事皆合旨太宗怪其能問何何答曰此非臣所能家客馬周具草也每與臣言未嘗不以忠孝爲意太宗卽日召之未至間遣使催促者數四及謁見與語甚悅令直門下省六年授監察御史奉使稱旨帝以常何舉得其人賜帛三百匹是歲周上疏曰微臣每讀經史見前賢忠孝之事臣雖小人竊希大道未嘗不廢卷長想思履其迹臣以不幸早失父母犬馬之養已無所施顧來事可爲者唯忠義而已是以徒步二千里而自歸于陛下陛下不以臣愚瞽過垂齒錄竊自顧瞻無階答謝輒以微軀丹款惟陛下所擇臣

伏見大安宮在宮城之西其牆宇宮闕之制方之紫極尚爲卑小臣伏以東宮皇太子之宅猶處城中大安乃至尊所居更在城外雖太上皇游心道素志存清儉陛下重違慈旨愛惜人力而蕃夷朝見及四方觀聽有不足焉臣願營築雉堞修起門樓務從高顯以稱萬方之望則大孝昭乎天下矣臣又伏見明勅以二月二日幸九成宮臣竊惟太上皇春秋已高陛下宜朝夕視膳而晨昏起居今所幸宮去京三百餘里鑾輿動軔嚴蹕經旬非可以旦暮至也太上皇情或思感而欲即見陛下者將何以赴之且車駕今行本爲避暑然則太上皇尚留熱所而陛下自逐涼處溫清之道臣竊未安然勅書既出業已成就願示速返之期以開衆惑臣又見詔書令宗室勳賢作鎮藩部貽厥子孫嗣守其政非有大故無或黜免臣竊惟陛下封植之者誠愛之重之欲其胤裔承守而與國無疆也臣以爲如詔旨者陛下宜思所以安存之富貴之然則何用代官也何則以堯舜之父猶有朱均之子儻有孩童嗣職萬一驕愚兆庶被其殃而國家受其敗正欲絕之也則子文之治猶在正欲留之也而欒黶之惡已彰與其毒

害於見存之百姓則寧使割恩於已亡之臣明矣然則向所謂愛之者乃適所以傷之也臣謂宜賦以茅土疇其戶邑必有材行隨器方授則雖其翰翮非強亦可以獲免尤累昔漢光武不任功臣以吏事所以終全其代者良得其術也願陛下深思其事使夫得奉大恩而子孫終其福祿也臣又聞聖人之化天下莫不以孝爲基故曰孝莫大於嚴父嚴父莫大於配天又曰國之大事在祀與戎孔子亦云吾不預祭如不祭是聖人之重祭祀也如此伏惟陛下踐祚以來宗廟之享未曾親事伏緣聖情獨以鑾輿一出勞費稍多所以忍其孝思以便百姓遂使一代之史不書皇帝入廟之事將何以貽厥孫謀垂則來葉臣知大孝誠不在俎豆之間然聖人之訓人固有屈己以從時願聖慈顧省愚款臣又聞致化之道在於求賢審官爲政之基在於揚清激濁孔子曰唯名與器不以假人是言慎舉之爲重也臣伏見王長通白明達本自樂工輿皁雜類韋槃提斛斯正則更無他材獨解調馬縱使術踰儕輩伎能有取乍可厚賜錢帛以富其家豈得列預士流超授高爵遂使朝會之位萬國來庭騶子倡人鳴玉曳履

與夫朝賢君子比肩而立同坐而食臣竊恥之然朝命既往縱不可追謂宜不使在朝班預於士伍太宗深納之尋除侍御史加朝散大夫十一年周又上疏曰臣歷觀前代自夏殷及漢氏之有天下傳祚相繼多者八百餘年少者猶四五百年皆爲積德累業恩結於人心豈無僻王賴前哲以免自魏晉以還降及周隋多者不過六十年少者纔二三十年而亡良由創業之君不務廣恩化當時僅能自守後無遺德可思故傳嗣之主政教少衰一夫大呼而天下土崩矣今陛下雖以大功定天下而積德日淺固當思隆禹湯文武之道廣施德化使恩有餘地爲子孫立萬代之基豈欲但令政教無失以持當年而已然自古明王聖主雖因人設教寬猛隨時而大要唯以節儉於身恩加於人二者是務故其下愛之如日月畏之如雷霆此其所以卜祚遐長而禍亂不作也今百姓承喪亂之後比於隋時纔十分之一而供官徭役道路相繼兄去弟還首尾不絕遠者往來五六千里春秋冬夏略無休時陛下雖每有恩詔令其減省而有司作既不廢自然須人徒行文書役之如故臣每訪問四五年來百姓頗有嗟怨

之言以爲陛下不存養之昔唐堯茅茨土階夏禹惡衣菲食如此之事臣知不可復行於今漢文帝惜百金之費輟露臺之役集上書囊以爲殿帷所幸愼夫人衣不曳地至景帝以錦繡纂組妨害女功特詔除之所以百姓安樂至孝武帝雖窮奢極侈而承文景遺德故人心不動向使高祖之後卽有武帝天下必不能全此於時代差近事迹可見今京師及益州諸處營造供奉器物幷諸王妃主服飾議者皆不以爲儉臣聞昧旦丕顯後世猶怠作法於理其弊猶亂陛下少處人間知百姓辛苦前代成敗目所親見尙猶如此而皇太子生長深宮不更外事卽萬歲之後固聖慮所當憂也臣尋往代以來之事但有黎庶怨叛聚爲盜賊其國無不卽滅人主雖改悔未有重能安全者凡修政教當修於可修之時若事變一起而後悔之則無益者也故人主每見前代之亡則知其政教之所由喪而皆不知其身之失是以殷紂笑夏桀之亡而幽厲亦笑殷紂之滅隋煬帝大業之初又笑齊魏之失國今之視煬帝亦猶煬帝之視齊魏也故京房謂漢元帝云臣恐後之視今亦猶今之視古此言不可不誡也往者貞觀

之初率土荒儉一匹絹纔得一㪷米而天下帖然百姓知陛下甚愛憐之故人人自安曾無謗讟自五六年來頻歲豐稔一匹絹得粟十餘石而百姓皆以爲陛下不憂憐之咸有怨言又今所營爲者頗多不急之務故也自古以來國之興亡不由積畜多少唯在百姓苦樂且以近事驗之隋家貯洛口倉而李密因之東都積布帛而世充據之西京府庫亦爲國家之用至今未盡向使洛口東都無粟帛則世充李密未能必聚大衆但貯積者固是有國之常事要當人有餘力而後收之豈人勞而強斂之更以資寇積之無益也然儉以息人貞觀之初陛下已躬爲之故今行之不難也爲之一日則天下知之式歌且舞矣若人既勞矣而用之不息儻中國被水旱之災邊方有風塵之患狂狡因之以竊發則有不可測之事非徒聖躬旰食晏寢而已古語云動人以行不以言應天以實不以文以陛下之明誠欲勵精爲政不煩遠采上古之術但及貞觀之初則天下幸甚昔賈誼爲漢文帝云可慟哭及長歎息者言當韓信王楚彭越王梁英布王淮南之時使文帝即天子位必不能安又言賴諸王年少傅相制之長

大之後必生禍亂歷代以來皆以誼言爲是臣竊觀今諸將功臣陛下所與定天下者皆仰稟成規備鷹犬之用無威略振主如韓彭之難駕馭者而諸王年並幼少縱其長大當陛下之日必無他心然卽萬代之後不可不慮自漢晉以來亂天下者何嘗不是諸王皆爲樹置失宜不預爲節制以至於滅亡人主熟知其然但溺於私愛故使前車既覆而後車不改轍也今天下百姓極少諸王甚多寵遇之恩有過厚者臣之愚慮不唯慮其恃恩驕矜也昔魏武帝寵陳思及文帝卽位防守禁閉有同獄囚以先帝加恩太多故嗣王疑而畏之也此則武帝寵陳思適所以苦之也且帝子何患不富貴身食大國封戶不少好衣美食之外更何所須而每年加別優賜曾無紀極俚語曰貧不學儉富不學奢言自然也今大聖創業豈唯處置見在子弟而已當制長久之法使萬代遵行又言臨天下者以人爲本欲令百姓安樂唯在刺史縣令縣令既衆不能皆賢若每州得良刺史則合境蘇息天下刺史悉稱聖意則陛下端拱巖廊之上百姓不慮不安自古郡守縣令皆妙選賢德欲有擢昇宰相必先試以臨人或從二

千石入爲丞相今朝廷獨重內官縣令刺史頗輕其選刺史多是武夫勳人或京官不稱職方始外出而折衝果毅之內身材強者先入爲中郎將其次始補州任邊遠之處用人更輕其材堪宰位以德行見稱擢者十不能一所以百姓未安殆由於此疏奏太宗稱善久之先是京城諸街每至晨暮遣人傳呼以警衆周遂奏諸街置鼓每擊以警衆令罷傳呼時人便之太宗益加賞勞俄拜給事中十二年轉中書舍人周有機辨能敷奏深識事端動無不中太宗嘗曰我於馬周暫不見則便思之中書侍郎岑文本謂所親曰吾見馬君論事多矣援引事類揚搉古今舉要刪蕪會文切理一字不可加一言不可減聽之靡靡令人亡倦昔蘇張終賈正應此耳然鳶肩火色騰上必速恐不能久耳十五年遷治書侍御史兼知諫議大夫又兼檢校晉王府長史王爲皇太子拜中書侍郎兼太子右庶子十八年遷中書令依舊兼太子右庶子周既職兼兩宮處事精密甚獲當時之譽太宗伐遼東皇太子定州監守令周與高士廉劉洎留輔皇太子太宗還以本官攝吏部尚書二十一年加銀青光祿大夫太宗嘗以神筆

賜周飛白書曰鸞鳳凌雲必資羽翼股肱之寄誠在忠良周病消渴彌年不瘳時駕幸翠微宮敕求勝地爲周起宅名醫中使相望不絕每令尚食以膳供之太宗躬爲調藥皇太子親臨問疾周臨終索所陳事表草一帙手自焚之慨然曰管晏彰君之過求身後名吾弗爲也二十二年卒年四十八太宗爲之舉哀贈幽州都督陪葬昭陵高宗卽位追贈尚書右僕射高唐縣公垂拱中配享高宗廟庭子載咸亨年累遷吏部侍郎善選補于今稱之卒於雍州長史

崔仁師定州安喜人武德初應制舉授管州錄事參軍五年侍中陳叔達薦仁師才堪史職進拜右武衛錄事參軍預修梁魏等史貞觀初再遷殿中侍御史時青州有逆謀事發州縣追捕反黨俘囚滿獄詔仁師按覆其事仁師至州悉去杻械仍與飲食湯沐以寬慰之唯坐其魁首十餘人餘皆原免及奏報詔使將往決之大理少卿孫伏伽謂仁師曰此獄徒侶極衆而足下雪免者多人皆好生誰肯讓死今既臨命恐未甘心深爲足下憂也仁師曰嘗聞理獄之體必務仁恕故稱殺人刖足亦皆有禮豈有求身之安知枉不爲申理若以一介暗

短但易得十囚之命亦所願也伏伽慚而退及勅使至青州更訊諸囚咸曰崔公仁恕事無枉濫請伏罪皆無異辭仁師後爲度支郎中嘗奏支庶財物數千言手不執本太宗怪之令黃門侍郎杜正倫齎本仁師對唱一無差殊太宗大奇之時校書郎王玄度注尙書毛詩毀孔鄭舊義上表請廢舊注行己所注者詔禮部集諸儒詳議玄度口辯諸博士皆不能詰之郎中許敬宗請付祕閣藏其書河間王孝恭特請與孔鄭並行仁師以玄度穿鑿不經乃條其不合大義駁奏請罷之詔竟依仁師議玄度遂廢十六年遷給事中時刑部以賊盜律反逆緣坐兄弟沒官爲輕請改從死奏請八座詳議右僕射高士廉吏部尙書侯君集兵部尙書李勣等議請從重民部尙書唐儉禮部尙書江夏王道宗工部尙書杜楚客等議請依舊不改時議者以漢及魏晉謀反皆夷三族咸欲依士廉等議仁師獨駁曰自羲農以降爰及唐虞或設言而人不犯或畫象而下知禁三代之盛泣辜解網父子兄弟罪不相及咸臻至理俱爲稱首及其世亂獄訟滋煩周之季年不勝其弊烈火原於子產峭澗起於安于韓季申商爭持急

刻參夷相坐始於此也秦用其法遂至土崩漢高之務寬大未爲盡善文帝之存仁厚仍多涼德遂使新垣族滅信越葅醢見譏良史謂之過刑魏晉至隋有損有益凝脂猶密秋荼尚煩皇上爰發至仁念茲刑憲酌前王之令典探往代之嘉猷革弊蠲苛可大可久仍降綸綍頒之九區故得斷獄數簡手足有措刑清化洽未有不安忽以暴秦酷法爲隆周中典乖惻隱之情反惟行之令進退參詳未見其可且父子天屬昆季同氣誅其父子足累其心此而不顧何愛兄弟既欲改法請更審量竟從仁師駁議後仁師密奏請立魏王爲太子忤旨轉爲鴻臚少卿遷民部侍郎征遼之役詔太常卿韋挺知海運仁師爲副仁師又別知河南水運仁師以水路險遠恐遠州所輸不時至海遂便宜從事遞發近海租賦以充轉輸及韋挺以壅滯失期除名爲民仁師以運夫逃走不奏坐免官既不得志遂作體命賦以暢其情辭多不載太宗還至中山起爲中書舍人尋兼檢校刑部侍郎太宗幸翠微宮仁師上清暑賦以諷太宗稱善賜帛五十段二十二年遷中書侍郎參知機務時仁師甚承恩遇中書令褚遂良頗忌嫉

之會有伏閤上訴者仁師不奏太宗以仁師罔上遂配龔州會赦還永徽初起授簡州刺史尋卒年六十餘神龍初以子挹爲國子祭酒恩例贈同州刺史挹子湜湜少以文辭知名舉進士累轉左補闕預修三教珠英遷殿中侍御史神龍初轉考功員外郎時桓彥範敬暉等既知國政懼武三思讒間引湜爲耳目使伺其動靜俄而中宗疎忌功臣於三思恩寵漸厚湜乃反以桓敬等計議潛告三思尋遷中書舍人及桓敬等徙于嶺外湜又說三思盡宜殺之以絕其歸望三思問誰可使者湜表兄周利貞先爲桓敬等所惡自侍御史出嘉州司馬湜乃舉充此行桓敬等聞利貞至多自殺三思引利貞爲御史中丞湜景龍二年遷兵部侍郎挹爲禮部父子同爲南省副貳有唐已來未有也時昭容上官氏屢出外宅湜託附之由是中宗遇湜甚厚俄拜吏部侍郎尋轉中書侍郎同中書門下平章事與鄭愔同知選事銓綜失序爲御史李尚隱所劾愔坐配流嶺表湜左轉爲江州司馬上官昭容密與安樂公主曲爲申理中宗乃以愔爲江州司馬授湜襄州刺史未幾入爲尚書左丞韋庶人臨朝復爲中書侍郎同

中書門下三品睿宗即位出爲華州刺史俄又拜太子詹事初湜景龍中獻策開南山新路以通商州水陸之運役徒數萬死者十三四仍嚴錮舊道禁行旅所開新路以通竟爲夏潦衝突崩壓不通至是追論湜開山路功加銀青光祿大夫俄爲太平公主所引復遷中書門下三品先天元年拜中書令與劉幽求爭權不協陷幽求徙于嶺表仍促廣州都督周利貞以逗留殺之不果而止時挹以年老累除戶部尚書致仕挹性貪冒受人請託數以公事干湜湜多違拒不從大爲時論所嗤玄宗在東宮數幸其第恩意甚密湜旣私附太平公主時人咸爲之懼門客陳振鷺獻海鷗賦以諷之湜雖稱善而心實不悅及帝將誅蕭至忠等召將託爲腹心湜弟滌謂湜曰主上若有所問不得有所隱也湜不從及見帝對問失旨至忠等旣誅湜坐徙嶺外時新興王晉亦連坐伏誅臨刑歎曰本謀此事出自崔湜今我就死而湜得生何冤濫也俄而所司奏宮人元氏款稱與湜曾密謀進酖乃追湜賜死初湜與張說有隙說時爲中書令議者以爲說構陷之時湜與尚書右丞盧藏用同配流俱行湜謂藏用曰家弟承恩

舊唐書卷七十五

後晉司空同中書門下平章事劉昫撰

列傳第二十五

蘇世長子良嗣　韋雲起孫方質　孫伏伽

張玄素

蘇世長雍州武功人也祖彤後魏直散騎常侍父振周宕州刺史建威縣侯周武帝時世長年十餘歲上書言事武帝以其年小召問讀何書對曰讀孝經論語武帝曰孝經論語何所言對曰孝經云爲國者不敢侮於鰥寡論語曰爲政以德武帝善其對令於獸門館讀書以其父歿王事因令襲爵世長於武帝前擗踴號泣武帝爲之改容隋文帝受禪世長又屢上便宜頗有補益超還長安令大業中爲都水少監使於上江督運會江都難作世長爲煬帝發喪慟哭哀感路人王世充僭號署爲太子太保行臺右僕射與世充兄子弘烈及將豆盧褒俱鎮襄陽時弘烈娶褒女爲妻深相結託高祖與褒有舊璽書諭之不從頻

斬使者武德四年洛陽平世長首勸弘烈歸降既至京師高祖誅褒而責世長來晚之故世長頓顙曰自古帝王受命爲逐鹿之喻一人得之萬夫斂手豈有獲鹿之後忿同獵之徒問爭肉之罪也陛下應天順人布德施惠又安得忘管仲雍齒之事乎且臣武功之士經涉亂離死亡略盡惟臣殘命得見聖朝陛下若復殺之是絕其類也實望天恩使有遺種高祖與之有故笑而釋之尋授玉山屯監後於玄武門引見語及平生恩意甚厚高祖曰卿自謂諂佞耶正直耶對曰臣實愚直高祖曰卿若直何爲背世充而歸我對曰洛陽既平天下爲一臣智窮力屈始歸陛下向使世充尚在臣據漢南天意雖有所歸人事足爲勍敵高祖大笑嘗嘲之曰名長意短口正心邪棄忠貞於鄭國忘信義於吾家世長對曰名長意短實如聖旨口正心邪未敢奉詔昔竇融以河西降漢十世封侯臣以山南歸國惟蒙屯監即日擢拜諫議大夫從幸涇陽校獵大獲禽獸於旌門高祖入御營顧謂朝臣曰今日畋樂乎世長進曰陛下遊獵薄廢萬機不滿十旬未爲大樂高祖色變既而笑曰狂態發耶世長曰爲臣私計則狂爲陛

下國計則忠矣及突厥入寇武功郡縣多失戶口是後下詔將幸武功校獵世長又諫曰突厥初入大為民害陛下救恤之道猶未發言乃於其地又縱畋獵非但仁育之心有所不足百姓供頓將何以堪高祖不納又嘗引之於披香殿世長酒酣奏曰此殿隋煬帝所作耶是何雕麗之若此也高祖曰卿好諫似直其心實詐豈不知此殿是吾所造何須設詭疑而言煬帝乎對曰臣實不知但見傾宮鹿臺瑠璃之瓦並非受命帝王愛民節用之所為也若是陛下作此誠非所宜臣昔在武功幸常陪侍見陛下宅宇纔蔽風霜當此之時亦以為足今因隋之侈民不堪命數歸有道而陛下得之實謂懲其奢淫不忘儉約今初有天下而於隋宮之內又加雕飾欲撥其亂寧可得乎高祖深然之後歷陝州長史天策府軍諮祭酒秦府初開文學館引為學士與房玄齡等一十八人皆蒙圖畫令文學褚亮為之贊曰軍諮諧噱超然辯悟正色于庭匪躬之故貞觀初聘于突厥與頡利爭禮不受賂遺朝廷稱之出為巴州刺史覆舟溺水卒世長機辯有學博涉而簡率嗜酒無威儀初在陝州部內多犯法世長莫能禁乃責

躬引咎自撻於都街伍伯嫉其詭鞭之見血世長不勝痛大呼而走觀者咸以爲笑議者方稱其詐子良嗣高宗時遷周王府司馬王時年少舉事不法良嗣正色匡諫甚見敬憚王府官屬多非其人良嗣守文檢括莫敢有犯深爲高宗所稱遷荊州大都督府長史高宗使宦者緣江採異竹將於苑中植之宦者科舟載竹所在縱暴還過荊州良嗣因之因上疏切諫稱遠方求珍異以疲道路非聖人抑己愛人之道又小人竊弄威福以虧皇明言甚切直疏奏高宗下制慰勉遽令棄竹於江中永淳中爲雍州長史時關中大飢人相食盜賊縱橫良嗣爲政嚴明盜發三日內無不擒擿則天臨朝遷工部尚書尋代王德真爲納言累封溫國公爲西京留守則天賦詩餞送賞遇甚渥時尚方監裴匪躬檢校西苑將鬻苑中果菜以收其利良嗣駮之曰昔公儀相魯猶能拔葵去織未聞萬乘之主鬻其果菜以與下人爭利也匪躬遂止無幾追入都還文昌左相同鳳閣鸞臺三品載初元年春罷文昌左相加位特進仍依舊知政事與地官尚書韋方質不協及方質坐事當誅辭引良嗣則天特保明之良嗣謝恩拜伏便

不能復起輿歸其家詔御醫張文仲韋慈藏往視疾其日薨年八十五則天輟朝三日舉哀於觀風門勅百官就宅赴弔贈開府儀同三司益州都督賜絹布八百段米粟八百碩兼降璽書弔祭其子踐言太常丞尋爲酷吏所陷配流嶺南而死追削良嗣官爵籍沒其家景龍元年追贈良嗣司空踐言子務玄襲爵温國公開元中爲邠王府長史

韋雲起雍州萬年人伯父澄武德初國子祭酒綿州刺史雲起隋開皇中明經舉授符璽直長嘗因奏事文帝問曰外間有不便事汝可言之時兵部侍郎柳述在帝側雲起應聲奏曰柳述驕豪未嘗經事兵機要重非其所堪徒以公主之壻遂居要職臣恐物議以陛下官不擇賢濫以天秩加於私愛斯亦不便之大者帝甚然其言顧謂述曰雲起之言汝藥石也可師友之仁壽初詔在朝文武舉人述乃舉雲起進授通事舍人大業初改爲通事謁者又上疏奏曰今朝廷之內多山東人而自作門戶更相剡薦附下罔上共爲朋黨不抑其端必傾朝政臣所以痛心扼腕不能默已謹件朋黨人姓名及姦狀如左煬帝令大理

追究於是左丞郎蔚之司隸別駕郎楚之並坐朋黨配流漫頭赤水餘免官者九人會契丹入抄營州詔雲起護突厥兵往討契丹部落啓民可汗發騎二萬受其處分雲起分爲二十營四道俱引營相去各一里不得交雜聞鼓聲而行聞角聲而止自非公使勿得走馬三令五申之後擊鼓而發軍中有犯約者斬紇干一人持首以徇於是突厥將帥來入謁之皆膝行股戰莫敢仰視契丹本事突厥情無猜忌雲起既入其界使突厥詐云向柳城郡欲共高麗交易勿言營中有隋使敢漏泄者斬之契丹不備去賊營百里詐引南度夜復退還去營五十里結陣而宿契丹弗之知也既明俱發馳騎襲之盡獲其男女四萬口女子及畜產以半賜突厥餘將入朝男子皆殺之煬帝大喜集百官曰雲起用突厥而平契丹行師奇譎才兼文武又立朝謇諤朕今親自舉之擢爲治書御史雲起乃奏劾曰內史侍郎虞世基職典樞要寄任隆重御史大夫裴蘊特蒙殊寵維持內外今四方告變不爲奏聞賊數實多或減言少陛下既聞賊少發兵不多衆寡懸殊往皆莫尅故使官軍失利賊黨日滋此而不繩爲害將大請付

有司詰正其罪大理卿鄭善果奏曰雲起詆訾名臣所言不實非毀朝政妄作威權由是左遷大理司直煬帝幸揚州雲起告歸長安屬義旗入關於長樂宮謁見義寧元年授司農卿封陽城縣公武德元年加授上開府儀同三司判農圃監事是歲欲大發兵討王世充雲起上表諫曰國家承喪亂之後百姓流離未蒙安養頻年不熟關內阻飢京邑初平物情未附鼠竊狗盜猶爲國憂盩厔司竹餘氛未殄藍田谷口羣盜實多朝夕伺間極爲國害雖京城之內每夜賊發北有師都連結胡寇斯乃國家腹心之疾也捨此不圖而窺兵函洛若師出之後內盜乘虛一旦有變禍將不小臣謂王世充遠隔千里山川懸絕無能爲害待有餘力方可討之今內雖未弭且宜弘於度外如臣愚見請暫戢兵務穡勸農安人和衆關中小盜自然寧息秦川將卒賈勇有餘三年之後一舉便定今雖欲速臣恐未可乃從之會突厥入寇詔雲起總領豳寧已北九州兵馬便宜從事四年授西麟州刺史司農卿如故尋代趙郡王孝恭爲夔州刺史轉遂州都督懷柔夷獠咸得衆心遷益州行臺民部尚書尋轉行臺兵部尚書行臺

僕射竇軌多行殺戮又妄奏獠反冀得集兵因此作威肆其凶暴雲起多執不從雲起又嘗私產交通生獠以規其利軌亦對衆言之由是構隙情相猜貳隱太子之死也勅遣軌息馳驛詣益州報軌軌乃疑雲起弟慶儉堂弟慶嗣及親族並事東宮慮其聞狀或將爲變先設備而後告之雲起果不信問曰詔書何在軌曰公建成黨也今不奉詔同反明矣遂執殺之初雲起年少時師事太學博士王頗頗每與之言及時事甚嘉歎之乃謂之曰韋生識悟如是必能自取富貴然剛腸嫉惡終當以此害身竟如頗言子師實垂拱初官至華州刺史太子少詹事封扶陽郡公師實子方質則天初鸞臺侍郎地官尚書同鳳閣鸞臺平章事時改修垂拱格式方質多所損益甚爲時人所稱俄而武承嗣三思當朝用事諸宰相咸傾附之方質疾假承嗣等詣宅問疾方質據牀不爲之禮左右云踞見權貴恐招危禍方質曰吉凶命也大丈夫豈能折節曲事近戚以求苟免也尋爲酷吏周興來子珣所構配流儋州仍籍沒其家尋卒神龍初雪免

孫伏伽貝州武城人大業末自大理寺史累補萬年縣法曹武德元年初以三

事上諫其一曰臣聞天子有諍臣雖無道不失其天下父有諍子雖無道不陷於不義故云子不可不諍於父臣不可不諍於君以此言之臣之事君猶子之事父故也隋後主所以失天下者何也止爲不聞其過當時非無直言之士由君不受諫自謂德盛唐堯功過夏禹窮侈極慾以恣其心天下之士肝腦塗地戶口減耗盜賊日滋而不覺知者皆由朝臣不敢告之也向使修嚴父之法開直言之路選賢任能賞罰得中人人樂業誰能搖動者乎所以前朝好爲變更不師古訓者止爲天誘其咎將以開今聖唐也陛下龍舉晉陽天下響應計不旋踵大位遂隆陛下勿以唐得天下之易不知隋失之不難也陛下貴爲天子富有天下動則左史書之言則右史書之既爲竹帛所拘何可恣情不慎凡有蒐狩須順四時既代天理安得非時妄動陛下二十日龍飛二十一日有獻鷂鷂者此乃前朝之弊風少年之事務何忽今日行之又聞相國參軍事盧牟子獻琵琶長安縣丞張安道獻弓箭頻蒙賞勞但普天之下莫非王土率土之濱莫非王臣陛下必有所欲何求而不得陛下所少者豈此物哉願陛下察臣愚

忠則天下幸甚其二曰百戲散樂本非正聲有隋之末大見崇用此謂淫風不可不改近者太常官司於人間借婦女裙襦五百餘具以充散妓之服云擬五月五日於玄武門遊戲臣竊思審實損皇猷亦非貽厥子孫謀為後代法也故書云無以小怨為無傷而弗去恐從小至於大故也論語云放鄭聲遠佞人又云樂則韶舞以此言之散妓定非功成之樂也如臣愚見請並廢之則天下不勝幸甚其三曰臣聞性相近而習相遠以其所好相染也故書云與治同道罔弗興與亂同事罔弗亡以此言之與亂其在斯與皇太子及諸王等左右羣僚不可不擇而任之也如臣愚見但是無義之人及先來無賴家門不能邕睦及好奢華馳獵馭射專作慢遊狗馬聲色歌舞之人不得使親而近之也此等止可悅耳目備驅馳至於拾遺補闕決不能為也臣歷窺往古下觀近代至於子孫不孝兄弟離間莫不為左右亂之也願陛下妙選賢才以為皇太子僚友如此卽克隆盤石永固維城矣高祖覽之大悅下詔曰秦以不聞其過而亡典籍豈無先誡臣僕諂諛故弗之覺也漢高祖反正從諫如流洎乎文景繼業宣元

承緒不由斯道孰隆景祚周隋之季忠臣結舌一言喪邦諒足深誡永言於此常深歎息朕每惟寡薄忝膺寶命雖不能性與天道庶思勉力常冀弼諧以匡不逮而羣公卿士罕進直言將申虛受之懷物所未諭萬年縣法曹孫伏伽至誠慷慨詞義懇切指陳得失無所迴避非有不次之舉曷貽利行之益伏伽既懷諒直宜處憲司可治書侍御史仍頒示遠近知朕意焉兼賜帛三百匹時軍國多事賦斂繁重伏伽屢奏請改革高祖並納焉二年高祖謂裴寂曰隋末無道上下相蒙主則驕矜臣惟諂佞上不聞過下不盡忠至使社稷傾危身死匹夫之手朕撥亂反正志在安人平亂任武臣守成委文吏庶得各展器能以匡不逮比每虛心接待冀聞讜言然惟李綱差盡忠款孫伏伽可謂誠直餘人猶踵弊風俛首而已豈朕所望哉及平王世充竇建德大赦天下既而責其黨與並令配遷伏伽上表諫曰臣聞王言無戲自古格言去食存信聞諸舊典故書云爾無不信朕不食言又論語云一言出口駟不及舌以此而論言之出口不可不慎伏惟陛下光臨區宇覆育羣生率土之濱誰非臣妾綸一發取信萬

方使聞之者不疑見之者不惑陛下今月二日發雲雨之制光被黔黎無所間然公私蒙賴既云常赦不免皆赦除之此非直赦其有罪亦是與天下斷當許其更新以此言之但是赦後卽便無事因何王世充及建德部下赦後乃欲還之此是陛下自違本心欲遣下人若爲取則若欲子細推尋逆城之內人誰無罪故書云殲厥渠魁脅從罔治若論渠魁世充等爲首渠魁尚免脅從何辜且古人云蹠狗吠堯蓋非其主在東都城內及建德部下乃有與陛下積小故舊編髮友朋猶尚有人敗後始至者此等豈忘陛下皆云被壅故也以此言之自外疎者竊謂無罪又書云非知之艱行之惟艱上古已來何代無君所以秪稱堯舜之善者何也直由爲天子者實難善名難得故也往者天下未平威權須應機而作今四方既定設法須與人共之但法者陛下自作之還須守之使天下百姓信而畏之今自爲無信欲遣兆人若爲信畏故書云無偏無黨王道蕩蕩無黨無偏王道平平賞罰之行達乎貴賤聖人制法無限親疎如臣愚見世充建德下僞官經赦合免責情欲遷配者請並放之則天下幸甚又上表請置

諫官高祖皆納焉太宗卽位賜爵樂安縣男貞觀元年轉大理少卿太宗嘗馬射伏伽上書諫曰臣聞千金之子坐不垂堂百金之子立不倚衡以此言之天下之主不可履險乘危明矣臣又聞天子之居也則禁衞九重其動也則出警入蹕此非極尊其居處乃爲社稷生靈之大計耳故古人云一人有慶兆人賴之臣竊聞陛下猶自走馬射帖娛悅近臣此乃無禁乘危竊爲陛下有所不取也何者一則非光史冊二則未足顯揚又非所以導養聖躬亦不可以垂範後代此秪是少年諸王之所務豈得旣爲天子今日猶行之乎陛下雖欲自輕其奈社稷天下何如臣愚見竊謂不可太宗覽之大悅五年坐奏囚誤失免官尋起爲刑部郎中累遷大理少卿轉民部侍郎十四年拜大理卿後出爲陝州刺史永徽五年以年老致仕顯慶三年卒

張玄素蒲州虞鄉人隋末爲景城縣戶曹竇建德攻陷景城玄素被執將就戮縣民千餘人號泣請代其命曰此人淸愼若是今儻殺之乃無天也大王將定天下當深加禮接以招四方如何殺之使善人解體建德遽命釋之署爲治書

侍御史固辭不受及江都不守又召拜黃門侍郎始應命建德平授景城都督
府錄事參軍太宗聞其名及卽位召見訪以政道對曰臣觀自古已來未有如
隋室喪亂之甚豈非其君自專其法日亂向使君虛受於上臣弼違於下豈至
於此且萬乘之重又欲自專庶務日斷十事而五條不中中者信善其如不中
者何況一日萬機已多虧失以日繼日乃至累年乖謬旣多不亡何待如其廣
任賢良高居深視百司奉職誰敢犯之臣又觀隋末沸騰被於寓縣所爭天下
者不過十數人餘皆保邑全身思歸有道是知人欲背主爲亂者鮮矣但人君
不能安之遂致於亂陛下若近覽危亡日愼一日堯舜之道何以能加太宗善
其對擢拜侍御史尋遷給事中貞觀四年詔發卒修洛陽宮乾陽殿以備巡幸
玄素上書諫曰微臣竊思秦始皇之爲君也藉周室之餘六國之威將貽之萬
葉及其子而亡良由逞嗜奔欲逆天害人者也是知天下不可以力勝神祇不
可以親恃惟當弘儉約薄賦斂愼終如始可以永固方今承百王之末屬凋弊
之餘必欲節之以禮制陛下宜以身爲先東都未有幸期卽何須補葺諸王今

並出藩又須營構興發漸多豈疲人之所望其不可一也陛下初平東都之始層樓廣殿皆令撤毀天下翕然同心欣仰豈有初則惡其侈靡今乃襲其雕麗其不可二也每承音旨未即巡幸此則事不急之務成虛費之勞國無兼年之積何用兩都之好勞役過度怨讟將起其不可三也百姓承亂離之後財力凋盡天恩含育粗見存立飢寒猶切生計未安三五年間恐未平復奈何營未幸之都奪疲人之力其不可四也昔漢高祖將都洛陽婁敬一言卽日西駕豈不知地惟土中貢賦所均但以形勝不如關內也伏惟陛下化凋弊之人革澆漓之俗爲日尚淺未甚淳和斟酌事宜詎可東幸其不可五也臣又嘗見隋室造殿極棟宏壯大木非隨近所有多從豫章採來二千人曳一柱其下施轂皆以生鐵爲之若用木輪卽便火出鐵轂既生行一二里卽有破壞仍數百人別齎鐵轂以隨之終日不過進三二十里略計一柱已用數十萬功則餘費又過於此臣聞阿房成秦人散章華就楚衆離及乾陽畢功隋人解體且以陛下今時功力何如隋日役瘡痍之人襲亡隋之弊以此言之恐甚於煬帝深願陛下思

之無為由余所笑則天下幸甚太宗曰卿謂我不如煬帝何如桀紂對曰若此殿卒與所謂同歸於亂且陛下初平東都太上皇勅大殿高門並宜焚毀陛下以瓦木可用不宜焚灼請賜與貧人事雖不行然天下翕然謳歌至德今若遵舊制卽是隋役復與五六年間趨捨頓異何以昭示子孫光敷四海太宗歎曰我不思量遂至於此顧謂房玄齡曰洛陽土中朝貢道均朕故修營意在便於百姓今玄素上表實亦可依後必事理須行露坐亦復何苦所有作役宜卽停之然以卑干尊古來不易非其忠直安能若此可賜綵二百匹侍中魏徵歎曰張公論事遂有迴天之力可謂仁人之言其利博哉累遷太子少詹事轉右庶子時承乾居春宮頗以遊畋廢學玄素上書諫曰臣聞皇天無親惟德是輔苟違天道人神同棄然古三驅之禮非欲教殺將為百姓除害故湯羅一面天下歸仁今苑中娛獵雖名異遊畋若行之無常終虧雅度且傅說曰學不師古匪說攸聞然則弘道在於學古學古必資師訓既奉恩詔令孔穎達侍講望數存問以補萬一仍博遺有名行學士兼朝夕侍奉覽聖人之遺教察既行之往事

日知其所不足月無忘其所能此則盡善盡美夏啓周誦焉足言哉夫爲人上者未有不求其善但以性不勝情耽惑成亂耽惑既甚忠言遂塞所以臣下苟順君道漸虧古人有言勿以小惡而不去小善而不爲故知禍福之來皆起於漸殿下地居儲兩當須廣樹嘉猷既有好畋之淫何以主斯匕鬯愼終如始猶懼漸衰始尚不愼終將安保尋又兼太子少詹事十三年又上書諫曰臣聞周公以大聖之材猶握髮吐飧引納白屋而況後之聖賢敢輕斯道是以禮制皇太子入學而行齒胄欲使太子知君臣父子長幼之道然君臣之義父子之親尊卑之序長幼之節用之方寸之內弘之四海之外皆因行以遠聞假言以光被伏惟殿下睿質已隆尚須學文以飾其表至如孔穎達趙弘智等非惟宿德鴻儒亦兼達政要望令數得侍講開釋物理覽古諭今增暉睿德而雕蟲小伎之流秪可時命追隨以代博奕耳若其騎射畋遊酣歌戲翫以悅耳目終穢心神漸染既久必移情性古人有言心爲萬事主動而無節卽亂臣恐殿下敗德之源在於此矣承乾並不能納太宗知玄素在東宮頻有進諫十四年擢授銀

青光祿大夫行太子左庶子時承乾久不坐朝玄素諫曰宮內止有婦人耳不知如樊姬之徒可與弘益聖德者有幾若遂無賢哲便是親變倖遠忠良人不見德何以光敷三善且宮儲之寄於國爲重所以廣置羣僚以輔睿德今乃動經時月不見宮臣納誨既疏將何補闕承乾嫉其數諫遣戸奴夜以馬撾擊之殆至於死承乾又嘗於宮中擊鼓聲聞于外玄素扣閤請見極言切諫承乾乃出宮內鼓對玄素毀之是歲太宗嘗對朝問玄素歷官所由玄素既出自刑部令史甚以慙恥諫議大夫褚遂良上疏曰臣聞君子不失言於人聖主不戲言於臣言則史書之禮成之樂歌之居上能禮其臣臣始能盡力以奉其上近代宋孝武輕言肆口侮弄朝臣攻其門戶乃至狼狽良史書之以爲非是陛下昨見問張玄素云隋任何官奏云縣尉又問未爲縣尉已前奏云流外又問在何曹司玄素將出閤門殆不能移步精爽頓盡色類死灰朝臣見之多所驚怪大唐創曆任官以才卜祝庸保量能使用陛下禮重玄素頻年任使擢授三品翼贊皇儲自不可更對羣臣窮其門戶棄昔日之殊恩成一朝之愧恥人君之御

臣下也禮義以導之惠澤以驅之使其負戴玄天罄輸臣節猶恐德禮不加人不自勵若無故忽略使其羞慙鬱結於懷衷心靡樂責其伏節死義其可得乎書奏太宗謂遂良曰朕亦悔此問今得卿疏深會我心承乾既敗德日增玄素又上書諫曰臣聞孔子云能近取譬可謂仁之方也已然書傳所載言之或遠尋覽近事得失斯存至如周武帝平定山東卑宮菲食以安海內太子贇舉措無端穢德日著烏九軌知其不可具言於武帝武帝慈仁望其漸改及至踐祚狂暴肆情區宇崩離宗祀覆滅卽隋文帝所代是也文帝因周衰弱憑藉女資雖無大功於天下然布德行仁足爲萬姓所賴勇爲太子不能近遵君父之節儉而務驕侈今之山池遺跡卽殿下所親覩是也此時亦恃君親之恩自謂太山之固詎知邪臣敢進其說向使動靜有常進退合度親君子疎小人捨浮華尚恭儉雖有邪臣間之何能致慈父之隙豈不由積德未弘令聞不著讒言一至遂成其禍黜惟皇儲之寄荷戴殊重如其積德不弘何以嗣守成業聖上以殿下親則父子事兼家國所應用物不爲節限恩旨未踰六旬用物已過七萬

驕奢之極孰云過此龍樓之下惟聚工匠望苑之內不覩賢良今言孝敬則闕視膳問安之禮語恭順則違君父慈訓之方求風聲則無愛學好道之實觀舉措則有因緣誅戮之罪宮臣正士未嘗在側羣邪淫巧昵近深宮愛好者皆遊手雜色施與者並圖畫雕鏤在外瞻仰已有此失居中隱密寧可勝計哉宣猷禁門不異闤闠朝入暮出穢聲已遠臣以德音日損頻上諫書自爾已來縱逸尤甚右庶子趙弘智經明行修當今善士臣每奏請望數召進與之談論庶廣徽猷令旨反有猜嫌謂臣妄相推引從善如流尚恐不逮飾非拒諫必招敗損方崇閉塞之源不慕欽明之術雖抱睿哲之資終罹罔念之咎古人云苦藥利病苦言利行伏惟居安思危日慎一日書入承乾不納乃遣刺客將加屠害俄屬宮廢玄素隨例除名十八年起授潮州刺史轉鄧州刺史永徽中以年老致仕龍朔三年加授銀青光祿大夫麟德元年卒

史臣曰伏伽上疏於高祖玄素進言於太宗從踈賤以干至尊懷切直以明正理可謂至難矣既而並見抽擢咸蒙顧遇自非下情忠到効匪躬之節上聽聰

明致如流之美孰能至於此乎書曰木從繩則正后從諫則聖斯之謂矣世長幼而聰悟長能規諫雲起屏絕朋黨罔避驕豪歷覽言行咸有可觀而雲起吐茹無方世長終成詭詐其不令也宜哉方諸孫張二子知不逮矣

贊曰言爲身文感義忘身不有忠膽安輕逆鱗蘇韋果俊伽素忠純悟主匡失猗歟諍臣

舊唐書卷七十五

舊唐書卷七十六

後晉司空同中書門下平章事劉昫撰

列傳第二十六

太宗諸子

恒山王承乾　楚王寬　吳王恪子成王千里 孫信安王禕

濮王泰　庶人祐　蜀王愔

蔣王惲　越王貞子琅邪王沖　紀王慎

江王囂　代王簡　趙王福

曹王明

太宗十四子文德皇后生高宗大帝恒山王承乾濮王泰楊妃生吳王恪蜀王愔陰妃生庶人祐燕妃生越王貞江王囂韋妃生紀王慎楊妃生趙王福楊氏生曹王明王氏生蔣王惲後宮生楚王寬代王簡

恒山王承乾太宗長子也生於承乾殿因以名焉武德三年封恒山王七年徙

封中山太宗即位爲皇太子時年八歲性聰敏太宗甚愛之太宗居諒闇庶政皆令聽斷頗識大體自此太宗每行幸常令居守監國及長好聲色慢遊無度然懼太宗知之不敢見其迹每臨朝視事必言忠孝之道退朝後便與羣小褻狎宮臣或欲進諫者承乾必先揣其情便危坐斂容引咎自責樞機辨給智足飾非羣臣拜答不暇故在位者初皆以爲明而莫之察也承乾先患足行甚艱難而魏王泰有當時美譽太宗漸愛重之承乾恐有廢立甚忌之泰亦負其材能潛懷奪嫡之計於是各樹朋黨遂成釁隙有太常樂人年十餘歲美姿容善歌舞承乾特加寵幸號曰稱心太宗知而大怒收稱心殺之坐稱心死者又數人承乾意泰告訐其事怨心逾甚痛悼稱心不已於宮中構室立其形像列偶人車馬於前令宮人朝暮奠祭承乾數至其處徘徊流涕仍於宮中起冢而葬之并贈官樹碑以申哀悼承乾自此託疾不朝參者輒逾數月常命戶奴數十百人專習伎樂學胡人椎髻翦綵爲舞衣尋橦跳劍晝夜不絕鼓角之聲日聞於外時左庶子于志寧右庶子孔穎達受詔輔導志寧撰諫苑二十卷諷之穎

達又多所規奏太宗並嘉之二人各賜帛百匹黃金十斤以勵承乾之意仍遷志寧爲詹事未幾志寧以母憂去職承乾後縱日甚太宗復起志寧爲詹事志寧與左庶子張玄素數上書切諫承乾並不納又嘗召壯士左衞副率封師進及刺客張師政紇干承基深禮賜之令殺魏王泰不尅而止尋與漢王元昌兵部尚書侯君集左屯衞中郎將李安儼洋州刺史趙節駙馬都尉杜荷等謀反將縱兵入西宮貞觀十七年齊王祐反於齊州承乾謂紇干承基曰我西畔宮牆去大內正可二十步來耳此間大親近豈可並齊王乎會承基亦外連齊王繫獄當死遂告其事太宗召承乾幽之別室命司徒長孫無忌司空房玄齡特進蕭瑀兵部尚書李勣大理卿孫伏伽中書侍郎岑文本御史大夫馬周諫議大夫褚遂良等參鞫之事皆明驗廢承乾爲庶人徙黔州元昌賜令自盡侯君集等咸伏誅其宮僚左庶子張玄素右庶子趙弘智令狐德棻中書舍人蕭鈞並以材選用承乾既敗太宗引大義以讓之咸坐免十九年承乾卒於徙所太宗爲之廢朝葬以國公之禮二子象厥象官至懷州別駕厥至鄂州別駕象子

適之別有傳

楚王寬太宗第二子也出繼叔父楚哀王智雲早薨貞觀初追封無後國除

吳王恪太宗第三子也武德三年封蜀王授益州大都督以年幼不之官十年又徙封吳王十二年累授安州都督及將赴職太宗書誡之曰吾以君臨兆庶表正萬邦汝地居茂親寄惟藩屏勉思橋梓之道善侔間平之德以義制事以禮制心三風十愆不可不慎如此則克固盤石永保維城外爲君臣之忠內有父子之孝宜自勵志以勗日新汝方違膝下悽戀何已欲遺汝珍翫恐益驕奢故誡此一言以爲庭訓高宗卽位拜司空梁州都督恪母隋煬帝女也恪又有文武才太宗常稱其類己既名望素高甚爲物情所向長孫無忌既輔立高宗深所忌嫉永徽中會房遺愛謀反遂因事誅恪以絕衆望海內寃之有子四人仁瑋琨璄並流于嶺表尋追封恪爲鬱林王幷爲立廟又封仁爲鬱林縣侯永昌元年授襄州刺史不知州事後改名千里天授後歷唐廬許衞蒲五州刺史時皇室諸王有德望者必見誅戮惟千里褊躁無才復數進獻符瑞事故則天

朝竟免禍長安三年充嶺南安撫討擊使歷遷右金吾將軍中興初進封成王拜左金吾大將軍兼領益州大都督又追贈其父爲司空三年又領廣州大都督五府經略安撫大使節愍太子誅武三思千里與其子天水王禧率左右數十人斫右延明門將殺三思黨與宗楚客紀處訥等及太子兵敗千里與禧等坐誅仍籍沒其家改姓蝮氏睿宗即位詔曰故左金吾衞大將軍成王千里保國安人克成忠義頗除兇醜翻陷誅夷永言淪沒良深痛悼宜復舊班用加新寵可還舊官又令復姓瑋早卒中興初追封朗陵王子祗本名褕出繼蜀王愔景龍四年加銀青光祿大夫祕書少監開元十三年改封廣漢郡王太僕卿同正員薨琨則天朝歷淄衞宋鄭梁幽六州刺史有能名聖曆中嶺南獠反勑琨爲招慰使安輯荒徼甚得其宜長安二年卒官贈司衞卿神龍初贈張掖郡王開元十七年以子褘貴贈工部尚書追封吳王璄中興初封歸政郡王歷宗正卿坐千里事貶南州司馬卒琨子褘褘少有志尚事母甚謹撫弟祗等以友愛稱景龍四年爲太子僕兼徐州別駕加銀青光祿大夫少繼江王囂後封爲嗣

江王景雲元年復爲德蔡衢等州刺史開元後累轉蜀濮等州刺史政號清嚴人吏畏而服之漸見委任入爲光祿卿遷將作大匠丁母憂去官起復授瀛州刺史又上表固請終制許之十二年改封信安郡王十五年服除拜左金吾衛大將軍朔方節度副大使知節度事兼攝御史大夫尋遷禮部尚書仍充朔方軍節度使先是石堡城爲吐蕃所據侵擾河右勑禕與河西隴右議取之禕到軍總率士伍尅期攻之或曰此城據險又爲吐蕃所惜今總兵深入賊必併力拒守事若不捷退則狼狽不如按軍持重以觀形勢禕曰人臣之節豈憚艱險必期衆寡不敵吾則以死繼之苟利國家此身何惜於是督率諸將倍道兼進併力攻之遂拔石堡城斬獲首級幷獲糧儲器械其數甚衆仍分兵據守以遏賊路上聞之大悅始改石堡城爲振武軍自是河隴諸軍遊奕拓地千餘里十九年契丹衙官可突干殺其王邵固率部落降于突厥玄宗遣忠王爲河北道行軍元帥以討奚及契丹兩蕃以禕爲副王既不行禕率戶部侍郎裴耀卿等諸副將分道統兵出於范陽之北大破兩蕃之衆擒其酋長餘黨竄入山谷軍

還禕以功加開府儀同三司兼關內支度營田等使兼採訪處置使仍與二子官禕既有勳績執政頗害其功故其賞不厚甚爲當時所歎二十二年遷兵部尚書入爲朔方節度大使久之坐事出爲衢州刺史俄歷滑懷二州刺史天寶初拜太子少師以年老仍聽致仕二年遷太子少師制出病薨年八十餘上聞而痛惜者久之禕居家嚴毅善訓諸子皆有令命三子峘嶧峴皆至達官別有傳祇神龍中封爲嗣吳王景雲元年加銀青光祿大夫天寶十四載爲東平太守安祿山反率衆渡河兇威甚盛河南陳留滎陽靈昌等郡皆陷於賊祇起兵勤王玄宗壯之十五載二月授祇靈昌太守又左金吾大將軍河南都知兵馬使其月又加兼御史中丞陳留太守持節充河南道節度採訪使本官如故五月詔以爲太僕卿遣御史大夫虢王巨代之

濮王泰字惠褒太宗第四子也少善屬文武德三年封宜都王四年進封衞王以繼衞懷王霸後貞觀二年改封越王授揚州大都督五年兼領左武候大都督並不之官八年除雍州牧左武候大將軍七年轉鄜州大都督十年徙封魏

王遙領相州都督餘官如故太宗以泰好士愛文學特令就府別置文學館任
自引召學士又以泰腰腹洪大趨拜稍難復令承小輿至於朝所其寵異如此
十二年司馬蘇勗以自古名王多引賓客以著述爲美勸泰奏請撰括地志泰
遂奏引著作郎蕭德言祕書郎顧胤記室參軍蔣亞卿功曹參軍謝偃等就府
修撰十四年太宗幸泰延康坊宅因曲赦雍州及長安大辟罪已下免延康坊
百姓無出今年租賦又賜泰府官僚帛有差十年泰撰括地志功畢表上之詔
令付祕閣賜泰物萬段蕭德言等咸加給賜物俄又每月給泰料物有踰於皇
太子諫議大夫褚遂良上疏諫曰昔聖人制禮尊嫡卑庶謂之儲君道亞睿極
其爲崇重用物不計泉貨財帛與王者共之庶子體卑不得爲例所以塞嫌疑
之漸除禍亂之源而先王必本人情然後制法知有國家必有嫡庶然庶子雖
愛不得超越嫡子正體特須尊崇如當親者疎當尊者卑則佞巧之姦乘機而
動私恩害公惑志亂國伏惟陛下功超邃古道冠百王發號施令爲世作法一
日萬機武未盡美臣職在諫諍無容靜默伏見儲君料物翻少魏王朝野見聞

不以爲是傳曰臣聞愛子教之以義方忠孝恭儉義方之謂昔漢竇太后及景帝遂驕恣梁孝王封四十餘城苑方三百里大營宮室複道彌望積財鉅萬計出入警蹕小不得意發病而死宣帝亦驕恣淮陽憲王幾至於敗輔以退讓之臣僅乃獲免且魏王旣新出閤伏願常存禮則言提其耳且示儉節自可在後月加歲增妙擇師傅示其成敗旣敦之以謙儉又勸之以文學惟忠惟孝因而獎之道德齊禮乃爲良器此所謂聖人之教不肅而成者也太宗又令泰入居武德殿侍中魏徵上奏曰伏見勑旨令魏王泰移居武德殿此殿在內處所寬閑參奉往來極爲便近但魏王旣是愛子陛下常欲其安全每事抑其驕奢不處嫌疑之地今移此殿便在東宮之西海陵昔居時人以爲不可雖時與事異猶恐人之多言又王之本心亦不安息旣能以寵爲懼伏願成人之美明早是朔日或恐未得面陳愚慮有疑不敢寧寢輕干聽覽追深戰慄太宗並納其言時皇太子承乾有足疾泰潛有奪嫡之意招駙馬都尉柴令武房遺愛等二十餘人厚加贈遺寄以腹心黃門侍郎韋挺工部尚書杜楚客相繼攝泰府事二

人俱爲泰要結朝臣津通賂遺文武羣官各有附託自爲朋黨承乾懼其凌奪陰遣人詐稱泰府典籤詣玄武門爲泰進封事太宗省之其書皆言泰之罪狀太宗知其詐而捕之不獲十七年承乾敗太宗面加譴讓承乾曰臣貴爲太子更何所求但爲泰所圖特與朝臣謀自安之道不逞之人遂教臣爲不軌之事今若以泰爲太子所謂落其度內太宗因謂侍臣曰承乾言亦是我若立泰便是儲君之位可經求而得耳泰立承乾晉王皆不存晉王立泰共承乾可無恙也乃幽泰於將作監下詔曰朕聞生育品物莫大乎天地愛敬罔極莫重乎君親是故爲臣貴於盡忠虧之者有罰爲子在於行孝違之者必誅大則肆諸市朝小則終貽黜辱雍州牧相州都督左武候大將軍魏王泰朕之愛子實所鍾心幼而聰令頗好文學恩遇極於崇重爵位逾於寵章不思聖哲之誡自搆驕僭之咎惑讒諛之言信離間之說以承乾雖居長嫡久纏痾恙潛有代宗之望靡思孝義之則承乾懼其凌奪泰亦日增猜阻爭結朝士競引凶人遂使文武之官各有託附親戚之內分爲朋黨朕志存公道義在無偏彰厥巨釁兩從廢

黜非惟作則四海亦乃貽範百代可解泰雍州牧相州都督左武候大將軍降封東萊郡王太宗因謂侍臣曰自今太子不道藩王窺嗣者兩棄之傳之子孫以爲永制尋改封泰爲順陽王徙居均州之鄖鄉縣太宗後嘗持泰所上表謂近臣曰泰文辭美麗豈非才士我中心念泰卿等所知但社稷之計斷割恩寵責其居外者亦是兩全也二十一年進封濮王高宗卽位爲泰開府置僚屬車服羞膳特加優異永徽三年薨于鄖鄉年三十有五贈太尉雍州牧謚曰恭文集二十卷二子欣徽欣封嗣濮王徽封新安郡王欣則天初陷酷吏獄貶昭州別駕卒子嶠本名餘慶中興初封嗣濮王景雲元年加銀青光祿大夫開元十二年爲國子祭酒同正員以王守一妹壻貶邵州別駕移鄧州別駕後復其爵

庶人祐太宗第五子也武德八年封宜陽王其年改封楚王貞觀二年徙封燕王累轉豳州都督十年改封齊王授齊州都督其舅尚乘直長陰弘智謂祐曰王兄弟既多卽上百年之後須得武士自助乃引其妻兄燕弘信謁祐祐接之甚厚多賜金帛令潛募劍士初太宗以子弟成長慮乖法度長史司馬必取正

人王有虧違皆遣聞奏而祐溺情羣小尤好弋獵長史薛大鼎屢諫不聽太宗以大鼎輔導無方竟坐免權萬紀前爲吳王恪長史有正直節以萬紀爲祐長史以匡正之萬紀見祐非法常犯顏切諫有昝君謩梁猛彪者並以善騎射得幸於祐萬紀驟諫不納遂斥逐之而祐潛遣招延狎暱逾甚太宗慮其不能悔過數以書責讓祐萬紀恐幷獲罪謂祐曰王帝之愛子陛下欲王改悔故加教訓若能飭躬行過萬紀請入言之祐因附表謝罪萬紀既至言祐必能改過太宗意稍解賜萬紀而諭之仍以祐前過勅書誥誡之祐聞萬紀勞勉而獨被責以爲賣己意甚不平萬紀性又褊隘專以嚴急維持之城門外不許祐出所有鷹犬並令解放又斥出君謩猛彪不許與祐相見祐及君謩以此銜怒謀殺萬紀會事洩萬紀悉收繫獄而發驛奏聞十七年詔刑部尚書劉德威往按之幷追祐及萬紀入京祐大懼俄而萬紀奉詔先行祐遣燕弘信兄弘亮追于路射殺之既殺萬紀君謩等勸祐起兵乃召城中男子年十五已上僞署上柱國開府儀同三司開官庫物以行賞驅百姓入城繕甲兵署官司其官有拓東王拓

西王之號詔遣兵部尚書李勣與劉威便道發兵討之祐每夜引弘亮等五人對妃宴樂以爲得志戲笑之隙語及官軍弘亮曰不須憂也右手持酒啗左手刀拂之祐愛信弘亮聞之甚樂太宗手詔祐曰吾常誡汝勿近小人正爲此也汝素乖誠德重惑邪言自延伊禍以取覆滅痛哉何愚之甚也遂乃爲梟爲獍忘孝忘忠擾亂齊郊誅夷無罪去維城之固就積薪之危壞盤石之親爲尋戈之釁且夫背禮違義天地所不容棄父逃君人神所共怒往是吾子今爲國讎萬紀存爲忠烈死不妨義汝生爲賊臣死爲逆鬼彼則嘉聲不隕爾則惡跡無窮吾聞鄭叔漢戾並爲猖獗豈期生子乃自爲之吾所以上慚皇天下愧后土歎惋之甚知復何云太宗題書畢爲之灑泣時李勣等兵未至齊境而青淄等數州兵並不從祐之命祐又傳檄諸縣亦不從或勸祐虜城中子女走入豆子䴚爲盜計未決而兵曹杜行敏謀將執祐兵士多願從是夜乃鑿垣而入祐與弘亮等五人披甲控弦入室以自固行敏列兵圍之謂祐曰昔爲帝子今乃國賊行敏爲國討賊更無所顧王不速降當爲煨燼命薪草欲積而焚之祐遂出

就擒餘黨悉伏誅行敏送祐至京師賜死於內省貶爲庶人國除尋以國公禮葬之

蜀王愔太宗第六子也貞觀五年封梁王七年授襄州刺史十年改封蜀王轉益州都督十三年賜實封八百戶除岐州刺史愔常非理毆擊所部縣令又畋獵無度數爲非法太宗怒曰禽獸調伏可以馴擾於人鐵石鑄鍊可爲方圓之器至如愔者曾不如禽獸鐵石乎乃削封邑及國官之半貶爲虢州刺史二十三年加實封滿千戶愔在州數遊獵不避禾稼深爲百姓所怨典軍楊道整叩馬諫愔曳而捶之永徽元年爲御史大夫李乾祐所劾高宗謂荊王元景等曰先朝櫛風沐雨平定四方遠近肅清車書混一上天降禍奄棄萬邦朕纂承洪業懼均馭朽與王共感同憂爲家爲國蜀王畋獵無度侵擾黎庶縣令典軍無罪被罰阿諛即喜忤意便嗔如此居官何以共理百姓歷觀古來諸王若能動遵禮度則慶流子孫違越條章則誅不旋踵愔爲法司所劾朕實恥之帝又引楊道整勞勉之拜爲匡道府折衝都尉賜絹五十匹貶愔爲黃州刺史四年坐

與恪謀逆黜爲庶人徙居巴州尋改爲涪陵王乾封二年薨咸亨初復其爵土贈益大都督陪葬昭陵諡曰悼封子璠爲嗣蜀王永昌年配流歸誠州而死神龍初以吳王恪孫朗陵王瑋子榆爲嗣蜀王

蔣王惲太宗第七子也貞觀五年封郯王八年授洛州刺史十年改封蔣王安州都督賜實封八百戸二十三年加實封滿千戸永徽三年除梁州都督惲在安州多造器用服翫及將行有遞車四百兩州縣不堪其勞爲有司所劾帝特宥之後歷遂相二州刺史上元年有人詣闕誣告惲謀反惶懼自殺贈司空荊州大都督陪葬昭陵子煒嗣歷沂州刺史垂拱中爲則天所害子銑早卒神龍初封銑子紹宗爲嗣蔣王景龍二年加銀青光祿大夫開元初爲太子家令同正員卒子欽福嗣爲率更令同正員天寶初削官於錦州安置十二載爲南郡長史同正惲子煌蔡國公煌孫之芳幼有令譽頗善五言詩宗室推之開元末爲駕部員外郎天寶十三載安祿山奏爲范陽司馬及祿山起逆自拔歸西京授右司郎中歷工部侍郎太子右庶子廣德元年兵革未清吐蕃又犯邊侵軼

原會乃遣之芳兼御史大夫使吐蕃被留境上二年而歸除禮部尚書尋改太子賓客惲子休道道子琚本名思順中興封嗣趙王加銀青光祿大夫開元十二年改封中山郡王右領軍將軍

越王貞太宗第八子也貞觀五年封漢王七年授徐州都督十年改封原王尋徙封越王拜揚州都督賜實封八百戶十七年轉相州刺史二十三年加實封滿千戶永徽四年授安州都督咸亨中復轉相州刺史貞少善騎射頗涉文史兼有吏幹所在或偏受讒言官僚有正直者多被貶退又縱諸僮豎侵暴部人由是人伏其才而鄙其行則天臨朝加太子太傅除蔡州刺史自則天稱制貞與韓王元嘉魯王靈夔霍王元軌及元嘉子黃國公譔靈夔子范陽王藹元軌子江都王緒并貞長子博州刺史瑯邪王沖等密有匡復之志垂拱三年七月譔作謬書與貞云內人病漸重恐須早療若至今冬恐成痼疾宜早下手仍速相報是歲則天以明堂成將行大享之禮追皇宗赴集元嘉因遞相語云大享之際神皇必遣人告諸王密因大行誅戮皇家子弟無遺種矣譔遂詐爲皇帝

璽書與沖云朕被幽縶王等宜各救拔我也沖在博州又僞爲皇帝璽書云神
皇欲傾李家之社稷移國祚於武氏遂命長史蕭德琮等召募士卒分報韓魯
霍越紀等五王各令起兵應接以赴神都初沖與諸王連謀及沖先發而莫有
應者惟貞以父子之故獨舉兵以應之尋遣兵破上蔡縣聞沖敗恐懼索鏁欲
自拘馳驛詣闕謝罪會其所署新蔡令傅延慶得勇士二千餘人貞遂有拒敵
之意乃宣言於其衆曰琅邪王已破魏相數州聚兵至二十萬朝夕即到爾宜
勉之徵屬縣兵至七千人分爲五營貞自爲中營署其所親汝陽縣丞裴守德
爲大將軍內營總管趙成美爲左中郎將押左營閭弘道爲右中郎將押右營
安摩訶爲郎將後軍總管王孝志爲右將軍前軍總管又以蔡州長史韋慶禮
爲銀青光祿大夫行其府司馬凡署九品已上官五百餘人令道士及僧轉讀
諸經以祈事集家僮戰士咸帶符以辟兵其所署官皆迫脅見從本無鬭志惟
裴守德實與之同守德驍勇善騎射貞將起事便以女良鄉縣主妻之而委以
爪牙心腹之任則天命左豹韜衞大將軍麴崇裕爲中軍大總管夏官尚書岑

長倩爲後軍大總管率兵十萬討之仍令鳳閣侍郎張光輔爲諸軍節度於是制削貞及沖屬籍改姓虺氏崇裕等軍至蔡州城東四十里貞命少子規及裴守德拒戰規等兵潰而歸貞大懼閉門自守裴守德排闥入問王安在意欲殺貞以自購也官軍進逼州城貞家僮悉力衞貞曰事既如此豈得受戮辱當須自爲計貞乃飲藥而死家僮方始一時散捨仗就擒規亦縊其母自殺守德攜良鄉縣主亦同縊于別所麴崇裕斬貞父子及裴守德等傳首東都梟於闕下貞起兵凡二十日而敗貞之在蔡州數奏免所部租賦以結人心家僮千人馬數千匹外託以畋獵內實習武備嘗遊于城西水門橋臨水自鑒不見其首心甚惡之未幾而及禍神龍初追復爵土與子沖俱復舊姓初貞將起兵作書與壽州刺史駙馬都尉趙瓌曰佇總義兵來入貴境瓌甚喜復許率兵相應瓌妻常樂長公主高祖第七女和思皇后之母也謂其使曰爲我報越王與其進不與其退爾諸王若是男兒不應至許時尙未舉動我常見耆老云隋文帝將篡奪周室尉遲迥是周家外甥猶能起兵相州連結突厥天下聞風莫不響應況

爾諸王並國家懿親宗社是託豈不學尉遲迥感恩効節捨生取義耶夫爲臣子若救國家則爲忠不救則爲逆諸王必須以匡救爲急不可虛生浪死取笑於後代及貞等敗壞與公主亦伏誅沖貞長子也好文學善騎射歷密濟博三州刺史皆有能名初沖自博州募得五千餘人欲渡河攻濟州先取武水縣縣令郭務悌赴魏州請援魏州莘縣令馬玄素領兵千七百人邀之于路恐力不敵先入武水城閉門拒守沖乃令積草車上放火燒南門擬乘火突入火之未起南風甚急及火已燃遽迴爲北風未至城門燒草已甚沖軍由是沮氣有堂邑丞董玄寂爲沖統帥兵仗及沖擊武水玄寂曰琅邪王與國家交戰此乃反也沖聞之斬玄寂以徇兵衆懼而散入草澤不可禁止惟有家僮左右不過數十而乃却走入博州城爲守門者所殺則天命左金吾將軍丘神勣爲清平道行軍大總管以討沖兵未至沖已死傳首東都梟於闕下沖起兵凡七日而敗沖三弟倩封常山公歷常州別駕坐以父兄連謀伏誅温以告其朋黨得實減死流嶺南尋卒神龍初侍中敬暉等以沖父子翼戴皇家義存社稷請復其官

爵武三思令昭容上官氏代中宗手詔不許開元四年詔追復爵土令備禮改
葬太常奏謚議曰故越王貞往者頋匡宗社夙懷誅呂之謀迺心王國用擊非
劉之議以茲獲戾上悼聖心謹按謚法死不忘君曰敬請謚曰敬從之五年下
詔曰九族以親克敦其教百代必祀允敬厥德故蔡州刺史越王貞執心不回
臨事能斷粤自藩國勤于王家弘道之後寶圖將缺懷劉章之輔漢追鄭武之
翊周遂能奮不顧身率先唱義雖英謀未剋而忠節居多嗣絕國除年踰二紀
奠享淪廢甚爲憫焉永言興繼式備典冊其封貞姪孫故許王男左監門衛將
軍夔國公琳爲嗣越王以奉其祀仍官爲立碑琳尋卒國除
紀王慎太宗第十子也貞觀五年封申王七年授秦州都督十年改封紀王賜
實封八百戶十七年遷襄州刺史以善政聞璽書勞勉百姓爲之立碑二十三
年加實封滿千戶永徽元年拜左衛大將軍二年授荆州都督累除邢州刺史
文明元年加授太子太師轉貝州刺史慎少好學長於文史皇族中與越王貞
齊名時人號爲紀越初貞將起事慎不肯同謀及貞敗慎亦下獄臨刑放免改

姓虺氏仍載以檻車配流嶺表道至蒲州而卒慎長子和州刺史東平王續最知名早卒次子沂州刺史義陽王琮楚國公叡遂州別駕襄郡公秀廣化郡公獻建平郡公欽等五人垂拱中並遇害家屬徙嶺南中興初追復官爵令以禮改葬封慎少子鐵誠爲嗣紀王後改名澄景雲元年加銀青光祿大夫開元初歷德瀛冀三州刺史左驍衛將軍薨子行同嗣天寶中爲右贊善大夫同正員

江王囂太宗第十一子也貞觀五年受封六年薨謚曰殤

代王簡太宗第十二子也貞觀五年受封其年薨無後國除

趙王福太宗第十三子也貞觀十三年受封出後隱太子建成十八年授秦州都督賜實封八百戶二十三年加右衛大將軍累授梁州都督咸亨元年薨贈司空并州都督陪葬昭陵中興初封蔣王惲孫思順爲嗣趙王

曹王明太宗第十四子貞觀二十一年受封二十三年賜實封八百戶尋加滿千戶顯慶中授梁州都督後歷虢蔡蘇三州刺史詔令繼巢剌王元吉後永崇中坐與庶人賢通謀降封零陵王徙於黔州都督謝祐希旨逼脅令自殺帝深

悼之黔府官僚咸坐免職景雲元年明喪柩歸于京師陪葬昭陵有二子南州別駕零陵王俊黎國公傑垂拱中並遇害中興初封傑子胤爲嗣曹王胤叔父備自南州還又封備爲嗣曹王衛尉少卿同正員胤遂停封後備招慰忠州叛獠沒于賊又封胤爲王銀青光祿大夫右武衛將軍卒子戢嗣左衛率府中郎將卒子皐嗣皐自有傳

史臣曰太宗諸子吳王恪濮王泰最賢皆以才高辯悟爲長孫無忌忌嫉離間父子遽爲豺狼而無忌破家非陰禍之報歟武后斲喪王室潛移龜鼎越王貞父子痛憤義不圖全毀室之悲鴟鴞之詩傷矣比齊祐之妄作豈同年而語哉

贊曰子弟作藩磐石維城驕侈取敗身無令名沖諆憤發視死如生承乾齊祐愚弟庸兄

舊唐書卷七十六考證

吳王恪傳封仁爲鬱林縣侯○新書縣男歷岳州別駕爵郡公

越王貞傳則天臨朝加太子太傅除蔡州刺史○新書豫州刺史

垂拱三年七月諜作謬書與貞云云○本紀在四年當從紀

舊唐書卷七十六考證

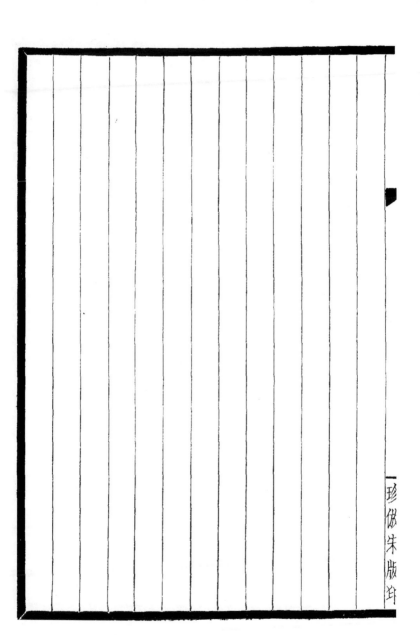

舊唐書卷七十七

後晉司空同中書門下平章事劉昫撰

列傳第二十七

韋挺 子待價 萬石　楊纂 族子弘禮 弘武 武子元亨 元禧　劉德威 子審禮 審禮孫易從 審禮從弟延嗣

閻立德 弟立本　柳亨 族子範 兄子奭 亨孫渙 澤　崔義玄 子神慶

韋挺雍州萬年人隋民部尚書沖子也少與隱太子相善及高祖平京城引為隴西公府祭酒武德中累遷太子左衛驃騎檢校左率太子遇之甚厚宮臣罕與為比七年高祖避暑仁智宮會有上書言事者稱太子與宮臣潛搆異端時慶州刺史楊文幹搆逆伏誅辭涉東宮挺與杜淹王珪等並坐流於越嶲及太宗在東宮徵拜主爵郎中貞觀初王珪數舉之由是遷尚書右丞俄授吏部侍郎轉黃門侍郎進拜御史大夫封扶陽縣男太宗以挺女為齊王祐妃常與房玄齡王珪魏徵戴冑等俱承顧問議以政事又與高士廉令狐德棻等同修氏族志累承賞賚太宗嘗謂挺曰卿之任御史大夫獨朕意耳左右大臣無為卿

地者卿勉之哉挺陳謝曰臣駑下不足以辱陛下高位且臣非勳非舊而超處藩邸故寮之上臣願後之以勸立功者太宗不許尋改授銀青光祿大夫行黃門侍郎兼魏王泰府事時泰有寵太子承乾多過失太宗微有廢立之意中書侍郎杜正倫以漏泄禁中語左遷時挺亦預泰事太宗謂曰朕已罪正倫不忍更置卿於法特原之尋遷太常卿初挺爲大夫時馬周爲監察御史挺以周寒士殊不禮之至是周爲中書令太宗嘗復欲用挺在門下周密陳挺傲狠非宰相器遂寢十九年將有事於遼東擇人運糧周又奏挺才堪麤使太宗從之挺以父在隋爲營州總管有經略高麗遺文因此奏之太宗甚悅謂挺曰幽州以北遼水二千餘里無州縣軍行資糧無所取給卿宜爲此使但得軍用不乏功不細矣以人部侍郎崔仁師爲副使任自擇文武官四品十人爲子使以幽易平三州驍勇二百人官馬二百匹爲從詔河北諸州皆取挺節度許以便宜行事太宗親解貂裘及中廄馬二匹賜之挺至幽州令燕州司馬王安德巡渠通塞先出幽州庫物市木造船運米而進自桑乾河下至盧思臺去幽州八百里

逢安德還曰自此之外漕渠壅塞挺以北方寒雪不可更進遂下米於臺側權貯之待開歲發春方事轉運度大兵至軍糧必足仍馳以聞太宗不悅詔挺曰兵尚拙速不貴工遲朕欲十九年春大舉今言二十年運漕甚無謂也乃遣繁時令韋懷質往挺所支度軍糧檢覆渠水懷質還奏曰挺不先視漕渠輒集工匠造船運米卽下至盧思臺方知渠閉欲進不得還復水涸乃便貯之通達平夷之區又挺在幽州日致飲會實乖至公陛下明年出師以臣度之恐未符聖策太宗大怒令將作少監李道裕代之仍令治書侍御史唐臨馳傳械挺赴洛陽依議除名仍令白衣散從及前軍破蓋牟城招挺統兵士鎮蓋牟示漸用之也挺城守去大軍懸遠與高麗新城鄰樓日夜戰鬭鼓譟之聲不絕挺不堪其憂且不平於失職素與術士公孫常善乃與常書以敘所懷會常以他事被拘自縊而死索其囊中得挺書論城中危蹙兼有歎悵之辭太宗以挺怨望謫爲象州刺史歲餘卒年五十八子待價初爲左千牛備身永徽中江夏王道宗得罪待價卽道宗之壻也緣坐左遷盧龍府果毅時將軍辛文陵率兵招慰高麗

行至吐護真水高麗掩其不備襲擊敗之待價與中郎將薛仁貴受詔經略東
蕃因率所部救之文陵苦戰賊漸退軍始獲全待價被重瘡流矢中其左足竟
不言其功以足疾免官而歸後累授蘭州刺史時吐蕃屢爲邊患高宗以沛王
賢爲涼州大都督以待價爲司馬俄又遷蕭州刺史頻有守禦之功徵拜右武
衛將軍兼檢校右羽林軍事儀鳳三年吐蕃又犯塞待價復以本官檢校涼州
都督兼知鎮守兵馬事俄又徵還舊職復封扶陽侯則天臨朝拜吏部尚書攝
司空營高宗山陵功畢加金紫光祿大夫改爲天官尚書同鳳閣鸞臺三品賜
物一千段仍與一子五品待價素無藻鑑之才自武職而起居選部既銓綜無
敘甚爲當時所嗤垂拱元年十月復爲燕然道行軍大總管以禦突厥明年春
還六月拜文昌右相依舊同鳳閣鸞臺三品既累登非據頗不自安頻上表辭
職則天每降優制不許之又表請削官秩迴恩贈父於是贈挺潤州刺史明年
上疏請自効戎旅之用於是拜安息道行軍大總管督三十六總管以討吐蕃
進封扶陽郡公軍至寅識迦河與吐蕃合戰初勝後敗又屬天寒凍雪師人多

死糧餽又不支給乃旋師弓月頓於高昌則天大怒副將閻温古以逗留伏法
待價坐除名配流繡州尋卒弟萬石頗有學業而特善音律上元中自吏部郎
中遷太常少卿當時郊廟樂調及讌會雜樂皆萬石與太史令姚玄辯增損之
時人以爲稱職尋又兼知吏部選事卒官挺從祖兄子安石別有傳
楊纂華州華陰人也祖儉周東雍州刺史父文偉隋温州刺史纂略涉經史尤
明時務少與琅邪顏師古燉煌令狐德棻友善大業中進士舉授朔方郡司法
書佐坐楊玄感近屬除名乃家于蒲城義軍渡河于長春宮謁見累授侍御史
數上書言事因被召問擢爲考功郎中貞觀初長安令賜爵長安縣男有婦人
袁氏妖逆爲人所告纂究問之不得其狀袁氏後又事發伏誅太宗以纂爲不
忠將殺之中書令温彥博以纂過悞罪不至死因諫乃赦之三遷吏部侍郎八
年副特進蕭瑀爲河南道巡察大使與瑀情有不協屢相表奏瑀因以獲罪纂
尋拜尚書左丞纂既長於吏道所在皆有聲績俄又除吏部侍郎前後典選十
餘載銓敘人倫稱爲允當然而抑文雅進酷吏觀時任數頗爲時論所譏後歷

太常少卿雍州別駕加銀青光祿大夫復爲尚書左丞遷太僕卿檢校雍州別
駕遷戸部尚書永徽初卒贈幽州都督謚曰敬子守愚則天時官至雍州長史
守挹岐州刺史族子弘禮弘禮隋尚書令素弟之子也父岳大業中爲萬年令
與素子玄感不協嘗密上表稱玄感必爲亂及玄感被誅岳在長安繫獄帝遽
使赦之比使至岳已爲留守所殺弘禮等遂免從坐高祖受禪以楊素隋代有
勳業詔弘禮襲封清河郡公拜太子通事舍人貞觀中歷兵部員外郎仍爲西
河道行軍大總管府長史三遷中書舍人太宗有事遼東以弘禮有文武材擢
拜兵部侍郎專典兵機之務弘禮每入參謀議出則統衆攻戰駐蹕之陣領馬
步二十四軍出其不意以擊之所向摧破太宗自山下見弘禮所統之衆人皆
盡力殺獲居多甚壯之謂許敬宗等曰越公兒郎故有家風矣時諸宰相並在
定州留輔皇太子唯有褚遂良許敬宗及弘禮在行在所掌知機務二十年拜
中書侍郎明年加銀青光祿大夫尋遷司農卿兼充崑丘道副大總管諸道軍
將咸受節度於是破處月降處密殺焉耆王降駁支部獲龜茲于闐王凱旋未

及行賞太宗晏駕弘禮頗忤大臣之旨由是出爲涇州刺史永徽初論崑丘之功改授勝州都督尋遷太府卿四年卒贈蘭州都督謚曰質弟弘武弘武少修謹武德初拜左千牛備身永徽中爲吏部郎中孝敬初爲皇太子精擇寮寀以弘武爲中舍人麟德中將有事於東岳弘武自荊州司馬擢拜司戎少常伯從駕還高宗特令弘武補授吏部選人五品已上官由是漸見親委后母榮國夫人楊氏以與弘武同宗又稱薦之俄遷西臺侍郎乾封二年與戴至德李安期等同東西臺三品及在政事頗以清簡見稱總章元年卒于官贈汴州刺史謚曰恭子元亨則天時爲司府少卿元禧尙舍奉御元禧頗有醫術爲則天所任嘗忤張易之之意易之密奏元禧是楊素兄弟之後素父子在隋有逆節子孫不合供奉則天乃下制曰隋尙書令楊素昔在本朝早荷殊遇稟凶邪之德懷諂佞之才惑亂君上離間骨肉搖動冢嫡寧唯掘蠱之禍誘扇後主卒成請蹯之釁隋室喪亡蓋惟多僻究其萌兆寔此之由生爲不忠之人死爲不義之鬼身雖幸免子竟族誅斯則姦逆之謀是其庭訓險薄之行遂成門風刑戮雖加

枝胤仍在豈可復肩隨近侍齒迹朝行朕接統百王恭臨四海上嘉賢佐下捍
賊臣常欲從容於萬機之餘褒貶於千載之外況年代未遠耳目所存者乎其
楊素及兄弟子孫並不得任京官及侍衞於是左貶元亨爲睦州刺史元禧爲
資州長史元禧弟綖氏令元禕爲梓州司馬張易之誅後元亨等皆復任京職
元亨至齊州刺史元禧台州刺史元禕宣州刺史
劉德威徐州彭城人也父子將隋毗陵郡通守德威姿貌魁偉頗以幹略見稱
大業末從左光祿大夫裴仁基討賊淮左手斬賊帥李青珪傳首於行在所後
與仁基同歸李密密素聞其名與麾下兵令於懷州鎮守武德元年密與王世
充戰敗入朝德威亦率所部隨密歸款高祖嘉之授左武侯將軍封滕縣公及
劉武周南侵詔德威統兵擊之又判并州總管府司馬俄而裴寂失律於介州
齊王元吉棄并州還朝留威總知留府事元吉纔出武周已至城下百姓相率
投賊武周獲德威令率其本兵往浩州招慰德威自拔歸朝高祖親勞問之兼
陳賊中虛實及晉絳諸部利害高祖皆嘉納之改封彭城縣公未幾檢校大理

少卿從擒建德平世充皆有功轉刑部侍郎加散騎常侍妻以平壽縣主貞觀初歷大理太僕二卿加金紫光祿大夫俄出爲綿州刺史以廉平著稱百姓爲之立碑尋檢校益州大都督府長史十一年復授大理卿太宗嘗問之曰近來刑網稍密其過安在德威奏言誠在主上不由臣下人主好寬則寬好急則急律文失入減三等失出減五等今則反是失入則無辜失出便獲大罪所以吏各自愛競執深文非有教使之然畏罪之所致耳陛下但捨所急則寧失不經復行於今日矣太宗深然之數歲遷刑部尚書兼檢校雍州別駕十七年馳驛往濟州推齊王祐還至濮州聞祐殺長史權萬紀德威入據濟州遣使以聞詔德威便發河南兵馬以申經略會遭母憂而罷十八年起爲遂州刺史三遷同州刺史永徽三年卒年七十一贈禮部尚書幽州都督謚曰襄陪葬獻陵德威閨門友穆接物寬平所得財貨多以分贍宗親子審禮襲爵審禮少喪母爲祖母元氏所養隋末德威從裴仁基討擊道路不通審禮年未弱冠自鄉里負載元氏渡江避亂及天下定始西入長安元氏若有疾審禮必親嘗湯藥元氏顧

謂孫曰我兒孝順貫徹幽微吾一顧念宿疾頓輕貞觀中歷左驍衛郎將丁父憂去職及葬跣足隨車流血灑地行路稱之服闋當襲爵累表讓弟朝議不許永徽中累遷將作大匠兼檢校燕然都護襲封彭城郡公審禮父歿雖久猶悲慕不已每見父時寮舊必嗚咽流涕母鄭氏早亡事繼母平壽縣主稍疾輒憂懼形于容色終夕不寐撫繼母男延景友愛甚篤所得祿俸皆送母處以資延景之費而審禮妻子處飢寒晏然未嘗介意再從同居家無異爨合門二百餘口人無閒言稍遷工部尚書兼檢校左衛大將軍儀鳳二年吐蕃寇涼州命審禮爲行軍總管與中書令李敬玄合勢討擊遇賊於青海敬玄後期不至審禮軍敗爲賊所執永隆二年卒于蕃中贈工部尚書諡曰僖延景官至陝州刺史睿宗初以后父追贈尚書右僕射審禮子易從歷位岐州司兵參軍審禮之沒吐蕃詔許易從入蕃省之及審禮卒易從號哭晝夜不止毀瘠過禮吐蕃哀其志行還其父屍柩易從徒跣萬里扶護歸彭城爲朝野之所嗟賞後歷彭城長史任城男永昌中坐爲徐敬貞所誣搆遇害易從在官仁恕及將刑人吏無遠

近奔走競解衣相率造功德以爲長史祈福州人從之者十餘萬其爲人所愛如此易從子昇開元中爲中書舍人太子右庶子審禮從父弟延嗣文明年爲潤州司馬屬徐敬業作亂率衆攻潤州延嗣與刺史李思文固守不降俄而城陷敬業執延嗣邀之令降辭曰延嗣世蒙國恩當思效命州城不守多負朝廷終不能苟免偷生以累宗族豈以一身之故爲千載之辱今日之事得死爲幸敬業大怒將斬之其黨魏思温救之獲免乃囚之于江都獄俄而賊敗竟以裴炎近親不得敘功遷爲梓州長史再轉汾州刺史卒宗族至刺史者二十餘人

閻立德雍州萬年人隋殿內少監毗之子也其先自馬邑徙關中毗初以工藝知名立德與弟立本早傳家業武德中累除尚衣奉御立德所造衮冕大裘等六服幷腰輿傘扇咸依典式時人稱之貞觀初歷遷將作少匠封大安縣男高祖崩立德以營山陵功擢爲將作大匠貞觀十年文德皇后崩又令攝司空營昭陵坐怠慢解職俄起爲博州刺史十三年復爲將作大匠十八年從征高麗及師旅至遼澤東西二百餘里泥淖人馬不通立德填道造橋兵無留礙太宗

甚悅尋受詔造翠微宮及玉華宮咸稱旨賞賜甚厚俄遷工部尚書二十三年
攝司空營護太宗山陵事畢進封爲公顯慶元年卒贈吏部尚書并州都督子
玄邃官至司農少卿玄邃子知微聖曆初歷位右豹韜衛將軍時突厥默啜畜
女請和親則天令淮陽王武延秀往納其女命知微攝春官尚書送赴虜庭默
啜以延秀非皇室諸王大怒遂拘之別所與知微率衆自恆岳道攻陷趙定二
州知微經歲餘自突厥所還則天以其隨賊入寇令百官臠割然後斬之并夷
其三族立本顯慶中累遷將作大匠後代立德爲工部尚書兄弟相代爲八座
時論榮之總章元年遷右相賜爵博陵縣男立本雖有應務之才而尤善圖畫
工於寫真秦府十八學士圖及貞觀中凌烟閣功臣圖並立本之跡也時人咸
稱其妙太宗嘗與侍臣學士泛舟於春苑池中有異鳥隨波容與太宗擊賞數
賜詔坐者爲詠召立本令寫焉時閣外傳呼云畫師閻立本時已爲主爵郎中
奔走流汗俛伏池側手揮丹粉瞻望座賓不勝媿赧退誡其子曰吾少好讀書
幸免面墻緣情染翰頗及儕流唯以丹青見知躬廝役之務辱莫大焉汝宜深

誠勿習此末伎立本爲性所好欲罷不能也及爲右相與左相姜恪對掌樞密恪既歷任將軍立功塞外立本唯善於圖畫非宰輔之器故時人以千字文爲語曰左相宣威沙漠右相馳譽丹青咸亨元年百司復舊名改爲中書令四年卒

柳亨蒲州解人魏尚書左僕射慶之孫也父旦隋太常少卿新城縣公亨隋末歷熊耳王屋二縣長陷於李密密敗歸國累授駕部郎中亨容貌魁偉高祖甚愛重之特以殿中監竇誕之女妻焉卽帝之外孫也三遷左衞中郎將封壽陵縣男未幾以譴出爲邛州刺史加散騎常侍被代還數年不調因兄葬遇太宗遊於南山召見與語頗哀矜之數日北門引見深加誨獎拜銀青光祿大夫行光祿少卿太宗每誡之曰與卿舊親情素兼宿卿爲人交遊過多今授此職宜存簡靜亨性好射獵有饕湎之名比後頗自勗勵杜絕賓客約身節儉勤於職事太宗亦以此稱之二十三年以修太廟功加金紫光祿大夫久之拜太常卿從幸萬年宮檢校岐州刺史永徽六年卒贈禮部尚書幽州都督謚曰敬亨族

子範貞觀中爲侍御史時吳王恪好畋獵損居人範奏彈之太宗因謂侍臣權萬紀事我兒不能匡正其罪合死範進曰房玄齡事陛下猶不能諫止畋獵豈可獨罪萬紀太宗大怒拂衣而入久之獨引範謂曰何得逆折我範曰臣聞主聖臣直陛下仁明臣敢不盡愚直太宗意乃解範高宗時歷位尚書右丞揚州大都督府長史亨兄子奭奭父則隋左衛騎曹因使卒於高麗奭入蕃迎喪柩哀號逾禮深爲夷人所慕貞觀中累遷中書舍人後以外生女爲皇太子妃擢拜兵部侍郎妃爲皇后奭又遷中書侍郎永徽三年代褚遂良爲中書令仍監修國史俄而后漸見疏忌奭憂懼頻上疏請辭樞密之任轉爲吏部尚書及后廢累貶愛州刺史尋爲許敬宗李義府所構云奭潛通宮掖謀行鴆毒又與褚遂良等朋黨構扇罪當大逆高宗遣使就愛州殺之籍沒其家奭既死非其罪甚爲當時之所傷痛神龍初則天遺制與褚遂良韓瑗等並還官爵子孫親屬當時緣坐者咸從曠蕩開元初亨孫渙爲中書舍人表曰臣堂伯祖奭去明慶三年與褚遂良等五家同被讒戮雖蒙遺制盪雪而子孫亡沒並盡唯有曾孫

無忝見貫冀州蒙雪多年猶同遠竄陛下自臨寓縣優政必被鴻恩及於泉壤
大造加於亡絶先天已後頻降絲綸曾任宰相之家並許收其淪滯況臣伯祖
往叨執政無犯受誅藁窆尚隔故鄉後嗣遂編蠻服臣不申號訴義所難安伏
乞許臣伯祖還葬鄉里其曾孫無忝放歸本貫疏奏勅令䘖歸葬官造靈輿遞
還無忝後歷位潭州都督渙弟澤景雲中爲右率府鎧曹參軍先是姚元之宋
璟知政事奏請停中宗朝斜封官數千員及元之等出爲刺史太平公主又特
爲之言有勅總令復舊職澤上疏諫曰臣聞藥不毒不可以蠲疾詞不切不可
以補過是以習甘旨者非攝養之方邇諛佞者積危殆之本臣實愚樸志懷剛
勵或聞政之不當事之不直常慷慨關心夢寐懷憤每願殉身以諫伏死而爭
但利於社稷有便於君上雖蒙禍被難殺身不悔也竊見神龍以來羣邪作孽
法網不振綱維大紊實由內寵專命外嬖擅權因貴憑寵賣官鬻爵朱紫之榮
出於僕妾之口賞罰之命乖於章程之典妃主之門有同商賈舉選之署實均
闤闠屠販之子悉由邪而忝官黜斥之人咸因姦而冒進天下爲亂社稷幾危

賴陛下聰明神武拯其將墜此陛下耳目之所親擊固可永爲烱誡者也臣聞作法於理猶恐其亂作法於亂誰能救之秪如斜封授官皆是僕妾汲引迷謬先帝昧目前朝豈是孝和情之所憐心之所愛陛下初即位時納姚元之宋璟之計所以咸令黜之頃日已來又令敘之將謂爲斜封之人不忍棄也以爲先帝之意不可違也若斜封之人不忍棄也是韋月將燕欽融之流亦不可褒贈也李多祚鄭克義之徒亦不可清雪也陛下何不能忍於此而獨能忍於彼使善惡不定反覆相攻使君子道銷小人道長爲邪者獲利爲正者銜冤奈何導人以爲非勸人以爲僻將何以懲風俗將何以止姦邪今海內咸稱太平公主令胡僧慧範曲引此輩將有誤於陛下矣謗議盈耳咨嗟滿衢故語曰姚宋爲相邪不如正太平用事正不如邪書曰無偏無陂遵王之義無反無側王道正直臣恐因循流近致遠積小爲大累微起高勿謂何傷其禍將長勿謂何害其禍將大又賞罰之典紀綱不謬天秩有禮君爵有功不可因怒以妄罰不可因喜以妄賞伏見尚醫奉御彭君慶以邪巫小道超授三品奈何輕用名器加非

其才昔公主爲子求郎明帝不許今聖朝私愛賞及憸人董狐不亡豈有所隱臣聞賞一人而千萬人悅者賞之罰一人而千萬人勸者罰之臣雖未覩聖朝之妄罰已覩聖朝之妄賞矣書曰官不及私昵惟其能爵罔及惡德惟其賢臣恐近習之人爲其先容有謬於陛下也惟陛下熟思而察之雖往者不可諫而來者猶可追願杜請謁之路塞恩倖之門鑒誡前非無累後悔申畫一之法明不二之刑不詢之謀勿庸無稽之言勿應則天下之化人無間焉日新之德天鑒不遠澤後參選會有勅令選人上書陳事將加收擢澤又上書曰頃者韋氏險詖姦臣同惡賞罰紊弛綱紀紛綸政以賄成官因寵進言正者獲戾行殊者見疑海內寒心實將莫救賴神明祐德宗廟降靈天討有罪人用不保陛下叡謀神聖勇智聰明安宗廟於已危拯黎庶於將溺今尨眉鮐背歡欣踴躍望聖朝之撫輯聽聖朝之德音今陛下蠲煩省徭法明德舉萬邦愷樂室家胥慶臣又聞危者保其存也亂者有其理也伏惟陛下安不忘危理不忘亂存不忘亡則克享天心國家長保矣詩曰罔不有初鮮克有終伏惟陛下愼厥終修其初

非禮勿視非禮勿動書曰惟德罔小萬邦惟慶惟不德罔大墜厥宗甚可畏也甚可懼也伏惟陛下慎之哉夫驕奢起於親貴綱紀亂於寵倖願陛下禁之於親貴則天下隨風矣制之於寵倖則天下法明矣詩曰刑于寡妻至于兄弟以御于家邦若親貴爲之而不禁寵倖撓之而見從是政之不常令之不一則姦詐斯起暴亂生焉雖嚴刑峻制朝施暮戮而法不行矣縱陛下親之愛之莫若安之福之寵祿之過罪之漸也非安之也驕奢之淫危之本也非福之也前事不忘後之師也伏願陛下精求俊哲朝夕納誨縱有逆于耳謬于心者無速之罰姑籌之以道省于厥躬雖木樸忌忤願恕之以直開諫諍之路也或有順於耳便於身者無急之賞當求諸非道稽之典訓其不協於德必寘之以法用杜側媚之行也有羞淫巧於陛下者遽黜之則淫巧息矣有進忠讜於陛下者遽賞之則忠讜進矣臣又聞生於富者驕生於貴者傲石碏曰臣聞愛子教之以義方不納於邪驕奢淫逸所自邪也書曰罔淫於逸罔遊於樂穆王有命實賴前後左右有位之士繩衍糺謬格其非心今儲宮肇建王府初啓至於寮友必

惟妙擇令驕奢之後流波未變慢遊之樂餘風或存夫小人倖臣易合於意奇伎淫巧多適於心臣恐狎於非德兹爲愈怠書曰愼簡乃僚無以巧言令色其惟吉士僕臣正厥后克正僕臣諛厥后自聖伏願採溫良博聞之士恭儉忠鯁之人任以東宮及諸王府官仍請東宮量署拾遺補闕之職令朝夕講論出入時從授以訓誥交修不逮臣又聞馳騁畋獵令人發狂名教之中自有樂地承前貴戚鮮克由禮或打毬擊鼓比周伎術或飛鷹奔犬盤遊藪澤此甚爲不道非進德修業之本也書曰內作色荒外作禽荒又曰無若丹朱傲惟慢遊是好朋淫于家用殄厥世伏惟陛下誕降謀訓敦勸學業示之以好惡陳之以成敗以義制事以禮制心圖之於未萌慮之於未有則福祿長享與國並休矣臣又聞富不與驕期而驕自至驕不與罪期而罪自至罪不與死期而死自至信矣斯語明哉至誠頃韋庶人安樂公主武延秀等可謂貴矣可謂寵矣權侔人主威震天下然怙侈滅德神怒人棄豈不謂愛之太極富之太多不節之以禮不防之以法終轉吉爲凶變福爲禍諺曰千人所指無病自死不其然歟書曰殷

鑒不遠在彼夏王今陛下何勸豈非皇祖謀訓之則也今陛下何懲豈非孝和寵任之甚也禮曰愛而知其惡憎而知其善可不慎哉夫寵愛之心則不免去其太甚閑之禮節適則可矣今諸王公主駙馬亦陛下之所親愛也矯枉之道在於厥初鑒誡之義其取不遠使觀過務善居寵思危庶夙夜惟寅聿修厥德經曰在上不驕高而不危所以長守貴也制節謹度滿而不溢所以長守富也富貴不離其身然後能保其社稷書曰制于官刑警于有位敢有常舞于宮酣歌于室時謂巫風敢有狥于貨色常于遊畋時謂淫風敢有侮聖言逆忠直遠耆德比頑童時謂亂風惟茲三風十愆卿士有一于身家必喪邦君有一于身國必亡甚可畏也甚可懼也伏惟陛下必察而明之必信而勸之有奢僭驕怠者削其祿封樸素修業者錫以紳服以勗其非心使其奉命無使久而忽之無使遠而墜之臣聞非知之艱行之惟艱又曰常厥德保厥位厥德匪常九有以亡伏惟陛下慎之哉前車之覆實惟明證先王之誡可以終吉若陛下奉伊尹之訓崇傅說之命不作無益不啓私門刑不差賞不濫則惟德是輔惟人之懷

天祿永終景福是集儻陛下忘精一之德開恩倖之門爵賞有差刑罰不當則
忠臣正士亦不復談矣睿宗覽而善之令中書省重詳議擢拜監察御史開元
中累遷太子右庶子出爲鄭州刺史未行病卒贈兵部侍郎
崔義玄貝州武城人也大業末往依李密初不見用義玄見羣鼠渡洛又稍刃
有花文謂所親曰此王敦敗亡之兆也時黃君漢守據柏崖義玄往說之曰見
機而作不俟終日今羣盜蜂起九州幅裂神器所歸必在有德唐公據有秦京
名應符籙此真主也足下孤城獨立宜遵寇恂竇融之策及時歸誠以取封侯
也君漢然之卽與義玄歸國拜懷州總管府司馬世充遣將高毗侵掠河內義
玄擊敗之多下城堡君漢將分子女金帛與之義玄皆拒而不受以功封清丘
縣公後從太宗討世充屢獻籌策太宗頗納用之東都平轉隰州都督府長史
貞觀初歷左司郎中兼韓王府長史行州府事與友人孟神慶雖志好不同各
以介直匡正府幕王並委任之永徽初累遷婺州刺史屬睦州女子陳碩真舉
兵反遣其黨童文寶領徒四千人掩襲婺州義玄將督軍拒戰時百姓訛言碩

眞嘗昇天犯其兵馬者無不滅門衆皆兇懼司功參軍崔玄籍言於義玄曰起兵仗順猶且不成此乃妖誑豈能得久義玄以爲然因命玄籍爲先鋒義玄率兵繼進至下淮戍擒其間諜二十餘人夜有流星墜賊營義玄曰此賊滅之徵也詰朝進擊身先士卒左右以楯蔽箭義玄曰刺史尚欲避箭誰肯致死由是士卒戮力斬首數百級餘悉許其歸首進兵至睦州界歸降萬計及碩眞平義玄以功拜御史大夫義玄少愛章句之學五經大義先儒所疑及音韻不明者兼採衆家皆爲釋解傍引證據各有條疏至是高宗令義玄討論五經正義與諸博士等詳論是非事竟不就高宗之立皇后武氏義玄協贊其謀及長孫無忌等得罪皆義玄承中旨繩之顯慶元年出爲蒲州刺史尋卒年七十一贈幽州都督謚曰貞則天時思其功重贈揚州大都督賜其家實封二百戸子神基襲爵長壽中爲司賓卿同鳳閣鸞臺平章事爲相月餘爲酷吏所陷減死配流後漸錄用中宗初爲大理卿神基弟神慶神慶明經舉則天時累遷萊州刺史因入朝待制於億歲殿奏事稱旨則天以神慶歷職皆有美政又其父嘗有翊

贊之勳甚賞慰之擢拜幷州長史因謂曰幷州朕之枌榆又有軍馬比日簡擇無如卿者前後長史皆從尚書爲之以其委重所以授卿也因自爲按行圖擇日而遣之神慶到州有豪富僞作改錢文勅文書下州穀麥踊貴百姓驚擾神慶執奏以爲不便則天下制褒賞之先是幷州有東西二城隔汾水神慶始築城相接每歲省防禦兵數千人邊州甚以爲便尋而兄神基下獄當死神慶馳赴都告事得召見則天出神基推狀以示之神慶據狀申理神基竟得減死神慶亦緣坐貶授歙州司馬長安中累轉禮部侍郎數上疏陳時政利害則天每嘉納之轉太子右庶子賜爵魏縣子時有突厥使入朝準儀注太子合預朝參先降勅書神慶上疏曰伏以五品已上所以佩龜者比爲別勅徵召恐有詐妄內出龜合然後應命況太子元良國本萬方所瞻古來徵召皆用玉契此誠重愼之極防萌之慮昨緣突厥使見太子合預朝參直有文符下宮曾不降勅處分今人稟淳化內外同心然古人慮事於未萌之前所以長無悔吝之咎況太子至重不可不深爲誠愼以臣愚見太子既與陛下異宮伏望每召太子預報

來曰非朔望朝參應須別喚望降墨勅及玉契則天甚然之尋令神慶與詹事祝欽明更日於東宮侍讀俄歷司刑司禮二卿神慶常受詔推張昌宗而竟寬其罪神龍初昌宗等伏誅神慶坐流於欽州尋卒年七十餘明年敬暉等得罪緣昌宗被流貶者例皆雪免贈神慶幽州都督開元中神慶子琳等皆至大官羣從數十人趨奏省闥每歲時家宴組珮輝映以一榻置笏重疊於其上開元天寶閒中外族屬無緦麻之喪其福履昌盛如此東都私第門琳與弟太子詹事珪光祿卿瑤俱列棨戟時號三戟崔家琳位終太子少保

史臣曰周隋已來韋氏世有令人鬱為冠族而安石嗣立竟大其門挺恃才傲物固虧長者之風賓王報之以不仁難與議乎君子矣議者以堯舜有溢美桀紂有溢惡蓋以一為凶德則羣惡所歸楊素父子傾覆隋祚醜聲流聞雖弘禮弘武之正士而元亨兄弟竟以凶族竄逐古人守死善道不無為也德威奏議練刑名之要俾長秋卿美哉審禮仁孝治行可為世範卒與禍會悲夫二閣曲學甚工措思精巧藝成而下垂誡宜然柳氏世稱謇諤顛澤有正人風彩忠規

獻納抑有人焉義玄附麗武后神慶寬縱穢臣奕世繼邪以至傾敗宜哉
贊曰韋子驕矜終損功名楊家積惡宗門擯落閻以藝辱劉以孝僭二崔能吏行無取焉

舊唐書卷七十七

舊唐書卷七十七考證

韋挺子待價傳軍至寅識迦河與吐蕃合戰初勝後敗又屬天寒凍雪師人多死○沈炳震曰按新書本紀寅識迦河之敗在永昌元年五月吐蕃雖處極西無五月中天寒凍雪之理恐於情事不合

柳亨傳贈禮部尚書幽州都督謚曰敬○新書謚恭

史臣總論楊素父子傾覆隋祚醜聲流聞雖弘禮弘武之邪士而元亨兄弟竟以凶族竄逐古人守死善道不無爲也○臣德潛按弘禮弘武本傳皆守正之士弘武子元亨等緣忤張易之兄弟誣以楊素之後俱遭斥逐禁錮玩文義邪士應是正士之譌言守正如弘禮弘武猶以祖宗之不善累之也今改正

舊唐書卷七十七考證

後晉司空同中書門下平章事劉昫撰

列傳第二十八

于志寧　高季輔　張行成族孫易之昌宗

于志寧，雍州高陵人，周太師燕文公謹之曾孫也。父宣道，隋內史舍人。志寧大業末為冠氏縣長，時山東羣盜起，乃棄官歸鄉里。高祖將入關，率羣從於長春宮迎接，高祖以其有名於時，甚加禮遇，授銀青光祿大夫。太宗為渭北道行軍元帥，召補記室，與殷開山等參贊軍謀。及太宗為秦王天策上將，志寧累授天策府從事中郎，每侍從征伐，兼文學館學士。貞觀三年，累遷中書侍郎。太宗命貴臣內殿宴，怪不見志寧，或奏曰：「勑召三品已上，志寧非三品，所以不來。」太宗特令預宴，即加授散騎常侍，行太子左庶子，累封黎陽縣公。時議者欲立七廟，以涼武昭王為始祖，房玄齡等皆以為然。志寧獨建議以為武昭遠祖，非王業所因，不可為始祖。太宗又以功臣為代襲刺史，志寧以今古事殊，恐非久安之道上疏爭之皆從志寧所議太宗因謂志寧曰古者太子既生士負之卽置輔弼昔成王幼小周召爲師傅日聞正道習以成性今皇太子既幼少卿當輔之以正道無使邪僻開其心勉之無怠當稱所委官賞可不次而得也志寧以承乾數虧禮度志在匡救撰諫苑二十卷諷之太宗大悅賜黃金十斤絹三百匹十四年兼太子詹事明年以母憂解尋起復本官屢表請終喪禮太宗遣中書侍郎岑文本就宅敦諭之曰忠孝不並我兒須人輔弼卿宜抑割不可徇以私情志寧遂起就職時皇太子承乾嘗以盛農之時營造曲室累月不止所爲多不法志寧上書諫曰臣聞克儉節用實弘道之源崇侈恣情乃敗德之本是以凌雲槪日戎人於是致譏峻宇雕墻夏書以之作誡昔趙盾匡晉呂望師周或勸之以節財或諫之以厚斂莫不盡忠以佐國竭誠以奉君欲茂實播於無窮英聲被乎物聽咸著簡策以爲美談今所居東宮隋日營建覩之者尚譏其侈見之者猶歎其華何容此中更有修造財帛日費土木不停窮斤斧之工極磨礱之妙且丁匠官奴入內比者曾無伏監此等或兄犯國章或弟罹王法往來

御苑出入禁闈鉗鑿緣其身捷杵在其手監門本防非慮宿衛以備不虞直長既自不知千牛又復不見爪牙在外廝役在內所司何以自安臣下豈容無懼又鄭衛之樂古謂淫聲昔朝歌之鄉迴車者墨翟夾谷之會揮劍者孔子先聖既以爲非通賢將以爲失頃聞宮內屢有鼓聲大樂伎兒入便不出聞之者股慄言之者心戰往年口勅伏請重尋聖旨殷勤明誡懇切在於殿下不可不思至於微臣不得無懼臣自驅馳宮闕已積歲年犬馬尙解識恩木石猶能知感所有管見敢不盡言如鑒以丹誠則臣有生路若責其愆旨則臣是罪人但悅意取容臧孫方之疾疢犯顏逆耳春秋比之藥石伏望停工匠之作罷久役之人絕鄭衛之音斥羣小之輩則三善允備萬國作貞矣承乾不納承乾又令閹官多在左右志寧上書諫曰臣聞堯稱稽古功著於搜揚舜曰聰明績彰於去惡然開元立極布政辨方莫不旌賁英賢驅除不肖理亂之本咸在於茲況閹宦之徒體非全氣更番階闥左右宮闈託親近以立威權假出納以爲禍福昔易牙被任變起齊邦張讓執鈞亂生漢室伊戾爲詐宋國受其殃趙高作姦秦

氏鍾其弊加以弘石用事京買則連首受誅王曹掌權何竇則踵武被戮遂使
縉紳重足宰司屏氣然順其情者則榮逮幼沖迕其意者則災及襁褓爰暨高
齊都鄴亦弊閹官鄧長顒位至侍中陳德信爵隆開府外干朝政內預宴私宗
枝藉其吹噓重臣仰其鼻息罪積山嶽靡挂於刑書功無涓塵已勒於鍾鼎富
踰金穴財甚銅山是以家起怨嗟人懷憤歎骨鯁之士語不見聽謇諤之臣言
必被斥齊都顛覆職此之由向使任諒直之臣退佞給之士據趙魏之地擁漳
滏之兵修德行仁養政施化何區區周室而敢窺覦者焉然杜漸防萌古人所
以遠禍以大喻小先哲於焉取則伏惟殿下道茂重離德光守器憲章古始祖
述前修欲使休譽遠聞英聲遐暢臣竊見寺人一色未識上心或輕忽高班凌
轢貴仕便是品命失序綱紀不立取笑通方之人見譏有識之士然典內職掌
唯在門外通傳給使主司但緣階闥供奉今乃往來閤內出入宮中行路之人
咸以爲怪伏望狎近君子屏黜小人上副聖心下允衆望承乾覽書甚不悅承
乾嘗驅使司馭等不許分番又私引突厥達哥支入宮內志寧上書諫曰臣聞

上天蓋高日月以光其德明君至聖輔佐以贊其功是以周誦升儲見匡毛畢漢盈居震取資黃綺姬旦抗法於伯禽賈生陳事於文帝莫不殷勤於端士懇切於正人昔鄧禹名臣方居審諭之任疏受宿望始除輔導之官歷代賢君莫不丁寧於太子者良以地膺上嗣位處副君善則率土霑其恩惡則海內罹其禍近聞僕寺司馭爰及鷙士獸醫始自春初迄茲夏晚常居內役不放分番或家有尊親闕於溫清或室有幼弱絕於撫養春則廢其耕墾夏又妨其播殖事乖存愛恐致怨嗟且突厥達哥支等人面獸心豈得以禮教期不可以仁信待心則未識於忠孝言則莫辯其是非近之有損於英聲昵之無益於盛德引之入閤人皆驚駭豈臣愚識獨用不安臣下為殿下之股肱殿下為臣下之君父君父以存撫為務股肱以匡救為心是以苦口之藥以奉身逆耳之言以安位古人樹誹謗之木以求己諐懸敢諫之鼓以思身過由是從諫之主鼎祚克昌愎諫之君洪業隳墜承乾大怒陰遣刺客張師政紇干承基就殺之二人潛入其第見志寧寢處苫廬竟不忍而止及承乾敗後推鞫具知其事太宗謂志寧

曰知公數有規諫事無所隱深加勉勞右庶子令狐德棻等以無諫書皆從貶責及高宗爲皇太子復授志寧太子左庶子未幾遷侍中永徽元年加光祿大夫進封燕國公二年監修國史時洛陽人李弘泰坐誣告太尉長孫無忌詔令不待時而斬決志寧上疏諫曰伏惟陛下情篤功臣恩隆右戚以無忌橫遭誣告事並是虛欲戮告人以明賞罰一以絕誣告之路二以慰勳戚之心又以所犯是真無忌便有破家之罪今告爲妄弘泰宜戮不待時且真犯之人事當罪逆誣謀之類罪唯及身以罪較量明非惡逆若欲依律合待秋分今時屬陽和萬物生育而特行刑罰此謂傷春竊案左傳聲子曰賞以春夏刑以秋冬順天時也又禮記月令曰孟春之月無殺孩蟲省囹圄去桎梏無肆掠止獄訟又漢書董仲舒曰王者欲有所爲宜求其端於天道天道之大者在陰陽陽爲德陰爲刑刑主殺而德主生陽常居大夏而以生育養長爲事陰常居大冬而積於空虛不用之處以此見天之任德不任刑也伏惟陛下纂聖昇祚繼明御極追連胥之絕軌蹈軒頊之良規欲使舉動順於天時刑罰依於律令陰陽爲之式

序景宿於是靡差風雨不愆雩禜輟祀方今太蔟統律青陽應期當生長之辰施肅殺之令伏願暫迴聖慮察古人言儻蒙垂納則生靈幸甚疏奏帝從之是時衡山公主欲出降長孫氏議者以時既公除合行吉禮志寧上疏曰臣聞明君馭曆當俟獻替之臣聖主握圖必資鹽梅之佐所以堯詢四岳景化洽於區中舜任五臣懿德被於無外左有記言之史右立記事之官大小咸書善惡俱載著懲勸於簡牘垂褒貶於人倫爲萬古之範圍作千齡之龜鏡伏見衡山公主出降欲就今秋成禮竊按禮記云女十五而笄二十而嫁有故二十三而嫁鄭玄云有故謂遭喪也固知須終三年春秋云魯莊公如齊納幣杜預云母喪未再朞而圖婚二傳不譏失禮明故也此則史策具載是非歷然斷在聖情不待問於臣下其有議者云準制公除之後須並從吉此漢文創制其儀爲天下百姓至於公主服是斬縗縱使服隨例除無宜情隨例改心喪之內方復成婚非唯違於禮經亦是人情不可伏惟陛下嗣膺寶位臨統萬方理宜繼美羲軒齊芳湯禹弘獎仁孝之日敦崇名教之秋此事行之苦難猶須抑而守禮況行

之甚易何容廢而受譏此理有識之所共知非假愚臣之說也伏願遵高宗之令軌略孝文之權制國家於法無虧公主情禮得畢於是詔公主待三年服闋然後成禮其年拜尚書左僕射同中書門下三品三年以本官兼太子少師顯慶元年遷太子太傅嘗與右僕射張行成中書令高季輔俱蒙賜地志寧奏曰臣居關右代襲箕裘周魏以來基址不墜行成等新營莊宅尚少田園於臣有餘乞申私讓帝嘉其意乃分賜行成及季輔四年表請致仕聽解尚書左僕射拜太子太師仍同中書門下三品高宗之將廢王庶人也長孫無忌褚遂良執正不從而李勣許敬宗密申勸請志寧獨無言以持兩端及許敬宗推鞫長孫無忌詔獄因誣構志寧黨附無忌坐是免職尋降授滎州刺史麟德元年累轉華州刺史年老請致仕許之二年卒于家年七十八贈幽州都督謚曰定上元三年追復其左光祿大夫太子太師志寧雅愛賓客接引忘倦後進文筆之士無不影附然亦不能有所薦達議者以此少之前後預撰格式律令五經義疏及修禮修史等功賞賜不可勝計有集二十卷子立政太僕少卿志寧玄孫休

烈休烈子益自有傳

高季輔德州蓚人也祖表魏安德太守父衡隋萬年令季輔少好學兼習武藝居母喪以孝聞兄元道仕隋爲汲令武德初縣人翻城從賊元道被害季輔率其黨出鬬竟擒殺其兄者斬之持首以祭墓甚爲士友所稱由是羣盜多歸附之衆至數千尋與武陟人李厚德率衆來降授陟州總管府戶曹參軍貞觀初擢拜監察御史多所彈糾不避權要累轉中書舍人時太宗數召近臣令指陳時政損益季輔上封事五條其略曰陛下平定九州富有四海德超邃古道高前烈時已平矣功已成矣然而刑典未措者何哉良由謀猷之臣不弘簡易之政臺閣之吏昧於經遠之道執憲者以深刻爲奉公當官者以侵下爲益國未有坦平恕之懷副聖明之旨至如設官分職各有司存尚書八座責成斯在王者司契義屬於茲伏願隨方訓誘使各揚其職仍須擢溫厚之人升清潔之吏敦朴素革澆浮先之以敬讓示之以好惡使家識孝慈人知廉恥醜言過行見嗤於鄉閭忘義私昵取擯於親族杜其利欲之心載以清淨之化自然家肥國

富氣和物阜禮節於是競興禍亂何由而作又曰竊見聖躬每存節儉而凡諸營繕工徒未息正丁正匠不供驅使和雇和市非無勞費人主所欲何事不成猶願愛其財而勿憚惜其力而勿竭今畿內數州實惟邦本地狹人稠耕植不博菽粟雖賤儲蓄未多特宜優矜令得休息強本弱枝自古常事關河之外徭役全少帝京三輔差科非一江南河北彌復優閑須爲差等均其勞逸又曰今公主之室封邑足以給資用勳貴之家俸祿足以供器服乃戚戚於儉約汲汲於華侈放息出舉追求什一公侯尚且求利黎庶豈覺其非錐刀必競實由於此有黷朝風謂宜懲革又曰仕以應務代耕外官卑品猶未得祿既離鄉家理必貧匱但妻子之戀賢達猶累其懷飢寒之切夷惠罕全其行爲政之道期於易從若不恤其匱乏唯欲責其清勤凡在末品中庸者多止恐巡察歲去輶軒繼軌不能肅其侵漁何以求其政術今戶口漸殷倉廩已實斟量給祿使得養親然後督以嚴科責其報効則庶官畢力物議斯允又曰竊見密王元曉等俱是懿親陛下友愛之懷義高古昔分以車服委以藩維須依禮儀以副瞻望比

見帝子拜諸叔諸叔亦答拜王爵既同家人有禮豈合如此顛倒昭穆伏願一
垂訓誡永循彝則書奏太宗稱善十七年授太子右庶子又上疏切諫時政得
失特賜鍾乳一劑曰進藥石之言故以藥石相報十八年加銀青光祿大夫兼
吏部侍郎凡所銓敘時稱允當太宗嘗賜金背鏡一面以表其清鑒焉二十二
年遷中書令兼檢校吏部尚書監修國史賜爵蓚縣公永徽二年授光祿大夫
行侍中兼太子少保以風疾廢於家乃召其兄虢州刺史季通爲宗正少卿視
其疾又屢降中使觀其進食問其增損尋卒年五十八帝爲之舉哀廢朝三日
贈開府儀同三司荊州都督謚曰憲子正業仕至中書舍人坐與上官儀善配
流嶺外

張行成定州義豐人也少師事河間劉炫勤學不倦炫謂門人曰張子體局方
正廊廟才也大業末察孝廉爲謁者臺散從員外郎王世充僭號以爲度支尚
書世充平以隋資補宋州穀熟尉又應制舉乙科授雍州富平縣主簿理有能
名秩滿補殿中侍御史糾劾不避權戚太宗以爲能謂房玄齡曰觀古今用人

必因媒介若行成者朕自舉之無先容也太宗嘗言及山東關中人意有同異
行成正侍宴跪而奏曰臣聞天子以四海爲家不當以東西爲限若如是則示
人以益陿太宗善其言賜名馬一匹錢十萬衣一襲自是每有大政常預議焉
累遷給事中太宗嘗臨軒謂侍臣曰朕所以不能恣情欲取樂當年而勵節苦
心卑宮菲食者正爲蒼生耳我爲人主兼行將相之事豈不是奪公等名昔漢
高祖得蕭曹韓彭天下寧宴舜禹湯武有稷契伊呂四海乂安此事朕並兼之
行成退而上書諫曰有隋失道天下沸騰陛下撥亂反正拯生人於塗炭何周
漢君臣之所能擬陛下聖德含光規模弘遠雖文武之烈實兼將相何用臨朝
對衆與其較量以萬乘至尊共臣下爭功哉臣聞天何言哉四時行焉又聞汝
惟不矜天下莫與汝爭能臣備員樞近非敢知獻替之事輒陳狂直伏待葅醢
太宗深納之轉刑部侍郎太子少詹事太宗東征皇太子於定州監國即行成
本邑也太子謂行成曰今者送公衣錦還鄉於是令有司祀其先人墓行成因
薦鄉人魏唐卿崔寶權馬龍駒張君劼等皆以學行著聞太子召見以其老不

任職皆厚賜而遣之太子又使行成詣行在所太宗見之甚悅賜馬一匹縑三百匹駕還京爲河南巡察大使還稱旨以本官兼檢校尚書左丞是歲太宗幸靈州太子當從行成上疏曰伏承皇太子從幸靈州臣愚以爲皇太子養德春宮日月未幾華夷遠邇佇聽嘉音如因以監國接對百寮決斷庶務明習政理既爲京師重鎮且示四方盛德與其出陪私愛曷若俯從公道太宗以爲忠進位銀青光祿大夫二十三年遷侍中兼刑部尚書太宗崩與高季輔侍高宗即位於太極殿梓宮前尋封北平縣公監修國史時晉州地連震有聲如雷高宗以問行成行成對曰天陽也地陰也陽君象陰臣象君宜轉動臣宜安靜今晉州地動彌旬不休雖天道玄邈窺算不測而人事較量昭然作戒恐女謁用事大臣陰謀修德禳災在於陛下且陛下本封晉也今地震晉州下有徵應豈徒然耳伏願深思遠慮以杜未萌二年八月拜尚書左僕射尋加授太子少傅四年自三月不雨至于五月復抗表請致仕高宗手制答曰密雲不雨遂淹旬月此朕之寡德非宰臣咎實甘萬方之責用陳六事之過策免之科義乖罪己今

勑斷表勿復爲辭賜宮女黃金器物固請乞骸骨高宗曰公我之故舊腹心柰何舍我而去因愴然流涕行成不得已復起視事九月卒於尚書省時年六十七高宗哭之甚哀輟朝三日令九品已上就第哭比斂中使三至賜內衣服令尚宮宿於家以視殯斂贈開府儀同三司幷州都督所司備禮冊命祭以少牢賻絹布八百段米粟八百石賜東園祕器諡曰定弘道元年詔以行成配享高宗廟庭子洛客嗣官至雍州渭南令行成族孫易之昌宗易之父希臧雍州司戶易之初以門蔭累遷爲尚乘奉御年二十餘白晳美姿容善音律歌詞則天臨朝通天二年太平公主薦易之弟昌宗入侍禁中既而昌宗啓天后曰臣兄易之器用過臣兼工合鍊卽令召見甚悅由是兄弟俱侍宮中皆傅粉施朱衣錦繡服俱承辟陽之寵俄以昌宗爲雲麾將軍行左千牛中郎將易之爲司衞少卿賜第一區物五百段奴婢駞馬等信宿加昌宗銀青光祿大夫賜防閤同京官朔望朝參仍贈希臧襄州刺史母韋氏阿臧封太夫人使尚宮至宅問訊仍詔尚書李迥秀私侍阿臧武承嗣三思懿宗宗楚客宗晉卿候其門庭爭執

鞭轡呼易之爲五郎昌宗爲六郎俄加昌宗左散騎常侍聖曆二年置控鶴府官員以易之爲控鶴監內供奉餘官如故久視元年改控鶴府爲奉宸府又以易之爲奉宸令引辭人閻朝隱薛稷員半千並爲奉宸供奉每因宴集則令嘲戲公卿以爲笑樂若內殿曲宴則二張諸武侍坐樗蒲笑謔賜與無算時諛佞者奏云昌宗是王子晉後身乃令被羽衣吹簫乘木鶴奏樂於庭如子晉乘空辭人皆賦詩以美之崔融爲其絕唱其句有昔遇浮丘伯今同丁令威中郎才貌是藏史姓名非天后令選美少年爲左右奉宸供奉右補闕朱敬則諫曰臣聞志不可滿樂不可極嗜慾之情愚智皆同賢者能節之不使過度則前聖格言也陛下內寵已有薛懷義張易之昌宗固應足矣近聞上舍奉御柳模自言子良賓潔白美鬚眉左監門衛長史侯祥云陽道壯偉過於薛懷義專欲自進堪奉宸內供奉無禮無儀溢於朝聽臣愚職在諫諍不敢不奏則天勞之曰非卿直言朕不知此賜綵百段以昌宗醜聲聞于外欲以美事掩其迹乃詔昌宗撰三教珠英於內乃引文學之士李嶠閻朝隱徐彥伯張說宋之問崔湜富嘉

謀等二十六人分門撰集成一千三百卷上之加昌宗司僕卿封鄴國公易之爲麟臺監封恆國公各實封三百戶俄改昌宗爲春官侍郎易之昌宗皆粗能屬文如應詔和詩則宋之問閻朝隱爲之代作則天春秋高政事多委易之兄弟中宗爲皇太子太子男邵王重潤及女弟永泰郡主竊言二張專政易之訴於則天付太子自鞫問處置太子並自縊殺之又御史大夫魏元忠嘗奏二張之罪易之懼不自安乃誣奏元忠與司禮丞高戩云天子老矣當挾太子爲耐久朋則天曰汝何以知之易之曰鳳閣舍人張說爲證翌日則天召元忠及說廷詰之皆妄則天尚以二張之故逐元忠爲高要尉張說長流欽州長安二年易之贓賂事發爲御史臺所劾下獄兄司府少卿昌儀司禮少卿同休皆貶黜及則天臥疾長生院宰臣希得進見唯易之兄弟侍側恐禍變及己乃引用朋黨陰爲之備人有牓其事于路左臺御史中丞宋璟請按之則天陽許尋敕宋璟使幽州按都督屈突仲翔令司禮卿崔神慶鞫之神慶希旨雪昌宗兄弟神龍元年正月則天病甚是月二十日宰臣崔玄暐張柬之等起羽林兵迎太子

至玄武門斬關而入誅易之昌宗於迎仙院並梟首於天津橋南則天遜居上陽宮易之兄昌期歷岐汝二州刺史所在苛猛暴橫是日亦同梟首朝官房融崔神慶崔融李嶠宋之問杜審言沈佺期閻朝隱等皆坐二張竄逐凡數十人

史臣曰于燕公輔導儲皇高侍中數陳理行張北平斥言陰沴皆人所難言者苟非金玉貞度松筠挺操安能咈人主之意獻苦口之忠宜其論道巖廊克終顯盛古所謂能以義匡主之失三君有焉

贊曰猗歟于公獻替兩宮前修克繼嗣德彌隆高酬藥劑張感宸衷君臣之義斯爲始終

舊唐書卷七十八

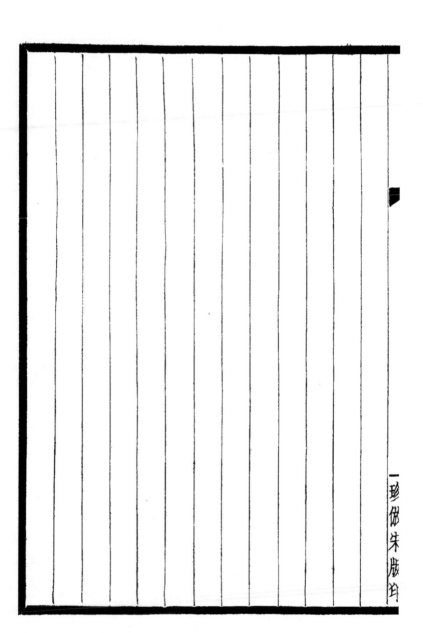

舊唐書卷七十八考證

于志寧傳志寧玄孫休烈○新書作曾孫

張行成傳○臣德潛按張易之昌宗行成族孫也生平醜行宜另立傳不合附行成正人後況既附易之兄弟而論贊中又不之及何也

舊唐書卷七十八考證

舊唐書卷七十九

後晉司空同中書門下平章事劉昫撰

列傳第二十九

祖孝孫　傅仁均　傅奕　李淳風　呂才

祖孝孫幽州范陽人也父崇儒以學業知名仕至齊州長史孝孫博學曉曆算早以達識見稱初開皇中鍾律多缺雖何妥鄭譯蘇夔萬寶常等亟共討詳紛然不定及平江左得陳樂官蔡子元于普明等因置清商署時牛弘爲太常卿引孝孫爲協律郎與子元普明參定雅樂時又得陳陽山太守毛爽妙知京房律法布琯飛灰順月皆驗爽時年老弘恐失其法於是奏孝孫從其受律孝孫得爽之法一律而生五音十二律而爲六十音因而六之故有三百六十音以當一歲之日又祖述洗重依淮南本數用京房舊術求之得三百六十律各因其月律而爲一部以律數爲母以一中氣所有日爲子以母命子隨所多少分直一歲以配七音起于冬至以黃鐘爲宮太簇爲商林鐘爲徵南呂爲羽姑洗

爲角應鐘爲變宮蕤賓爲變徵其餘日建律皆依運行每日各以本律爲宮旋宮之義由斯著矣然牛弘既初定樂難復改張至大業時又採晉宋舊樂唯奏皇夏等十有四曲旋宮之法亦不施用高祖受禪擢孝孫爲著作郎歷吏部郎太常少卿漸見親委孝孫由是奏請作樂時軍國多務未遑改創樂府尚用隋氏舊文武德七年始命孝孫及祕書監竇璡修定雅樂孝孫又以陳梁舊樂雜用吳楚之音周齊舊樂多涉胡戎之伎於是斟酌南北考以古音作大唐雅樂以十二月各順其律旋相爲宮制十二樂合三十二曲八十四調事具樂志旋宮之義亡絕已久世莫能知一朝復古自孝孫始也孝孫尋卒其後協律郎張文收復採三禮增損樂章然因孝孫之本音

傅仁均滑州白馬人也善曆算推步之術武德初太史令庾儉太史丞傅奕表薦之高祖因召令改修舊曆仁均因上表陳七事其一曰昔洛下閎以漢武太初元年歲在丁丑創曆起元元在丁丑今大唐以戊寅年受命甲子日登極所造之曆即上元之歲歲在戊寅命日又起甲子以三元之法一百八十去其積

歲武德元年戊寅爲上元之首則合璧連珠懸合於今日其二曰堯典爲日短
星昴以正仲冬前代造曆莫能允合臣今創法五十餘年冬至輒差一度則卻
檢周漢千載無違其三曰經書日蝕毛詩爲先十月之交朔日辛卯臣今立法
卻推得周幽王六年辛卯朔蝕即能明其中間並皆符合其四曰春秋命曆序
云魯僖公五年壬子朔旦冬至諸曆莫能符合臣今造曆卻推僖公五年正月
壬子朔旦冬至則同自斯以降並無差爽其五曰古曆日蝕或在於晦或在二
日月蝕或在望前或在望後臣今立法月有三大三小則日蝕常在於朔月蝕
在望前卻驗魯史並無違爽其六曰前代造曆命辰不從子半命度不起虛中
臣今造曆命辰起子半度起於虛六度命合辰得中於子符陰陽之始會曆術
之宜其七曰前代諸曆月行或有晦猶東見朔以西朓臣今以遲疾定朔永無
此病經數月曆成奏上號曰戊寅元曆高祖善之武德元年七月詔頒新曆授
仁均員外散騎常侍賜物二百段後中書令封德彝奏曆術差謬敕吏部郎中
祖孝孫考其得失又太史丞王孝通執甲辰曆法以駁之曰案堯典云日短星

昴以正仲冬孔氏云七宿畢見舉中者言耳是知中星無定故互舉一分兩至之星以爲成驗也昴西方處中之宿虛爲北方居中之星一分各舉中者卽餘六星可知若乃仲冬舉鳥仲夏舉火此一至一分又舉七星之體則餘二方可見今仁均專守昴中而爲定朔執文害意不亦謬乎又案月令仲冬昏在東壁明知昴中則非常準若言陶唐之代定是昴中後代漸差遂至東壁然則堯前七千餘載冬至之日卽便合翼中逾遠彌却尤成不隱且今驗東壁昏中日體在斗十有三度若昏於翼中日應在井十有三度夫井極北去人最近而斗極南去人最遠在井則大熱在斗乃大寒然堯前冬至卽應翻熱及於夏至便應反寒四時倒錯寒暑易位以理推尋必不然矣又鄭康成博達之士也對弟子孫皓云日永星火只是大火之次二十度有其中者非謂心之火星也實正中也又平朔定朔舊有二家平望定望由來兩術然三大三小是定朔定望之法一大一小是平朔平望之義且日月之行有遲有疾每月一相及謂之合會故晦朔無定由人消息若定大小合朔者合會雖定而蔀元紀首三端並失若上

合履端之始下得歸餘於終合會時有進退履端又皆允協則甲辰元曆爲通術矣仁均對曰宋代祖沖之久立差術至於隋代張胄玄等因而修之雖差度不同各明其意今孝通不達宿度之差移未曉黃道之遷改乃執南斗爲東至之恆星東井爲夏至之常宿率意生難豈爲通理夫太陽行於宿度如郵傳之過逆旅宿度每歲既差黃道隨而變易豈得以膠柱之說而爲斡運之難乎又案易云治曆明時禮云天子玄端聽朔於南門之外尚書云正月上日受終于文祖孔氏云上日朔日也又云季秋月朔辰不集于房孔氏云集合也不合則日蝕隨可知矣又云先時不及時皆殺無赦先時謂朔日不及時也若有先後之差是不知定朔之道矣詩云十月之交朔日辛卯又春秋日蝕三十有五左丘明云不書朔官失之也明聖人之教不論於晦唯取朔耳自春秋以後去聖久遠曆術差違莫能詳正故秦漢以來多非朔蝕而宋代御史中丞何承天微欲見意不能詳究乃爲太史令錢樂之散騎侍郎皮延宗之抑止孝通今語乃是延宗舊辭承天既非甄明故有當時之屈今略陳梗概申以明之夫理曆之

本必推上元之歲日月如合璧五星如連珠夜半甲子朔旦冬至自此以後既行度不同七曜分散不知何年更得餘分普盡還復總會之時也唯日分氣分得有可盡之理因其得盡卽有三端之元故造經立法者小餘盡卽爲元首此乃紀其日數之元不關合璧之事矣時人相傳皆云大小餘俱盡卽定夜半甲子朔旦冬至者此不達其意故也何者冬至自有常數朔名由於月起既月行遲疾無常三端豈得卽合故必須日月相合與冬至同日者始可得名爲合朔冬至耳故前代諸曆不明其意乃於大餘正盡之年而立其元法將以爲常而不知七曜散行氣朔不合今法唯取上元連珠合璧夜半甲子朔旦冬至合朔之始以定一九相因行至於今日常取定朔之宜不論三端之事皮延宗本來不知何承天亦自未悟何得引而相難耶孝孫以仁均之言爲然貞觀初有益州人陰弘道又執孝通舊說以駁之終不能屈李淳風復駁仁均曆十有八事勅大理卿崔善爲考二家得失七條改從淳風餘一十一條並依舊定仁均後除太史令卒官

傅奕相州鄴人也尤曉天文曆數隋開皇中以儀曹事漢王諒及諒舉兵謂奕曰今茲熒惑入井是何祥也奕對曰天上東井黃道經其中正是熒惑行路所涉不爲怪異若熒惑入地上井是爲災也諒不悅及諒敗由是免誅徙扶風高祖爲扶風太守深禮之及踐祚召拜太史丞太史令庾儉以其父質在隋言占候忤煬帝意竟死獄中遂懲其事又恥以數術進乃薦奕自代遂遷太史令奕既與儉同列數排毀儉而儉不之恨時人多儉仁厚而稱奕之率直奕所奏天文密狀屢會上旨置參旗井鉞等十二軍之號奕所定也武德三年進漏刻新法遂行於時七年奕上疏請除去釋教曰佛在西域言妖路遠漢譯胡書恣其假託故使不忠不孝削髮而揖君親遊手遊食易服以逃租賦演其妖書述其邪法僞啓三塗謬張六道恐嚇愚夫詐欺庸品凡百黎庶通識者稀不察根源信其矯詐乃追既往之罪虛規將來之福布施一錢希萬倍之報持齋一日冀百日之糧遂使愚迷妄求功德不憚科禁輕犯憲章其有造作惡逆身墜刑網方乃獄中禮佛口誦佛經晝夜忘疲規免其罪且生死壽夭由於自然刑德威

福關之人主乃謂貧富貴賤功業所招而愚僧矯詐皆云由佛竊人主之權擅
造化之力其爲害政良可悲矣案書云惟辟作福威惟辟玉食臣有作福作威
玉食害于而家凶于而國人用側頗僻降自犧農至于漢魏皆無佛法君明臣
忠祚長年久漢明帝假託夢想始立胡神西域桑門自傳其法西晉以上國有
嚴科不許中國之人輒行髡髮之事洎于符石羌胡亂華主庸臣佞政虐祚短
皆由佛教致災也梁武齊襄足爲明鏡昔褒姒一女妖惑幽王尚致亡國況天
下僧尼數盈十萬翦刻繒綵裝束泥人而爲厭魅迷惑萬姓者乎今之僧尼請
令疋配卽成十萬餘戶產育男女十年長養一紀教訓自然益國可以足兵四
海免蠶食之殃百姓知威福所在則妖惑之風自革淳朴之化還興且古今忠
諫鮮不及禍竊見齊朝章仇子他上表言僧尼徒衆糜損國家寺塔奢侈虛費
金帛爲諸僧附會宰相對朝讒毀諸尼依託妃主潛行謗讟子他竟被囚執刑
於都市及周武平齊制封其墓臣雖不敏竊慕其蹤又上疏十一首詞甚切直
高祖付羣官詳議唯太僕卿張道源稱奕奏合理中書令蕭瑀與之爭論曰佛

聖人也奕爲此議非聖人者無法請寘嚴刑奕曰禮本於事親終於奉上此則忠孝之理著臣子之行成而佛踰城出家逃背其父以疋夫而抗天子以繼體而悖所親蕭瑀非出於空桑乃遵無父之教臣聞非孝者無親其瑀之謂矣瑀不能答但合掌曰地獄所設正爲是人高祖將從奕言會傳位而止奕武德九年五月密奏太白見秦分秦王當有天下高祖以狀授太宗及太宗嗣位召奕賜之食謂曰汝前所奏幾累於我然今後但須盡言無以前事爲慮也太宗常臨朝謂奕曰佛道玄妙聖迹可師且報應顯然屢有徵驗卿獨不悟其理何也奕對曰佛是胡中桀黠欺誑夷狄初止西域漸流中國遵尚其教皆是邪僻小人模寫莊老玄言文飾妖幻之教耳於百姓無補於國家有害太宗頗然之貞觀十三年卒年八十五臨終誡其子曰老莊玄一之篇周孔六經之說是爲名教汝宜習之妖胡亂華舉時皆惑唯獨竊歎衆不我從悲夫汝等勿學也古人裸葬汝宜行之奕生平遇患未嘗請醫服藥雖究陰陽數術之書而並不之信又常醉臥蹶然起曰吾其死矣因自爲墓誌曰傅奕青山白雲人也因酒醉死

嗚呼哀哉其縱達皆此類注老子并撰音義又集魏晉已來駁佛教者爲高識傳十卷行於世

李淳風岐州雍人也其先自太原徙焉父播隋高唐尉以秩卑不得志棄官而爲道士頗有文學自號黃冠子注老子撰方志圖文集十卷並行於代淳風幼俊爽博涉羣書尤明天文曆算陰陽之學貞觀初以駁傅仁均曆議多所折衷授將仕郎直太史局尋又上言曰今靈臺候儀是魏代遺範觀其制度疎漏實多臣案虞書稱舜在璿璣玉衡以齊七政則是古以混天儀考七曜之盈縮也周官大司徒職以土圭正日景以定地中此亦據混天儀日行黃道之明證也暨于周末此器乃亡漢孝武時洛下閎復造渾天儀事多疎闕故賈逵張衡各有營鑄陸續王蕃遞加修補或綴附經星機應漏水或孤張規郭不依日行推驗七曜並循赤道今驗冬至極南夏至極北而赤道當定於中全無南北之異以測七曜豈得其真黃道渾儀之闕至今千餘載矣太宗異其說因令造之至貞觀七年造成其制以銅爲之表裏三重下據準基狀如十字末樹鼇足以張

四表焉第一儀名曰六合儀有天經雙規渾緯規金常規相結於四極之內備二十八宿十干十二辰經緯三百六十五度第二名三辰儀圓徑八尺有璿璣規道月遊天宿矩度七曜所行並備于此轉於六合之內第三名四遊儀玄樞爲軸以連結玉衡遊筩而貫約規矩又玄樞北樹北辰南距地軸傍轉於內又玉衡在玄樞之間而南北遊仰以觀天之辰宿下以識器之晷度時稱其妙又論前代渾儀得失之差著書七卷名爲法象志以奏之太宗稱善置其儀於凝暉閣加授承務郎十五年除太常博士尋轉太史丞預撰晉書及五代史其天文律曆五行志皆淳風所作也又預撰文思博要二十二年遷太史令初太宗之世有祕記云唐三世之後則女主武王代有天下太宗嘗密召淳風以訪其事淳風曰臣據象推算其兆已成然其人已生在陛下宮內從今不踰三十年當有天下誅殺唐氏子孫殲盡帝曰疑似者盡殺之如何淳風曰天之所命必無禳避之理王者不死多恐枉及無辜且據上象今已成復在宮內已是陛下眷屬更三十年又當衰老老則仁慈雖受終易姓其於陛下子孫或不甚損今

若殺之卽當復生少壯嚴毒殺之立讎若如此卽殺戮陛下子孫必無遺類太宗善其言而止淳風每占候吉凶合若符契當時術者疑其別有役使不因學習所致然竟不能測也顯慶元年復以修國史功封樂昌縣男先是太史監候王思辯表稱五曹孫子十部算經理多踳駁淳風復與國子監算學博士梁述太學助教王真儒等受詔注五曹孫子十部算經書成高祖令國學行用龍朔二年改授祕閣郎中時戊寅曆法漸差淳風又增損劉焯皇極曆改撰麟德曆奏之術者稱其精密咸亨初官名復舊還爲太史令年六十九卒所撰典章文物志乙巳占祕閣錄幷演齊人要術等凡十餘部多傳於代子諺孫仙宗並爲太史令

呂才博州清平人也少好學善陰陽方伎之書貞觀三年太宗令祖孝孫增損樂章孝孫乃與明音律人王長通白明達遞相長短太宗令侍臣更訪能者中書令溫彥博奏才聰明多能眼所未見耳所未聞一聞一見皆達其妙尤長於聲樂請令考之侍中王珪魏徵又盛稱才學術之妙徵曰才能爲尺十二枚尺

八長短不同各應律管無不諧韻太宗即徵才令直引文館太宗嘗覽周武帝所撰三局象經不曉其旨太子洗馬蔡允恭年少時嘗爲此戲太宗召問亦廢而不通乃召才使問焉才尋繹一宿便能作圖解釋允恭覽之依然記其舊法與才正同由是才遂知名累遷太常博士太宗以陰陽書近代以來漸致訛僞穿鑿既甚拘忌亦多遂命才與學者十餘人共加刊正削其淺俗存其可用者勒成五十三卷幷舊書四十七卷十五年書成詔頒行之才多以典故質正其理雖爲術者所短然頗合經義今略載其數篇其敘宅經曰易曰上古穴居而野處後世聖人易以宮室蓋取諸大壯迨于殷周之際乃有卜宅之文故詩稱相其陰陽書云卜惟洛宅此則卜宅吉凶其來尚矣至於近代師巫更加五姓之說言五姓者謂宮商角徵羽等天下萬物悉配屬之行事吉凶依此爲法至如張王等爲商武庾等爲羽欲似同韻相求及其以柳姓爲宮以趙姓爲角又非四聲相管其間亦有同是一姓分屬宮商後有復姓數字徵羽不別驗於經典本無斯說諸陰陽書亦無此語直是野俗口傳竟無所出之處唯堪輿經黃

帝對於天老乃有五姓之言且黃帝之時不過姬姜數姓暨於後代賜族者多至如管蔡成霍魯衛毛聃郜雍曹滕畢原酆郇並是姬姓子孫孔殷宋華向蕭亳皇甫並是子姓苗裔自餘諸國準例皆然因邑因官分枝布葉未知此等諸姓是誰配屬又檢春秋以陳衞及秦並同水姓齊鄭及宋皆爲火姓或承所出之祖或繫所屬之星或取所居之地亦非宮商角徵共相管攝此則事不稽古義理乖僻者也敘祿命曰謹案史記宋忠賈誼譏司馬季主云夫卜筮者高人祿命以悅人心矯言禍福以盡人財又案王充論衡云見骨體而知命祿覩命祿而知骨體此即祿命之書行之久矣多言或中人乃信之今更研尋本非實錄但以積善餘慶不假建祿之吉積惡餘殃豈由劫殺之災皇天無親常與善人禍福之應其猶影響故有夏多罪天命剿絕宋景修德妖孛夜移學也祿在豈待生當建學文王勤憂損壽不關月值空亡長平坑卒未聞共犯三刑南陽貴士何必俱當六合歷陽成湖非獨河魁之上蜀郡炎燎豈由災厄之下今時亦有同年同祿而貴賤懸殊共命共胎而夭壽更異案春秋魯桓公六年七月

魯莊公生今檢長曆莊公生當乙亥之歲建申之月以此推之莊公乃當祿之
空亡依祿命書法合貧賤又犯勾絞六害背驛馬三刑當此三者並無官爵火
命七月生當病鄉爲人尫弱身合矬陋今案齊詩譏莊公猗嗟昌兮頎若長兮
美目揚兮巧趨蹌兮唯有向命一條法當長命依檢春秋莊公薨時計年四十
五矣此則祿命不驗一也又案史記秦莊襄王四十八年始皇帝生宋忠注云
因正月生乃名政依檢襄王四十八年歲在壬寅此年正月生者命當背祿法
無官爵假得祿合奴婢尚少始皇又當破驛馬三刑身剋驛馬法當望官不到
金命正月生當絶下爲人無始有終老而彌吉今檢史記始皇乃是有始無終
老更彌凶唯建命生法合長壽計其崩時不過五十祿命不驗二也又漢武故
事武帝以乙酉之歲七月七日平旦時生亦當祿空亡下法無官爵雖向驛馬
尚隔四辰依祿命法少無官榮老而方盛今檢漢書武帝卽位年始十六末年
已後戶口減半祿命不驗三也又按後魏書云孝文皇帝皇興元年八月生今
按長曆其年歲在丁未以此推之孝文皇帝背祿命幷驛馬三刑身剋驛馬依

祿命書法無官爵命當父死中生法當生不見父今檢魏書孝文皇帝身受其父顯祖之禪禮云嗣子位定於初喪踰年之後方始正號是以天子無父事三老也孝文受禪異於常禮躬率天子以事其親而祿命云不合識父祿命不驗四也又按沈約宋書云宋高祖癸亥歲三月生依此而推祿之與命竝當空亡依祿命書法無官爵又當子墓中生唯宜嫡子假有次子法當早卒今檢宋書高祖長子先被篡弒次子義隆享國多年高祖又當祖祿下生法得嫡孫財祿今檢宋書其孫劉劭劉濬竝爲篡逆幾失宗祧祿命不驗五也敘葬書曰易曰古之葬者衣之以薪不封不樹喪期無數後世聖人易之以棺槨蓋取諸大過禮云葬者藏也欲使人不得見之然孝經云卜其宅兆而安厝之以其顧復事畢長爲感慕之所窀穸禮終永作魂神之宅朝市遷變不得豫測於將來泉石交侵不可先知於地下是以謀及龜筮庶無後艱斯乃備於慎終之禮曾無吉凶之義暨乎近代以來加之陰陽葬法或選年月便利或量墓田遠近一事失所禍及死生巫者利其貨賄莫不擅加妨害遂使葬書一術乃有百二十家各

說吉凶拘而多忌且天覆地載乾坤之理備焉一剛一柔消息之義詳矣或成於晝夜之道感於男女之化三光運於上四氣通於下斯乃陰陽之大經不可失之於斯須也至於喪葬之吉凶乃附此爲妖妄傳云王者七日而殯七月而葬諸侯五日而殯五月而葬大夫經時而葬士及庶人踰月而已此則貴賤不同禮亦異數欲使同盟同軌赴弔有期量事制宜遂爲常式法旣一定不得違之故先期而葬謂之不懷後期而不葬譏之殆禮此則葬有定期不擇年月一也春秋又云丁巳葬定公雨不克葬至於戊午襄事禮經善之禮記云卜葬先遠日者善選月終之日所以避不懷也今檢葬書以己亥之日用葬最凶謹按春秋之際此日葬者凡有二十餘件此則葬不擇日二也禮記又云周尚赤大事用平旦殷尚白大事用日中夏尚黑大事用昏時鄭玄注云大事者何謂喪葬也此則直取當代所尚不擇時之早晚春秋云鄭卿子產及子太叔葬鄭簡公於時司墓大夫室當葬路若壞其室卽平旦而窆不壞其室卽日中而窆子產不欲壞室欲待日中子太叔云若至日中而窆恐久勞諸侯大夫來會葬者

然子產既云博物君子太叔乃爲諸侯之選國之大事無過喪葬必是義有吉凶斯等豈得不用今乃不問時之得失唯論人事可否曾子問云葬逢日蝕捨於路左待明而行所以備非常也若依葬書多用乾艮二時並是近半夜此即文與禮違今檢禮傳葬不擇時三也葬書云富貴官品皆由安葬所致年命延促亦曰墳壠所招然今按孝經云立身行道則揚名於後世以顯父母易曰聖人之大寶曰位何以守位曰仁是以日慎一日則澤及於無疆苟德不建則人而無後此則非由安葬吉凶而論福祚延促臧孫有後於魯不關葬得吉日若敖絕祀於荆不由遷厝失所此則安葬吉凶不可信用其義四也今之喪葬吉凶皆依五姓便利古之葬者並在國都之北域兆既有常所何取姓墓之義趙氏之葬並在九原漢之山陵散在諸處上利下利蔑爾不論大墓小墓其義安在及其子孫富貴不絕或與三代同風或分六國而王此則五姓之義大無稽古吉凶之理何從而生其義五也且人臣名位進退何常亦有初賤而後貴亦有始泰而終否是以子文三已令尹展禽三黜士師卜葬一定更不迴改冢墓

既成曾不革易則何因名位無時暫安故知官爵弘之在人不由安葬所致其義六也野俗無識皆信葬書巫者詐其吉凶愚人因而徼幸遂使擗踊之際擇葬地而希官品荼毒之秋選葬時以規財祿或云辰日不宜哭泣遂睆爾而對賓客受弔或云同屬忌於臨壙乃吉服不送其親聖人設教豈其然也葬書敗俗一至於斯其義七也太宗又令才造方域圖及教飛騎戰陣圖皆稱旨擢授太常丞永徽初預修文思博要及姓氏錄顯慶中高宗以琴曲古有白雪近代頓絕使太常增修舊曲才上言曰臣按禮記及家語云舜彈五弦之琴歌南風之詩是知琴操曲弄皆合於歌又張華博物志云白雪是天帝使素女鼓五十弦瑟曲名又楚大夫宋玉對襄王云有客於郢中歌陽春白雪國中和者數十人是知白雪琴曲本宜合歌以其調高人和遂寡自宋玉已來迄今千祀未有能歌白雪曲者臣今準勑依琴中舊曲定其宮商然後教習並合於歌輒以御製雪詩爲白雪歌詞又案古今樂府奏正曲之後皆別有送聲君唱臣和事彰前史今取太尉長孫無忌僕射于志寧侍中許敬宗等奉和雪詩以爲送聲合

十六節今悉教訖並皆合韻高宗大悅更作白雪歌詞十六首付太常編於樂府時右監門長史蘇敬上言陶弘景所撰本草事多舛謬詔中書令許敬宗與才及李淳風禮部郎中孔志約幷諸名醫增損舊本仍令司空李勣總監定之幷圖合成五十四卷大行於代才龍朔中爲太子司更大夫麟德二年卒著隋記二十卷行於時子方毅七歲能誦周易毛詩太宗聞其幼敏召見甚奇之賜以縑帛後爲右衞鎧曹參軍母終哀慟過禮竟以毀卒布車載喪隨轜車而葬友人郎餘令以白粥玄酒生芻一束於路隅奠祭甚爲時人之所哀惜

史臣曰孝孫定音律仁均正曆數淳風候象緯呂才推陰陽討於其倫咸以爲禆梓京管之流也然旋宮三代之法秦火籍燼歷代缺其正音而云孝孫復始大可歎也淳風精於術數能知女主革命而不知其人則所未喻矣呂才覈拘忌之曲學皆有經據不亦賢乎古人所以存而不議蓋有意焉

贊曰祖傳淳才彰往考來裁筠嶰谷運筭清臺推迎幹運圖寫昭回重黎之後諸子賢哉

舊唐書卷七十九

西元二〇二〇年十一月一日重製一版

舊唐書（附考證）冊五（晉劉昫撰）

平裝十冊基本定價捌仟元正
（郵運匯費另加）

發行人　張　敏　君
發行處　中　華　書　局
臺北市內湖區舊宗路二段一八一巷八號五樓（5FL., No. 8, Lane 181, JIOU-TZUNG Rd., Sec 2, NEI HU, TAIPEI, 11494, TAIWAN）
客服電話：886-2-8797-8396
公司傳真：886-2-8797-8909
匯款帳戶：華南商業銀行西湖分行
179100026931
印　刷：維中科技有限公司
海瑞印刷品有限公司

No. N1053-5

國家圖書館出版品預行編目(CIP)資料

舊唐書/(晉)劉昫撰. -- 重製一版. -- 臺北市 :
中華書局, 2020.11
冊 ;　公分
ISBN 978-986-5512-33-0(全套 : 平裝)

1.唐史

624.101　　109016731